师兄云系列



# 投融资那些事儿

## 2020—2021年

唐寅生　韩济阳　主编

中国财经出版传媒集团
中国财政经济出版社

**图书在版编目（CIP）数据**

投融资那些事儿．2020—2021年／唐寅生，韩济阳主编．--北京：中国财政经济出版社，2021.3
（师兄云系列）
ISBN 978-7-5095-0413-7

Ⅰ．①投… Ⅱ．①唐… ②韩… Ⅲ．①投资－基本知识②融资－基本知识 Ⅳ．①F830.59②F830.45

中国版本图书馆CIP数据核字（2021）第040962号

责任编辑：郁东敏　　　责任印制：刘春年
封面设计：陈宇琰　　　责任校对：胡永立

**投融资那些事儿　2020—2021年**
**TOURONGZI NAXIESHIER　2020—2021NIAN**

中国财政经济出版社 出版
**URL**：http：//www.cfeph.cn
E-mail：cfeph@cfeph.cn

社址：北京市海淀区阜成路甲28号　邮政编码：100142
营销中心电话：010-88191522
天猫网店：中国财政经济出版社旗舰店
网址：https：//zgczjjcbs.tmall.com
北京中兴印刷有限公司印刷　　各地新华书店经销
成品尺寸：170mm×240mm　16开　25.25印张　377 000字
2021年3月第1版　2021年3月北京第1次印刷
定价：76.00元
ISBN 978-7-5223-0413-7
（图书出现印装问题，本社负责调换，电话：010-88190548）
本社质量投诉电话：010-88190744
**打击盗版举报热线：010-88191661　QQ：2242791300**

# 序一
Preface 1

中国经济发展的速度，是世界格局遭遇百年未见之巨变的关键变量之一。虽2020年中国投融资市场表现趋冷，全行业投资额大幅下降，企业暴雷情况频出，整个融资环境十分恶劣，然而在监管趋严，市场回归理性，人工智能发展，5G迎来元年和技术的不断创新，中国资本市场笑迎新的机遇与挑战。

面临前所未有的挑战，企业争相求变，而不变的是投融资的本质。投资者无非是希望“春种一粒粟，秋收万颗子”，而创业者希望通过“卖企业”，借助资本市场的力量创造更大的价值。二者在本质上都希望抓住超出预期的机会。

《投融资那些事儿（2020—2021年）》立足于投融资市场发展的现状，覆盖人工智能、金融科技、电子商务、在线教育、新零售、新能源等多个行业领域，通过40个备受资本市场关注的知名企业投融资研究案例，借鉴行业相关的公开数据，引领我们去探索和思考这些超出预期的机会。

现阶段，资本市场的谨慎性与避险倾向仍在持续。书中案例背后的分析思路与逻辑框架，提炼出来的未来行业发展趋势和创新型商业模式，对投资者和创业者都极具借鉴意义。

香港中文大学商学院副院长（创新）
麻省理工学院特邀研究员
**张晓泉**
2021年3月

# 序二
Preface 2

投融资是国家经济发展的重大动力。自古以来，无论是企业家还是投资者，能够在未来占得先机都是成功的主要因素。市场变化急速，随着中国以致全球的经济发展增速放缓，21世纪企业投融资需面对更多元的挑战。立足当下，放眼未来的同时，我们也不可以忽略回顾过去的重要性。

唐寅生先生和韩济阳先生主编的《投融资那些事儿（2020—2021年）》收录了2020年中国市场上40个被广为津津乐道的投融资案例，所提及的都是与市民生活息息相关的企业，探讨的主题涵盖当前的热点问题。文章语言朴实而简洁，深入浅出地分析案例，探讨市场定位、潜在机遇、企业将要面临的压力和挑战等，协助读者在短时间里获取精简有用的信息，了解市场趋势。

特别欣赏本书采用了由国内在读大学生搜集的材料，以及部分由他们负责撰写之文章。在经济转型的环境下，传统经济与新兴经济既要互相竞争，也要寻求融合。由这批投融界的新力军所撰写的精彩分析，实在不容忽视。本书为读者提供所关注的重点及值得思考的问题的同时，也为培育金融界的未来栋梁贡献了力量。

旧事已过，谁都没办法改变过去的决定，但是我们可以从这些具有代表性的案例中学习，赢得明天。“师兄云系列”丛书《投融资那些事儿（2020—2021年）》帮助读者掌握最新的投融资实务动态之余，也激发更多投融资者的想象。这是一本富实用性的参考书，我强力推荐给企业领导和 EMBA 学员。

香港中文大学高级管理人员工商管理硕士课程（中文班）主任
亚洲供应链及物流研究中发展办公室主任
**杨海仁教授**
2021 年 3 月于中国香港

# 前言
Introduction

剧变，无疑是2020年的关键词，在这场全人类共同面临的疫情的影响下，给消费、沟通等各方面带来了改变，从而推动了很多相关的产业链发展的全新轨迹。因为疫情带来的国与国之间的经济与政治关系的变化，也让大量的产业链不得不面对全新的格局。

具体来说，国产替代与经济内循环，成为工业与消费领域的两个重要标签，相对应地，国产新科技和高品质国货消费品也自然成为2020年投资圈的热门标的。对于这样的发展趋势，也定是喜闻乐见的。这不仅仅是国人的骄傲，更重要的是，今天对于核心技术和高品质的追随更接近经济行为的本质。从“酒香不怕巷子深”到“一流的企业做产品”都诠释和演绎“品质与技术为上”的道理，多少年来亘古不变。有鉴于此，时代变迁尽管沧海桑田，掌握核心能力都永远是应对剧变的硬道理。疫情洗礼后的中国，终于走上了由政策引领，资本推动的康庄大道，可喜可贺！

同样，对每一个人而言，具备核心能力亦是在这个剧变时代的立身之本。金融行业尤其如此，行业热点的变化速度越来越快，需要金融从业人员对这些变化的洞察能力要求也越来越高，本系列丛书的编写目的，就是希望能够通过对这些热门投资案例的分析，让来自全国各地顶级院校的、希望投身于投资行业的学员理解“行业研究力”在整个投资中的基础核心地位，从而逐步成为投资行业未来的中坚力量。

大道至简，有良好的基石，方能聚沙成塔，成就惊天伟业，立国如此，树人亦是如此！

云师兄商学院创始人

**唐寅生**

2021 年元月初一于上海

# 目录
Content

**No. 1**

# GirlCult 获千万元融资，国货美妆品牌能否异军突起*

主笔：侯雅楠

资料收集：郑荃文　孙振鑫

**交易概览：**

2019 年 12 月 4 日，风格化国潮彩妆品牌 GirlCult 获投数千万元人民币 A 轮融资，该轮融资由 IDG 资本投资。此前，青松基金曾于 2018 年对其进行数百万元人民币天使轮投资。

## 一、美妆行业：欧美品牌引领发展，国货品牌逐渐崛起

近年来，国产化妆品牌愈发受资本青睐，成为资本寒冬中的一股暖流。化妆品高毛利率和高复购率的特点具有非常明显的抗周期性，因此近几年我国美妆市场涌现大量国产品牌。目前，我国美妆市场空间持续扩大，近年来增速可观。根据欧睿数据库相关数据，中国美妆和个人护理市场在 2018 年保持了强劲的表现，规模由 2013 年的 2 492 亿元上升至 2018 年的 4 105 亿元，复合年均增长率（CAGR）达 8.7%（见图 1）。其中，2013 年至 2016 年增速有所下滑，但自 2017 年起情况得到改善，2018 年行业增速为 12.3%。行业强劲的表现主要得益于持续城市化带来的生活水平提高，以及中国消费者对个人颜值追求的不断提高。

* 本文写于 2019 年 12 月。

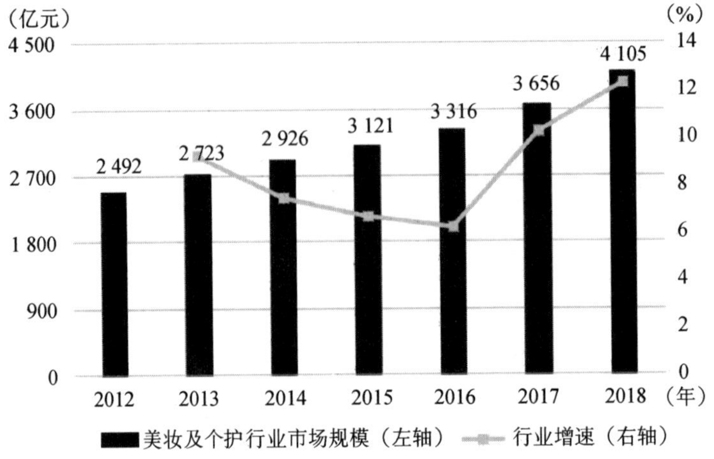


**图 1　2012—2018 年我国美妆及个护行业蓬勃发展**

资料来源：欧睿数据

整体而言，我国美妆行业以国产品牌和欧美品牌为主，欧美品牌表现比较强势，但近年来国产品牌也在不断发力。

## 二、外资美妆品牌引领发展

由表 1 化妆品类公司中国市场占有率情况可以看出，我国化妆品类市场中，国外品牌占据较大份额，其优秀表现来源于长期的口碑积累、完整产品体系、精湛质量和精准化营销。国货美妆品牌经历诸多考验后，也逐渐在残酷的市场竞争中崛起，例如上海上美（旗下拥有韩束、一叶子、索薇娅、红色小象、韩粉世家、HANAMINO 等九个品牌）、百雀羚、伽蓝（先后创立了美素、自然堂、春夏等多个品牌）、上海家化（拥有佰草集、美加净、高夫等诸多品牌）等公司。

**表 1　化妆品类公司中国市场占有率情况**　（单位：%）

| 公司 | 2013 年 | 2014 年 | 2015 年 | 2016 年 | 2017 年 | 2018 年 |
|---|---|---|---|---|---|---|
| 宝洁 | 13.4 | 12.7 | 11.9 | 10.7 | 10.2 | 9.9 |
| 欧莱雅 | 9.2 | 9.4 | 9.1 | 8.5 | 8.5 | 9.2 |
| 资生堂 | 3.1 | 3.0 | 2.8 | 2.9 | 3.0 | 3.4 |

续表

| 公司 | 2013年 | 2014年 | 2015年 | 2016年 | 2017年 | 2018年 |
|---|---|---|---|---|---|---|
| 雅诗兰黛 | 1.8 | 1.9 | 2.0 | 2.0 | 2.5 | 3.2 |
| 联合利华 | 4.1 | 3.6 | 3.4 | 3.2 | 3.1 | 2.8 |
| 爱茉莉 | 1.2 | 1.5 | 1.9 | 2.4 | 2.5 | 2.5 |
| **上海上美** | — | — | 1.9 | 2.3 | 2.6 | 2.5 |
| 高露洁 | 2.8 | 2.8 | 2.8 | 2.9 | 2.7 | 2.5 |
| **百雀羚** | 0.9 | 1.4 | 1.8 | 2.1 | 2.3 | 2.4 |
| **伽蓝** | 1.5 | 1.6 | 1.8 | 2.0 | 2.3 | 2.3 |
| LV | 1.3 | 1.5 | 1.5 | 1.6 | 1.9 | 2.2 |
| **上海家化** | 1.9 | 2.0 | 2.0 | 1.9 | 1.9 | 1.9 |
| 玫琳凯 | 2.8 | 3.3 | 3.0 | 2.5 | 2.1 | 1.8 |
| 道夫 | 2.3 | 2.2 | 2.0 | 1.9 | 1.8 | 1.7 |
| Infinitus | 0.9 | 1.1 | 1.2 | 1.4 | 1.4 | 1.4 |

资料来源：欧睿数据、华西证券；字体加粗的为国货品牌

但外资美妆在长期竞争中已构建绝对优势，中国高端彩妆市场几乎被国际品牌垄断。凭借全球范围内形成的品牌高知名度、日积月累的人气口碑、稳定的产品质量、不断的同业并购以及成熟的渠道铺设等优势，外资美妆品牌在中国中高端市场赢得了庞大且稳定的客户群。这些品牌具有核心技术，产品拥有核心创新成分，在中高端市场特别是高端市场对国货品牌形成较大的竞争压力。

## 三、国货美妆品牌逐渐崛起

相对于国际品牌，国货美妆品牌由于地域和文化优势，更能发掘中国美妆消费者的需求。很多国货品牌从产品本身和营销两个方面拉近与本地消费者的距离。从产品角度，很多国货品牌推出包含中国特色原材料的产品，例如主打中草药的佰草集；从营销角度，有些品牌利用中国文化进行产品宣传，例如相宜本草的京剧系列、自然堂的茶马古道系列等。

随时间发展，国货美妆品牌逐渐摸索出了适合自身发展的品牌定位、渠道拓展、营销策划以及企业组织架构，慢慢扭转了劣势地位，上海家化、

上海上美、百雀羚等一些优秀国货美妆品牌通过推出符合消费者流行偏好的新产品，在商场超市、日化专营店特别是电商渠道投入了更多的优势资源，制定了更为精准的品牌营销策略，也被越来越多的消费者所接受，市场份额逐年提高。

## 四、目前国货美妆品牌发展的驱动力

### （一）驱动力一：人才储备

国产美妆的重要品牌核心创始人都有国际消费巨头从业背景，是积累了丰富行业经验之后出来创业，为国货美妆品牌的不断发展开拓道路（见表 2）。

**表 2　品牌创始人列表**

| 姓名 | 曾任职公司 | 现任职公司 |
|---|---|---|
| 黄锦峰 | 御泥坊创始人之一，妻子曾任职于宝洁 | 完美日记创始人 |
| 吕博 | 供职于宝洁 8 年之久 | HFP（HomeFacialPro）创始人 |
| 鲍燕悦 | 欧莱雅副总裁 | 上美公司 CEO |
| 陈慧 | 丝芙兰中国区高管 | 呼嘎品牌创始人 |

### （二）驱动力二：营销方式的突破

营销是美妆销售的重要一环，营销方式的优劣对销量有很大的影响。随着时代变迁，美妆的营销方式和营销媒介都发生了巨大的变化，除了线下门店、专柜之外，各大国货美妆品牌利用美妆的主要客户与互联网紧密连接的特点，大力发展互联网营销，其中以社交和内容营销最为突出。如利用社交平台（如微博）和内容平台（如小红书、抖音、B 站）进行产品推广，抓住核心客户眼球，进而促进产品销量升级。

### （三）驱动力三：消费人群侧重点的变化

过去“70 后”“80 后”更加关注国际大牌，而现在“90 后”“00 后”更关注性价比和产品本身，这就为新品牌培育提供了非常好的土壤。

2019 年中国美妆行业研究报告数据显示，目前我国美妆客户中“00 后”占 16%，“95 后”占 39%，“90 后”占 25%，合计达到 80%；从人均美妆消费中可以看出，2019 年 20 ~ 30 岁年轻人成为美妆消费的主力军，达到人均 1 700 元，小于 20 岁的人群也达到人均 1 600 元，这些都为国货美妆品牌的茁壮成长提供了助力（见图 2）。

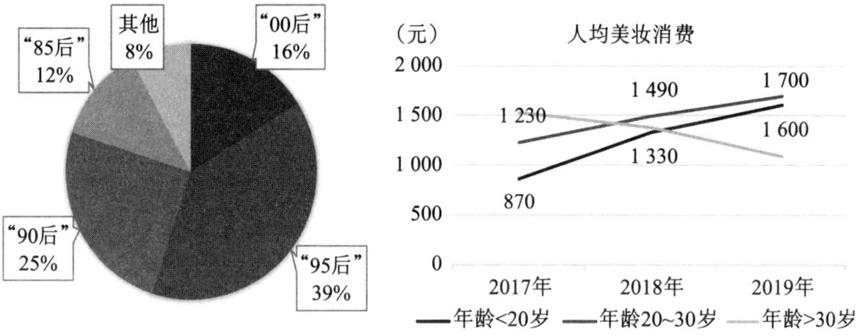


**图 2 美妆客户人群画像、人均美妆消费**

资料来源：2019 中国美妆行业研究报告

## 五、国货品牌若想突出重围仍需要不断发展

虽然国货美妆品牌目前发展势头迅猛，但其依然非常年轻，受到来自国际巨头化妆品牌的竞争压力巨大。从图 3 显示的天猫“双 11”美妆类［前十大（TOP10）］品牌可以看出，国外品牌优势依然明显，增长显著。

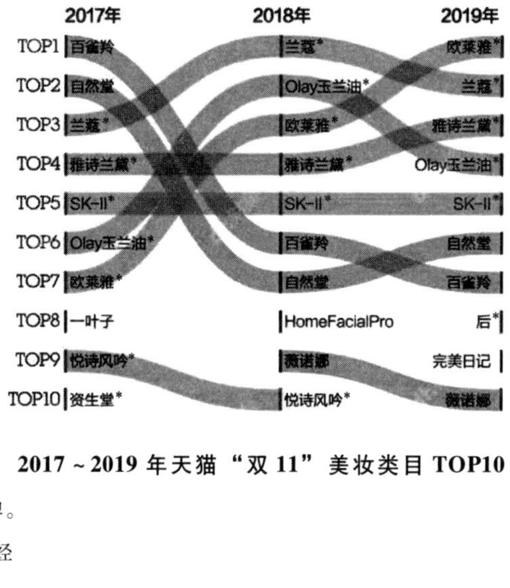


**图 3 2017 ~ 2019 年天猫“双 11”美妆类目 TOP10 品牌**

注：* 为外资品牌。

资料来源：DT 财经

2018 年、2019 年，外资美妆品牌非常重视线上运营，设立天猫旗舰店进行产品推广和营销。虽然目前外资美妆品牌在内容营销方面，如小红书、B 站软文推广等，不如国货美妆品牌效果好，但这其实是外资美妆品牌出于组织架构和品牌定位等长期保护方面的考量，选择暂时不把重心放在内容营销上。一旦其确定某个渠道很有必要进行推广，即可动用大量资金资源，而那时国货美妆品牌能否招架得住不得而知。总体而言，美妆品牌的竞争并不局限于国内众多品牌，更呈现出全球化竞争的特点，国货美妆品牌若想突出重围，仍需在营销、成分、价格等多方面更加努力。

## GirlCult：风格化国潮彩妆品牌提供商

GirlCult 成立于 2018 年，是一家风格化国潮彩妆品牌提供商，主打视觉设计前卫精致的“风格化”标签，目标用户以“90 后”“95 后”为主，占比 64%。目前，GirlCult 产品线已覆盖眼影、唇釉、腮红、高光等彩妆品类，单品价格为 59～139 元，线上天猫官方销售占比超过 90%，粉丝数 94.6 万人，SKU 在 200 个左右。其中，联名“屁桃君”的腮红系列一度在淘宝的腮红类目达到销量全网第一。

作为面向新生代女性的原创彩妆品牌，GirlCult 通过进行 KOL 合作内容开发及输出，以“内容＋产品”形式缩短消费者对新品牌的认知路径，加深消费者品牌印象并转化形成购买，打造“内容——流量——变现”模式下国内彩妆新品牌。品牌以贴近时尚潮流的产品呈现，基于微博、小红书、B 站三大平台的博主资源进行营销、传播、销售转化。

（1）产品设计：视觉设计前卫精致，细节体验打动用户。从第一款产品“日光倾城”开始，GirlCult 便主打视觉设计前卫精致的“风格化”标签，先后推出了华丽摇滚、宗教传说、情绪腮红、山海经、乌托邦等系列产品。GirlCult 的产品名称也都非常有记忆点，如腮红色号“吃瓜”“看戏”，华丽摇滚系列的眼影盘“日光倾城”“白日彗星”，以及山海经系列修容粉“画骨”“画皮”等。

在细节上，GirlCult 产品包装考究，每个产品包装都有复古的手工火漆印章，类比“从线下门店离开时，店员给购物袋扎上蝴蝶结”的美好体验，以至于 B 站上还有许多 GirlCult 产品包装的开箱视频。同时，GirlCult 大胆进军时下最火的仿妆领域，对名画、影视作品等进行精神内核提炼，随后进行艺术化仿妆。

（2）内容营销：在不同的平台进行不同逻辑的传播。GirlCult 在以“流量”为主逻辑的微博平台，进行品牌调性和风格的传播；在“95 后”聚集的 ROI 价值洼地 B 站，深度耕作长视频内容；在“促销”为主逻辑的淘宝直播平台，基于主播与粉丝间的高黏性，强调粉丝和直播的情感强链接和共鸣。因为这部分人群的价格敏感性更强，也增加了优惠力度；而在“算法”为主逻辑的抖音、小红书平台密集地，则对内容进行数据检测，不能加码或优化。GirlCult 正凭借其强大的产品研发与设计能力，以及对传播与营销渠道的深入理解，逐渐将自身打造为中国最风格化的国潮彩妆品牌。

## 六、美妆主要品牌竞品分析

目前，美妆行业主要玩家包含外资与国货两类：外资主要有雅诗兰黛、欧莱雅等；国货主要有薇诺娜、完美日记、美沫·艾蜜斯等。下文将选取雅诗兰黛、完美日记、美沫·艾蜜斯来分析其营销策略和产品布局。

### （一）雅诗兰黛：制造广阔声量，无限触达用户

雅诗兰黛（Estee Lauder）是全球最大的护肤、化妆品和香水公司之一，创立于 1946 年，旗下有海蓝之谜、倩碧、雅诗兰黛、Bobbi Brown、MAC 等品牌。2019 年“双 11”期间，雅诗兰黛通过金字塔式的投放策略——顶级流量明星代言 + 头部网红直播推荐 + 腰部达人密集种草安利，多管齐下密集营销，以声量造势的优势，预售额突破 8 亿元（见图 4）。

雅诗兰黛通过顶流明星杨幂、李现、肖战，到顶级直播大 V 李佳琦和薇娅，吸引了大量年轻用户。此外，雅诗兰黛还网罗了大批中腰部博主进行种草讨论，维持产品热度的同时巩固产品口碑，最终形成了“现象级流量艺人造势 + 顶级网红带货 + 大量 KOL 分享话题维持产品热度 + 大批素人进行产品反馈 + 品牌口碑维护”的营销结构。这种金字塔式营销结构可以高效地与潜在消费人群建立联系并逐步渗透，将用户转化为雅诗兰黛的粉丝；同时，配合其多年来的渠道营销深耕，如 TVC、户外广告牌、车厢广告等，重复敲击用户认知并加深记忆，使得品牌营销的深度与广度相得益

彰（见图 5）。

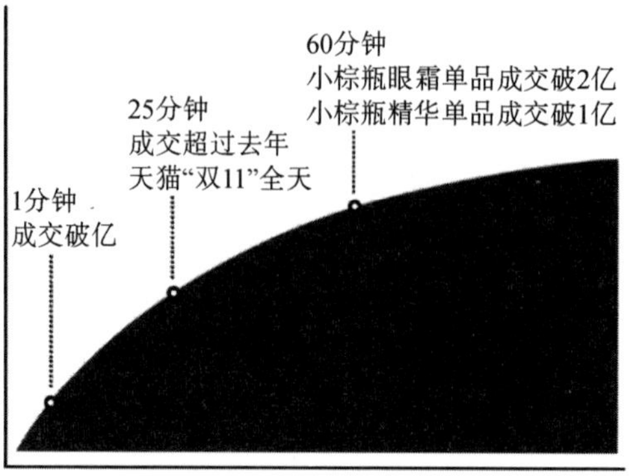


**图 4　天猫"双 11"预售首日火爆：雅诗兰黛 25 分钟成交额 = 2018 年"双 11"全天成交额**

资料来源：天猫

统计时间：2019 年 10 月 21 日（2019 年天猫"双 11"预售首日）

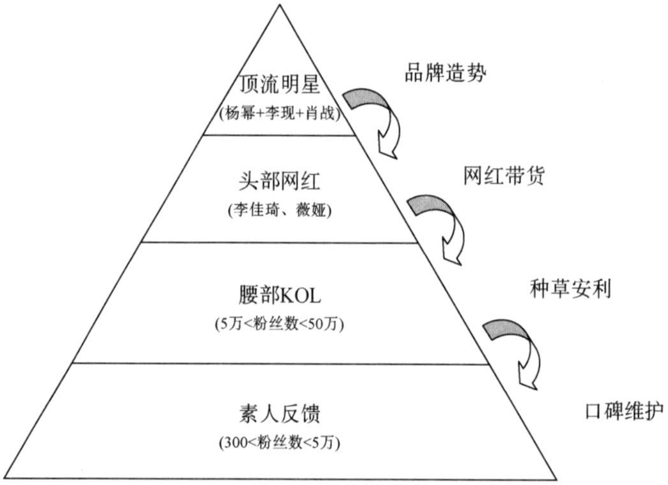


**图 5　雅诗兰黛金字塔式营销结构**

优惠层面，在 2019 年"双 11"预售期间，为了稳固销量，外资美妆品牌启动了与国牌类似的大力度折价，雅诗兰黛便是其中一员。雅诗兰黛 2019 年"双 11"首次推出了"小棕瓶眼部精华""高能小棕瓶精华""红石榴水"等明星单品的"买一送一"活动。优惠力度也体现在直播渠道，如在李佳琦直播间的力推和大幅优惠下，41 万套"小棕瓶精华液"买一送一瞬间被用户扫空。

综上所述，雅诗兰黛通过多样化的营销运作，简单粗暴的买一送一和单品直降的促销力度的多重策略组合，引爆了品牌在“双 11”盆满钵满的赚钱逻辑。我们认为，全渠道运营玩法的门槛较高，只有拥有强大品牌价值和时间积淀的品牌，近年来对各类渠道的接触与玩法的碰撞，才能够通过全渠道玩法攻击竞争壁垒。雅诗兰黛深谙此道，一系列营销布局收效甚佳，成功稳住 2019 年“双 11”美妆销量第三的宝座。

### （二）完美日记：低价战略，注重内容营销，采用精细化的全渠道运营策略

完美日记成立于 2017 年，通过研发一系列“易上手、高品质、精设计”的时尚彩妆产品，通过为新一代中国年轻女性提供快时尚彩妆产品和美丽方案，打造有国际影响力的“中国美妆印记”。

完美日记以年轻人为主攻人群，品质过关，部分产品可视作国际大牌的平价替代。其从设计到命名到包装渲染均给予了足够重视。例如，完美日记一只口红单价仅 60～80 元，远低于欧美品牌 200～300 元的水平。完美日记通过降低出厂加价率打通品牌知名度，为未来长期走差异化路线作铺垫。

内容营销策略精准清晰，顶级流量和草根投放渠道均必不可少。2018 年 2 月起，完美日记将小红书作为重点内容营销渠道开始运营，随后进入 B 站、抖音、微博，开启多平台运营，并加大投放力度。完美日记投放 KOL 范围较广，从素人到明星都涵盖其中。在小红书注重投放腰部以下的小众 KOL，在 B 站热衷投放播放量几十万至几百万之间的 UP 主，力求更快拉近与顾客的距离。从图 6 可以看出，完美日记和四个平台在用户地域分布、年龄、兴趣方面高度重合，平台的大量女性用户也可以满足品牌需求，平台用户年龄集中在 20～29 岁，消费能力适中，与完美日记的目标用户高度吻合。

2019 年 11 月前后一个半月的多平台集中推广吸引到大量目标用户、潜在用户的关注后，完美日记利用天猫“6・18”和“双 11”活动的巨大势能，结合平价策略，将产品销量推至高水平。2019 年“双 11”当天，完美日记仅前 28 分钟的销售额便超过 2018 年“双 11”全天销售额，最终荣获天猫彩妆第一名。对用户需求和产品质量的精准把控，让完美日记的爆款具有更长久的吸引力和更好的口碑。完美日记也是国货美妆品牌中少有的估值超过 10 亿美元的品牌。

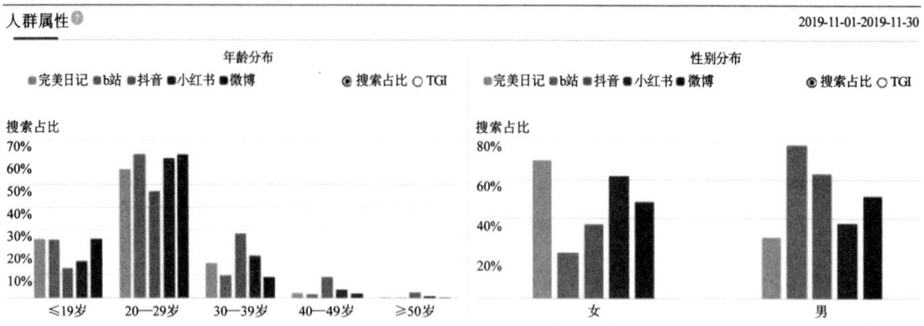


**图 6　完美日记平台的用户分布**

资料来源：百度指数，国金证券研究所

### （三）美沫·艾蜜思：个人 IP 流量变现，安全无添加吸引“成分党”青睐

美沫·艾蜜思是微博最具商业价值的网络红人张沫凡在 2017 年创建的个人品牌，崇尚“轻彩妆”的理念，倡导让时尚回归生活本质，将多种植物精粹运用于彩妆之中，使修饰与保养完美结合，减少肌肤负担。目前旗下产品有底妆、眼妆、唇妆、化妆工具，价位在 80～250 元左右，月销量在 3.2 万件左右。

在这个“成分党”越来越多的时代，美沫·艾蜜思的“成分安全无添加”品牌特点逐渐受到消费者喜爱。在个人 IP 加成、千万粉丝流量变现和较大的产品研发投入的作用下，美沫·艾蜜思粉丝消费占比达 70%～80%，复购率 80% 以上，粉丝黏性非常高。但仅依靠粉丝力量的国货并不能走得长远，未来品牌能否延长生命周期，取得进一步发展，还要看其美妆品质能否真正获得大众认可。

总体来讲，虽然完美日记等国货美妆品牌日渐崛起，但国货美妆品牌若想与雅诗兰黛这样的外资美妆巨头相抗衡恐怕还需要下很大工夫。同时，我们也可以把目光放到化妆品上游，随着营销端被 KOL 不断带动，产品更新换代的要求日益强烈，几乎每个季度都有新的 SKU 上线，此时品牌若可以抢先整合上游技术，那么其发展优势也就不言而喻了。

## 七、总结

当前，国货彩妆人均消费呈现逐年增长的趋势，而线上彩妆品类整体发展迅速，国货彩妆作为一支新兴力量正在崛起，近些年营业收入增速上涨明显。国潮席卷彩妆界，背后的助力正是“90后”“95后”为代表的“国货拥护者”，这其中又以“95后”的人均消费增长最为迅猛。主打“90后”“95后”新生代女性群体的 GirlCult 应时而生，也需掌握着机会应时而盛。

虽然 GirlCult 的产品包装、内容营销有一定关注度，但我们仍对其未来产品和上游的整合能否长期维持优势存疑。同时，营销手段并不是秘方，若想在竞争激烈的彩妆行业高速增长浪潮中立于不败之地，国货彩妆需要借助各轮融资进一步提升产品研发能力，加快产品上新速度；同时，注重社交媒体、KOL 分享导流裂变等，提高产品知名度。

想成为投融资观察报告创作团队的一员吗？微信扫描本书第 388 页二维码，现在就加入我们吧！

**No. 2**

# 金山云：协同“雷系生态”，政务云优势明显 *

**主笔：** 刘思敏

**资料收集：** 刘思敏　王皆宜

**交易概览：**

2019 年 12 月 2 日，金山软件发布公告称，金山云获中国互联网投资基金 5 000 万美元 D + 轮投资，交易完成后中国互联网投资基金股权占比将达到 1.89%。此前金山云由小米科技、小米集团、金山软件、顺为资本等雷系资金投资，中国互联网投资基金为新进入的金山云股东。本文将从金山云主要涉及的政务云领域分析本次交易的亮点。

## 一、金山云简介

金山云是金山软件集团旗下的云计算品牌，创立于 2012 年，在北京、上海、成都、广州、香港和北美等地设立了数据中心及运营机构。现已推出云服务器、网络、存储、云安全等一整套云计算产品，提供大数据、人工智能、区块链、边缘计算等服务，可精准定制适用于企业和政务市场的行业解决方案。

金山云主要产品与服务，由应用行业不同可分为政务云、医疗云、视频云、游戏云、金融云、车联云、智慧人居云、计算机视觉云等（见图 1）。其

* 本文写于 2019 年 12 月。

中，金山政务云为政府以及相关机构提供云主机、云存储、数据备份、大数据、应用交付、数据安全等一系列服务，可实现政务云快速搭建、等保三级测评达标、系统安全入云的目标。

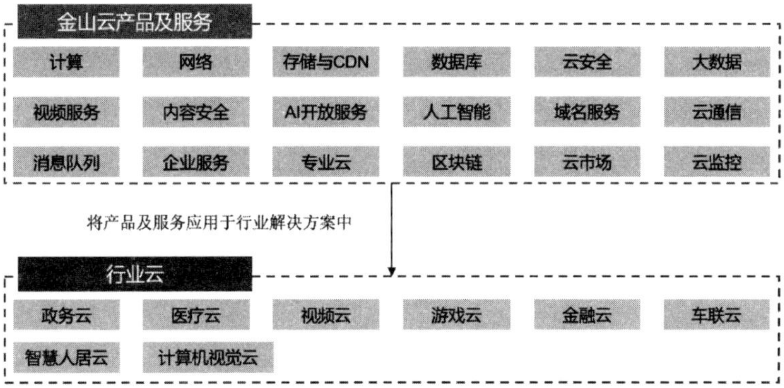


**图 1　金山云主要产品**

资料来源：金山云官网，云师兄整理

## 二、云计算产业行业分析

### （一）产业快速升级，从提供设备转向提供服务，用户需求分化

2006 年 3 月，亚马逊将自己富余的服务器算力标准化后推出 AWS 公测版，拉开了云计算 IaaS 市场第一阶段的竞争。可以看到，云计算第一阶段 IaaS（基础设施即服务）是为企业提供存储、硬件、服务器和网络等基础设施；第二阶段 PaaS（平台即服务）是为企业提供一个“就绪可用”的计算平台，满足其设计、开发、测试和部署应用程序的需要；第三阶段 SaaS（软件即服务）向企业提供可以直接应用的软件。企业层面对云计算的应用越来越深入，对云服务厂商的要求也越来越高（见图 2）。

随着云计算、大数据等技术加速从互联网行业向制造业、医疗、教育、金融、政务等传统行业延伸拓展，云计算在应用层面越来越深入，从传统的提供存储和计算能力转向提供基于用户需求完整的解决方案，不同行业对云服务的不同需求将会快速分化。

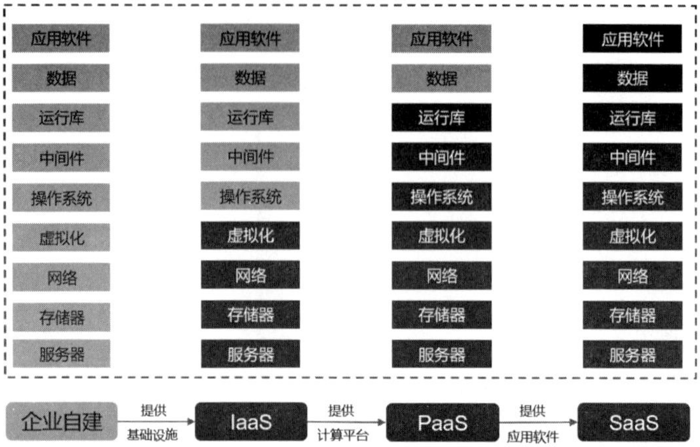


**图 2　云计算演变阶段**

资料来源：金山云官网各公司各年度、季度财报及 IDC 公开报告整理

## （二）政务云集约高效发展智慧城市意义重大，或将在几年内走到爆发期

在企业云板块，使用者大多是没有足够能力自建计算机房的中小企业，因此，在满足企业的存储、计算基础需求外，更应关注云服务的易操作性以及用户访问时云服务的稳定性。

在政务云板块，根据上海市人民政府办公厅《上海市电子政务云建设工作方案》，上海市政务云将充分运用云计算、大数据等先进理念和技术，按照“集约高效、共享开放、安全可靠、按需服务”的原则，以“云网合一、云数联动”为构架，建成市、区两级电子政务云平台，实现市政府各部门基础设施共建共用、信息系统整体部署、数据资源汇聚共享、业务应用有效协同，开展政务大数据开发利用，为政府管理和公共服务提供有力支持，提高为民服务水平，提升政府现代治理能力（见图 3）。政务云已经成为我国政务领域发展的必然趋势，或许将在几年内走到爆发期。随着政务云项目建设逐步完成，未来后续服务市场需求或将持续扩大。

## （三）政务云数据量大，部门业务协同更复杂，安全性要求严格，进入壁垒高

在政府云板块，云服务厂商为政府提供基础设施、应用系统、运行保障和信息安全等综合云服务平台（见图 4）。政务云涉及以亿为单位的公民信息，因此，在实现流程云审核、数据云存储的基础上，政务云的使用者

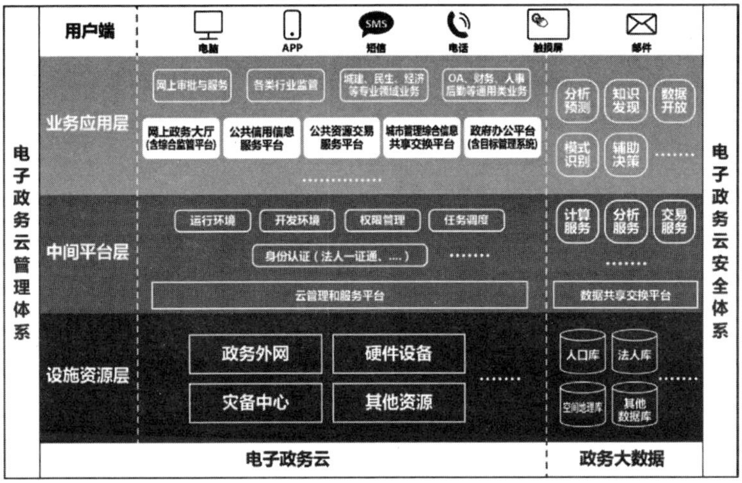


图 3　上海市电子政务云建设体系

资料来源：上海市电子政务云建设工作方案公开资料

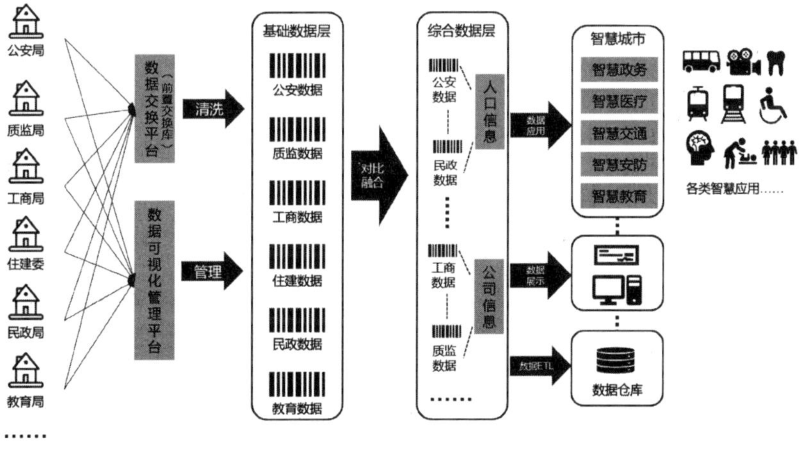


图 4　政务云计算中心

资料来源：公开资料，云师兄整理

更加关注如何打通数据壁垒实现多部门之间公文、数据的互联互通、业务协同，大量公民、企业组织、政府部门数据的传输、处理也对云服务的安全性也提出了更高的要求。并且在使用过程中，由前端数据处理发现问题、解决问题到预测问题（预警），对云服务的落地提出了更高要求。由此可见，政务云厂商面临着与企业云完全不同的用户需求，有着更高的进入壁垒和安全性要求（见表 1）。

表 1　　政务云和企业云的联系与区别

<table>
<tr><td rowspan="3">类型</td><td colspan="4">联系</td><td rowspan="3">区别</td></tr>
<tr><td colspan="4">基础设施资源层</td></tr>
<tr><td>计算资源</td><td>存储资源</td><td>网络资源</td><td>云安全</td></tr>
<tr><td>企业云（to B）</td><td>√</td><td>√</td><td>√</td><td>√</td><td>需求小</td></tr>
<tr><td>政务云（to G）</td><td>√</td><td>√</td><td>√</td><td>√</td><td>需求大，安全要求高</td></tr>
<tr><td rowspan="2"></td><td colspan="4">联系</td><td rowspan="2">区别</td></tr>
<tr><td colspan="4">基础数据资源层</td></tr>
<tr><td>企业云（to B）</td><td colspan="4">员工信息、业务数据、财务数据</td><td>数据库较少</td></tr>
<tr><td>政务云（to G）</td><td colspan="4">人口库、法人库、地理库、政务服务库、公文库、财务库</td><td>数据库大、数量多</td></tr>
<tr><td rowspan="2"></td><td colspan="4">联系</td><td rowspan="2">区别</td></tr>
<tr><td colspan="4">数据平台交换层</td></tr>
<tr><td>企业云（to B）</td><td colspan="4">订单数据、需求分析</td><td>数据传输</td></tr>
<tr><td>政务云（to G）</td><td colspan="4">公安数据、质监数据、规划数据、工商数据、住建数据、民政数据、教育数据</td><td>数据传输、交互</td></tr>
<tr><td></td><td colspan="4">业务应用技术支撑层</td><td></td></tr>
<tr><td>企业云（to B）</td><td colspan="4">√</td><td>技术要求一般</td></tr>
<tr><td>政务云（to G）</td><td colspan="4">√</td><td>技术要求高</td></tr>
<tr><td rowspan="2"></td><td colspan="4">联系</td><td rowspan="2">区别</td></tr>
<tr><td colspan="4">业务应用中心</td></tr>
<tr><td>企业云（to B）</td><td colspan="4">业务 APP</td><td>应用较少</td></tr>
<tr><td>政务云（to G）</td><td colspan="4">网上办事服务中心、社会服务中心、户籍管理中心、工商管理中心、教育中心等</td><td>应用多</td></tr>
</table>

资料来源：云师兄整理

## 三、政府云板块的核心壁垒

那么在政府云板块，什么样的企业才更具有竞争力，更容易在这个富有潜力的领域获得更好的成长呢？

### （一）扎实的成功案例帮助企业获取政府信赖

目前来看，在政务云这个细分领域，阿里、腾讯拿单量多、重量级大；

而金山云虽然成立时间相对较晚，但“初出茅庐不怕虎”，也成功在北京市场站稳了脚跟（见表2）。

表 2　　政务云领域企业业务分布

| 公司名称 | 智慧城市/社区 | 省级政务云 | 国家级部门政务云 | 省级部门政务云 | 市级政务云 | 卫健委 |
|---|---|---|---|---|---|---|
| 阿里云 | √ | √ | √ | √ | √ | |
| 腾讯云 | | | | √ | √ | |
| 华为云 | √ | | √ | √ | √ | √ |
| 金山云 | √ | | | | √ | √ |

资料来源：各公司官网公开资料整理

据36氪报道，目前北京近100个单位迁入了政务云，金山云服务占比超过60%的单位有58个，承载业务系统超过300个，服务的主机数量超过3 000个。此外，金山云还服务了城管局、广电局、中关村管委会、组织部等机构，从档口到政府，从一级单位到二级单位等都涵盖其中。北京作为全国的政治中心，涉及的相关部门数量多，需求复杂，定制化挑战大，在云服务的安全性方面需要保证非常高的标准，而北京政务云的成功实践，无疑使金山云获得了在政务云领域稳定可靠的背书。

继大获好评的北京市政务云之后，金山云的智慧政务、智慧园区等服务，又接连覆盖了徐州市、日照市、仙桃市、延庆区、淅川县、长沙市天心区等地。这意味着金山云深耕政务云领域已颇有优势，实力不容小觑。

而在医疗云板块，金山云也有所建树，率先落地仙桃市，与地方卫健委展开合作。智慧医疗项目“金山云 CloudHIS”为仙桃市757家基层医疗卫生服务机构提供一体化云服务，建立个人健康档案121万份；实现3家市直医院互联互通，整合各级医疗机构数据记录4.15亿条，医共体内远程诊断超过10万人次。随着新型冠状病毒疫情持续升级，各地应急物资分发管理问题开始出现。针对这一情况，金山云自发组建“抗击 nCoV”项目组，突击开发了“应急物资管理系统”，也可看出其技术实力。

## （二）雷系生态产品体系拓展金山云、政务云业务的空间

金山云自成立起便是雷系企业的一员，背靠“雷系”生态，金山云自

主可控业务有很大的协同空间。协同金山软件，金山云有望开拓政务云的云办公，保障政府文档安全性并提升管理效率。金山云在云办公领域有望形成整体方案为客户提供服务，如政府/企业文档集中管理，以高安全性能的大容量云存储空间，提供企业文档云化解决方案；团队模式管理文档，轻松协作，提升工作效率。

协同小米 AIoT 终端，金山云有望依托雷系生态的智能家居助力智慧城市。2019 年小米开启“手机 + AIoT”双引擎发展战略。截至 2019 年上半年，在生态链企业庞大的产品体系支撑下，小米 IoT 平台链接的 IoT 设备数量约 1.96 亿台。根据 2019 年第三届“智能新时代”小米开发者大会公开的资讯，金山云 AIoT 已与上百家企业展开合作，覆盖酒店、公寓、民宿、康养、办公、社区、园区等。在智慧社区建设方面，金山云战略签约亿达装饰，完成武汉长江青年城智慧社区项目的交付，打造国内智慧社区行业的标杆。庞大的终端规模与雷系生态超过 2 000 类成熟优质的智能家居硬件，给金山云落地智慧家居、智慧社区、智慧城市业务带来了无限想象空间。

## 四、总结

2019 年 12 月 2 日，金山软件发布公告称，金山云集团与中国互联网投资基金于 12 月 2 日订立购股协议，中国互联网投资基金向金山云投资 5 000 万美元，持有 1.89%，本轮估值约 26.5 亿美元。

本轮投资的核心亮点如下：

• 明确的上市预期。2019 年 12 月 22 日，金山软件发布公告称，公司拟分拆金山云独立上市，已获香港联交所确认可进行。金山软件董事会宣布，金山云于 2019 年 12 月 20 日按保密基准向美国证交会递交可能进行首次公开发售的注册声明草拟本。①

• 业绩成长快速。虽然目前云计算领域有阿里、腾讯、华为三大巨头，但政府云服务领域壁垒相对较高，竞争模式与企业云差异较大。同时，

① 本次投资后，2020 年 5 月在美国纳斯达克上市，股票代码为 KC。

政务云相比企业云不需要较大的前期服务器等支出，相对呈现轻资产模式。金山云在政务云和医疗云板块的先发优势较大，2019 年金山云营收为 39.56 亿元人民币，同比增长 78.4%，处于快速成长阶段。金山云在政务云领域优势显著，协同雷系生态发力智慧城市，叠加未来上市预期，投资回报预期丰厚。

- 新股东加速成长。从战略上看，中国互联网投资基金，由中央网信办和财政部共同发起，是名副其实的“国家队”。往期投资领域亦主要集中在互联网自主可控方向。政府文件、数据、资料是国家安全重要的领域，金山软件是目前国内唯一可以和微软 Office 抗衡的办公软件，政务部门采用金山软件办公，而金山云自然而然发力政务云领域，对国家安全或有重要意义。

此外，在与政府部门的合作中，除企业产品服务质量、价格外，股东背书、安全自主可控或许更重要。依托北京政务云成功实践的背书，协同雷系生态，金山云与政府部门在云服务领域的合作将有更多可能。

想成为投融资观察报告创作团队的一员吗？微信扫描本书第 388 页二维码，现在就加入我们吧！

# No. 3

# 移动电竞行业腾飞，腾讯携手大鹅文化深挖游戏 MCN 领域*

主笔：章　宇
资料收集：陈　雪　李振宇

**交易概览：**

直播经纪公司 & MCN（大鹅文化）近期完成 A+ 轮融资。本轮融资由腾讯兴趣内容基金（专题基金）独家投资。据报道，该轮融资估值超 10 亿元人民币。2018 年，公司曾获得来自领投方盛大游戏的 1 亿元 A 轮融资。本轮融资后，大鹅文化计划加大对电竞、娱乐、音乐二次元内容领域投入；资金将主要用于在成都、太仓、芜湖等地落地新的内容孵化基地，并联合中国高校等进行网络达人选拔、培训，孵化娱乐、游戏活动直播及视频平台达人。

## 一、行业分析

### （一）电竞生态体系逐渐完善，市场规模日渐增大

电子竞技行业近年来快速发展，凭借多项赛事逐渐走进大众视野，受到人们的青睐。电子竞技产业体系日渐趋于完善，但仍处于发展阶段，商业潜力有待完全开发。

电竞与传统运动行业虽然同属于竞技体育，但却存在很大差异。电竞

* 本文写于 2019 年 12 月。

行业根植于像动视暴雪抑或是腾讯之类的游戏厂商，把控了整个电子竞技产业链大部分环节，包括游戏开发、赛事主办、衍生品开发等（见图1）。

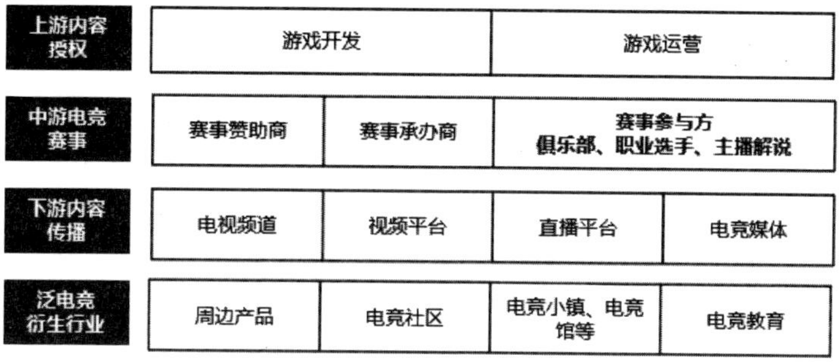


**图1　中国电竞生态产业链**

国内电子竞技行业自2017年始便正式进入爆发期，2017年电子竞技行业市场规模突破650亿元。根据中国音像与数字出版协会游戏工委发布的《2019年第一季度中国游戏产业报告》的数据显示，2019年第一季度中国游戏用户规模突破6.4亿人，而移动端游戏市场份额远超代替PC端游戏，稳固中国游戏市场巨头，占比64.4%。除此之外，仅2019年上半年，我国电子竞技游戏市场实际销售收入突破500亿元，同比增长22.8%。

## （二）资本进入电竞市场，游戏直播成为新风口

目前，国内电子竞技市场收入主要来源包括游戏收入、直播收入、电竞赛事收入以及其他收入。其中，电子竞技游戏收入占据主导地位，游戏直播以及赛事带来的收入占比较低。数据显示，在2018年中国电竞产业收入构成情况中，游戏收入占比最高，占比高达91.8%；其次为直播收入，占比为6.0%，收入差距悬殊较大。

随着资本逐渐进入电竞市场，游戏直播和电竞赛事领域逐渐受到关注。2018年，中国游戏直播平台用户规模高达2.6亿人，较2017年增长超20%（见图2）。其中，移动电竞游戏不断涌现、各级电竞赛事不断完善以及短视频平台开拓游戏直播业务，均助力游戏直播用户快速增长。

游戏直播平台正处于深化商业化的过程中，2018年增长规模超过60%，市场规模超230亿元，预计2020年规模增长至235亿元（见图3）。

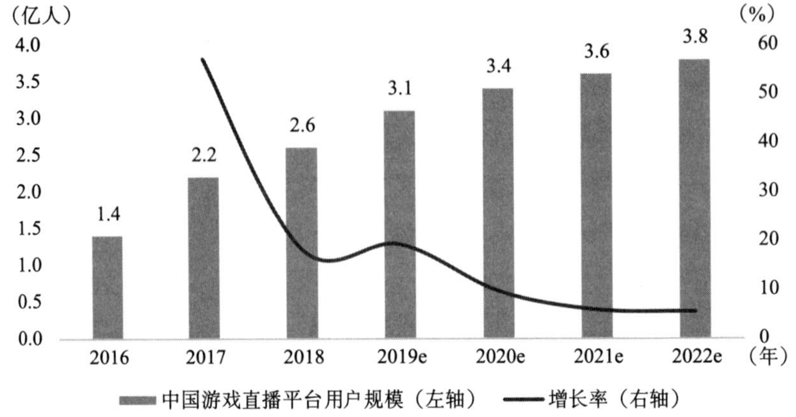


**图 2　中国游戏直播平台用户规模**

资料来源：2020 年中国游戏直播行业研究报告

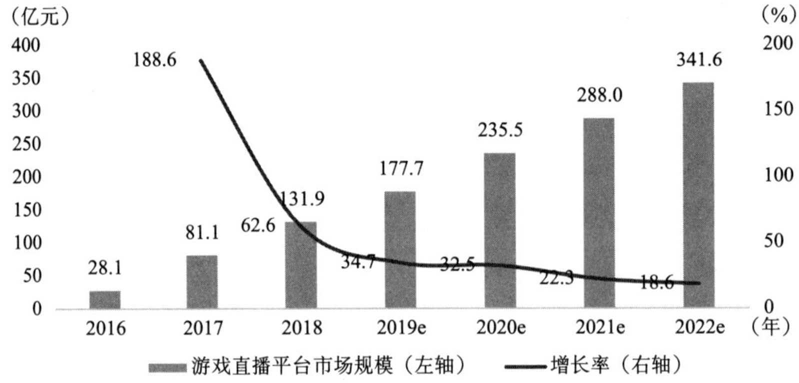


**图 3　中国游戏直播平台市场规模**

资料来源：2020 年中国游戏直播行业研究报告

经过近几年的爆发增长后，预计未来游戏直播平台用户数量、市场规模的增长速度将放缓，存量用户的挖掘与商业化变现将成为游戏直播行业未来的重点。

## 二、MCN 介绍及平台对比

### （一）MCN

MCN 起源于国外，最初是由 YouTube 于 2007 年提供的合作者项目衍生而来，主要提供的是不同 YouTube 频道间的观众引流、内容编辑、创作者合作、数字著作权管理等服务。MCN 本身并不生产内容，其商业模式是将众多的个体内容创作者聚合起来建立统合频道，以帮助他们解决从推广到变现等一系列问题，最后再以一定的比例与创作者进行分成。

作为外来物，MCN 在中国飞速发展，并兼容形成了“中国特色”，它并非单纯的签约网红，然后进行内容管理、推广、变现，而是有着日渐完善的成长路径和独特的生存机制。现在生长于本土的 MCN 已经成为一种多渠道网络并向发展的产品形式，结合部分 PGC 内容，在资本大力支持下，保障内容的持续输出，从而最终实现商业的稳定变现。

自 2012 年短视频行业起步以来，在资本推动下，短视频 PGC 创业浪潮兴起，形成了由单一账号到多账号矩阵的孵化模式。伴随着微博、抖音等各大平台转型并推出“内容补贴”战略，大批包括直播公会在内的红人机构转型 MCN。在短视频行业高速成长、资本、内容创作者以及流量平台等多方面因素影响下，MCN 行业迎来井喷式增长。据 Crowley 发布的《2019 中国 MCN 行业发展研究白皮书》，截至 2018 年 12 月，MCN 机构数量已经超过了 5 000 家，并且 90% 以上的头部红人被 MCN 公司收入囊中，或者建立了自己的 MCN。目前，中国 MCN 整体市场规模、业态及呈现形式等都已青出于蓝而胜于蓝，整体市场规模已超百亿级。相关资料见图 4 和图 5。

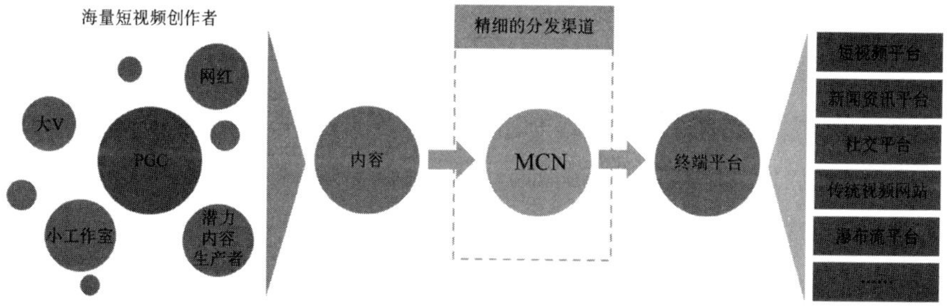


**图 4　短视频行业分发模式**

（二）以业务形态划分

从主要业务形态看，目前国内 MCN 机构重心多以内容制作和运营为主，链路营销、电子商务、版权等业态形式大致可以细分为以二更、橘子

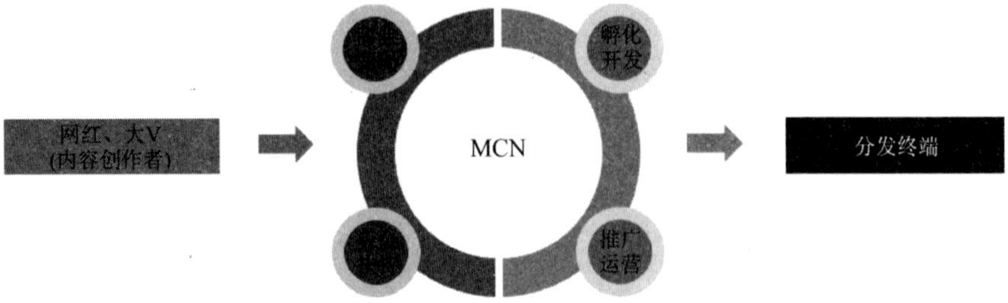


**图 5　MCN 内部运作模式**

娱乐为典型的“内容生产型”，以蜂群文化、鼓山文化为典型的“网红资源运营型”，以洋葱视频、大禹网络为典型的“自研孵化型”，以震惊文化为典型的“IP 产业布局型”，以如涵为典型的“电商内容型”（见表 1）。

**表 1　MCN 平台对比分析**

| 主要业务形态 | 典型平台、机构 | 主要业务模式 |
|---|---|---|
| 内容生产型 | 二更<br>橘子娱乐 | 内容生产型 MCN 内容自研生产居多，多由原先的 PGC 内容生产商转型 MCN，并大多形成了自己的 IP 或专栏 |
| 网红资源运营型 | 蜂群文化<br>鼓山文化<br>papitube<br>大鹅文化 | 网红资源运营型的 MCN 是领域内占比最多的，在营销上的优势主要体现在有“人”，往往签约了大量网红资源形成传播矩阵。这种拥有一定体量网红资源运营型的 MCN 在与品牌或平台对接时具有一定的话语权，凭借其自身的资源优势 + 内容聚集能力可获得广告主的青睐。从内容基础来看一般聚焦泛娱乐领域，在选题上一般追随热点，受众群体广泛 |
| 自研孵化型 | 洋葱视频<br>大禹网络 | 自研孵化型 MCN 和一般的 MCN 不同的是，它不是签约成熟网红，而是自己打造素人。自研路线的 MCN 把内容把控在自己手里，红人与 MCN 之间的捆绑得更密切，避开了签约型 MCN 遇到的“网红长大后携流量单飞”的问题 |
| IP 产业布局型 | 震惊文化 | IP 产业布局型的 MCN，是在发展过程中选择差异化赛道，避开了泛娱乐内容生命力不持久的问题，深耕更长线的 IP 研发、生产、经营的产业链，通过品牌授权、衍生品开发等形式开展业务。这类 MCN 往往有着自己广为人知的形象 IP，着力于进行版权层面的变现 |

续表

| 主要业务形态 | 典型平台、机构 | 主要业务模式 |
| --- | --- | --- |
| 电商内容型 | 如涵控股 | 随着各大电商平台持续在内容领域发力，电商 + 内容的结合日渐受到青睐，内容电商型 MCN 也走进了人们的视野，入局比较早像如涵、美 one 等，很大程度上解决了短视频的变现难题 |

### （三）以不同垂直领域划分

在微博、抖音和快手三个平台中，粉丝量达百万以上的账号在 11 个垂直领域的数量占比差异明显。微博集聚了母婴亲子、明星、时尚穿搭、美妆、动漫与汽车这六大垂直领域的优质账号；抖音、快手中主要集聚了幽默搞笑、美食、萌宠、游戏与音乐这五大垂直领域的优质账号；淘宝直播、小红书这两个平台中，则进驻了大量时尚穿搭、美妆 MCN。

在时尚穿搭、美妆这一竞争激烈的垂直领域中，已经赴美上市的“网红第一股”如涵控股堪称行业佼佼者。从一家淘宝店起家的如涵控股已经转型成为以“网红孵化，电商营销”为主要业务形态的 MCN 机构。

在母婴亲子这一垂直领域中，青藤文化毫无疑问是这一领域的头号玩家。青藤文化由 2011 年成立至今已经走过了 7 个年头。从 2014 年起，青藤由视频制作公司转型为原创内容生产公司，出品了“明白了妈”“熊叔厨房等”等多个栏目，由此衍生出以母婴为核心的 MCN 业务，旗下红人及自媒体数量也已经突破 50 个。

在其他一些垂直细分领域中同样涌现出了不少优质 MCN 机构。例如新片场社区，作为国内专业的创作人社区，为创作人提供作品展示、互动交流、影视教学、素材交易、影视创作工具等服务，已有大概 32 个国内外地区的创作者，80 多万创作者，分享过超过 180 万部的作品。

相关资料见表 2。

## 三、标的分析

### （一）基本业务链条

大鹅文化成立于 2017 年年初，通过抓住移动竞技的红利爆发期，在短短

表 2　　按垂直领域划分的 MCN 机构

| 公司名称 | 垂直细分领域 | 主要业务模式 | 业务规模 |
| --- | --- | --- | --- |
| 如涵控股 | 美妆时尚 | 以“网红孵化，电商营销”为主要业务形态的 MCN 机构 | 截至 2019 年年底，如涵所拥有的 KOL 粉丝总数达到 1.5 亿人，主要包括微博的 1.1 亿人，Weitao 与微信的 4 000 万人，超过 80% 的 KOL 粉丝是千禧一代，其中超过 78% 是女性 |
| 青藤文化 | 母婴亲子 | 原创内容生产公司，出品了“明白了妈”“熊叔厨房”等多个栏目，由此衍生出以母婴为核心的 MCN 业务 | 旗下红人及自媒体数量也已经突破 50 个。该公司于 2016 年 8 月上市。根据 2019 年半年报，公司营业总收入 3 004.22 万元，比去年同期增长 81.78% |
| 新片场 | 新媒体创作 | 新片场社区作为国内专业的创作人社区，为创作人提供作品展示、互动交流、影视教学、素材交易、影视创作工具等服务 | 拥有大概 32 个国内外地区的创作者，80 多万创作者，分享过超过 180 万部的作品。作为国内新媒体影视第一股，2015 年 12 月 4 日在新三板挂牌上市，2019 上半年实现营业收入 16 563.83 万元，同比去年上涨了 14.45%；归属于挂牌公司股东的净利润为 896.71 万元，同比去年上涨了 532.91% |

资料来源：公开数据整理

一年多时间内成长成为游戏领域最大的主播经纪公司 &MCN 机构。目前，公司主要聚焦是王者荣耀、绝地求生和腾讯吃鸡手游—刺激战场这三款游戏。主营业务包括培育主播、短视频制作和电竞职业俱乐部的运营等。如果将整个业务链条拆解分步来看，大鹅文化通过大量签约游戏 KOL，对主播进行包装再培训，来实现在直播和短视频领域的内容输出与推广分发。

### （二）MCN 领域布局

作为国内知名 MCN 平台，大鹅文化主要针对游戏以及游戏主播设计短视频内容。大鹅文化在抖音、快手、企鹅号、今日头条等多渠道布局，而其旗下的主播也在直播平台有运营，各个自媒体以及短视频平台也都开设了账号。据了解，在抖音快手每月公布的 MCN 榜单排名中，大鹅文化是榜中常客。在 2019 年初快手发布的 1～3 月 MCN 榜单中，大鹅文化无一例外都在榜单 TOP4 行列。在立足游戏内容基础上，大鹅文化不断突破局限，布局多样化内容的吸引年轻“Z 世代”。本轮融资完成后，大鹅文化也表示将加大对电竞、娱乐、音乐二次元内容领域投入。

## 四、做大做强原因分析

### （一）创始人团队深耕游戏领域，为公司发展增添助力

王宇阳、王智开、何惠惠是大鹅文化的核心创始成员，有媒体称其为“铁三角”。三人均在电竞和游戏行业从业超过 10 年，做过自媒体和电竞媒体，也在直播平台工作过，不仅熟悉经纪业务和内容业务，对行业有清楚的认知，而且已经积累了一定的资源。因此，在意识到移动电竞爆发的趋势和行业机会后，共同创办了大鹅文化。

### （二）精确主播包装，持续产出优质内容

大鹅文化通过培训、包装、商业开发等一系列途径为主播打造与其成长背景性格相符的人设，并持续帮助主播产出优质内容。根据主播成长的不同阶段，公司会为其订制合适的培养方法和匹配相应的资源。例如，针对年产值贡献过千万元的超级明星，如全网粉丝数超过 1 000 万人的“韩跑跑”，公司为其专门配备了一个超 10 人的团队，而中层主播则配备 5～8 人组成的经纪团队。

### （三）组建电子竞技战队，打通主播上升渠道

除了在短视频、主播等内容渠道投放游戏内容外，公司还打通主播上升渠道，成立 Dae 电竞俱乐部。目前，大鹅文化旗下有三支电竞职业战队（绝地求生、QQ 飞车、和平精英），其中绝地求生与和平精英项目已经打进职业联赛。

### （四）明确定位，深耕年轻人的内容产业

大鹅文化定位是成为年轻人喜好的内容公司。大鹅文化以游戏为突破口，在扩展基本业务的基础上，深耕年轻人喜爱的内容产业。2018 年 10 月，公司新增音乐业务，也正努力拓展二次元、泛娱乐等领域。大鹅文化

通过不断打开新的内容领域，实际上已经实现了在内容输出布局上的矩阵化。

## 五、总结

对大鹅来说，时隔将近一年半完成 A + 轮融资，不仅获得了充足的资金，能够持续发展巩固目前行业内的优势，而且有足够的条件进一步拓展业务范围，探索产业链上下游。在得到腾讯资金注入的同时也获得了腾讯的渠道优势和一定的资源共享，大鹅文化借此能更容易地扩大自己的流量池。

对腾讯来说，这是腾讯继小象互娱之后在游戏 MCN 领域的又一布局，是腾讯在完善自己泛娱乐生态进程中的又一次努力。腾讯可以将自己的游戏等产业资源与大鹅文化等 MCN 机构对接，从而更广泛地传播产品，并获得大众认可。

想成为投融资观察报告创作团队的一员吗？微信扫描本书第 388 页二维码，现在就加入我们吧！

**No. 4**

# 传统影视现行业天花板，阅文叠纸携优质 IP 助力互动影视崛起*

**主笔：**郑荃文

**资料收集：**郑荃文　孙振鑫

**交易概览：**

2019 年 12 月 11 日，互动影视内容公司“互影 ALTSTORY”完成将近亿元 A 轮融资，本轮融资由阅文集团领投、叠纸游戏跟投。

阅文作为国内网络文学市场的领先者，拥有丰富的内容创作者资源、优质的原创文学 IP。而叠纸游戏则是专注在互动娱乐领域发展的新兴互联网文化企业，目前已出品《恋与制作人》《奇迹暖暖》等现象级游戏。阅文集团和叠纸游戏作为互影科技本轮投资方，本身具备强大的原创 IP 孵化能力，而互影科技作为 PGC 也正好能借力二者的优质 IP 内容推动作品互动化（见图 1）。

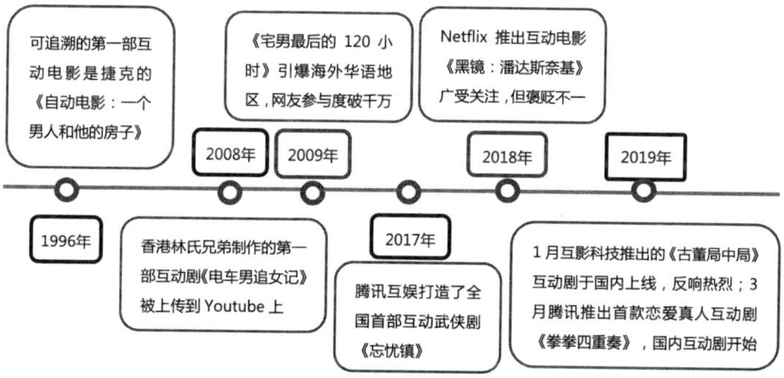


**图 1　互动剧产业发展历程**

---

* 本文写于 2019 年 12 月。

## 一、影视行业发展背景

根据广电总局发布的数据，2008～2019 年，我国院线银幕数量从 4 097 块增长至 60 079 块，复合年均增长率达到了 35%；全国国内电影票房收入从 43.41 亿元增长至 642.66 亿元，增长达 15 倍；观影人次从 1.41 亿增至 17.27 亿，复合年均增长率近 45%。但自 2017 年后，中国电影票房收入增长趋势下滑明显（见图 2）。

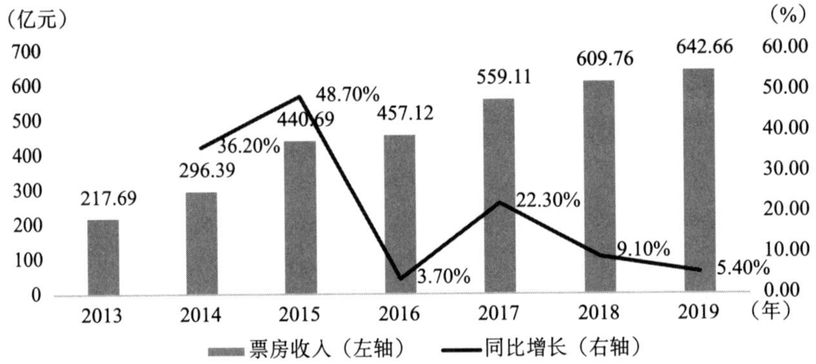


**图 2　2013～2019 年中国电影票房收入增长趋势**

资料来源：中国电影局

院线电影、网络电影和电视剧的数量也显著增长。自 2014 年出现“网络大电影”概念以来，网络大电影数量一直保持高增长。2014～2016 年全网上线网络大电影同比增速分别为 55.6%、214.3%（见图 3）。2016 年网络自制剧产量剧增，最高增至 2 866 集，增幅高达 95%，全年累计播放量达 229 亿次。2016 年自制剧市场总体规模突破 5 000 集，相较 2009 年增长逼近 250 倍。相关资料见图 4。

然而，如今的影视剧市场所缺并非数量。每年传统制作机构产出的电视剧集数大致在 14 000～17 000 集，但我国每年能上映的电视剧剧集仅约 8 000 集，这表示有将近一半的电视剧制作完成后并无播出机会。同时，也有不少电影因为题材或质量等问题“胎死腹中”，无缘院线观众。以 2019 年为例，全年共生产电影 2 381 部，但其中可上线数量约为 789 部，占比 33%。

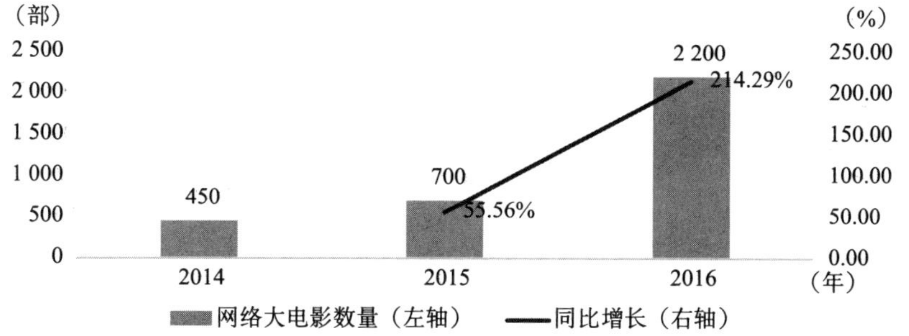


图 3　2014～2016 年网络电影部数趋势

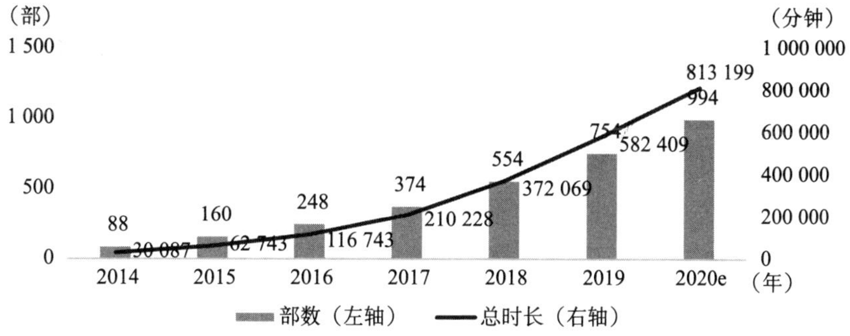


图 4　2014～2019 年网络自制剧市场规模

资料来源：爱奇艺、东吴研究所

也就是说，近七成拍出来的电影并没有上映过。供给过剩也造成观众审美疲劳，视频平台需要新鲜的内容吸引用户（见图 5）。

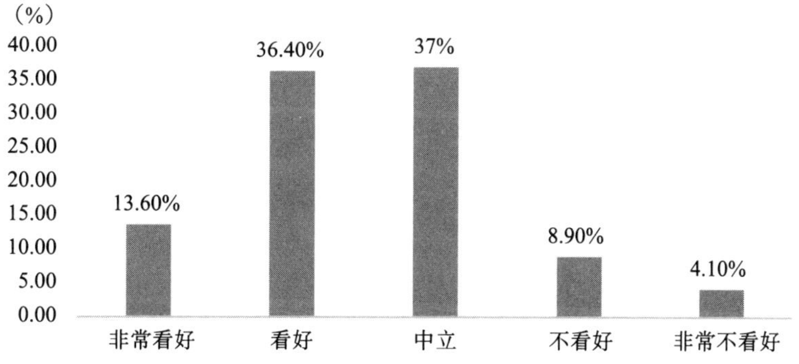


图 5　2019 中国视频平台投资互动剧产业前景网民态度调查

资料来源：艾媒数据中心

## 二、互动影视行业机遇

### （一）时代更替，“Z 世代”交互性视频消费催生互动影视

互动影视兴起的底层逻辑是交互性。尤其是对于“Z 世代”，他们在视频消费领域的观看习惯与年纪较长的人群呈现出明显区别。“Z 世代”更希望自己深度参与内容的生产流程。

### （二）影视游戏趋向化，互动内容成新潮

互动剧，类似游戏与视频的一体化，不仅是交互式的网络视频，也是全新的视频呈现形式。影视开始变得像游戏，即影视游戏化。2018 年，Netflix、YouTube 等国外视频平台纷纷入局互动影视，其中最有代表性的是 Netflix 推出的互动电影《黑镜：潘达奈斯基》。游戏开始引用故事主题，即游戏影视化。更注重叙事的游戏越来越多，尤其以 Quantic Dream 推出的《底特律变人》的互动叙事电影游戏为代表。该游戏耗费 2.3 亿元制作成本，用时 4 年开发，销量实现 300 万份，收入破 10 亿元人民币。

伴随着 5G 时代到来，影视形态将迎来全新变革机会：观众与内容的关系不再是单向接受，而是双向互动。互动不仅能改善用户观看体验，也提供了更加多样化的商业性和增值空间。据艾媒咨询数据显示，仅 2018 年中国互动剧用户规模超过 4 000 万，预计未来两年将以 73.2% 复合增长率高速增长，2020 年用户规模有望突破 1 亿人（见图 6）。

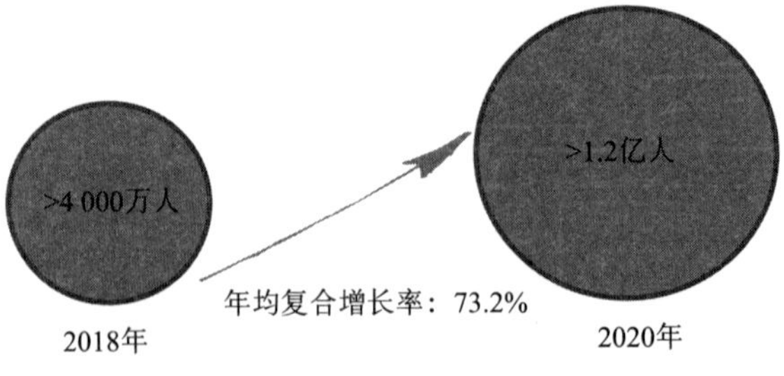


**图 6　2020 年预计中国互动剧用户数量突破 1 亿人**

资料来源：艾媒报告

## （三）视频平台加速布局，助推互动剧产业发展

当前移动视频行业呈现三足鼎立，各视频平台加速布局互动剧抢占竞争新赛道，有利于加速互动剧产业实现规模化发展（见图 7 及表 1）。

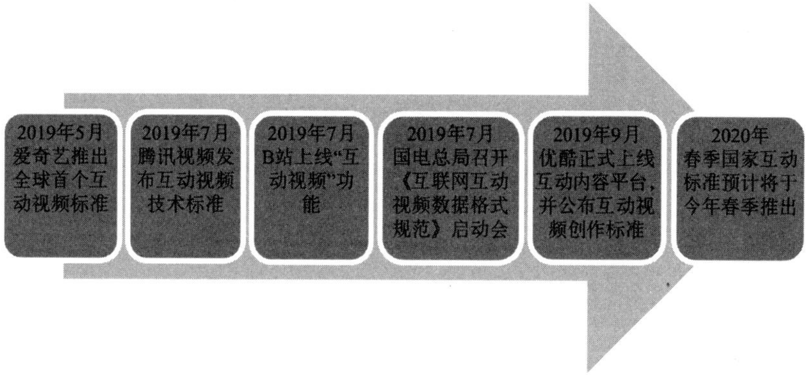


**图 7　2019 中国互动视频行业标准制定情况**

**表 1　　五大平台互动剧布局商业模式情况**

| 平台 | 模式 | 优势 |
|---|---|---|
| 腾讯视频 | 以游戏制作为根基，同时通过与影视工作室合作的方式在游戏和影视双发力，游戏和视频双平台同步推广 | 同时拥有游戏制作和影视制作的经验和资源，作品数量和质量均处于领先地位 |
| 爱奇艺 | 电影、互动剧、互动综艺、互动小说、互动游戏和互动漫画等互动全业务领域全业务发力，打造互动化 IP 生产平台 | 业务领域全面，受众更广泛，同时各内容之间相互协同 |
| 优酷视频 | 善于重金打造互动影视单个爆品 | 互动剧单品出品质量较高，流量好 |
| 芒果 TV | 背靠湖南卫视，凭借自身积累的综艺 IP 资源制作互动综艺，在互动综艺这个细分领域不断深耕 | 综艺经验丰富，背靠湖南卫视 |
| 哔哩哔哩 | 短视频结合主播模式 | 长期优质的 UGC 优势为互动视频创作奠定基础 |

## 三、互动影视行业三大挑战

第一，互动剧最大的难点是平台是否愿意支持制作方开发这类内容。如果平台不支持，制作方如何制作，完成制作后剧集在哪里放映都会成为问题，而且目前已有的腾讯及爱奇艺生态之间并不兼容。

互动剧剧本产出难，制片逻辑颠覆传统，交互设置难，叙事质量取决于编剧。一是剧作难度，不仅需要遵循传统影视创作逻辑、经典戏剧创作规律，还需在此基础上形成更体系化、更严密的逻辑。因为每多一个视角，所有的叙事量都将是指数倍增长。二是如何才能使整个剧组都能看懂同一个剧本。

第二，互动剧和 VR 影视必须着重镜头语言、叙事手法、交互方式以及后期制作这四个领域（见图 8）。不妨以 VR 影视类比，交互性的 VR 影片待开发空间很大，但交互 VR 影片在拍摄逻辑、交互设置上若想出彩也绝非易事。

**图 8　互动剧和 VR 影视四大领域**

无论是互动剧还是 VR 电影，其在很大程度上，叙事的质量取决于编剧。但问题是，观众所期望的自由感官与传统编剧叙事以及导演控制之间存在矛盾。若想邀请经验丰富的编剧和导演参与制作，则必须说服他们放弃控制故事叙述权，这一点目前来说很难实现。

第三，搭建原生态技术门槛高，头部公司匮乏，多数剧作产出尚不具备真正的交互性。

目前市场上多数互动内容是用 H5 的方式搭建的。H5 制作门槛相对较低，但几乎不可能做出非常高质量的内容。例如 H5 无缝切换镜头难度非常大。此外，H5 制作需要挑选适配机型，否则会折损用户体验。而搭建原生系统，前期技术门槛高，成本损耗大，对于小型制作方而言较难承担。但若突破这道技术门槛，就能更好地衔接镜头和互动表达，从而提升用户体验和降低制作难度。

与互动剧相似，大多 VR 影片依然是 360 度全景 VR，通过全景摄像机实景拍摄，观众视角只能通过导演镜头移动的时间轴进行播放，影片分辨率以及沉浸度也相对较低。与之相比，经过专业渲染的虚拟 VR 短片能让观众有更好的沉浸感，不受观众物理位置局限。目前，国内 Sandman Studios，国外 Oculus Story Studio、Baobob Studios 等优秀 VR 制片公司能出品此类优质 VR 短片。

## 四、中国互动剧市场发展现状总结

中国互动剧处于早期发展阶段，市场渗透率低，产出规模及用户规模都较小。艾媒咨询数据显示，2019 年上半年，仅 37.9% 的受访网民表示对互动剧有所了解，其中观看过的用户占 93.0%（见图 9）。艾媒咨询分析师认为，当前视频平台上线的互动剧剧作数量少且缺乏真正的爆款，导致其潜在用户的渗透率较低。

互动剧作为新兴的视频呈现形式，行业规范仍待完善，互动视频行业标准未制定，产业结构未定型。多数制作方还处在摸索创新阶段，剧本编写、形式设置、拍摄、后期制作、宣传等流程尚未形成标准。

互动剧的产生为影视剧制作行业注入创新活力，拓展视频内容市场增

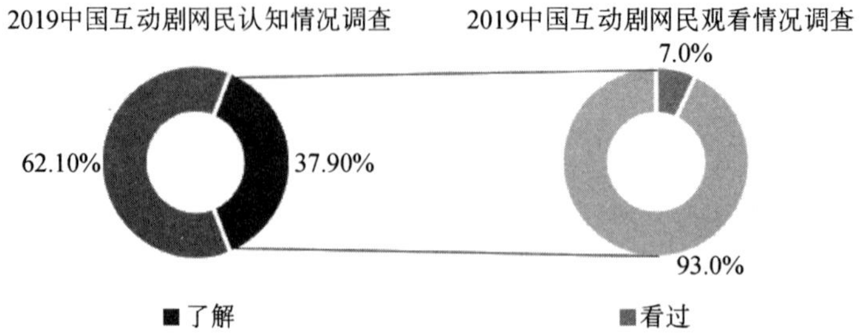


**图 9　2019 年中国互动剧网民认知情况调查　2019 年中国互动剧网民观看情况调查**

资料来源：艾媒咨询

长空间。在满足受众多元化、个性化观赏需求同时，也能推动传统影视剧行业升级，带动需求方和供给方的双向增长。

## 五、互动影视行业所需的核心能力：内容、交互和技术

互动影视作为全新的内容品类，涉及三个新的环节：新的影视呈现形式、交互设计与技术实现。

首先是新的影视呈现形式。在进行互动影视的故事创作时，编剧需要转变原有的思维，从“创作一个好故事”转变为“从用户的角度，去思考让用户以什么样的方式来参与到故事之中”，帮助用户输出自己的价值观。

其次是交互设计。互动设计是互动影视中的核心步骤，是通过互动架构把一个故事变成体验的关键步骤，必须以产品思维来打造互动影视中的交互设计内容。

最后，技术上，也需要不断优化用户体验。

对专注互动影视的公司而言，不仅需要兼备以上三种能力，更要将三者融为一体。

## 六、互影科技充分整合互动影视行业核心能力

互影科技核心团队来自影视、游戏、互联网等诸多领域，由“内容 + 互动 + 技术”等多部分组成。董事会成员包括真格基金创始人徐小平、经纬中国合伙人王华东、头头是道基金合伙人姚臻、阅文集团联席 CEO 梁晓

东等（见图 10）。

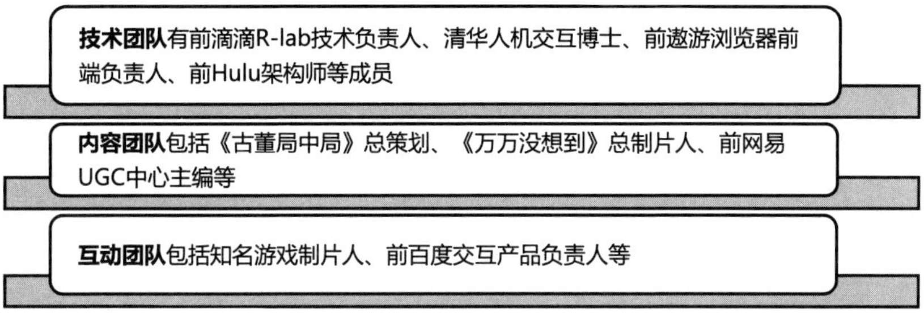


**图 10　团队组成**

此外，公司还设计了互动影视全链路完整开发体系，打造互影文化及互影科技双业务体系（见图 11）。

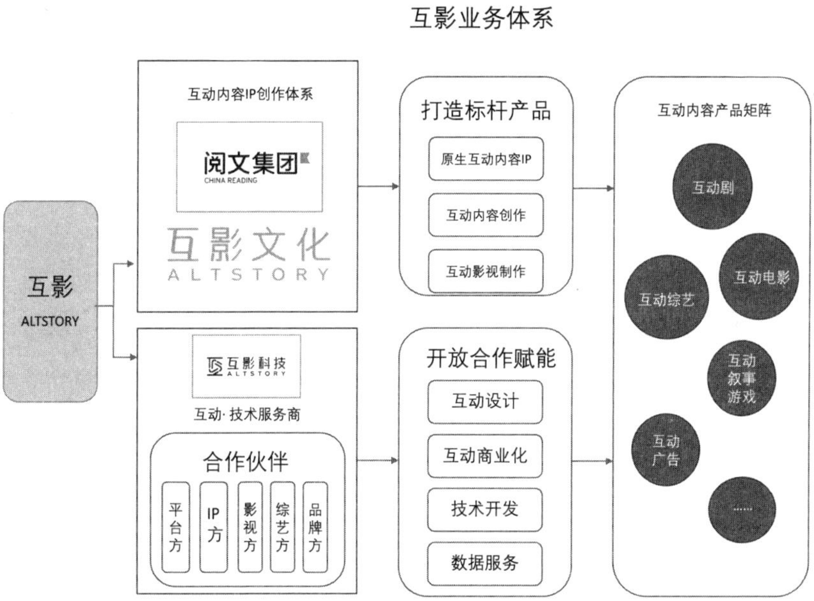


**图 11　“双业务体系”**

首先，“互影文化”主要负责创新内容，内容、拍摄、制作、技术实现等环节都由互影团队完成，目标是打造行业探索性的标杆产品。其次，“互影科技”更偏向于“互动 + 技术”服务商，主要负责互动设计和技术实现，影视内容部分则开放给合作伙伴。目前，团队正和行业内多家知名影视公司、综艺公司推进合作，包括中国首部互动探险剧《古董局中局之佛头起源》（由潘粤明主演）、《明星大侦探》衍生互动剧《头号嫌疑人》（由王鸥、黄明昊等主演）及拟定 2021 年上线的互动续作《头号嫌疑人2》等。

## 七、总结

在线阅读业务与版权运营服务是阅文集团两大核心业务。阅文集团 2019 年半年报显示，其 2019 年上半年在通用会计准则下经营利润同比下滑 12.6%，净利润同比下降 22.4%。其中，在线业务营业收入同比减少 11.5%。

在原有业务天花板已现的情况下，阅文开始致力于 IP 资源影视化，曾大手笔收购了主营影视业务的新丽传媒。但根据双方对赌完成情况来看，后者并没有如约完成。因此，投资互影无疑是阅文探索影视内容和形式的又一次重要尝试。

而互影科技虽具备互动设计和技术实现优势，但与以 UGC 为主的短视频相比，互动影视剧更加突出 PGC 的主导地位，对专业人才的依赖度更高，作品产出难度更大，需要经历相对较长的初期发展阶段。若能利用阅文丰富的内容创作者资源和优质的原创文学 IP，以阅文现有的已经具备粉丝基础的故事内容作为制作互动影视作品起点，剧作孵化难度更小，可以获得更快的发展。

影视作品因为其较强的主观性，率先创作出好作品的企业更容易获取品牌优势，获取较好的行业地位。阅文和叠纸的强大原创 IP 孵化能力将使互影科技更有机会抢占先机。

**No. 5**

# 疫情之下，生鲜电商逆势上扬*

**主笔：** 施　楠

**资料收集：** 成　诺　黄　杨　刘沛含

**交易概览：**

2019年12月26日，社区生鲜连锁品牌“钱大妈”正式宣布完成D轮融资，总交易金额达到10亿元人民币。本轮融资由基石资本领投、泰康人寿、启承资本、兼固资本等跟投。

钱大妈是一个社区农产品连锁超市，经营的品类有鲜肉类、蔬菜配菜类、熟食加工类、水产品等四大类别约500种食材。投资方基石资本是中国最早的创业投资机构之一，投资企业超过80家，领投企业超过60%，退出率以及收益率远超行业平均水平。

## 一、生鲜电商发展迅猛，或迎来历史拐点

### （一）生鲜电商市场规模过千亿元，线上渗透率有望持续上升

中国生鲜市场发展迅速，2018年生鲜电商市场交易规模突破2 000亿元（见图1及图2）。2016～2017年增速大幅放缓，大批中小型生鲜电商倒闭或者并购重组，但与此同时阿里腾讯京东等头部电商入局，带来了线上线下融合的新零售模式，为生鲜市场注入活力。进入2019年，随着新零售

* 本文写于2019年12月。

模式、前置仓模式以及社区团购等逐步成熟，市场步入战略收缩的调整阶段。未来，随着人们新的消费习惯养成，将进一步推动生鲜电商发展。

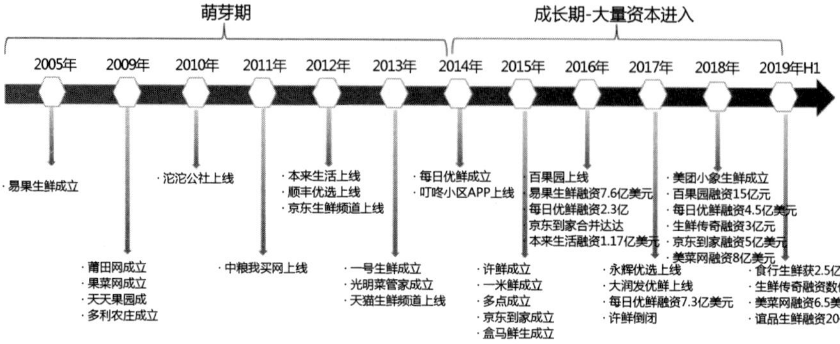


**图 1　生鲜电商行业发展历史**

资料来源：fastdata 极数

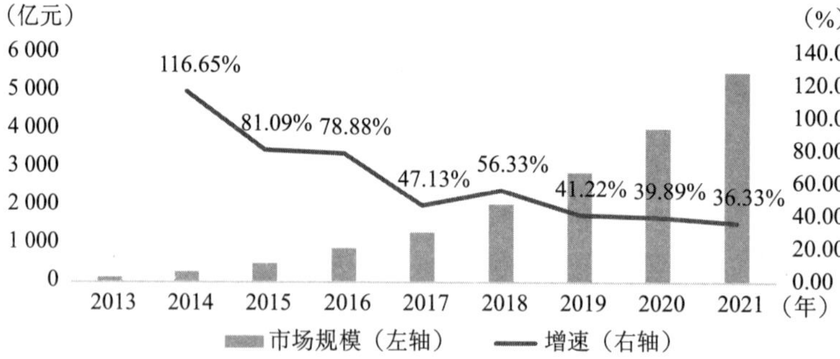


**图 2　中国生鲜电商行业规模（2013 ~ 2021 年）**

资料来源：艾瑞咨询 2019 年中国生鲜电商行业年度综合分析

## （二）电商巨头入局，行业集中度逐渐提高

经过 2013 ~ 2015 年的野蛮生长，2016 年行业进入洗牌期，头部企业的先发优势愈发明显。仅仅从 APP 月活跃用户人数（Monthly Active User，MAU）来看，每日优鲜、永辉生活、盒马等排名靠前的生鲜电商 APP 的 MAU 均超过 150 万人次。除此以外，老牌巨头电商合纵连横，全方位布局生鲜市场（见图 3 和图 4）。

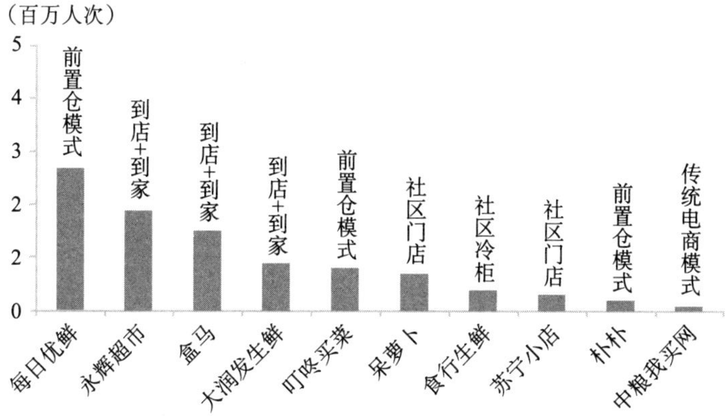


**图 3　生鲜电商 MAU 前 10 名**

资料来源：Mob 研究院，华泰证券研究所

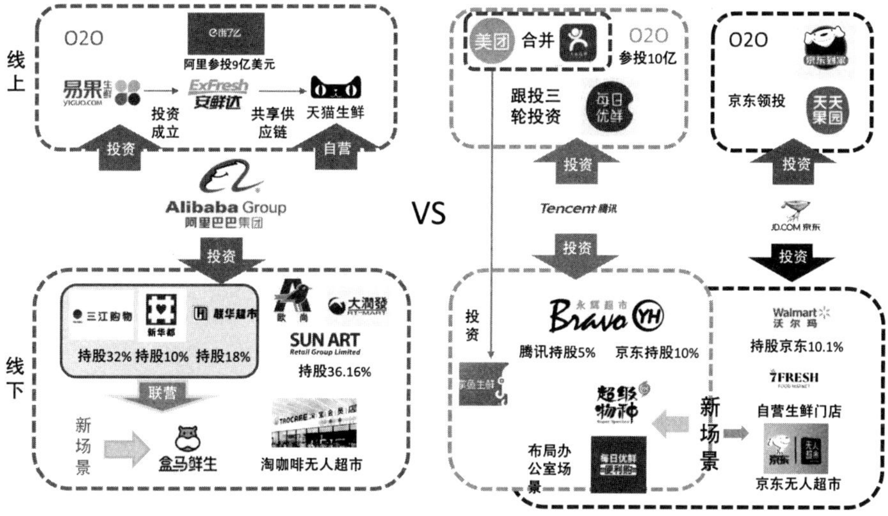


**图 4　电商巨头布局生鲜电商示意图**

资料来源：易观研究院

## 二、生鲜行业机遇

### （一）生鲜市场体量大，消费人数多，消费频次高

国内消费者对生鲜食品消费频次高，消费量大，对新鲜度要求高。平

均每周购买 3 次，高于全球平均值 2.5 次，水果蔬菜每周购买频次高达 4.8 次（见图 5）。

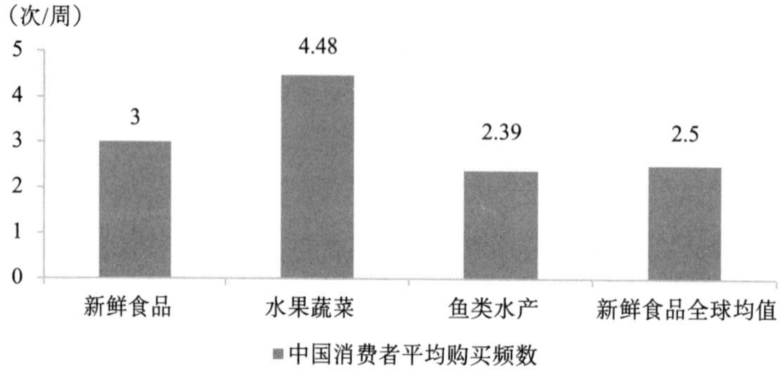


**图 5　中国消费者平均购买频次**

资料来源：申万宏源，国家统计局

在高频且旺盛的需求带动下，国内生鲜市场规模自 2013 年以来一直保持 6% 左右的增速，到 2020 年或将达到 2.16 万亿元（见图 6）。

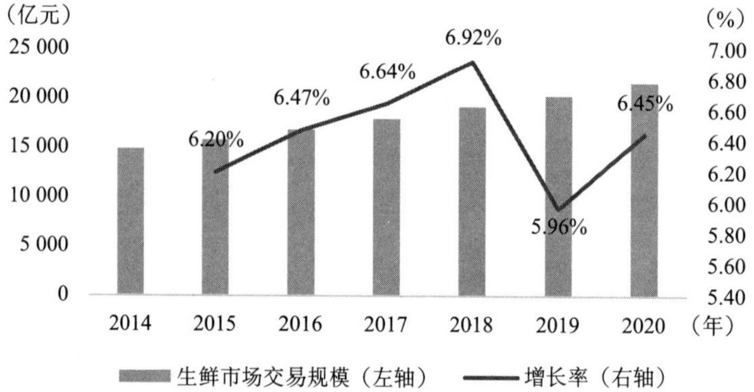


**图 6　中国生鲜市场规模**

资料来源：申万宏源，国家统计局

## （二）城镇化和居民收入水平上涨推动生鲜市场消费升级

近 20 年来，我国城镇化率不断提高，2018 年城镇化率达 59.58%（见图 7）。城镇人口达 8.31 万人，城镇居民可支配收入为 39 251 元，是农村居民的 2.69 倍（见图 8）。生鲜商品作为刚需消费，与人口数量和居民收入水平息息相关，城镇生鲜市场消费潜力巨大。

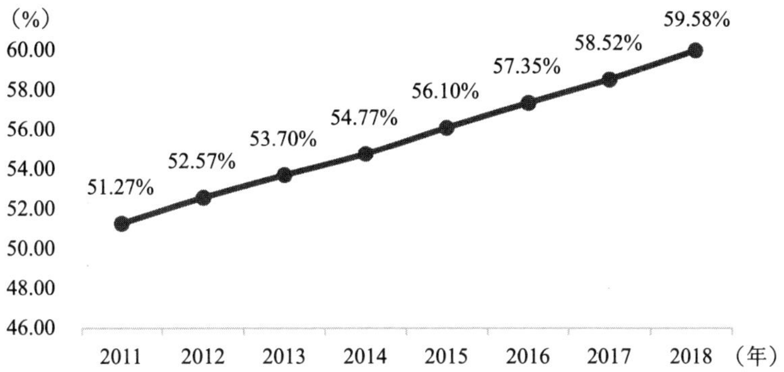


**图 7　中国城镇化率**

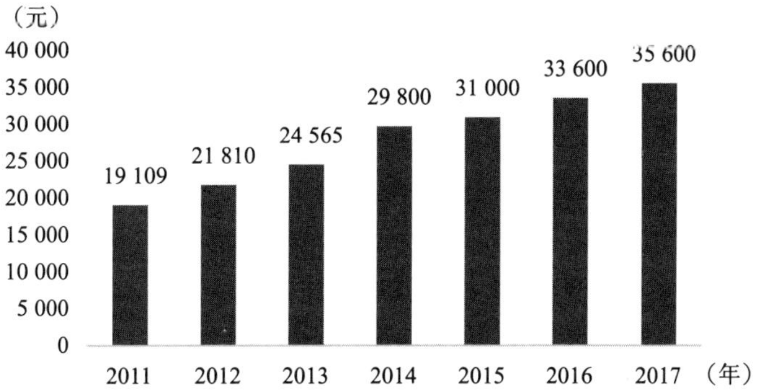


**图 8　中国城镇居民年收入（元）**

资料来源：申万宏源，国家统计局

## （三）商业模式划分

从 2005 年“易果生鲜”成立第一家门店开始，生鲜电商这条赛道上不断出现新的商业模式。例如：天猫、一号店等综合性电商平台，每日优鲜创新纯前置仓的商业模式，盒马鲜生“一线城市自营 + 二、三线城市联营”的新零售模式。钱大妈采取的是 O2O 店仓一体化 + 加盟制，因此我们在对直营/联营或者是加盟做出区分的基础上，又对不同的商业运营做出划分（见图 9）。不同商业模式带来的优缺点更值得关注。

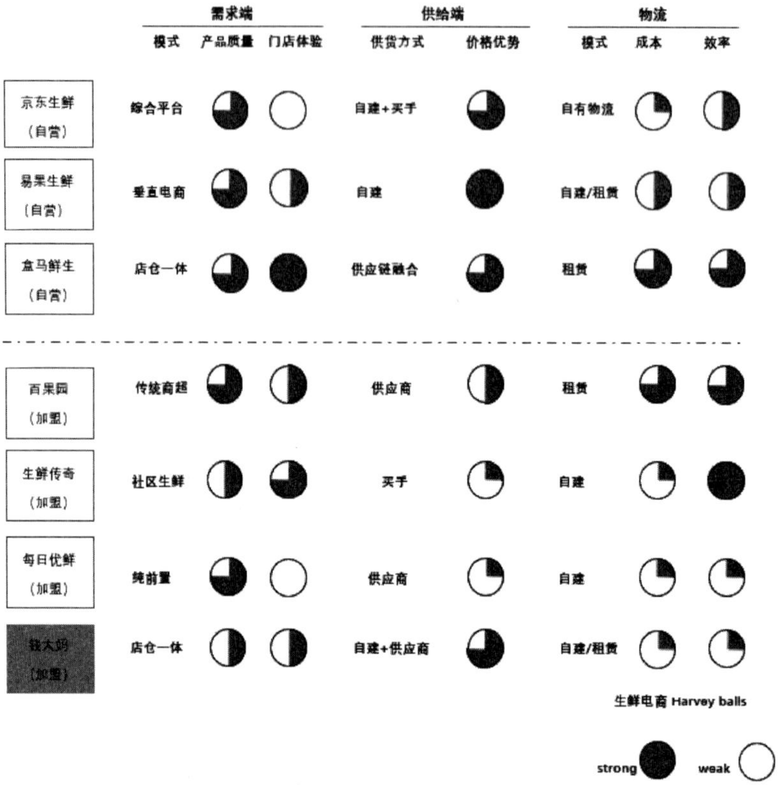


图 9　生鲜电商运营模式比较

通过上述分析，虽然主要生鲜电商平台分成了自营与加盟两大阵营，但细究其运营模式依然呈现出多种形态，给用户带来了不同的消费体验。可见，整个生鲜电商的运营模式依然在探索过程中。总体而言，就重要的用户体验，即产品质量而言，直营模式平台因为具备更强的品控机制而占有一定优势。

如果审视采用直营模式的平台，会发现其背后不乏 BATJ 等大集团的支持。相比较而言，采用加盟模式的平台更多依然是相对独立的创业平台，不同的股东背后的资本势力决定了其供给侧上的不同表现。与加盟平台的“向供应商采购”相比，自营平台更愿意“自建原产基地”，以其资本优势获得更优的货源成本以及质量控制，从而取得长期竞争优势。

同样的区别存在于生鲜电商最核心的物流环节，自营阵营中的平台在资本或者是集团供应链资源的支持下，最大限度地降低物流成本，并且提高其物流效率。相比之下，加盟阵营中的平台，由于过多依赖第三方物流，因而对物流成本和效率的控制难度大大增加，在冷链物流基础建设依然不够发达的现阶段，这有可能成为制约其盈利能力的主要障碍。

## 三、钱大妈——社区加盟 + 少 SKU + 零库存 + 产地直供

钱大妈社区生鲜（连锁）是广州市钱大妈农产品有限公司旗下连锁品牌。公司专营生鲜肉菜市场，以满足消费者对食材产品的新鲜健康需求为核心。钱大妈开在社区，以加盟店为主，店铺密度高；强调“不卖隔夜肉”，通过打折，实现店面当日零库存；强调产地直供，在产地建仓，核心城市建配送中心，产品经过产地运到配送中心再发往门店销售。

钱大妈的独有优势如下：

### （一）以快治快，零库存

钱大妈在 O2O 项目上首次创新提出“线上不隔夜”的概念，并把线下实体店的“定时打折清货”的模式运用到线上，通过对 O2O 订单系统设置定时打折，每天 19：00 开始自动打折销售，每隔半个小时再打低一折，直至免费派送，确保当天线上商品当天全部售完。

以快速出清库存这种方式来对抗同时期快速成长起来的社区生鲜电商，是钱大妈以快打快的整体认知；用拒绝隔夜来保证全部商品的新鲜品质，是钱大妈将“不卖隔夜肉”这个口号做到极致的行动。认知决定格局，行动决定终局。

### （二）自身盈利模式清晰

钱大妈采购生鲜商品配送各家门店，并自建物流体系以及配送中心，既可以把控生鲜商品的品质，也可以赚取商品配送差价。钱大妈 90% 的门店都是加盟店，加盟半年后，加盟商还要向钱大妈支付每日营业额的 1% 作为品牌使用费。虽然其总部自身盈利模式足够可行，但加盟商到底赚不赚钱对钱大妈能否盈利起到关键作用。

### （三）合伙人加盟制

合伙人加盟制的好处主要有以下几点：一是小店店型（物业供给相对充足），加盟制可快速复制。二是可基于前台和中台合伙人模式调动门店积极性，平台化运营，打通供应链资源。平台化运营，同时合伙人享有的是分红权而不是股权，门店资产仍然掌握在公司手中。三是可以把各自品类专业的、有资源的合伙人聚在一起，打通供应链资源。

### （四）基于非一线城市物业红利

钱大妈是一家从东莞起家的生鲜电商，之后选择在广州、中山、珠海等粤港澳地区布局自己的门店。虽然广州和香港是一线城市，但是其在广州的选址地段都不是黄金地段，在香港的分店只有几家。对此，我们认为钱大妈前期致力于下沉市场（非一线城市），进入香港也只是打响品牌而已。

钱大妈前期战略定位是下沉市场，主要是因为非一线城市小店的经济模型相对可控。钱大妈主打新鲜、便宜，针对菜市场人群，可以覆盖更大的客户基数，盈利模型相对稳健。除此以外，还可以让区域深耕有所沉淀。

- 对于运营端：加强本地市场甚至社区颗粒度的适应能力，强化对于当地用户的共情感知能力。
- 对于系统端：此举将基于中台系统的运营管理智能化和门店操作标准化，包括采仓配、门店订货、会员体系、卖场管理、人员管理、卫生管理等。
- 对于下游门店端：近年赛道火热，物业争抢更加激烈。非一线城市物业费不高，且钱大妈已经在不断的布局店面，较其他品牌有优势。

## 四、生鲜零售行业竞争格局：农贸市场、盒马鲜生和钱大妈的比较

根据尼尔森数据，2017 年，在我国生鲜零售终端渠道中，51.8% 为农贸市场，36.4% 为超市，电商渠道仅占比 2.5%，比个体商贩的占比还要低 6 个百分点。也就是说，对于电商平台而言，生鲜市场中还存在着大量的空间，农贸市场是最大的竞争对手（见表 1）。

表 1　　生鲜零售行业竞争格局对比

| 类别 | 供应链管理 | 消费场景 + 线下体验 | 消费观念 |
| --- | --- | --- | --- |
| 农贸市场 | ▲ 规模大，种类多并且价格低<br>▲ 散户经营，没有规范化的物流体系和管理体系<br>▲ 食材不能保证足够新鲜，不能及时补给库存 | ▲ 消费场景单一，消费环境恶劣<br>▲ 菜市场管理不佳，容易造成脏、乱、差的局面。如果空气流通不佳，还会容易造成流行性疾病的传播。<br>线下体验不佳 | ▲ 消费观念优先。家庭主妇、老人一般的消费习惯是去菜市场<br>▲ 消费习惯的根深蒂固是生鲜电商在一段时间内无法突围的一个重大原因 |
| 盒马鲜生 | ▲ 供应链整合程度高，资源利用效率突出<br>▲ 供应商配送的成本低，投入资金少<br>▲ 对其控货能力以及运营能力提出了不小的挑战 | ▲ 盒马面向不同的商圈、不同的人流密度、不同的消费能力，拿出了不同的解决方案。消费场景多元化<br>▲ 线下体验，是三者中线下体验之王，服务质量居三者最佳<br>▲ 采用许多智能科技如智能识别，利用阿里强大的数据库，精准定位用户的购买需求，实现高精度营销 | ▲ 消费观念在三者中垫底<br>▲ 其地理位置一般离居民区较远，走“高大上”路线，市场下沉不够彻底。消费者对其偏好弱于农贸市场<br>▲ 构建了线上线下的闭环，在一定程度上培养起了用户黏性 |
| 钱大妈 | ▲ 能够整合上游和中游供应链，保证食材的质量、新鲜度<br>▲ 实现完全的零库存，大大减少了存货占用资金链的现象<br>▲ 基地供应商配送以及自建基地成本大大高于农贸市场，自有物流前期需要投入大量资金，回本困难 | ▲ 消费场景单一化。由于钱大妈采用的是加盟店，因此门店是标准化<br>▲ O2O 的好处就是实现线上与线下的良好互动，但受其消费场景单一化的限制，用户的消费体验也弱于盒马鲜生<br>▲ 线下体验强于农贸市场 | ▲ 消费观念优先级仅在农贸市场之后。钱大妈多为社区门店，因靠近居民区而享受到一定程度的红利<br>▲ 其营业时间是三者中最长的，一定程度上吸引了客流量<br>▲ 晚间打折促销的手段能够吸引家庭主妇以及老年人等购菜频次高的消费群体 |

## 五、钱大妈面临的挑战

### （一）加盟模式容易造成加盟厂商各自为政，缺乏团队精神

钱大妈的门店是以加盟商的形式遍地开花，对于钱大妈来说，只需要复制粘贴就可以迅速扩张，简便易行。事实上，这种加盟商的模式早已深入各行各业，钱大妈的加盟商也算是发展比较成熟的模式，但是却始终绕不开这种模式本身的通病，即：各加盟店容易各自为政，缺乏团队合作精神，不便于总部统一管理和运营。这就意味着，如果多个加盟商联合起来要求摘掉牌子独立创业，总部不仅会损失资源，还会丢掉客户——毕竟各个加盟店的独立性和自主性很强，在进货、店铺管理等方面积累了一定经验后，“集体换牌”这种事极有可能发生。

### （二）加盟商如何实现盈利

从盈利模式上看，钱大妈的盈利模式为“加盟费 + 商品配送差价 + 品牌使用费”，总部盈利似乎不是难题，但关键是如何让加盟商也能轻松赚钱。目前，业界对钱大妈模式争议较多的地方也在于，加盟商赚钱不是易事。当下，在全国范围内，能够实现盈利的加盟商寥寥无几。在日趋激烈的生鲜市场上，如果长期不能维持收支平衡，加盟商完全有动机偷换材料、以次充好，实现净利润的上升。而这种做法，一旦被消费者揭发，带来的后果就是品牌质量下降，大量客户因此流失，盈利问题再成难点。如何避免进入这个恶性循环，是钱大妈目前面临的挑战之一。

### （三）以猪肉为主打商品是否还有优势

广州是钱大妈的大本营，粤港澳地区爱吃猪肉及猪肉制成的烧腊食品。因此，钱大妈以猪肉为主打能够迅速增加消费黏度。但是，由于长期专攻猪肉，造成商品品类一定程度上的单一以及供应链体系的不充足、不完备。如果猪肉价格波动，则会面临很大的风险。据了解，钱大妈打算利用这一轮融资扩张，但猪肉并不是最好的可以做市场扩张或者市场下沉的品种。

如果在上海扩张，或许“奶制品”作为主打品类会更好。奶制品人均消耗量最高，而且上海还没有一个主打配送鲜奶的平台。而如果在鲜奶配

送已经成熟的北京地区扩张，或许“蛋”才是最优选择，因为河北、山东、辽宁这些鸡蛋产地离北京更近，有利于提高流通效率。

除此以外，供应链体系难以跨区域复用。区域内新建供应链，如物流体系、种植基地等，会造成短期内资金严重短缺和资源利用不经济。

## 六、融资后何去何从？市场是上升还是下沉？

第一，结合市场的竞争格局以及钱大妈的商业模式，钱大妈只能走下沉市场，并且必须坚定不移地继续走好、走稳下沉市场，才有可能解决目前加盟商盈利难、赛道日趋拥挤等问题。就钱大妈市场扩张的方向以及数量来看，创立初期，钱大妈在广州、珠海、中山等粤港澳地区扩张，是想以下沉市场来打响知名度以及提升用户黏度的。但是，从 2019 年开始，钱大妈有意进行市场上升。2019 年 4 月开始，钱大妈陆续在上海布局了 3 家网点，目标就是以上海为据点，进军整个华东地区市场。

第二，上升市场难度大，继续加码，很可能导致钱大妈被挤出生鲜电商赛道。首先，钱大妈采用的是加盟商业模式，加盟店最大的痛点在于商品质量不可管控，容易发生以次充好的问题。特别当钱大妈进军一线大城市以后，因为租金高昂并且需要用补贴用户的方式打响品牌知名度，加盟商通常会出现持续亏损的局面。为了扭转这一局面，加盟商完全可能会偷换总部送来的高品质商品，代之以成本低的替代品，导致品牌质量下降、消费者不信赖的问题。同时，又会导致用户黏度低，企业需要靠疯狂砸钱补贴用户，从而继续亏损。虽然，目前在上海的几家店都是采用直营的方式，但是据管理层透露，这毕竟只是试水阶段，等到供应链基本完善，钱大妈还是会以加盟形式扩张。

其次，上升市场会给钱大妈增加许多竞争对手。在上海等超一线城市，不乏各种各样的生鲜电商，比如盒马鲜生、京东到家、叮咚买菜、每日优鲜等。许多电商背后有更强大的资本力量支持，且更受消费者熟知和青睐。上海的消费者面临更多样化的选项，而下沉市场的消费者却没有。如果钱大妈能继续深挖下沉市场，面临的市场缺口远比上海要大。随着新消费方式的逐渐形成，三线和四线城市更需要像钱大妈这样的生鲜电商来满足市场的需求。并且，下沉市场不必过于担心租金等固定开支的问题（见图 10）。

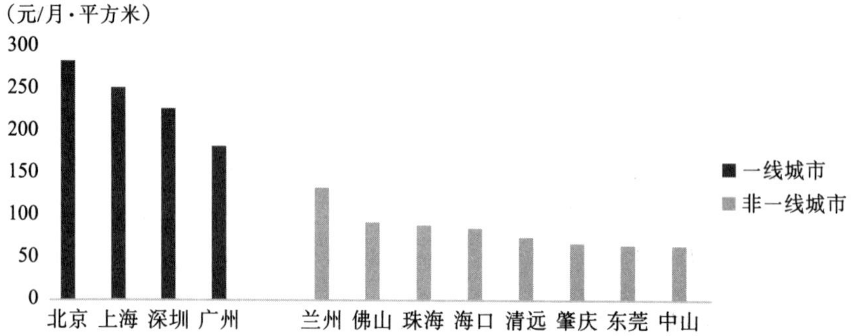


**图 10　2019 年 12 月城市店铺租金**

资料来源：国家统计局

第三，对于钱大妈来说，最好的方式就是选择市场缺口大并且相互临近的三、四线城市同时扩张。首先，建成的完整供应链体系包括物流体系，可以贯穿多个城市，大大节约资源，提升资源的利用率，减少现金流被占用的现象。其次，几个城市同时进行，加快扩张的步伐。在消费者不断养成新的消费习惯，生鲜电商逐渐受到追捧的关键时期，扩张的速度尤其重要。提前进驻三、四线城市的小区，以相对低的价格拿下人流密度大的社区，就能抢占市场、用户黏度更大。最后，由于相互临近的城市消费习惯大都相同，应对新市场的主打产品可以标准化、单一化推出，减少了进入一个新市场就要开发一款全新主打产品的现象。

## 七、总结

在一段时间内，生鲜零售的战局主旋律，还是以渠道为王。如何更快地覆盖更多有需求的城市消费者，这一点在高线市场与低线市场并无本质差异，差异仅仅在于是线上获客为主，还是线下引流为主。但是在尽可能覆盖到更多城市的时候更要注意控制成本，搭建供应链的问题。

本次疫情的催化之下，供应链较强的企业能够获胜。随着新的消费习惯不断养成，用户逐渐将生鲜电商作为首选。需求大增的情况下，生鲜产品保鲜、食品安全、货源稳定、产品损耗、物流成本等供应链痛点逐渐凸显，这将加速行业内部洗牌，大型生鲜企业尤其是供应链能力较强的企业，由于供货、配送的稳定性和及时性将大概率脱颖而出。

生鲜电商市场迎来跨界玩家，竞争格局或将重塑。2019 年 2 月 15 日，中石化正式官宣卖菜。消费者可以通过易捷加油 APP 中的“一键加油”下单后，在“配送到车”页面选择“蔬菜礼包组合”进行购买。中石化卖菜实力不容小觑，旗下易捷便利店是中国便利店之王，拥有 27 362 家门店，这意味着中石化拥有超过 2.7 万家前置仓。此外，其“加油站 + 个人消费”模式更具特点，与其他生鲜玩家形成显著差异。因此，搅局者很有可能加速优胜劣汰，将生鲜电商市场重新洗牌。

想成为投融资观察报告创作团队的一员吗？微信扫描本书第 388 页二维码，现在就加入我们吧！

**No. 6**

# 雪湖资本增持，呷哺呷哺火锅怎么样了*

**主笔：** 吴依柔

**资料收集：** 何立宏　傅旻昊

**交易概览：**

2020 年 1 月 9 日，据《证券时报》，雪湖资本宣布再度增持呷哺呷哺，增持后其持股总数为 81 321 000 股，持股比例上涨为 7.52%，是呷哺呷哺第三大股东（当日 K 线图见图 1）。这是继 2019 年 6 月增持呷哺呷哺后，雪湖资本再次出手该股。

**图 1　呷哺呷哺日 K 线图**

资料来源：同花顺

* 本文写于 2020 年 1 月。

## 一、行业概况：下游火锅餐饮行业百家争鸣

火锅受到食客们的青睐，自然也成为商家们的好生意。火锅自身就是一款能让消费者“上瘾”的产品，丰富的口味让食客体会到了独特的味觉体验；同时，火锅是一个标准化相对高的产品，只需要底料＋新鲜自助食材，就可以做到全程自助化服务，门槛较低。火锅的强社交属性也是让它成为爆款的原因。

中国餐饮市场在经历消费升级驱动的快速上升期后，市场规模已突破4万亿元。在细分品类中，火锅店因其相对较低的餐厨比例、简单的烹饪流程、较弱的厨师依赖性等特征成为中式餐饮的第一大品类。根据中商产业研究院的调查数据，火锅餐饮行业市场总收入由2014年的3 167亿元，增至2017年的4 362亿元，复合年增长率达到8.3%。预估到2020年，行业总收入将增至5 843亿元。

中国火锅餐厅市场高度分散，行业竞争较为激烈。根据艾媒咨询数据，在2015～2018年十大品牌统计中，榜单频繁更替，但海底捞、呷哺呷哺两家火锅店一直榜上有名，并在2018年分别位居第一、第二（见图2）。

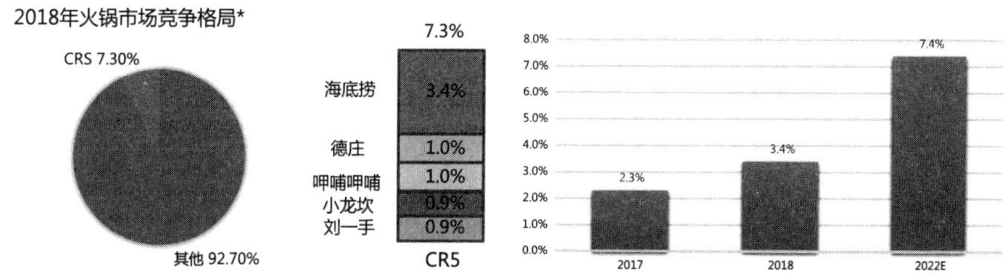


| CR5 | 2015年营收(亿元) | 2016年营收(亿元) | 2017年营收(亿元) | 2018年营收(亿元) | 2018年市场份额 | 2018年餐厅总数 | 2018年翻台率 |
|---|---|---|---|---|---|---|---|
| 海底捞 | 55 | 72 | 104 | 164 | 3.41% | 466 | 5 |
| 德庄 | 26 | 26 | 33 | 50 | 1.03% | ~900 | ~3 |
| 呷哺呷哺 | 24 | 28 | 36 | 47 | 0.98% | 886 | ~4 |
| 小龙坎 | na. | na. | na. | 45 | 0.93% | 823 | ~3 |
| 刘一手 | 32 | 33 | 39 | 44 | 0.91% | ~500 | ~2 |

**图2　2018年火锅市场竞争格局**

资料来源：CBNData

在我国传统火锅门店中，75%为单体门店，但连锁品牌集团因资金和供应链等优势，积极拓店以扩大市场份额，将促进行业集中度提升。

## 二、餐饮类企业行业风险

首先，由于行业门槛不高，一旦业内有新的热点出现，市场上便会涌入大量模仿者，市场竞争异常激烈。消费者口味容易变化，随着选择日益丰富，顾客忠诚度低也是大难题，风靡一时却在扩张期过后快速衰落的例子屡见不鲜。

其次，餐饮企业由于多以现金交易为主，采购和经营的账目均不透明。餐饮消费者索要发票的比例不高，经常会有成本、收入的计量与实际不符的情况，产生偷税漏税、挪用公款等问题。这不仅会导致企业内控出现问题，也是餐饮企业上市面临的极大障碍。

餐饮企业主要以连锁店模式扩张，面对众多直营店或加盟店，如何建立规范完整的控制体系，如何标准化运营旗下众多门店，如何严格保证食品安全是困扰餐饮企业的核心问题。对于一直宣称“保证食材新鲜安全”的直营企业呷哺呷哺来说，之前出现“老鼠门”的问题来源也在于此。

## 三、火锅行业的相对优势

- 高度标准化：火锅行业没有地域限制，只需要底料+新鲜自助食材，就可以实现全程自助化服务，门槛较低、易规模化。
- 坪效特别高：火锅店对于后厨空间要求小，对于厨师需求极少，这对于租金人工越来越多侵占利润的餐饮来说是极大的优势。
- 社交属性：火锅凭借其独特的口味、悠久的历史传承、兼容并包的文化内涵、丰富且可自由搭配的食材，成为人们社交聚餐的常见选择（见图3）。

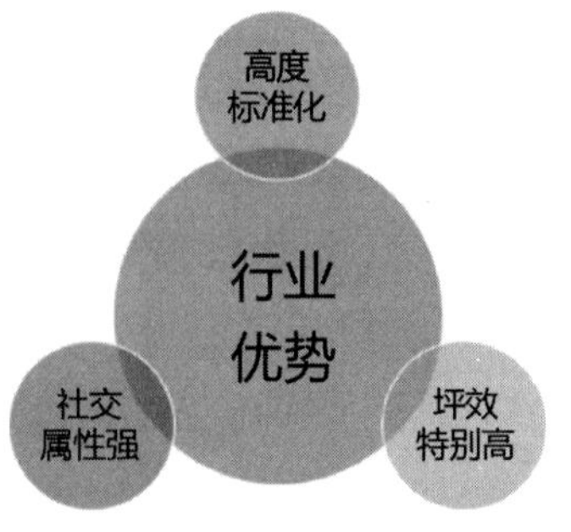


图3 火锅行业相对优势

## 四、公司分析：呷哺呷哺——时尚吧台式小火锅

呷哺呷哺（00520. HK）1998 年成立于北京，定位大众市场，开创了时尚吧台式小火锅业态；2009 年成为中国餐饮百强企业之一（见图 4）。截至 2019 年上半年，呷哺呷哺在中国已拥有超过 1 000 家直营店，遍布全国 120 多个城市。2014 年成为第一个在香港上市的火锅公司。2016 年进行品牌升级，推出子品牌凑凑火锅，向中高端市场探索业务边界。此外，呷哺呷哺也在积极拓展火锅外卖服务及食材外送服务，加速外卖市场布局。同时，呷哺呷哺的门店也在不断向京、津、沪之外的地方扩展。

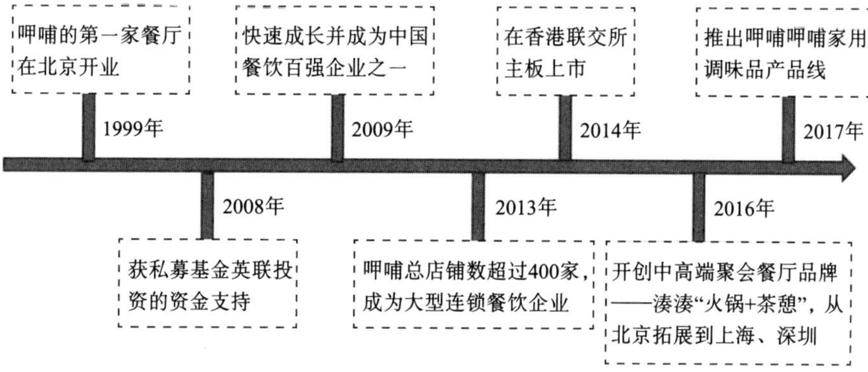


**图 4　呷哺呷哺成立轨迹**

### （一）“火锅 + 快餐”的立异形式与快速扩张战略

作为火锅行业的代表，呷哺呷哺的成功可以说是源于火锅与快餐的独特结合，高性价比和方便快捷推翻了火锅行业的品类认知。

呷哺呷哺在近年来采取快速扩张的战术。有业内分析人士认为，餐饮企业在快速扩张的阶段，往往伴随来自食品安全、制度管理、质量把控等多方位的挑战，其中，如何把控食品安全是最关键的。

2018 年半年报显示，上半年，公司新开张 7 家凑凑及 48 家呷哺呷哺。在半年报中，公司计划 2018 年新开设的餐厅数量将不少于 2017 年，以巩固现有市场的领导地位以及加强市场渗透为年目标。据统计，2017 年，呷哺呷哺共新增 155 家餐厅，包括 136 家呷哺呷哺门店、19 家凑凑门店。

为何呷哺呷哺会选择快速扩张的策略呢？这可以从公司半年报中找到一点线索。半年报显示，2018 年上半年，公司净利率由 2017 年上半年的 11.9% 下降到 2018 年上半年的 9.8%。其中，成本端上升是净利率下滑的主要原因。

呷哺呷哺是主打中低端价位的连锁火锅企业，由于原材料价格上涨，店租、人力等成本的价格上升，呷哺呷哺的盈利能力被削弱，因此公司希望通过快速扩张的策略带来新增营收从而抵销成本的上升。呷哺呷哺先前的消费者画像较为单一，使其利润具有明显天花板效应。近年来，公司一方面通过升级餐厅、开通外卖服务等方式来扩大经营范围；另一方面，也在通过做大公司的规模来保证利润。

除了净利润率下滑之外，火锅市场的迅速发展以及竞争的加剧，也是呷哺呷哺快速扩张的重要原因之一。

摩根士丹利的报告指出，呷哺呷哺在竞争加剧及消费趋向疲弱情况下，积极扩张店铺和提高市场占有率，长远来看，将使得公司受惠于规模效益和营运杠杆。

近几年，中国餐饮市场发展十分迅速，因此对火锅连锁企业而言，如果不采取快速扩张的战术，在商业竞争中很快就会落于下风。其次，作为一家上市公司，资本市场的力量也使得呷哺呷哺不得不走向快速扩张的道路（见图 5、图 6 和表 1）。

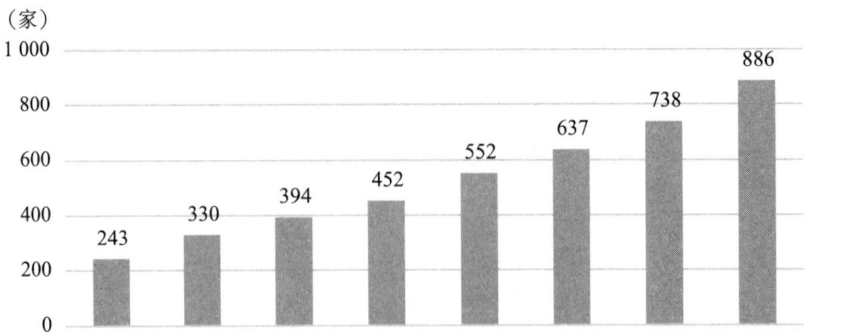


**图 5　2011～2018 年呷哺呷哺总店总数统计**

资料来源：公司年报

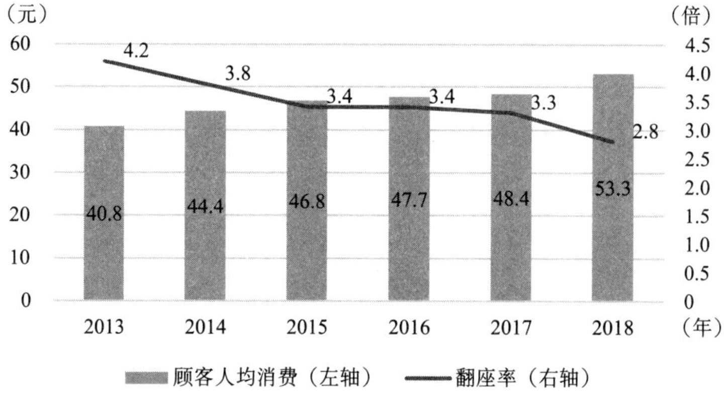


**图 6　2013～2018 年呷哺呷哺顾客人均消费及翻座率走势图**

资料来源：公司年报

**表 1　2011～2018 年公司总店数**　（单位：家）

| 地区 | 2011 年 | 2012 年 | 2013 年 | 2014 年 | 2015 年 | 2016 年 | 2017 年 | 2018 年 |
|---|---|---|---|---|---|---|---|---|
| 北京 | 179 | 210 | 243 | 246 | 275 | 285 | 282 | 309 |
| 上海 | 37 | 56 | 55 | 58 | 58 | 54 | 50 | 52 |
| 天津 | 19 | 28 | 34 | 42 | 49 | 60 | 66 | 81 |
| 河北 | | | | | | 111 | 130 | 148 |
| 中国东北 | 8 | 36 | 62 | 106 | 170 | 49 | 75 | 102 |
| 其他地区 | | | | | | 78 | 135 | 194 |
| 呷哺呷哺总店数 | 243 | 330 | 394 | 452 | 552 | 637 | 738 | 886 |
| 湊湊总店数 | — | — | — | — | — | 2 | 21 | 48 |

资料来源：公司年报

但是，无论对于哪家餐饮企业，食品安全问题都是重中之重。

## （二）财务分析

公司近年来收入稳步增长，盈利模型不断打磨完善。2016～2018 年，呷哺呷哺的营业收入由 27.58 亿元增至 47.34 亿元，年复合增长率为 31.0%；净利润也由 3.68 亿元增至 4.63 亿元，年复合增长率为 12.0% 相关财务资料见表 2。

表 2　　2017～2021 年公司营业状况

| 项目 | 2017 年 | 2018 年 | 2019 年预计 | 2020 年预计 | 2021 年预计 |
| --- | --- | --- | --- | --- | --- |
| 营业收入（百万元） | 3 683.6 | 4 734.1 | 58 824 | 7 121.2 | 8 516.6 |
| 营业收入增长率（%） | 33.2 | 28.5 | 24.3 | 21.1 | 19.6 |
| 净利润（百万元） | 420.2 | 462.5 | 505.5 | 582.3 | 707.9 |
| 净利润增长率（%） | 14.2 | 9.9 | 9.4 | 15.2 | 21.6 |
| 每股收益 EPS（基本）（元） | 0.39 | 0.43 | 0.47 | 0.54 | 0.66 |
| 毛利率（%） | 62.9 | 62.3 | 62.4 | 62.4 | 62.4 |
| ROE（%） | 21.2 | 20.6 | 18.4 | 17.5 | 17.5 |
| PE | 27 | 24 | 22 | 19 | 16 |
| PB | 5.7 | 5.0 | 4.1 | 3.4 | 2.8 |

注：股价为 2019 年 8 月 29 日收盘价

资料来源：Wind，中信证券研究部预测

2018 年，呷哺呷哺原材料成本 17.8 亿元，增长了 30.7%，占收入 37.7%，相对稳定；员工成本为 11.7 亿元，增长了 40.1%，占收入 24.7%，员工人数为 2.6 万人，增加了 23.7%，最低工资及法定社会保险提高导致员工成本增加；物业租金开支为 5.8 亿元，增长了 31.4%，占收入 12.2%；公用事业费用为 1.7 亿元，增长了 29.7%，占收入 3.6%；折旧摊销开支为 2.2 亿元，增长了 46.1%，占收入 4.7%，主要是新开的餐厅以及升级版呷哺呷哺 2.0。

## 五、竞争分析：海底捞和 呷哺呷哺的比较

### （一）大相径庭的经营模式

海底捞和呷哺呷哺都已在香港上市，如果单论规模，海底捞 1 400 亿港元的市值是呷哺呷哺的 10 倍之多，两家公司的经营模式和策略也各有特点（见表 3 和表 4）。

表 3　　两家公司对比

| 项目 | 海底捞·四川火锅 | 呷哺呷哺·台式火锅 |
| --- | --- | --- |
| 客户定位 | 中高端市场，适合多人聚餐 | 大众市场<br>中高端市场 |
| 发展思路 | 高溢价、高品质服务以及品牌效应 | 高性价比；"小单品 + 小店"的极简主义、高效率 |
| 火锅外卖 | Hi 捞送——海底捞火锅外卖 | 火锅与新鲜食材配送<br>小份配送的即食冒菜 |
| 产业扩张 | • 自荐食材供应及供应链管理公司<br>• 投资底料公司<br>• 收购冒菜公司 | 上游：与供应商建立长期合作关系<br>中游：自建建立食品加工厂，工业化生产流程，生产底料、独家秘制的调料等产品，统一采购及食材制作 |

表 4　　海底捞、呷哺呷哺、凑凑火锅业务情况对比

| 项目 | 海底捞 | 呷哺呷哺（呷哺大众品牌） | 凑凑（呷哺中高端品牌） |
| --- | --- | --- | --- |
| 定位 | 中高端市场 | 大众市场 | 中高端市场 |
| 餐厅设计 | 2～8 人/桌，多人一锅 | "U"形吧台，一人一锅<br>2～4 人/桌，多人一锅 | 2～8 人/桌，多人一锅<br>茶饮外带区 |
| 门店数（家） | 593 | 907 | 48 |
| AUV（万元） | 5 000 | 500 | 2 000～2 500 |
| ASP（万元） | 100 + | 50～55 | 120～150 |
| 翻台率 | 5x | 4x | 3～4x |
| 单店面积（$m^2$） | 800～1 500 | 200～300 | 600～800 |
| 坪效（万/$m^2$/年） | ～5 | ～2 | ～5 |
| 容客数量（人） | 300～500 | ～300 | 100 |
| 员工数量（人） | 100～150 | 20～30 | 70～80 |
| Capex（万元） | 800～1 000 | 120 | 600～700 |
| 投资回收期 | 1～3 个月盈亏平衡<br>6～13 个月回收投资 | 1～3 个月盈亏平衡<br>6～13 个月回收投资 | 3 个月盈亏平衡<br>17 个月回收投资 |
| 营业时间 | 22 小时 | 12 小时 | 15 小时 |

资料来源：CBNData

海底捞的成功主要依靠高溢价、高品质服务以及品牌效应；而呷哺呷哺则反其道而行之，将重点放到吃火锅本身这件事上，提高产品的性价比，给顾客更多的选择，“小单品 + 小店”的极简主义为其提高效率、快速扩张提供了条件。除此之外，呷哺呷哺还在 2016 年推出高档休闲餐饮品牌“凑凑”，极大地丰富了集团消费者画像，囊括了从客单人民币 40 元直至人民币 200 元左右的消费人群，完成了集团从上到下纵贯市场的布局。

（二）财务数据大比拼

截至 2019 年 6 月，海底捞当前市值为 1 699 亿元，TTM 为 88. 16；呷哺呷哺市值为 121 亿元，TTM 为 22. 99。海底捞市值是呷哺呷哺的 14 倍，TTM 则超过了 4 倍。

从海底捞 2019 年上半年财报中可以看到，海底捞上半年营收为 116. 95 亿元，同比增长 59. 3%；净利润为 9. 11 亿元，同比增长 41. 02%；新开餐厅 130 家，全球总门店从 2018 年的 466 家增至 593 家，其中 550 家门店位于中国 116 个城市。

而根据呷哺呷哺 2019 年上半年财报显示，当期实现营收 27. 12 亿元，同比增长 27. 4%；净利润 2. 10 亿元，同比下降 2. 0%，营收增长主要源于门店规模扩张。其次，呷哺呷哺在 2019 上半年也进行了多项业务的升级，包括餐厅运营的整体升级、产品供应链升级以及扩大外送业务的布局等。此外，呷哺呷哺在财报中还提出了五年策略扩张规划，持续开发新市场（见图 7 和图 8）。

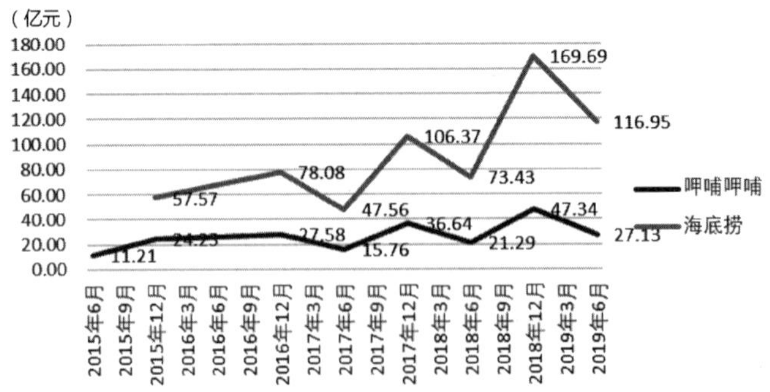


**图 7　2015 ~ 2019 年呷哺呷哺与海底捞营业收入对比**

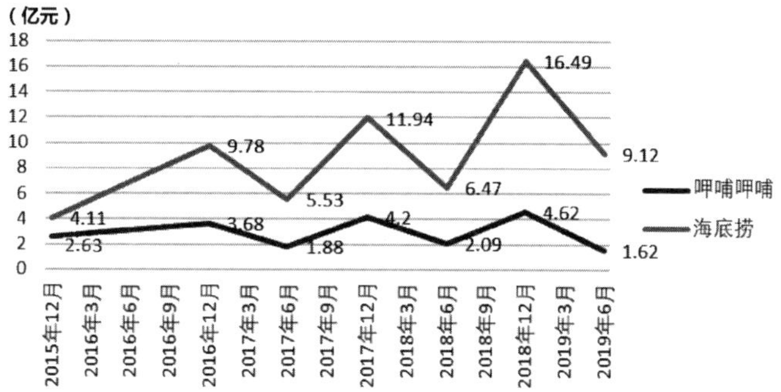


**图 8　2015～2019 年呷哺呷哺与海底捞净利润对比**

资料来源：公司年报

自 2014 年呷哺呷哺于港股 IPO 以来，呷哺呷哺的经营现金流量净额每年基本均保持增长态势（见图 9 和图 10）。呷哺呷哺的投资活动现金流量净支出，近两年也表现出明显的加速态势，主要得益于门店总量的快速扩张以及其高端品牌——湊湊的快速扩张（见图 11）。融资活动现金流量净额大体上也呈现出 IPO 当年现金流量净额较高的情况。自 2015 年以来，融资活动现金流量净额持续为负，主要是支付股息且融资流入较少（见图 12）。

**图 9　海底捞经营活动现金流量净额随开店快速增长**

资料来源：公司公告，中信建投证券研究发展部

自 2012 年以来，呷哺呷哺的经营活动现金流量净额都超出了投资活动和融资活动的净支出之和，总体的现金流状况也较为稳定良好。传统呷哺呷哺门店的单店投资额远小于海底捞，因此呷哺呷哺的投资活动现金流量净额比海底捞低，但随着目前主打中高端市场的湊湊品牌的快速发展，呷哺呷哺未来的平均单店投资预计呈现上升态势。

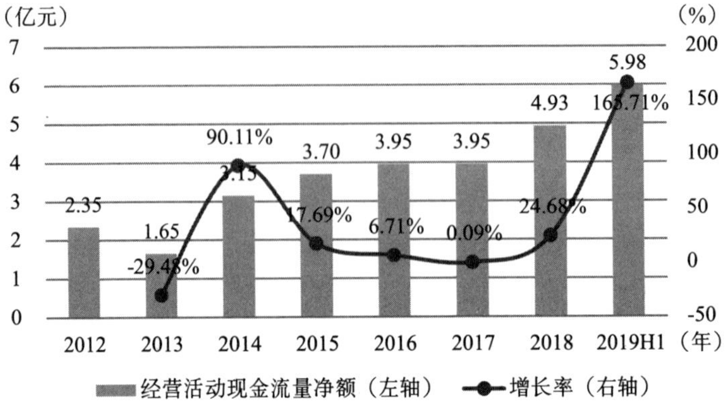


**图 10　呷哺呷哺经营现金流量净额变化情况**

资料来源：公司公告、中信建投证券研究发展部

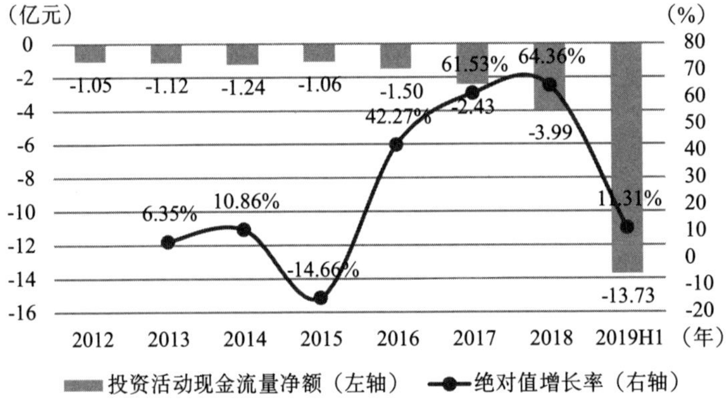


**图 11　呷哺呷哺投资活动现金流量净额及变化**

资料来源：公司公告、中信建投证券研究发展部

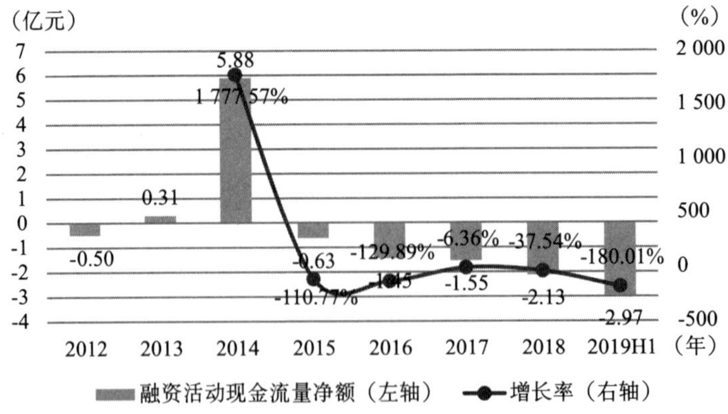


**图 12　呷哺呷哺融资活动现金流量净额及变化**

资料来源：公司公告、中信建投证券研究发展部

目前海底捞稳居火锅行业第一的位置，但是呷哺呷哺今后的扩张速度和发展前景也令人期待。此外，随着网红火锅品牌的遍地开花，这条赛道上会出现越来越多的竞争者，火锅行业寡头垄断的格局可能被打破。传统巨头间的比拼、潜在竞争者的崛起，很可能形成一场没有终点的角逐。

## 六、未来展望：从“老鼠门”到疫情下的“安全火锅”

2018 年 9 月 6 日，呷哺呷哺曾爆出食客在汤底里捞出死老鼠的事件。受此影响，呷哺呷哺股价受挫，两日内蒸发 15 亿港元。食品安全问题一直是餐饮行业的底线，出现“老鼠门”事件以后，呷哺呷哺迅速整改，在食品安全问题上更加重视，并在不断调整中焕发新生。

2020 年初新冠肺炎疫情的爆发让大家对餐厅及产品品质和健康用餐方式更加关注，呷哺呷哺大力发展自己的优势，推出“四重美味加持，美味与安全兼得”的小火锅。

呷哺呷哺一直以来坚持“一人一锅”的用餐方式在目前这个阶段有一个额外的好处：遇到必须在外面解决的工作餐，可以尽量减少与他人的交集，吃完就走。一人一锅彼此分隔，能有效避免口水交流和面对面的飞沫，对预防传染疾病大有裨益。

呷哺呷哺还对门店餐厅进行了一系列安全防护升级，并优化了自己的外卖服务。消费者通过其小程序——“呷哺外送”，或饿了么、美团等第三方平台，就能直接在线点单，“送饭”上门。在食材供应方面，呷哺呷哺也没有放松标准，严筛严选确保食材品质，保证食客的餐桌安全。

在本次疫情之下，供应链能力强、现金流较好的餐饮类企业有更大的概率脱颖而出。呷哺呷哺作为火锅行业中的头部玩家之一，稳定的供应链管控以及食材甄选能力和较为充足的资金现金流状况可以帮助其更好地应对疫情。而疫情过后，呷哺呷哺是否能在竞争日益激烈火锅行业走得更长远，需拭目以待。

**No. 7**

# “奶酪第一股”与蒙牛“官宣”，国产奶酪迎来崛起*

**主笔：** 梁梓泳

**资料收集：** 周晓萌　金淑媛

**交易概览：**

2020 年 1 月 5 日，内蒙古蒙牛以每股 14 元的价格受让转让方直接持有的妙可蓝多 2 047 万股，总价款为 2.87 亿元，占妙可蓝多总股本的 5%。此外，蒙牛拟以现金 4.58 亿元对妙可蓝多下属全资子公司吉林科技进行增资，并持有其 42.88%股权。根据公告，吉林科技主要经营资产为上海芝然和妙可食品（天津），为公司核心奶酪业务实体。同日，公司、公司实控人与蒙牛签署《战略合作协议》。

交易公告前的 2020 年 1 月 3 日，妙可蓝多股价涨幅为 0.15 元，符合该时间段内上涨趋势。在公告后的 2020 年 1 月 6 日，股价出现了 0.45 元的跌幅。随后，妙可蓝多股价持续呈现稳定上升，1 月 17 日最高价高达 20.39 元。

蒙牛交易结构及股权结构见图 1 和图 2。

* 本文写于 2020 年 1 月。

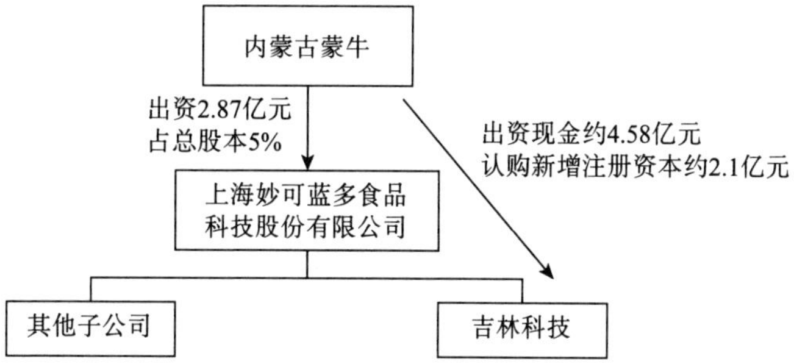


**图1　交易结构**

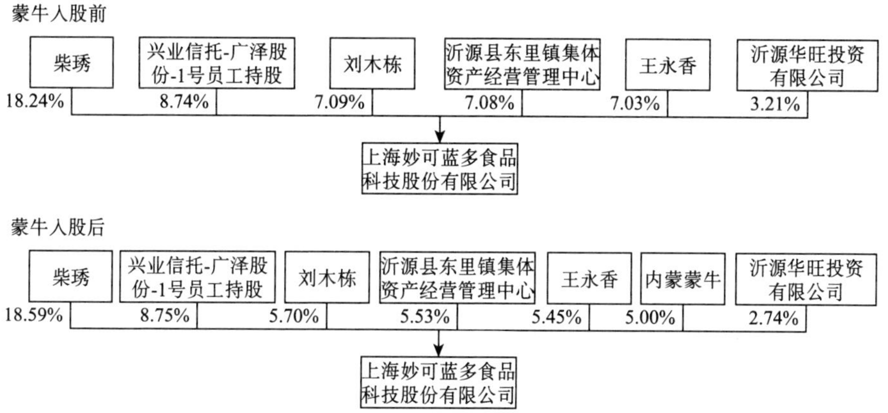


**图2　股权架构**

## 一、行业概况

“芝士就是力量”中的芝士便是素有“奶黄金”之称的奶酪，此次交易让乳业巨头在奶酪行业的再布局进入大家的视线。蒙牛在奶酪行业有所动作并非新鲜事，因为奶酪是乳制品消费的最高形态。随着经济社会的发展，各国乳制品消费的发展历程大致可归纳为以下三个发展阶段：奶粉——液态奶——奶酪和黄油（见图3）。

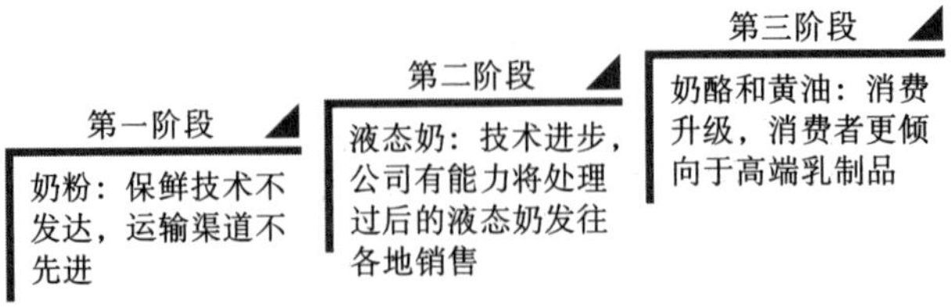


**图 3　乳制品发展三阶段**

资料来源：公开资料整理

经济社会进步带来生活水平的提高，营养附加值高且工序技术要求较高的奶酪受到青睐，位于乳制品消费金字塔的最顶端。因此，奶酪市场的增量是必然趋势。

## （一）奶酪行业：欧美发达国家主导市场，国内市场增长空间大

欧睿咨询数据显示，2018 年我国奶酪行业市场规模（零售额口径）达到 58.3 亿元，较 2017 年同比增长 16.8%。从体量上看，我国奶酪消费处于培育期，2018 年零售额仅占我国乳制品消费的 1.5%，但呈现快速上升态势。

从市场需求来看，由于传统西方国家有食用奶酪的饮食习惯，2018 年全球奶酪消费最高的欧盟国家年人均消费量达 18.7 公斤。我国奶酪产业起步晚、规模小。我国年人均奶酪消费量仅 0.1 公斤。从人均消费量的巨大差异来看，奶酪行业具有发展前景，未来中国的奶酪市场还有很大的增长空间（见图 4 ~ 图 6）。

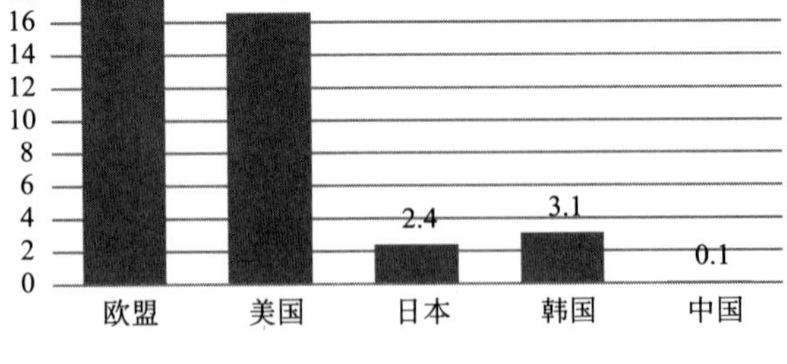


**图 4　2018 年国内奶酪人均消费量与国外差距明显**

资料来源：根据公开资料整理

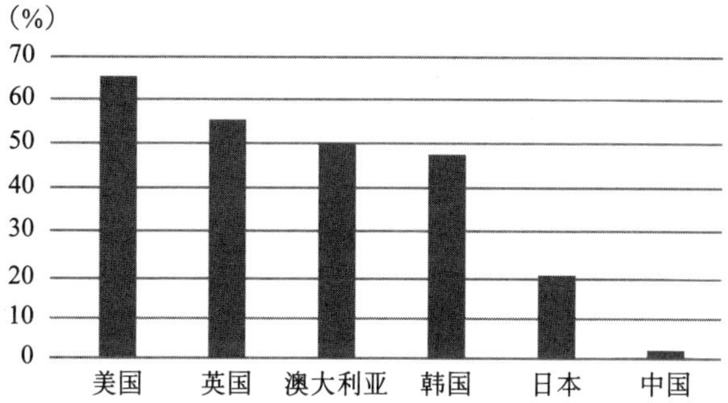


**图 5　2018 年奶酪消费占乳制品比例**

资料来源：根据公开资料整理

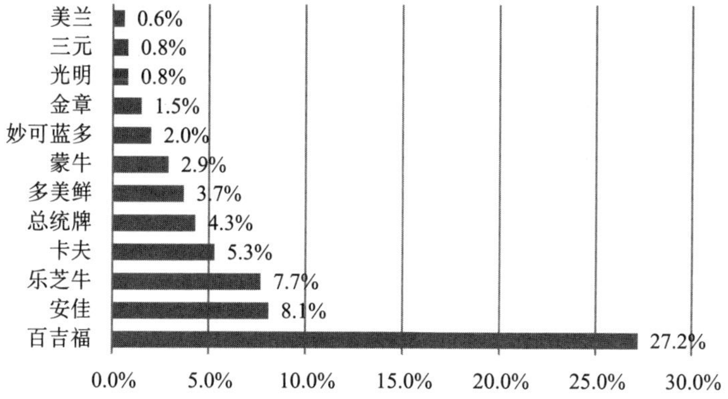


**图 6　2018 年中国奶酪零售市场竞争格局分析**

资料来源：根据公开资料整理

目前我国奶酪市场由进口品牌主导。EuroMonitor 数据显示，2018 年国内奶酪零售市场品牌 CR5 约为 52.6%，皆为进口品牌，其中百吉福占比高达 27.2%，为国内奶酪品类绝对领导者；CR10 为 63.5%，存在部分国产品牌如蒙牛（2.9%）、妙可蓝多（2.0%）、光明（0.8%）。奶酪市场整体增速较高，行业增长红利显著，且领先企业呈现份额提升的趋势。但是目前市场总体规模还很小，未来如何突破海外品牌的重重阻碍还有待观望。

### （二）奶酪产业链：独立生产成本过高，国产品牌险阻重重

● 上游：奶源供给不足。“十斤奶，一斤酪。”充足的优质奶源是生产奶酪的必要条件。但是目前我国优质的牛奶大多直接卖向市场，供消费者饮用，没有更多的原料用于制作奶酪。

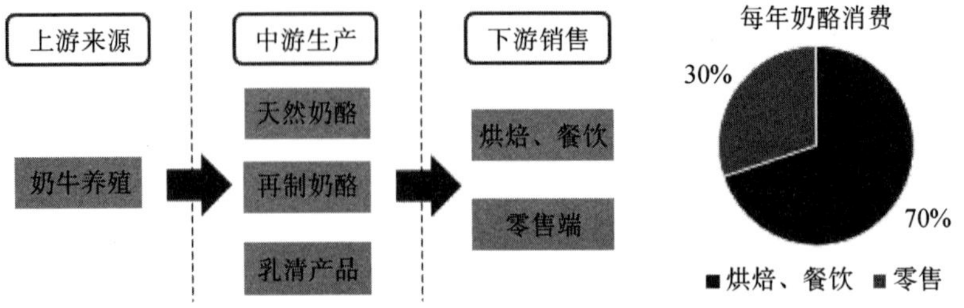


**图 7**

资料来源：公开资料整理、搜狐网

目前，全球 30% 左右的原奶用于奶酪加工。如果中国居民人均奶酪消费量达到日本或韩国的 2 公斤，原奶消耗量将达到至少 2 700 万吨，是当前全球贸易量难以支撑的需求。从原料上讲，妙可蓝多的奶源已限制了其在市场进一步扩张，蒙牛作为国内乳业巨头，其奶源充足率远高于妙可蓝多。

• 中游：奶酪相关工艺技术及处理是中国乳企直接生产奶酪最大的技术门槛

制作奶酪的原料乳清，由于技术和设备的缺乏，我国乳清很大程度上依赖进口，新西兰的奶价成本在 1.7 ~2 元/公斤，欧盟的平均成本也在 2.4 ~ 2.7 元/公斤。而据现代牧业介绍，国内规模化牧场的原奶成本目前约 3.7 元/公斤。即使妙可蓝多有能力生产原制奶酪，高昂的成本也难以维系可持续生产和销售。因此，妙可蓝多旗下产品多为对国外进口的成熟奶酪再加工制品。

• 下游：消费升级迎来曙光，但销售规模仍然存疑

目前我国每年奶酪消费约 70% 流向烘焙与餐饮行业，仅有 30% 流向零售端。形成奶酪的大众化消费仍有较大距离。从产品上看，除了改良调制后的儿童奶酪，目前市面大多数的奶酪产品并不完全符合国人传统的饮食口味和习惯。从需求上看，奶酪消费多集中于高端消费群体和少数民族。随着生活水平的提高和奶酪营养价值的普及，儿童乳酪成为主流产品之一，黄油等干奶制品的需求也有所上升。从价格上看，由于奶酪制作成本和保存条件要求等因素影响，无论是国外品牌还是国内品牌，其产品单价都远高于牛奶等其他奶制品，“复购性低”的特点显著。

为了扩大销售规模，妙可蓝多从 2017 年到 2019 年耗资了天价营销费

但背后扣除非经常性损益后的净利润不足已说明了问题。如果销售不成规模将难以承受巨额营销费用。

## 二、妙可蓝多：中国“奶酪第一股”

妙可蓝多［600882］于 1995 年 12 月 6 日在上海证券交易所上市交易。上海妙可蓝多食品科技股份有限公司系由山东华联矿业控股股份有限公司更名而来。

妙可蓝多总市值约合 60. 42 亿元 ，估值情况见表 1。

**表 1　　妙可蓝多估值**

| 项目 | 2017 年 | 2018 年 | 2019 年预期 | 2020 年预期 | 2021 年预期 |
|---|---|---|---|---|---|
| PE | 1414 | 568 | 131 | 33 | 18 |
| PB | 5. 1 | 5. 0 | 4. 8 | 4. 2 | 3. 4 |
| EV/EBITDA | 149. 3 | 121. 7 | 46. 5 | 20. 6 | 12. 6 |
| EV/EBIT | 597. 9 | 536. 9 | 67. 3 | 25. 1 | 14. 5 |

资料来源：公司年报

作为中国“奶酪第一股”，妙可蓝多近几年凭借产品优势和强大的销售宣传，增长迅速，积极抢占国内市场份额，已初步完成全国化线下网络布局，与家乐福、永辉、沃尔玛等全国性及区域性 KA 建立起良好合作，进驻全家、罗森等便利店渠道。在电商运营方面，在 2019 年的“6 · 18”电商年中大促更是取得京东、天猫双冠王的不俗战绩。蒙牛作为中国最大的乳业之一，本次交易是对妙可蓝多的认可，更是对国内奶酪市场有所期待(见表 2)。

**表 2　　妙可蓝多收入预测**

| 项目 | 2016 年 | 2017 年 | 2018 年 | 2019 年预期 | 2020 年预期 | 2021 年预期 |
|---|---|---|---|---|---|---|
| 营业总收入（亿元） | 511. 6 | 982. 0 | 1 225. 7 | 1 717. 1 | 2 370. 4 | 3 135. 2 |
| YOY（%） | 41. 8 | 92. 0 | 24. 8 | 40. 1 | 38. 0 | 32. 3 |
| 乳制品业务（亿元） | 397. 2 | 618. 7 | 923. 7 | 1 414. 9 | 2 067. 8 | 2 832. 3 |
| YOY（%） | 2 982. 5 | 55. 8 | 49. 3 | 53. 2 | 46. 1 | 37. 0 |

续表

| 项目 | 2016 年 | 2017 年 | 2018 年 | 2019 年预期 | 2020 年预期 | 2021 年预期 |
|---|---|---|---|---|---|---|
| 奶酪板块（亿元） | 138 | 193 | 456 | 900 | 1 501 | 2 209 |
| YOY（%） | | 40.1 | 135.9 | 97.5 | 66.8 | 47.1 |
| 液态奶（亿元） | 219 | 425 | 468 | 515 | 566 | 623 |
| YOY（%） | | 94.1 | 10.0 | 10 | 10 | 10 |
| 乳制品贸易（亿元） | | 360 | 299 | 299 | 299 | 299 |
| YOY（%） | | | 0.0 | 0.0 | 0.0 | 0.0 |

资料来源：公司年报

## 三、乳业龙头助力，中国奶酪领军品牌能否抓住机遇

### （一）资金注入，财务费用有望缓解

蒙牛作为行业内龙头，具备央企背景，资金实力雄厚，能够更好地助力妙可蓝多扩产以及发展，优化资产负债结构，降低资产负债率。妙可蓝多由于营销费用带来的负担也将随之减轻，降低了线上流量见顶、成本激增的风险。

### （二）资源共享，业务成本下降

2019 年 11 月，蒙牛收购了澳大利亚第二大乳制品企业 LDD。妙可蓝多未来每年几万吨的原料进口采购需求或可借助蒙牛实现资源共享。由于其当前业务集中于传统再制奶酪产品，技术难度不大，奶酪行业处于发展初期，蒙牛的雄厚资源也将充分调动产能的利用，满足原材料采购等方面的生产销售需要，产生规模效应，从而带来业务成本下降。

### （三）特派人员，加强风险内控

根据披露信息，蒙牛会派出财务总监以及财务副总监分别到吉林科技与上市公司。此举意在改善公司的管理效率以及管理流程，提高监管力度和效率。针对妙可蓝多此前备受关注的资金违规等事件，此举将规范管理层风险、治理风险。

### （四）优先生产权，加快打开市场

从业务层面看，妙可蓝多为蒙牛的代工业务仍将持续，但公司具备优

先生产权，即在保证妙可蓝多自身产量的同时可以为蒙牛进行代工，可以有效消化妙可蓝多自身的产能，保证妙可蓝多的相对独立性。此外，蒙牛作为行业龙头具有极强销售渠道优势，可以帮助妙可蓝多更快地打开市场，不需单纯依赖媒体营销。由于蒙牛旗下的爱氏晨曦开展下沉二、三线城市策略，妙可蓝多在大城市的渠道能力将有助于二者强强联合，共同提高竞争优势。

### （五）市场布局互补，蓄力后续发展

近年奶酪行业发展迅速，其可观的前景备受关注，行业龙头纷纷加入赛道。就当前竞争格局来看，虽然外资品牌占据份额较大，但其品牌背景和生产策略没有明显的中国市场倾向。随着蒙牛、伊利加入奶酪行业，外资品牌的威胁将减少。真正影响市场格局的恰恰是拥有强大行业背景和销售生产能力的乳业巨头。此次交易妙可蓝多绑定蒙牛，妙可蓝多的自身定位将更加明确，有助于妙可蓝多加速扩张。

妙可蓝多以儿童奶酪棒和马苏里拉奶酪两款主打产品，已在国内大众消费群体建立口碑，打造国民奶酪的品牌定位，而蒙牛旗下的爱氏晨曦定位高端，整体上完善了蒙牛产品结构布局。

## 四、总结

### （一）从蒙牛的角度，本次交易战略布局意义大于盈利需求

本次交易中，蒙牛作为战略股东，追求的是长期战略利益，蒙牛将参与公司的日常经营管理，强化与妙可蓝多的业务联系，促进彼此业务发展。

蒙牛对妙可蓝多的下属全资子公司吉林科技进行增资，从业务上分析，是因为吉林科技主要经营的资产是上海芝然和妙可食品（天津），为公司核心奶酪业务实体，是本次收购核心业务的关键；从财务层面看，吉林科技资产负债率高达74%，此举将增强吉林科技的资金实力，降低财务杠杆。

可见，蒙牛将其更多的注意力放在战略布局，而不是盈利水平上。由于子公司吉林科技是奶酪生产业务的核心，且本次战略投资目的是利用妙可蓝多布局蒙牛产业链下奶酪赛道，妙可蓝多奶酪以外的业务（如液态奶）

占比或日渐减少，更专注于奶酪生产。同时，妙可蓝多也将归于蒙牛旗下奶酪品牌。蒙牛作为主要生产业务主体的重要股东，未来也很有可能通过换股的方式，把子公司的持股换到上市公司层面，增加在上市公司的股份比例，从而达到大比例持股的目的，更有利于与蒙牛其他业务协同发展，完善其产业链布局。

### （二）千亿目标迫在眉睫，蒙牛加快产业布局

从乳业产业链结构来看，蒙牛布局涉及全产业链。蒙牛旗下品牌在酸奶和奶酪的业务较少，液态奶和健康饮品的业务更活跃。酸奶与奶酪性质相似，但奶酪的浓度更高，布局奶酪赛道的同时也可以对酸乳业务产生辐射。

实际上，蒙牛对于奶酪市场的野心早已萌发，布局战线长，持续性投入大。蒙牛早在 2006 年便与丹麦 Arla 成立奶酪合资公司，进军国内奶酪行业。2008 年，蒙牛还在内蒙古和林格尔布局奶酪工厂。2018 年，蒙牛设立了奶酪事业部发展零售、乳品深加工及餐饮奶酪三大业务，其旗下也拥有奶酪棒产品——蒙牛未来星再制干酪金装棒，该产品 2019 年市占率为 2.8%。对于妙可蓝多来说，在国产品牌中面临的最大竞争对手实际上就是蒙牛、伊利。本次蒙牛入股及战略合作，既完善与推进了蒙牛在奶酪领域布局，也意味着妙可蓝多未来面临的外部竞争威胁有望减小。

### （三）国内奶酪市场将持续升温

随着消费升级与奶酪行业发展，奶酪市场的发展近乎板上钉钉。即使国外品牌独占鳌头，但国人尚未习惯天然奶酪的饮食习惯，随之带来了适合国人口味的再制奶酪机遇。妙可蓝多铺天盖地的广告营销抢占先机，在国内奶酪市场已有一席之地。乳业巨头蒙牛的战略投资必将为妙可蓝多注入新活力，解决其短期资金问题。从其市场布局来看较为稳定，市场份额增长已在计划之中。毫无疑问的是，蒙牛率先打响了国内奶酪市场的第一枪，其他乳业巨头也将不再寂寂无声。

想成为投融资观察报告创作团队的一员吗？微信扫描本书第 388 页二维码，现在就加入我们吧！

**No. 8**

# 万学教育：获上亿美元融资，大学生辅导的机遇与瓶颈*

主笔：魏若冰

资料收集：郑睿婷　宋慧颖

**交易概览：**

2020 年 1 月 15 日，北京万学教育科技有限公司已于 2019 年 10 月完成 1 亿美元 D 轮融资，领投方为安达富基金，指数资本担任此次融资的财务顾问。

投资标的万学教育是一家大学生学历考试以及职业培训教育机构，为大学生群体提供职业发展与学历提升的培训服务，包括研究生入学考试、大学生英语四六级考试、计算机等级考试、公考教考和职业发展等培训项目。

## 一、招生报考人数持续突破，考研市场不断扩大

### （一）招生人数年年增加

2020 年硕士研究生录取人数大幅增长已盖棺定论，人才强国计划持续推进。自 1990 年起，研究生招生规模呈上升趋势，尽管招生人数每年增加，全国研究生人数占总人口的比例仍处于低位，扩招仍有空间（见图 1）。

* 本文写于 2020 年 1 月。

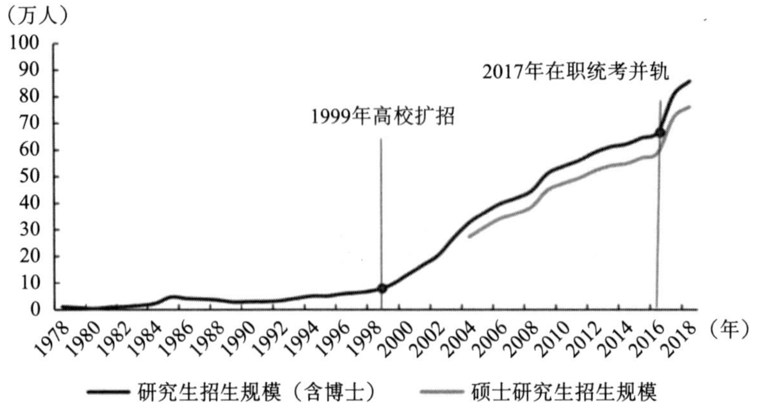


**图 1　1978～2018 年研究生招生规模**

资料来源：教育部

## （二）报考人数有望继续增加

• 特殊事件影响：春节后各地普遍延迟复工，校园春招也相应延迟，且 2020 年全社会招聘需求较为疲软，而 2020 年高校毕业生同比增加 40 万人达到 874 万人，在毕业生就业压力本就较大的情况下，考研落榜生的就业压力将更大。

• 考研报名人数大增：受用人单位招聘需求普遍提升影响，2020 年考研报名人数达到 341 万人，较 2019 年的 290 万人同比增加 17.6%。考研报名人数已经连续 4 年保持 10% 以上的增长，较 2016 年的 177 万人几乎翻倍。

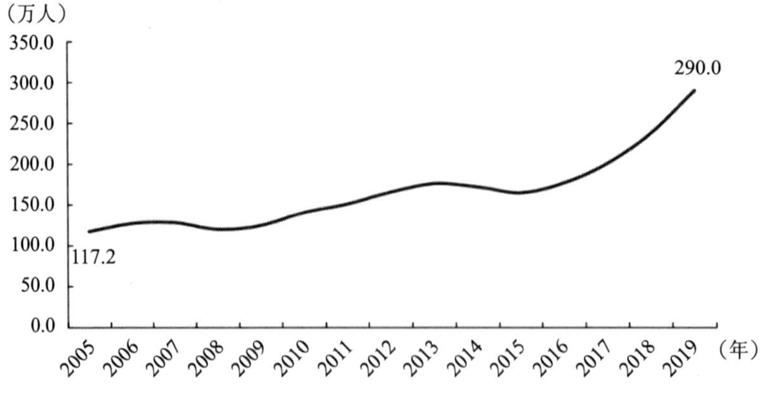


**图 2　硕士研究生报名人数**

资料来源：教育部

## 二、考研教育机构与刚需挂钩：考研竞争压力大，学生需要提高效率和答疑解难

目前不属于刚需的教育培训需求，比如少儿美术、编程教育、专注力培训等都较难在中国市场占领更大的市场份额，而考研培训是属于刚需，较大的竞争和应试压力让学生更希望获得高效的考前培训和答疑辅导，以提高考研的成功率（见图3）。

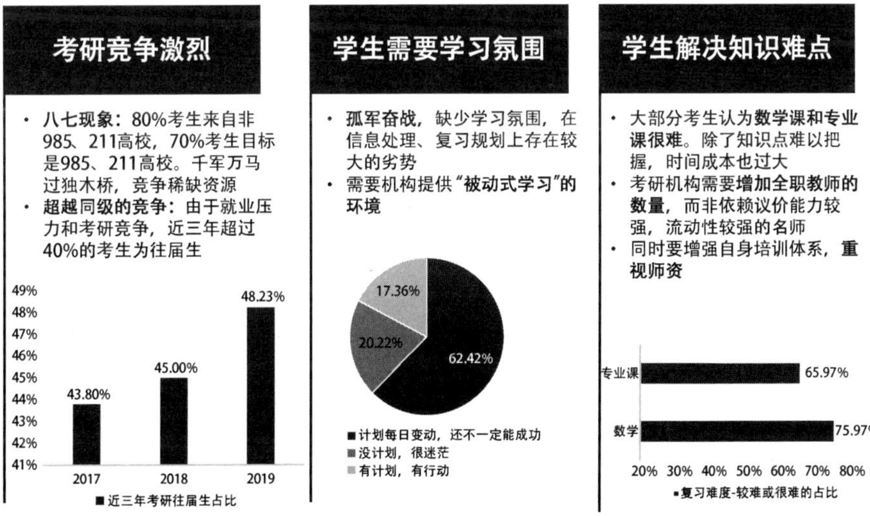


**图3　考研培训是刚需**

另外，K12教育机构面临自2019年起有关K12课外辅导相关政策意见及行业持续规范化影响，短期内业内公司营业成本和费用率上升明显。而考研教育市场不属于K12教育范围，不会受到政策的影响。

## 三、考研市场格局

### （一）线上模式：提供共性产品为主，一般线上线下相结合

1. 市场情况：

- 线上模式的体量目前相对有限，尚处于发展期，从线上领头新东方

在线来看，2019 财年纯考研业务的营收仅为 1.8 亿 ~2 亿元，占其大学业务的 30%左右。

- 线上机构仅能提供简单的“共性”产品供给，而市场最大的需求是个性化需求，因此线上产品议价能力相对较弱，属于价格敏感性产品。目前，市场上还是线上线下结合居多。

2. 万学教育线上业务：个性化需求的解决，目前仍线上线下相结合。

2009 年万学教育总计投资 2.2 亿元进行在线的“超级学习系统”的开发。超级学习系统比普通的在线学习有更大的优势，通过线上系统结合线下辅导的方式，学生可以弹性安排学习时间，模块化学习，并通过课后测试进行个性化的专项匹配辅导，提升学习效率和学生的黏性（见图 4）。

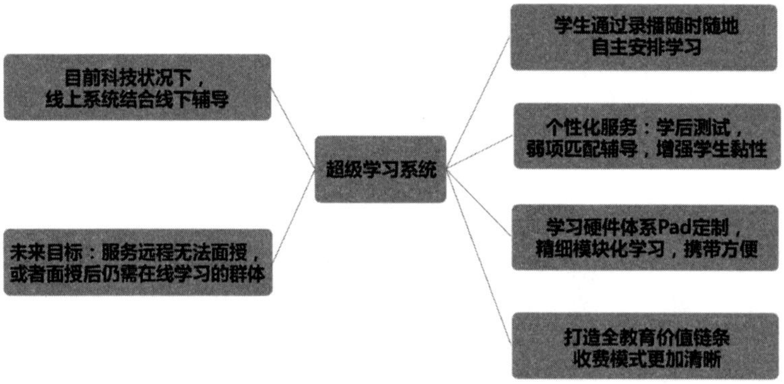


**图 4　万学教育“超级学习系统”**

## （二）线下模式：加盟模式下核心资源外流，万学教育坚持直营有优势

1. 市场现状。

线下模式主要分为直营和加盟，利润构成如图 5 所示。

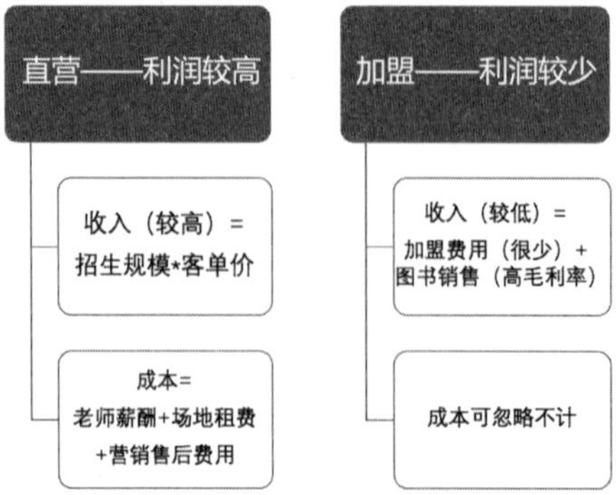




**图 5　直营和加盟模式营收对比**

品牌的最终发展目标是获得更高的议价权。在加盟模式下，加盟商可以借用品牌主的资本快速占领市场，但加盟商的目的是赚钱而往往并不在乎品牌的运营，因此一些加盟商可能会出于降低成本的考虑，找一些教学质量不过关的老师，利用总部的名气赚快钱，获得更高的利润，而总部如果没有很好的办法对其进行约束，久而久之，加盟商就会透支总部的品牌。因此，直营比加盟能够更好地管理和控制分店的教学质量。

对比各线下考研机构的经营模式可见，除了万学教育旗下的海文教育是全国直营的，其他大多是“直营＋加盟”模式（见表1）。

**表1　　各线下考研机构的经营模式**

| 考研机构 | 经营模式 | 涉足考研时间 | 主要地区 |
|---|---|---|---|
| 文都活动 | 20多家直营机构（覆盖12个省市以及海外如加拿大等国），在全国有600多家加盟机构 | 1996年 | 30个省市 |
| 海文（万学教育旗下品牌） | 全国直营 | 1993年 | 20个省市 |
| 跨考 | 六大城市直营分校＋全国100余个加盟分校 | 2004年 | 北京、上海、沈阳、大连、长春、天津等 |
| 学府 | 直营＋加盟 | 2006年 | 北京、西安、南京、成都、武汉、天津等30个省市 |
| 启航 | 直营＋加盟 | 1988年 | 24个省市 |

资料来源：各机构官网

2. 万学教育全国直营有优势：良性循环

万学教育覆盖线下三百余座城市，采用全国直营。全国直营的模式下，可以通过面授收费获得更高的毛利率，并且更好地控制教学质量从而形成如图6所示的良性循环。

## 四、万学教育目前瓶颈：未来客户人数下降，售后营销团队未能转化已有客户

随着人口老龄化的发展，未来的大学毕业生人数必定会减少，而万学

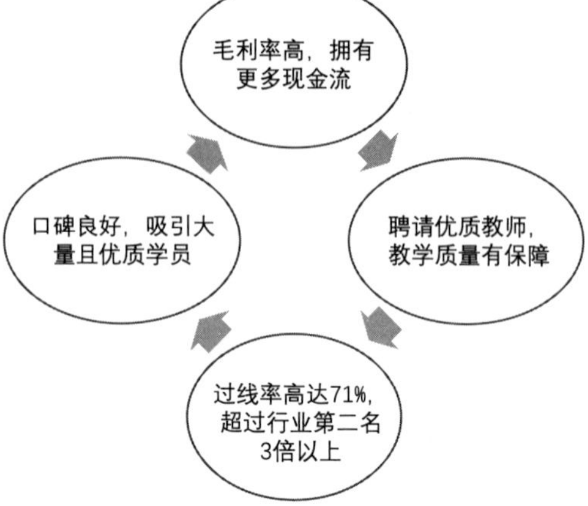


图 6　全国直营为万学教育带来的良性循环

教育作为一个针对大学生的职业教育机构，势必面临着用户减少的困境。另一方面，每年考研上岸人数在一定程度上是固定的，过分扩招势必会降低机构引以为豪的过线率，为了口碑，在用户扩张方面不可能做到极致。因此，万学教育开发了一系列新的产品线（见图 7）。

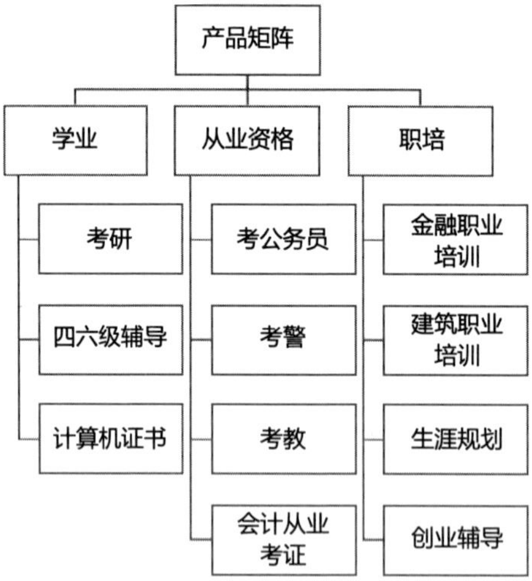


图 7　万学教育产品矩阵

但目前万学教育职培和考证考公的培训依然是针对大学生的，并没有将产品受众扩展到 18～29 岁人群这个更大的群体。换而言之，万学不同的产品线之间也存在着冲突和竞争，对于同一个大学生的同一个时间段来说，一般不会同时参加考研培训和职业发展培训，并且也只会参加职业发展培训中的一项，因此在业务发展方面存在瓶颈（见图8）。

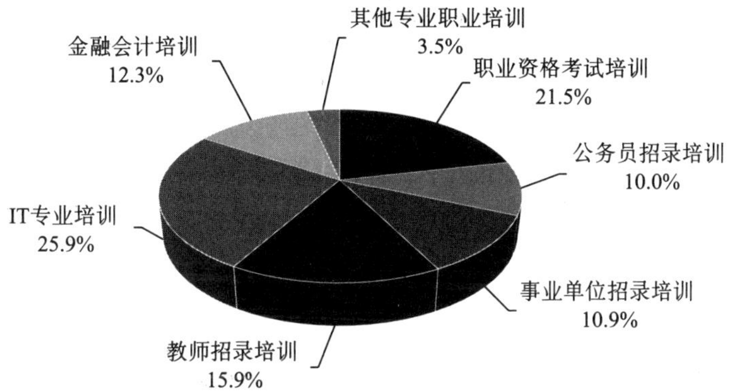


**图 8　大学生培训偏好占比**

造成这一现象的主要原因有两个：

首先，目前万学教育的营销和售后团队对于客户的维护有待加强。根据客户的评价，其在对客户定位以及售后管理方面存在着一些问题，难以留住老客户继续参加其体系内的其他培训，因此暂时很难将用户年龄层进一步拓展。

其次，其职业规划服务在教育质量上难以吸引大学毕业的年龄较大的用户，这也是万学教育需要在未来进一步的成熟和深入研发的。

## 五、总结

经历4轮融资，万学教育已成为大学生学历考试与职业培训的龙头机构，产品矩阵覆盖从进入高校的大学生涯规划到离开高校的资格考试和就业培训。万学考研培训的学员，其过线率高达71%，是行业第二名的3倍以上。本次融资计划开发的“最优教育规划与学习整合系统”，能帮助青年人精准选定适配职业目标、为其配置知识获取与能力成长的最佳路径与资源，完成线上教育的个性化辅导。但是在职业发展教育、售后和营销团队的管理上还存在许多问题。万学教育需要进一步完善和发展自身的产品矩阵以保障未来的发展前景。

在适龄用户（大学生）总量逐步下降的未来，如何二次转化今天的存量用户为以后的增量用户，并组建与这些年龄增长后的现存用户相匹配的销售以及售后团队，将成为维持万学教育增长的核心要素和重中之重。

想成为投融资观察报告创作团队的一员吗？微信扫描本书第 388 页二维码，现在就加入我们吧！

**No. 9**

# 博云：深耕私有云产品线，扎根本地拓向全国*

**主笔：**汪茜茜

**资料收集：**汪茜茜　王皆宜

**交易概览：**

2020 年 1 月 13 日，BoCloud（博云）完成 1 亿元人民币 C 轮融资，由蔚来资本领投，跟投包括新增投资方康力君卓、天创资本，以及老股东元禾控股、邦盛资本和京东云等。本轮融资主要用于产品矩阵建设、核心技术研发与创新、市场规模扩张、行业解决方案和渠道合作伙伴生态建设。

## 一、公司简介

2012 年，博云创始人花磊离开微软，在苏州成立了 BoCloud（博云）——一家云计算解决方案服务商。当时的公有云市场已是寡头市场，博云便从私有云市场切入，行业上选择金融业，技术上以容器作为出发点，为银行、证券、保险等金融企业提供基于 Docker 的应用管理平台、基于开放架构的运维管理平台和服务治理平台。

成立之初，博云专注于私有云的行业云化需求，推出了企业级容器管理平台 BeyondContainer、数据中心自动化运维产品 BeyondBSM 和私有云产

* 本文写于 2020 年 1 月。

品 BeyondSphere。2017 年 B 轮融资后，进一步推出了微服务、DevOps 产品，矩阵逐渐形成，与原有的容器云整合成为现在的 PaaS 技术中台。此为一条线。另一条线为统一云运维，包括 BeyondBSM 和多云管理 BeyondCMP。此外，博云还研发了超融合基础设施平台 BeyondCube，将计算、存储、网络和管理融合到标准 x86 服务器中，实现基础设施以积木式部署和横向扩展能力。而在解决方案层面，博云以金融云、工业云（尤其电力云）为招牌，向客户提供云计算方案服务（见图 1）。

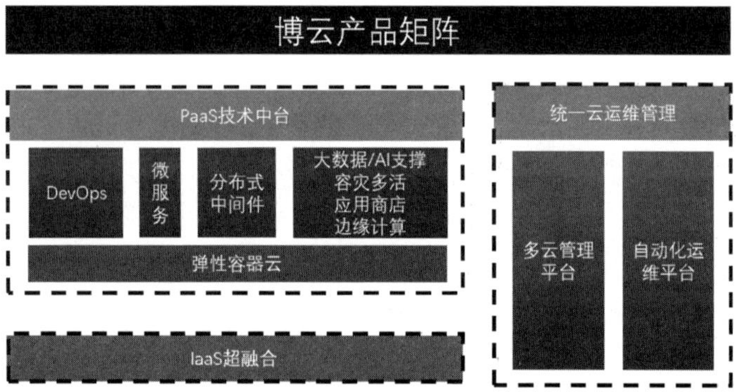


**图 1　博云产品矩阵**

资料来源：公开数据整理

截至 2019 年年底，博云产品已应用于十多个领域的 200 多家大中型企业客户，支撑着众多各行业客户的系统稳定高效运行。

博云不断加强生态合作建设，积极融合云计算产业链上下游，到 2019 年年底，已联合 60 余家产业上下游合作伙伴，如京东云、微软、Intel、中科院软件研究所等；同时，博云也积极参与业界项目。这些合作推动了其企业生态的成型。

## 二、深耕私有云市场，主打两条产品线

博云的两条产品服务线分别是以 BeyondPaaS 为核心的应用管理线和以 BeyondCMP 为亮点的资源管理线。

博云的整体产品线可以说是选取了广义云中狭义的一部分，针对企业的应用生命周期管理来开展。它的目标客户企业有持续的内部应用开发需

求，且往往自有一支具备一定开发、运维能力的团队。然而，企业开发一项应用，包含设计、开发、测试、部署、运维等许多方面，而且随着企业内部应用逐渐增多、应用复杂度提升，控制新版本应用发布和测试的质量就成为问题。另外，私有云的底层硬件设备到期或故障后，如何检测、维修或迁移？如果使用多个云，放在一起怎样进行统一管理？这些都是企业自有团队会面临的问题，于是便需要更专业和更精通的互联网企业帮忙，比如提供应用生命周期管理的平台级工具，打通资源监管、定位追踪排障、质保升级、人员培训等等。

## 三、应用管理线与私有云 PaaS 市场局势

### （一）应用管理线：以 BeyondPaaS 为核心

2019 年，博云将近两年落地的微服务（对应服务 BeyondMicroService）、DevOps 平台（对应服务 BryondDevOps）与原有的容器云，整合集成了现在面向企业的一站式应用管理 PaaS 平台——BeyondPaaS。为企业提供应用研发过程管理、开发、测试、发布上线、运维、监控和治理等应用全生命周期管理能力（见图 2）。

**图 2　博云产品 · 应用管理**

资料来源：公司官网

### （二）私有云 PaaS 市场局势

根据中国信通院 2019 年《云计算发展白皮书》，中国私有云市场在 2018 年已经达到 525.4 亿元的市场规模，且增长速度在未来 5 年内都将高于 20%，较为稳定（见图 3）。

**图 3　2016～2022 年中国私有云市场规模**

资料来源：中国信通院

而从私有云细分市场结构的变动趋势中可以看到，传统硬件如服务器、网络设备等的重要性在降低，而软件、服务的占比正在缓缓升高（见图 4）。这实际上反映了传统硬件市场在水准、价格区间等方面或趋于透明，而软件、服务方面不同云服务商的套件、组件所具有的定制性与独占性成为越来越重要的角色。企业对私有云的建设方式，也正在从三者整体采购逐渐过渡到单独采购后二者。① 而这或许也意味着 PaaS 层作为软件研发平台，潜力是值得期待的。

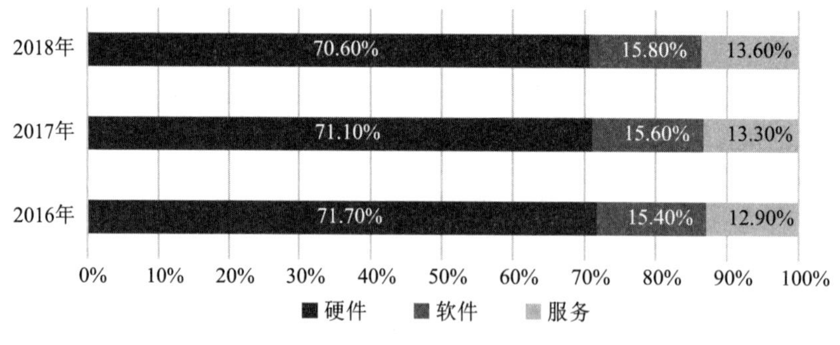


**图 4　2016～2018 年中国私有云市场细分结构**

资料来源：中国信通院

① 根据中国信通院 2018 年一项样本量为 700 余家企业的调查，超过一半的企业选择利用自己已有的硬件，采用购买软件、服务的方式来进行私有云部署。

此外，如果对标2018年437亿元的中国公有云市场，PaaS层份额占约5%（21亿元），但增长率来看，IaaS、PaaS、SaaS份额占比分别为81.8%、87.9%、38.9%。可见，PaaS增速很快（见图5）。

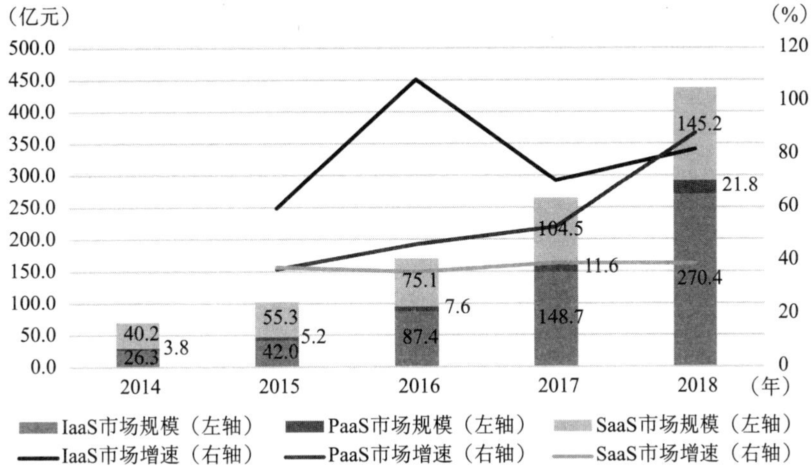


**图5　中国公有云市场规模及增速**

资料来源：智研咨询，国金证券研究

BeyondPaaS产品优势在于其平台管理对象涵盖应用、中间件、数据库等，并支持容器化和非容器化应用的自动化管理。平台还采用中台化架构设计，支持基于API调用快速开发构建个性化的应用管理场景。此外，考虑到部分客户，尤其是金融行业客户，同时使用了红帽的OpenShift产品，博云实现了双方产品的数据打通，帮助客户做到统一管理。

## 四、博云在应用管理方面的落地成果

中国权威ICT研究咨询机构计世资讯发布的《2018—2019年中国PaaS市场研究报告》显示，博云在2018年中国PaaS厂商市场份额中占比为5.3%，位居创业企业第一；IDC将博云作为容器PaaS市场表现活跃的创新性厂商引入《容器基础架构软件报告》。在Forrester的企业级容器平台相关报告中，博云也作为创业厂商代表被引入。

针对金融业客户，博云曾为银河证券打造了以容器和Kubenetes为核心构建的容器云平台，解决了银河证券业务快速迭代能力建设的需求，实现了开发测试生产环境一致性，获得 2019 年 IDC 金融行业技术应用场景最佳创新奖。除此之外，博云还曾完成民生银行、江苏银行、华泰证券等金融机构的 PaaS 平台建设任务，证明了其金融业云平台建设与交付的能力。

制造业方面，博云为海信集团建设了面向互联网应用需要的、以 DevOps 和容器化为特征的新一代 PaaS 平台，支撑了海信集团核心系统云上实施交付能力。该项目也荣获 IDC 制造行业技术应用场景创新奖。

## 五、资源管理线与云管理市场局势

一体化云管理平台 BeyondCMP 能够对多种云平台基础资源统一和完备生命周期监测、管理与部署调度，平台采取统一门户登录，管理员和用户在各自的门户界面上即完成对云环境下资源全部管理操作。

企业上云成为大趋势，但平台选择、系统迁移、多云管理、应用优化等仍然是企业面临的上云疑难（见图 6）。这痛点问题往深处归纳，可能是企业 IT 部门人员能力总体而言不如专业的 IT 公司，因而在自建私有云时，遇到技术难点相对较多。而选择成熟且适合的专业管理云商，就是为了减少这样的问题。云 MSP 市场应运而生。

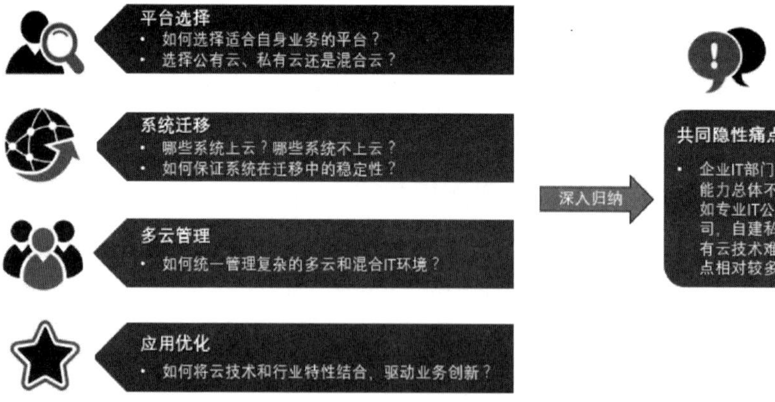


**图 6　企业上云面临的痛点问题**

资料来源：中国信通院、专家访谈

目前，国内云管理市场尚处于发展阶段，未来，据 IDC 估计，随着传统分销、集成、软件开发、数据中心等厂商等进入，2018 年我国云 MSP 市场为 19.95 亿元，未来复合增长率在 70% 左右，到 2023 年或达到 300 亿元。而中国信通院也在咨询、迁移、管理等方面对 MSP 制定了服务能力要求与水平划分，以促进云 MSP 市场更规范健康地发展。

**案例**

2019 年 6 月，中标浦发银行云管平台项目。博云将构建两地三中心 IT 基础设施私有云技术架构，完成基础设施私有云服务平台的建设。项目完成后，可提供基于 BeyondCMP 实现的云管理平台方案，可有效实现数据中心 IT 资源池化管理向云化管理模式的转变，满足浦发银行现有资源的统一管理需求。以微服务方式部署的云管理平台，可实现可用性达 99.9% 以上，并且能够可视化的批量自动化运维，实现全系统、全生命周期的自动化维护作业平台。

## 六、博云将扎根发挥本地优势，向全国各行业拓展

### (一) 扎根于本地沃土，借助园区政策、资本和业务获取的优势壮大发展

园区政策：苏州工业园区大力发展大数据和云计算等新兴产业，制订相关扶持政策推动云计算产业发展。自 2012 年博云在苏州工业园区成立以来，从最初的“云彩计划”试点项目，到 2018 年作为唯一一家专注企业云计算架构的科技型创业企业，入选“瞪羚培育企业”工程，苏州工业园区一直给予博云支持。

资本优势：苏州有较为密集的本地资本。元禾控股属于国内前十的投资机构，从 2017 年 B 轮开始加持博云，是当时国内容器领域最大的一笔融资。此轮 C 轮融资新加入者康力君卓、天创资本两家，注册地也皆为苏州。

业务需求：从省一级的江苏银行、江苏电力，到市县一级的南京气象

局、智慧无锡、江阴农商银行等，博云抓住了江苏省地方金融、工业、政务等方面上云的可观业务需求，是业务成长的沃土。

（二）走向全国各个行业，实现营收高速增长

地域拓展：从全国性的中国石油、南方电网，到地方性的广东华兴银行、包商银行（内蒙古），可以看到博云正超出江苏省地域范围，中标各级各地业务。

行业扩大：在行业布局上除金融、工业外，博云也开始涉足教育、政务、IDC、航空等多种行业，如新华书店、紫光云引擎、东方航空等，逐渐将自身多年以来的技术力量与产品服务下沉于垂直领域行业。同时，博云积极把握行业市场新机遇，对 5G、边缘计算、智能 IoT 等新技术持续探索与研究，将现有技术、产品与新技术结合，致力于打造适用于未来行业新场景的解决方案。

营收成果：通过产品服务下沉、销售体系下沉、渠道生态下沉，博云在 2016—2019 年，营收以每年 80% 的复合增长率增速提升，并在 2019 年实现全年盈利，博云的营业收入、增长速度和盈利水平持续领跑同赛道创业厂商。

## 七、风险分析

尽管博云目前所在的行业前景广阔，公司本身在技术团队、资金力量、客户等方面都有一定优势，其所面临的风险也不容忽视。

（一）私有云边际成本较高

公有云通用性更高，类似于 2C，而私有云更专业定制，类似于 2B，因此二者成本特征并不类似。公有云由于服务企业统一化，随客户数量增加，边际成本有被摊薄的趋势，而私有云因为几乎需要对每个客户对接对方团队，提供更定制化的服务，所以边际成本往往会持续保持在一个稳定的水平上。博云在已有百余客户的精彩业绩下，能否始终把控好成本，保证利润率，是十分重要的。

（二）创业同行的竞争

Gartner 将 PaaS 市场细分出了数十个细分领域，博云作为国内容器 PaaS

圈最早的企业之一，是深耕此项技术的。然而，我们也看到了许多同类公司近期获得大额融资，如：2018 年，时速云（容器云产品）完成 B 轮近亿元融资；同年，灵雀云（容器云产品、企业级 PaaS）获英特尔投资领投的战略投资；2020 年 3 月，Rancher Labs（容器云产品）获得 D 轮 4 000 万美元融资等。这些同行都有同样不凡的技术团队背景与融资历程，博云能否在同类竞争中获得长远优势，需要进一步的观测。

### （三）未来的巨头冲击

目前，私有云市场以华为、新华三、华云为主导，而阿里云、腾讯云等巨头们也同样在此市场中，只是相对于其公有云业务而言较为渺小。当未来公有云市场趋于饱和时，很有可能会在私有云领域发力，彼时就大厂商积累的技术成熟度而言，中小厂商可能会有较大的竞争压力。目前排名还不在前 20 之中的博云，是否能在未来持续向好，需要时间验证。

## 八、总结

### （一）蔚来新入股，资金能力增强，推动工业云方向发展

蔚来资本作为一家布局汽车、能源、科技的专业投资机构，本次入股博云主要是期待看到 PaaS 技术赋能汽车、制造业等行业，提升传统行业运营效率，推动数字化转型。如果将来蔚来自身也成为博云的客户，由于每一个新进客户案例都会对云计算技术架构能力进化有所贡献，那么研究、探索蔚来这一级别的大客户解决方案，将对博云提升工业云方向的业务能力大有裨益。

### （二）京东云继续跟投，深化战略合作

京东云成立于 2012 年，但在 2016 年方才宣布对外服务，入局过晚。2017 年聘请微软亚太研发集团首席运营官申元庆为京东云事业部总裁；2018 年，京东云同时参与博云（B + 轮战略融资 1 亿元）、亿方云（B 轮 1 000 万美元）、Easystack（云计算服务商，C + + 轮 3 亿元）的投资展开战略合作。以上可以看出其对于云计算领域的雄心。

京东集团副总裁、京东云投资负责人邓天卓表示，从技术产品层面到

市场推广层面，京东云和博云未来都有望实现“互联互通”，战略合作可以让双方取长补短，真正实现“1 +1 >2”的理想效果。不论是京东云，还是京东金融，在获得博云云技术的强大支撑后，客户上云需求一体化交付的效率将获得大幅提升，而博云技术团队凭借其在 PaaS 层长期的实战经验将会有效丰富京东云和京东金融的生态版图。

想成为投融资观察报告创作团队的一员吗？微信扫描本书第 388 页二维码，现在就加入我们吧！

**No. 10**

# 面板行业盈利寒冬，盛华科技加速液晶材料国产化*

**主笔：**魏若冰

**资料收集：**魏若冰　阿孜买提

**交易概览：**

2020 年 2 月 18 日，毅达资本领投，完成对山东盛华新材料科技股份有限公司超亿元投资。

投资标的盛华科技成立于 2003 年，注册资金 14 200 万元，曾于 2016 年 7 月在新三板成功挂牌上市，于 2018 年 5 月主动退市。盛华科技主营业务为研发生产和销售液晶显示材料（占营业收入 74.65%）、OLED 显示材料（占营业收入 11.46%）、医药中间体（占营业收入 8.41%）。目前，公司拥有约 130 种新产品，其中 80 多种新产品已形成规模化生产，并已经进入日本、韩国、德国等海外市场。该公司是国内重要的显示材料供应商。本轮融资资金将主要用于国内一线液晶厂商生产配套，进一步扩大盛华科技在液晶中间体及单体的市场地位。

## 一、液晶材料行业概览

平板显示（FPD）包括液晶显示（LCD）、等离子显示（PDP）、有机

* 本文写于 2020 年 2 月。

发光二极管显示（OLED）等。

（一）液晶显示（LCD）

LCD 凭借工作电压低、功耗低、分辨率高、抗干扰性好、应用范围广、成本低等一系列优点，已成为 FPD 产业的主流产品。LCD 产品上游为各种原材料生产厂商，中游为各式 LCD 面板厂商，下游为各类整机产品厂商（见图 1）。盛华科技主要生产 LCD 的液晶中间体（占其营业收入 74.65%）。

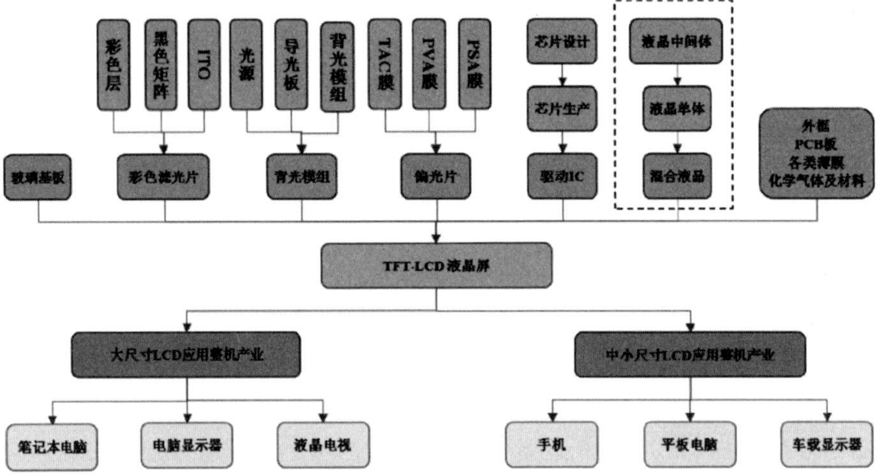


**图 1　LCD 生产分布**

从全球产业链的角度而言，目前美国和日本以及德国主要致力于生产行业上游原材料；而韩国以及中国台湾和大陆则主要在行业中游面板制造环节谋求发展。

（二）有机发光二极管显示（OLED）

OLED 面板是在有机化合物组成的层状构造体上赋予电压后进行发光的面板。与液晶面板（LCD）相比，其特长在于高亮度，高对比度，清晰视角，宽视角，轻薄重量，低功耗，快速响应速度等。盛华科技营业收入 11.46% 来自 OLED 上游有机显示材料中间体的生产。

OLED 整体产业链如图 2 所示。

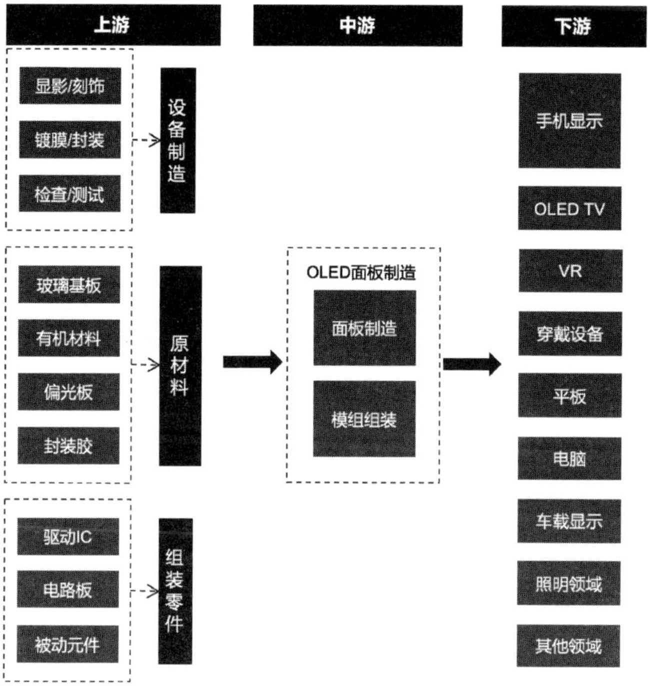


图 2　OLED 产业链

国内从事 OLED 有机显示材料相关的大多为原材料提供商，产能充裕；上游初级中间体参与者较少，盛华科技是其中之一，其存在较高的技术壁垒；OLED 终端有机材料几乎没有国产化（见图 3）。

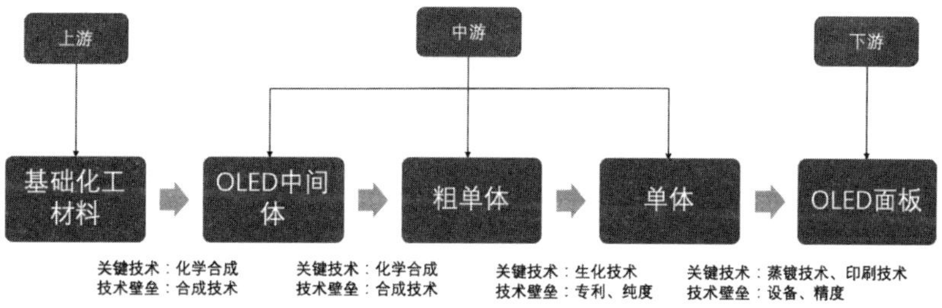


图 3　OLED 上游有机材料产业链及其技术壁垒

## 二、下游国内面板产业弯道超车，成为全球第一

全球 LCD 面板产业经历了一轮产业转移，最早 LCD 技术发源于美国；

随后日本厂商将LCD技术产业化，并几乎垄断了世界液晶面板产业。20世纪90年代后，韩国以及中国台湾地区面板企业随之崛起，成功超越日本企业，并在长时间内主导整个市场。过去10年，在产品价格不断下降、全球TFT-LCD显示面板需求增速放缓的背景下，中国大陆液晶面板产业实现弯道超车，先后将超过中国台湾、韩国，跃居全球第一。

截至2017年3月，中国大陆除了智能手机液晶显示屏、平板电脑显示屏、笔记本电脑显示屏市占率全球第一，大屏面板产能也超过韩国，成为全球最大的大屏面板产地。据IHS数据显示，2018年中国大陆市场占有率达到39%，2023年将占全球总产能的55%。

## 三、面板供给端盈利进入寒冬，对上游液晶材料国产化有迫切需求

### （一）产能过剩导致LCD面板价格持续下跌

产能过剩导致的面板价格周期性下跌，外加全球性经济衰退，面板价格从2017年年中持续下滑9个季度，多种面板尺寸价格下滑幅度超过50%（见图4）。

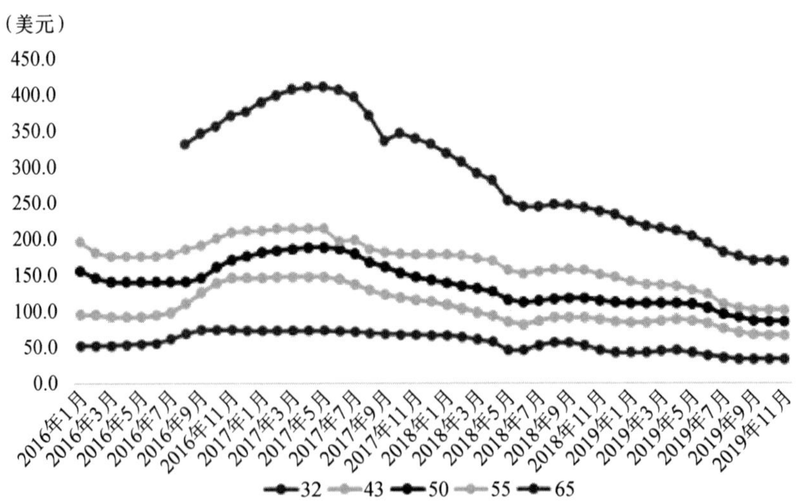


**图4　供过于求导致TFT-LCD面板价格从2017年三季度开始持续下滑**

资料来源：公共资料整理

## （二）液晶材料领域利润增量空间巨大

从 LCD 整体产业链的利润分布来看，生产上游材料的毛利率要显著优于面板，且存在着巨大的国产化空间（见图 5）。虽然随着整体行业增速的下滑，材料价格下滑的风险将不断增大，但短期量的释放仍会是关注的焦点（见图 6）。

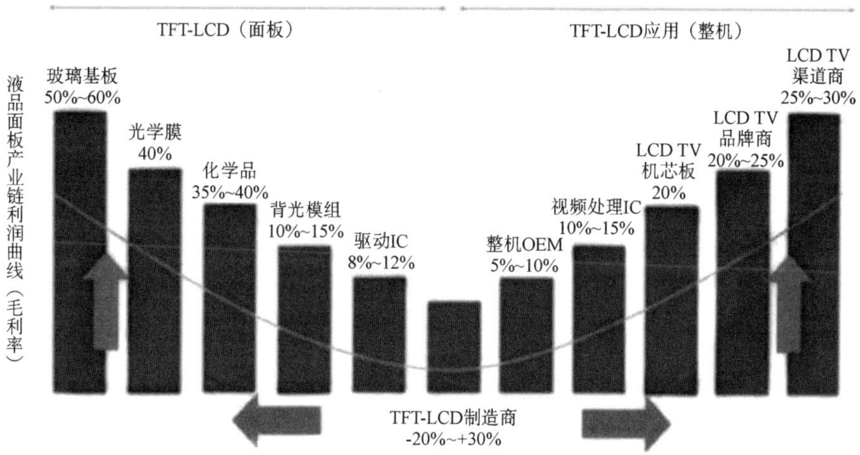


**图 5　上游材料毛利率**

资料来源：公开资料整理

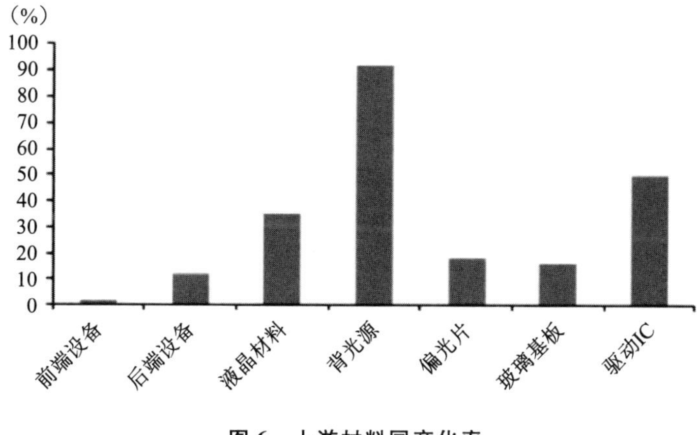


**图 6　上游材料国产化率**

资料来源：公开资料整理

### （三）高端混晶材料技术长期被国外垄断，国产化空间巨大

液晶显示屏需利用液晶材料的光电效应才能显示画面液晶材料，所以尽管液晶材料只占液晶面板总成本约 3%，但它也是关键的、不可替代的材料。

液晶分为单晶和混晶。任何一种单晶不能直接用于显示，液晶显示材料配方中需混合 10～20 种不同的单晶，称之为混晶。单晶是混晶的必备材料，混晶生产商自己生产一部分单晶，其余由专业单晶生产商生产。单晶相比于混晶的附加价值低。

目前，液晶材料关键原材料和生产线的关键设备仍严重依赖进口。中国企业主要生产液晶化学品和单体液晶，这些产品出口给国外的液晶生产商，而混晶材料存在较大技术壁垒；中国企业生产高端液晶 TFT－LCD 材料能力较弱，而生产低端的 STN－LCD 和 TN－LCD 能力较强（见图 7）。而 TFT－LCD 在液晶显示器领域早已占据了主导地位。目前，TFT 混合晶体生产被德国 Merck、日本 Chisso 和大日本油墨（DIC）三家占据了 85% 以上的市场份额，行业利润高达 67%（见图 8）。因此，TFT 混合晶体国产化是国内面板厂商增强产业配套化和降低成本的必经之路。

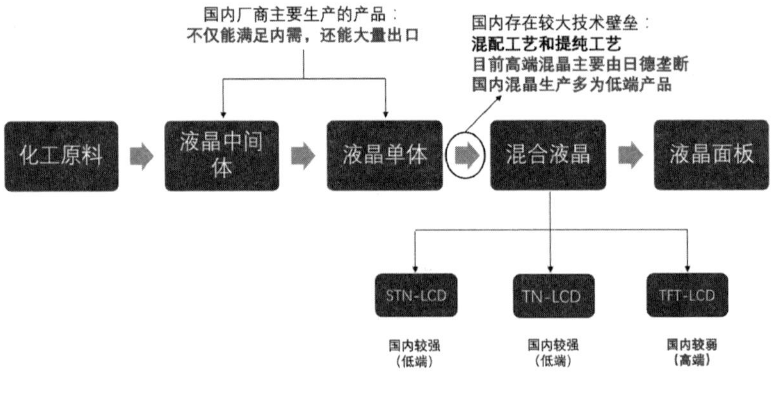


**图 7　液晶面板产业链**

而这三家之所以能够形成垄断，主要是由于技术壁垒和销售壁垒（见表 1）。

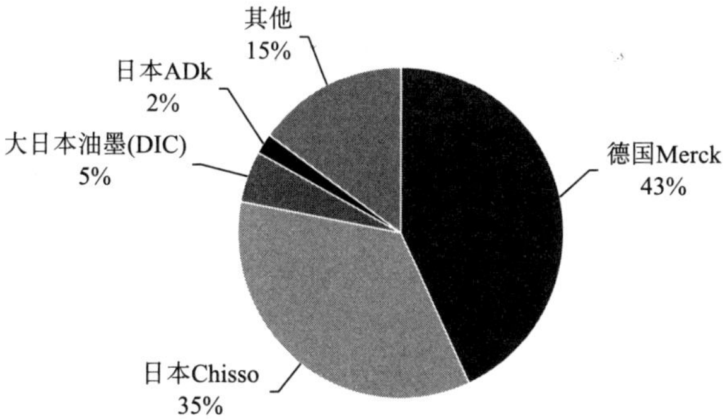


**图 8　全球混合液晶材料市场格局**

**表 1　技术壁垒和销售壁垒分析**

| 技术壁垒 | 销售壁垒 |
| --- | --- |
| • 该三家企业依靠“苯环”核心结构或“萘环”核心结构，构建了严密的专利网，其他液晶生产商必须开发出全新的液晶单体结构和混配组合才能避开专利封锁<br>• 液晶材料对于混配工艺和提纯工艺要求较高，需要大量技术研发和行业积淀<br>• 有关生产设备存在差距 | • 多数 LCD 制造商在选择和验证液晶材料时，采取了相当严格的评审流程，并会进行周期性审证，以确保 LCD 面板的品质<br>• 下游面板企业对产品质量可靠、技术领先的上游企业形成一定的依赖性，一旦确立长期合作关系，不会随意更换上游供应商<br>• 液晶材料的开发信息和市场需求信息都来源于客户端，只有战略合作方式，才有机会得到客户的需求信息、开发样品验证及信息反馈 |

目前，我国具备混晶生产能力的企业只有和成显示、诚志永华、八亿时空和本次标的公司盛华科技等企业。其中，八亿时空近期异军突起，成为 2017 年国内首位液晶供应商。诚志永华虽然液晶材料销量排在世界第三，国内市场占有率高达 65%，但主要在黑白液晶屏领域占有优势（见表 2）。

**表 2　国内生产厂商的领域优势**

| 厂商 | 液晶中间体 | 液晶单体 | 混合液晶 | 知名客户 |
| --- | --- | --- | --- | --- |
| 盛华科技 | 主要 | √ | √ | 国内外客户 |
| 诚志股份 | | | √ | 华星光点、CTC、LG Display |
| 和成显示 | √ | √ | √ | 京东方、华星光电、中航光电、成都天马 |
| 八亿时空 | | | √ | 京东方、中国台湾达兴、韩国东进 |
| 烟台万润 | √ | √ | | Merck、Chisso 和 DIC |

## 四、盛华科技核心竞争力

### （一）研发能力强

液晶材料属于技术高度密集的行业，盛华科技不仅有复杂且稳定的制造工艺技术以保证品质的稳定，更有与 LCD 制造企业的密切配合和技术互通与支持。其团队不仅吸纳了优秀的化学人才作为产品制造的保障，也引入了电子、物理专业的人才从事应用技术创新。

目前公司拥有 27 项专利，其中发明专利 13 项，另有 8 项发明专利正在受理中。

在单晶和液晶中间体方面，盛华科技已经深耕多年，技术成熟；在混合液晶材料方面，其已掌握 TN 型、STN 型液晶的生产、控制技术，并通过不断提高技术含量和品质，形成一定市场规模。

在 TFT - LCD 大发展背景下，公司加速技术研发和产业布局，逐渐突破高档混合液晶材料中关键单体的垄断，在 TFT 液晶材料市场占据一席之地。

### （二）成熟的商业模式（见图 9）

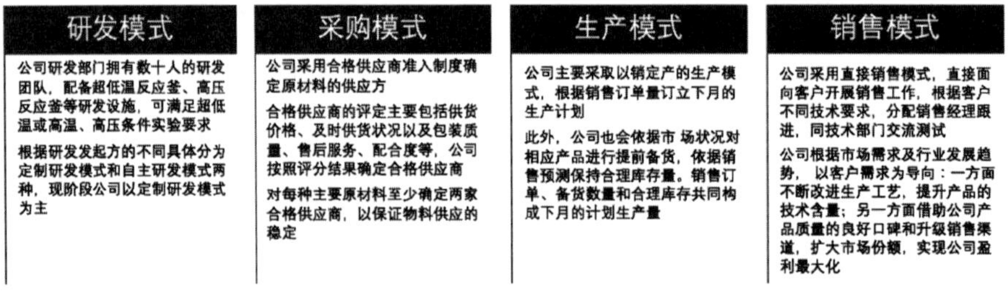


**图 9　盛华科技商业模式**

### （三）政策支持

- 环保技术领先，符合不断增进的环保政策。受全国环保政策影响，行业内部分落后产能被淘汰，公司凭借自身环保优势，在产品生产等各环节采取有效措施，保质保量地完成生产任务的同时实现了盈利水平的提升。
- 液晶材料生产研发收到政策支持。国家出台多项政策，重点支持高世代薄膜晶体管液晶显示，用高性能混合液晶材料研发和产业化，为盛华科技的液晶材料进一步研发生产的发展提供了有力保障。

（四）区域协同

在国内，液晶生产企业主要集中在中北部地区，包括山东、江苏、河北、北京等重点区域。盛华科技位居山东省，形成了更强的产业集群优势，有利于产业链上下游的合作和协同发展。

## 五、盛华科技新三板退市

2018 年 5 月 28 日消息，盛华科技终止在全国中小企业股份转让系统挂牌，从新三板正式退市。预测盛华科技后续将会考虑重新在科创板上市，本轮融资亦是盛华科技 Pre－IPO 轮融资。

同时，科创板公司八亿时空亦为专注于 LCD 面板混晶原材料制造的公司，且均选择了三板退市再上市的策略，具有较强的可比性。

从 2017 年业务数据来看，八亿时空相比于盛华科技在营收体量、毛利率、净利率和收益率层面均有较好表现（见表 3）。

**表 3　　2017 年业务数据**

| 企业 | 营业收入（百万元） | 净利润（百万元） | 资产负债率（%） | 销售毛利率（%） | ROE | ROA |
|---|---|---|---|---|---|---|
| 八亿时空 | 230.8 | 53.3 | 28.4 | 50.9 | 17.9 | 13.1 |
| 盛华科技 | 183.3 | 19.4 | 51.3 | 25.9 | 12.9 | 9.5 |

资料来源：公司年报。

同时，对比八亿时空退市再上市期间的估值变化可以看到，虽然从三板退市到再上市给了八亿时空股东接近 2 倍的回报，但是对比盛华科技的估值，盛华科技退市时的估值相比八亿时空退市估值显著偏高；再对比两者的业绩情况，盛华科技再上市能够给股东带来的收益有了一个巨大的疑虑（见表 4）。

表 4　　退市再上市的估值变化

| 企业 | | 市值（百万元） | 营收（百万元） | 净利润（百万元） | PE | PS |
|---|---|---|---|---|---|---|
| 八亿时空 | 科创板（最新） | 4 317.0 | 430.4 | 109.1 | 39.6 | 10.0 |
| | 新三板（退市） | 1 954.0 | 394.0 | 114.5 | 17.1 | 5.0 |
| 盛华科技 | 新三板（退市） | 570.0 | 183.3 | 19.4 | 29.3 | 3.1 |

注：八亿时空科创部估值采用 2020 年 4 月 3 日市值和 2019 年业绩快报计算，退市估值采用退市前市值和 2018 年报计算；盛华科技估值采用三板退市前市值和 2017 年年报计算

资料来源：公开资料整理

## 六、交易评价

随着液晶面板大量国产化，如今产能过剩，面板供给端进入寒冬，其上游液晶原材料通过国产化降低成本刻不容缓。

对于液晶材料研发、生产本身，毛利率是 LCD 生产链中较高的一部分，存在着较高的利润增量空间和国产化空间，尤其是混合液晶的技术壁垒对于国内大部分企业仍然存在。

盛华科技技术含量高，产业链条完整，深耕行业多年，受到政策支持，符合环保政策要求，商业模式成熟，未来成长相对有保证。

但是退市前公司相对于其可比公司估值显著偏高，考虑到实际业绩上的差异显著，其未来是否能够在登录科创板后为股东和本轮投资人带来丰厚的回报仍存疑虑。

想成为投融资观察报告创作团队的一员吗？微信扫描本书第 388 页二维码，现在就加入我们吧！

**No. 11**

# 在线票务天花板已现，猫眼如何布局产业链拓宽盈利来源*

主笔：施　楠

资料收集：李晨　张瑜洁

**交易概览：**

2020 年 1 月 15 日，猫眼娱乐（01896. HK）宣布，私募股权投资机构方源资本购入其重要少数股权，猫眼娱乐 CEO 郑志昊参与跟投（见图 1）。官方资料显示，方源资本是一家市场化独立运作的私募股权投资机构，主导了分众传媒、Amer Sports、IMAX 中国、Endeavor 中国、Pure、新浪等的投资。

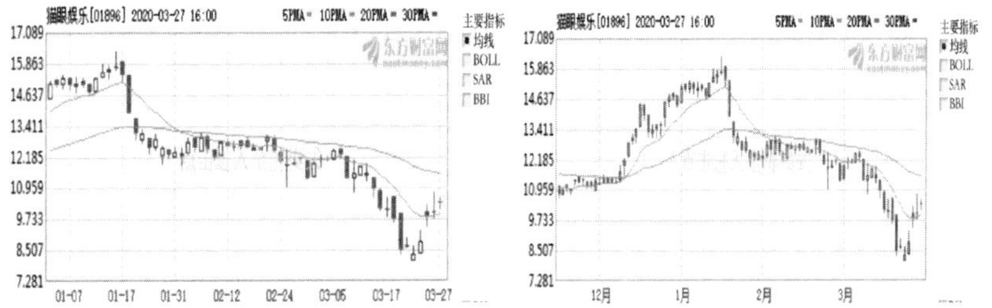


**图 1　交易后股价变化**

资料来源：东方财富

* 本文写于 2020 年 2 月。

# 一、在线票务市场行业集中度提高，商业模式趋于多元化

在线票务市场发展轨迹见图 2。

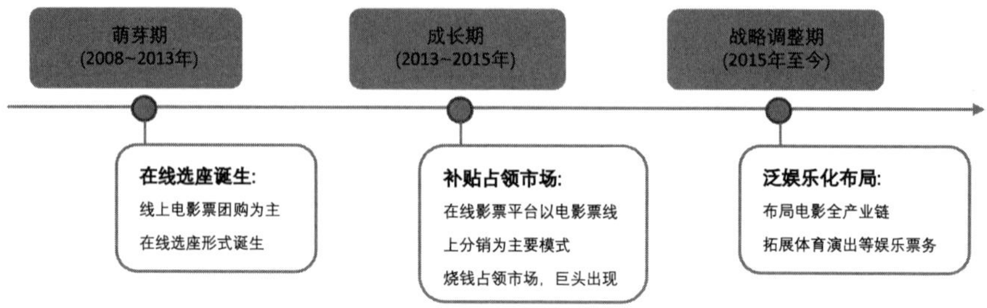


图 2　行业发展历史

资料来源：艾瑞咨询

## （一）在线票务市场规模有望增至千亿元，高线上化率奠定了行业发展基础

中国在线票务市场发展迅速，在线票务平台已经成为主要购票渠道（见图 3 和图 4）。根据艾瑞咨询报告，中国在线电影票务市场由 2012 年的 31 亿元增至 2017 年的 460 亿元，2012—2017 年的 CAGR 为 71.5%，预计 2020 年市场规模将增至 1 101 亿元（以成交总额计算）。随着在线票务市场增速逐渐放缓，电影票务平台应当积极寻找新的利益增长点。

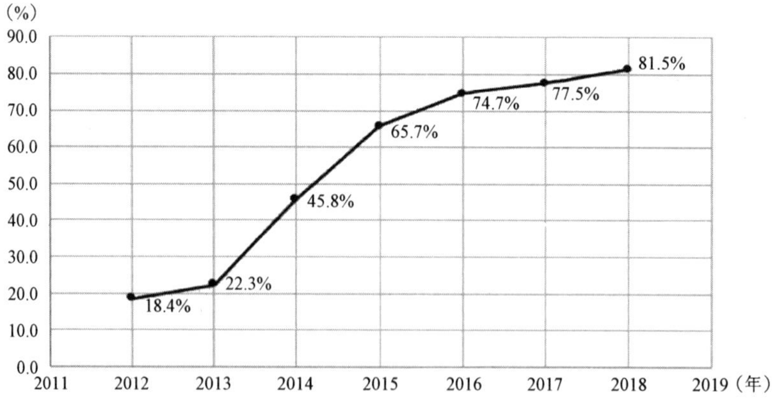


图 3　网络购票占比

资料来源：易观咨询，观研天下

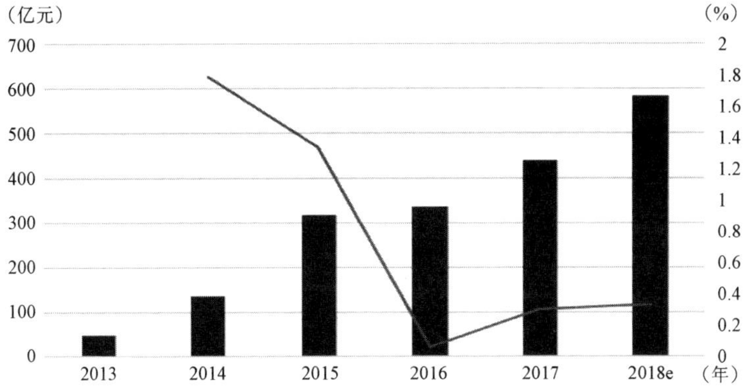


**图 4　2013～2019 年在线票务市场收入规模及增速**

## （二）在线票务市场格局趋于稳定，头部力量开始寻找新的增长点

行业进入战略调整期以来，以猫眼娱乐、淘票票和百度糯米为首的头部力量占据主导地位。但是电影票产品同质化严重，用户价格敏感度高。在经历过几轮烧钱的抢客大战后，头部企业为了稳固行业地位，开始寻找衍生的商业模式，主要包括衍生品代售和影片投资、制作、宣传发行等（见图 5 及图 6）。

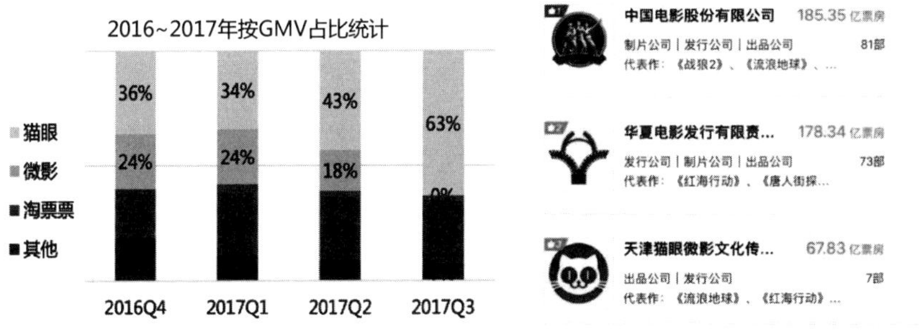


**图 5　在线电影票市场份额变化情况**

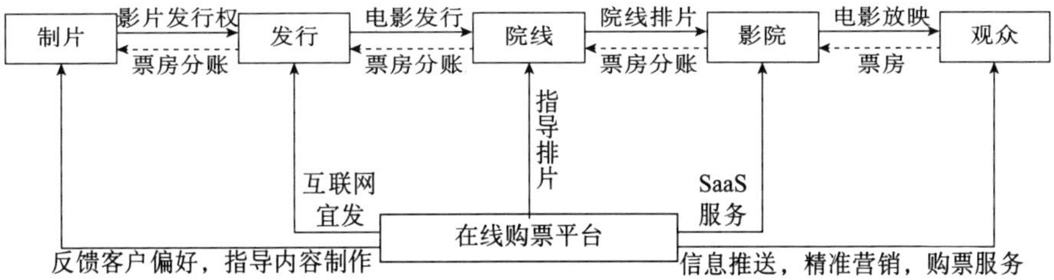


**图 6　电影在线售票平台产业链**

资料来源：华金证券研究所

## 二、交易标的：猫眼娱乐

猫眼娱乐前身为美团电影，2014 年凭借《变形金刚 4》的优异成绩成为在线票务市场 Top1。2016 年，美团大众点评分拆猫眼电影业务，至此猫眼娱乐成为一家完全独立运营的公司。2019 年 2 月 4 日，猫眼娱乐正式在港交所挂牌上市（股票代码：01896. HK），成为香港资本市场互联网娱乐服务第一股。作为创新互联网赋能娱乐服务领先平台，猫眼主要业务有娱乐票务服务、娱乐内容服务、娱乐电商服务、广告服务及其他（见图 7 及图 8）。

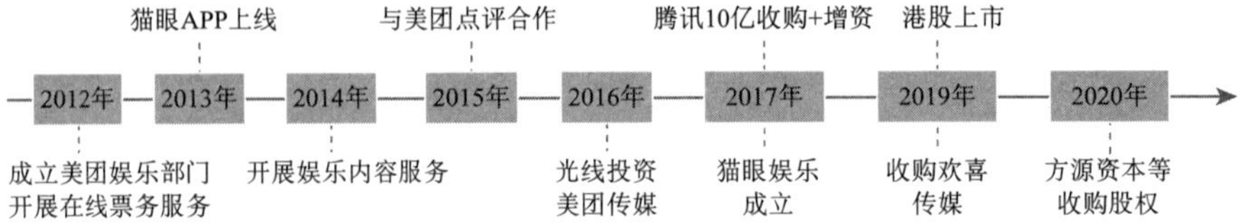


**图 7　猫眼娱乐发展简史**

资料来源：招股说明书，2019 年财报

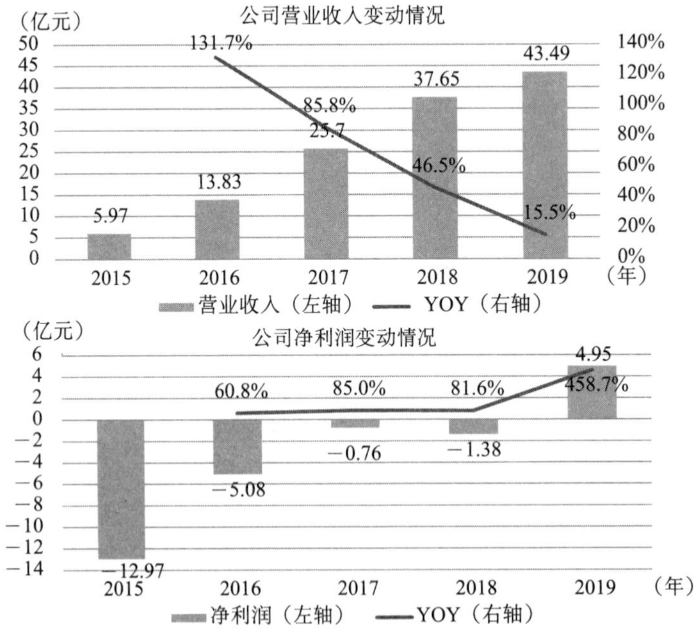


**图 8　猫眼娱乐财务概况**

资料来源：2015 ~ 2019 年猫眼娱乐财报

2015～2019年猫眼营业收入增速不断放缓，但经营亏损逐渐收窄并实现盈利。期间营业收入由6亿元增长至43亿元，亏损由12.97亿元收窄至－1.38亿元，并在2019年首次实现盈利。2019年公司总收入42.675亿元，较2018年同比增长13.6%；毛利26.571亿元，同比增长12.8%；全年盈利4.589亿元（见图9）。

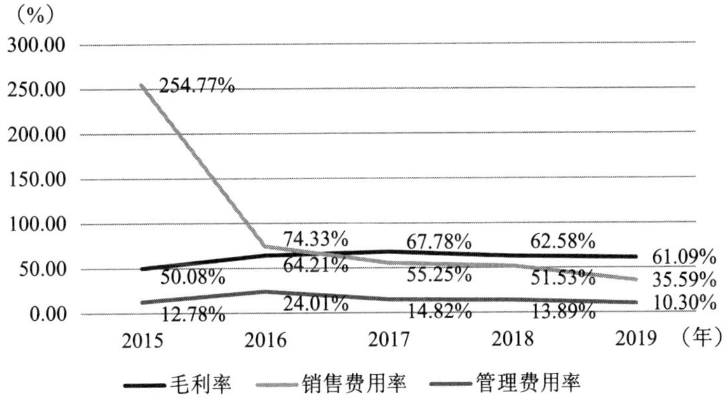


**图9　公司盈利水平变动情况**

资料来源：猫眼娱乐财报

盈利水平方面，成本支出大幅减少。2019年得以实现扭亏为盈的主要原因是成本以及各项费用大幅降低。在销售和营销开支方面，猫眼娱乐由2018年的19.4亿元减少20.2%至2019年的15.5亿元，销售和营销开支占总收入的比重也由52%减少至36%，而销售费用率的降低实际上得益于2019年取消票补的政策。

表1和表2对猫眼的在线电影票务、在线现场娱乐票务、娱乐内容服务等主要板块收入分别进行预测。受疫情影响，预计2020年在线娱乐票务收入将大幅缩水，其他收入增速大幅放缓；2019年增加新的收入板块电影及电视剧投资，预计未来将持续增长。随着疫情结束，2021年营业收入或将出现修复性反弹。

**表1　猫眼营业等指标**

| 年度营收预测 | | 2017 | 2018 | 2019 | 2020e | 2021e |
|---|---|---|---|---|---|---|
| 在线娱乐票务 | 营收（亿元） | 15.23 | 22.8 | 23.03 | 15.70 | 26.58 |
| | YoY（%） | 55.00 | 50.00 | 1.00 | －31.80 | 69.23 |

续表

| 年度营收预测 | | 2017 | 2018 | 2019 | 2020e | 2021e |
|---|---|---|---|---|---|---|
| 娱乐内容服务 | 营收（亿元） | 8.52 | 10.69 | 13.81 | 10.37 | 16.43 |
| | YoY（%） | 153.00 | 25.00 | 29.00 | -25.00 | 58.00 |
| 娱乐电商服务 | 营收（亿元） | 1.27 | 1.96 | — | — | — |
| | YoY（%） | 718.00 | 54.00 | | | |
| 广告服务及其他收入 | 营收（亿元） | 0.79 | 2.10 | 5.68 | 4.84 | 4.62 |
| | YoY（%） | 22.00 | 166.00 | 170.00 | -15.00 | 45.51 |
| 电影及电视剧投资 | 营收（亿元） | — | — | 0.15 | 0.33 | 0.5 |
| | YoY（%） | | | | 122.00 | 52.00 |
| 总营收（亿元） | | 25.19 | 37.55 | 42.68 | 31.24 | 48.13 |
| YoY（%） | | 83.00 | 49.00 | 14.00 | -26.80 | 54.00 |

**表 2　　　　猫眼娱乐估值：可比公司估值（P/E）**

| 股票代码 | 公司名称 | 股价（元） | 市值（亿元） | 市盈率 | | |
|---|---|---|---|---|---|---|
| | | | | 2019A/E | 2020E | 2021E |
| 01060.HK | 阿里影业 | 1.03 | 249.63 | 154.40 | 36.76 | 21.21 |
| 002739.SZ | 万达电影 | 16.86 | 355.20 | — | 39.47 | 19.73 |
| 603103.SH | 横店影视 | 16.05 | 101.85 | — | — | 25.40 |
| 002905.SZ | 金逸影视 | 15.52 | 41.69 | 38.07 | 27.79 | 15.74 |
| 601595.SH | 上海电影 | 12.78 | 47.77 | 18.89 | 16.81 | 15.92 |
| 300528.SZ | 幸福蓝海 | 7.80 | 29.36 | — | 73.40 | 48.94 |
| 300251.SZ | 光线传媒 | 10.08 | 295.71 | 31.00 | 30.50 | 27.20 |
| 300133.HZ | 华策影视 | 7.84 | 127.29 | — | 22.60 | 19.10 |
| 01970.HK | IMAX | 13.44 | 42.39 | 14.00 | 19.70 | 12.80 |
| 01896.HK | 猫眼娱乐 | 9.85 | 101.55 | 14.20 | 59.10 | 9.30 |

注：预测数据采用财年加权平均，其中猫眼娱乐基于非通用准则净利润；其余使用市场一致预期，收盘价信息更新于北京时间 2020 年 3 月 25 日。

资料来源：公司公告，中金研究所。

进行可比公司估值分析时，我们主要选择了国内 A 股上市院线公司、影视制作公司、同在港股上市的阿里影业（淘票票平台为其主要营收构成)，以及 IMAX China 作为可比公司。受疫情影响，院线全产业链均受到不同程度影响，2020 业绩不具有参考价值，因此主要参考各家公司在 2021 年的盈利预测。

## 三、投资逻辑：优质合作伙伴带来流量，产业纵深布局拓宽盈利来源

票补政策取消之后，2018～2019 年，消费补贴总额下降 11.87 亿元。2019 年财报显示，猫眼娱乐营销费用由 2018 年的 19.4 亿元减少 20.2% 至 2019 年的 15.5 亿元。猫眼每个客户的平均收益将在 2021 财年提高 8% 至 3.2 元。因此，未来盈利性被看好，盈利空间较大。

猫眼娱乐拥有的客户有着良好的未来预期，预测猫眼未来在中国可达到 60% 以上的市场份额。猫眼拥有更多流量资源：自有平台猫眼 APP + 借助合作方平台（见图 10)。合作方平台分为三类：一是猫眼通过与腾讯合作，拥有微信钱包、QQ 钱包等几个专用入口，并在电影、现场演出及体育赛事方面具有排他性；二是通过微信平台的猫眼小程序触达客户；三是与美团点评合作，作为美团 APP 及大众点评 APP 上提供娱乐票务的独家合作伙伴。

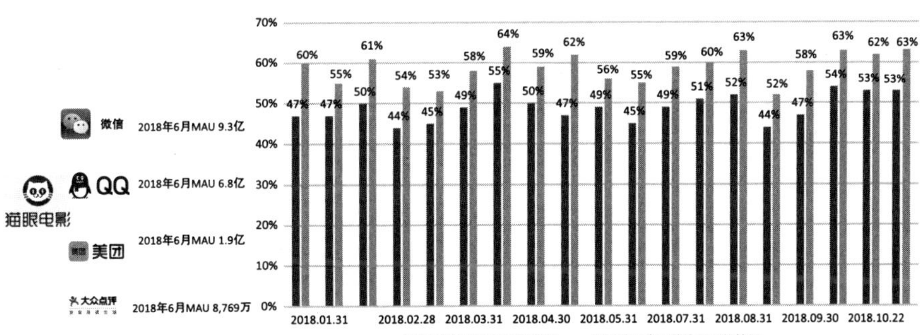


**图 10 猫眼出票市场份额**

资料来源：华金证券

另外，猫眼在产业纵深方面布局力度大。近年来，猫眼加大对上游的发展，内容涉及电影的出品、发行和营销服务等方面。同时，猫眼线下还开展了电商和广告服务业务，实现收入增长点的多元化。首先，猫眼拥有

光线系、腾讯系股东优势，可实现与腾讯影业、光线传媒等影视资源共享。其次，2019 年 3 月，猫眼发布公告称以 3.91 亿港元认购 2.366 亿股欢喜传媒股份，有利于进一步参与电影出品、发行；从 2016 年以来，猫眼承担主发行或主出品票房不断增长，凸显发行实力；收购在线视频平台，为个别影片提供在线观看服务。

表 3　　2019 年猫眼主发行影片前 7 位

| 序号 | 影片 | 上映日期 | 票房（亿元） | 参与方式 |
|---|---|---|---|---|
| 1 | 我和我的祖国 | 2019.09.20 | 31.70 | 发行/联合出品 |
| 2 | 飞驰人生 | 2019.02.02 | 17.28 | 发行/出品 |
| 3 | 叶问 4：完结篇 | 2019.12.20 | 11.81 | 发行 |
| 4 | 银河补习班 | 2019.07.18 | 8.78 | 发行/出品 |
| 5 | 反贪风暴 4 | 2019.04.04 | 7.99 | 发行/出品 |
| 6 | 使徒行者 2：谍影行动 | 2019.08.07 | 7.02 | 发行/出品 |
| 7 | 白蛇：缘起 | 2019.01.11 | 4.55 | 发行/联合出品 |

资料来源：公开资料整理

猫眼对产业链布局的不断加码拓宽了盈利来源，提升了猫眼整体的竞争力。成立之初，猫眼以在线票务服务为主营业务，但是在电影行业分成中，票务平台分成有限。票务平台盈利空间狭小同时也解释了占据如此大在线票务市场份额的猫眼，2019 年该项业务仅仅增长了 1%。随着产业链布局力度加大，猫眼向上游扩张：投资精品电影、作为发行方宣传发行电影，可把握近 43% 的电影分成。

通过分析电影行业中各个环节玩家的盈利来源可以发现，猫眼的最大股东光线传媒占据影视行业上游，作为制片方和发行方可获得 40% 左右的分成。猫眼于 2019 年收购的欢喜传媒，拥有强大的主创团队，因此主要承担制片和投资角色，分成占 33%。腾讯视频、爱奇艺等网络播放平台可作为网络发行方以及线上影院获得近 70% 的电影分成。线下影院获得影院分成、院线获得院线分成，占据电影票房的大头。或许正因为“影院 + 院线”意味着可以获得更多的提成，万达影院深耕下游，并不断完善上游，完成投资、制作、宣传、发行、院线、影院一条龙全产业链服务，分成可达近 100%，盈利空间巨大（见图 11）。

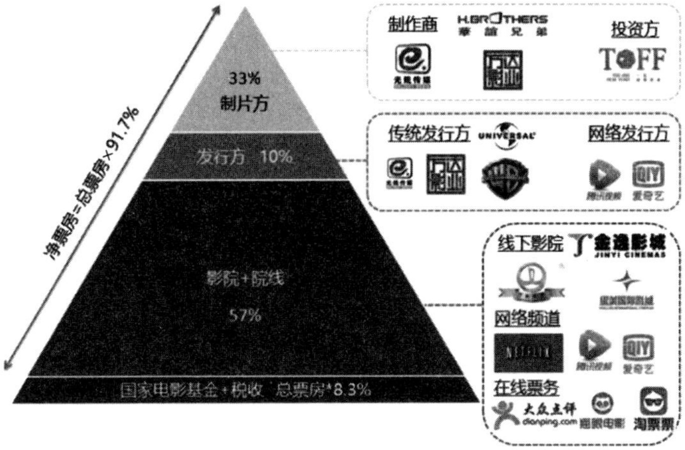


图 11　电影行业收入分成金字塔

## 四、风险分析：行业下行、竞争加剧、获客成本渐长，多重风险之下探索新盈利模式

### （一）行业预期

靠屏幕数增加和低票价驱动的票房增长时代将一去不复返，内容和宣发将成为吸引观众到院线消费的核心动力。电影票电子商务公司必须根据市场情况变化重新调整长期策略。而对于所有商业公司来说，任何策略调整都充满了不确定性。2020 年受疫情影响，全国影院自 2020 年 1 月下旬关停至今，目前陆续复工中，将对这个行业产生下行压力。

### （二）业务层面

在票务领域上，猫眼与淘票票形成双寡头，市场占有率短期内不会有太大的波动，但问题是巨额的投入下，猫眼依靠这块业务能赚到的钱有限。2019 年财报显示，拥有如此高市场占有率的猫眼在线娱乐票务板块仅同比增长 1%。关于 2020 年春节档退票情况，猫眼 3 天内退票 500 万余张，金额超过 2 亿元，对在线娱乐票务业务来讲是雪上加霜。

猫眼在拓展内容业务上也取得了傲人的成绩。2019 年年报显示，娱乐内容服务的营收为 14.0 亿元，同比增长 30.7%。但是从收益成本上来看，2019 年猫眼的内容宣发及制作成本合计约为 5.9 亿元，同比增长 43.9%。

很明显，娱乐内容服务的营收增速跟不上成本增速。预计未来宣发方面支出仍将持续上涨。并且，在宣发领域中，阿里影业是业内顶尖的宣发公司。

作为内容出品领域的“跨界玩家”，猫眼目前更多是参与投资，制作、出品层面的经验和资源都还有所欠缺。上游业务本身不稳定性较大，无论是华策还是光线都在苦苦挣扎。即使猫眼能将这一块业务做起来，和普通上游公司也并无实质区别，仍然需要进一步解决业绩稳定性以及长期发展的问题。

### （三）获客渠道

猫眼十分依赖美团及大众点评这样的流量端口，而且自有应用的客户占比逐年减少，说明猫眼很难对其客户进行拓展及维护。在获客成本越来越高的情况下，美团和大众点评对猫眼的流量支持还能维持多久，对于资本市场来说依旧是一个未知数。2019 年年报显示，光线传媒实际控制人王长田持有猫眼娱乐股份近 41.86%，为猫眼第一大股东及实际控制人，腾讯占比 13.95%（见图 12）。因此，如果腾讯未来撤资，猫眼将损失大量客户来源。

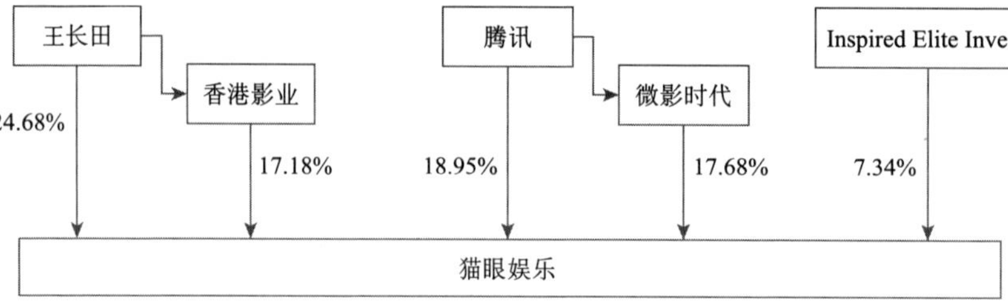


**图 12　猫眼娱乐股份占比**

截止时间：2019 年 4 月 25 日

资料来源：choice

### （四）竞品比较

尽管淘票票目前位居在线票务平台第二的位置，但是淘票票更具平台价值。另外，影院和票务平台之间的关系变得越发微妙，很多影院为了留住顾客、守住自有阵地，纷纷开始创建自有票务 APP。由于猫淘上直接票补的力度有所减小，很多影院 APP 在自有补贴下，甚至会出现票价更低的情况。考虑到用户黏性等问题，未来行业竞争仍主要聚焦在猫淘之间（见表4）。

**表4　　猫眼与淘票票竞争优势对比**

<table>
<tr><th>比较</th><th>猫眼娱乐</th><th>阿里影业</th></tr>
<tr><td>核心用户留存</td><td>MAU领先，拥有多个流量接口<br>美团及大众点评：50%<br>微信、QQ：40%<br>自有APP（猫眼APP、格瓦拉）：10%</td><td>自有客户多，不过度依赖外部流量<br>自有APP客户端登录人数以及登陆台数超过猫眼5%～10%</td></tr>
<tr><td rowspan="2">产业延伸</td><td>影视资源：光线传媒、腾讯影业、企鹅影业、欢喜传媒等</td><td rowspan="2">—</td></tr>
<tr><td>视频平台：已收购一家在线视频业务公司</td></tr>
<tr><td rowspan="3">平台价值</td><td>针对用户：具备大数据入口＋AI智能分析</td><td rowspan="3">针对片方：灯塔（宣发）<br>针对影院：云智（售票系统）</td></tr>
<tr><td>针对片方：猫眼通</td></tr>
<tr><td>—</td></tr>
</table>

## 五、总结

受疫情影响，猫眼短期内盈利水平将出现较大波动，长期不会受到太大影响，盈利模式清晰，增长路径稳定，竞争优势明显。

票务方面：作为全国最大的在线票务平台，即使面临票补下降趋势，票务基本盘依旧能得到保障。未来，进入消费升级阶段，随着人均消费水平的稳步上升，国内电影市场及现场娱乐市场的稳步发展，票务收入将保持一定的增长态势。但是，业务本身天花板太低，成本太高，仅仅依靠票务作为主要业务来保持长期、持续的发展是不现实的。

投资、宣发、出品：猫眼产业链不断向上延伸的同时，借助与欢喜传媒等上游公司的业务协同，获取独家投资权、宣发权，增强自身在投资出品等领域的实力。随着产业链的深化，猫眼的盈利来源进一步拓宽。根据电影票房分账金字塔，猫眼可获得近40%的分账。预计未来消费模式转型后，猫眼将享受更多电影市场的红利。

衍生品销售：循例欧美的票房分成结构，衍生品和周边产品能够拥有广阔的收入空间。在国内，一些成功的电影IP已经试水周边贩售，并取得了良好的成绩。猫眼拥有多家电影制作公司，可获得独家IP衍生品授权，未来深挖衍生品销售将有机会创造巨大的盈利空间。例如：《星球大战：原力觉醒》（Star Wars：The Force Awakens）的特许商品销量在2015年达到了7亿美元（超过40亿元人民币）。

想成为投融资观察报告创作团队的一员吗？微信扫描本书第388页二维码，现在就加入我们吧！

# No. 12

# 新型快食和外卖谁胜谁负？白家食品领衔入场*

**主笔：** 周永鑫

**资料收集：** 张　玥　马晓文

**交易概览：**

2020 年 2 月 19 日，国内快销粉面行业巨头四川白家食品产业有限公司与同创伟业集团共同宣布，双方达成一项总额为 1.1 亿元的股权投资合作，融资资金将主要用于白家食品扩大现有工厂产能，并扩大线下销售、线上直供业务。这是疫情下方便食品业第一个总额过亿元的战略投资案。

白家食品拥有七大产品系列、200 多个单品，分别隶属于“白家陈记”“阿宽”两大品牌。其中，“阿宽”连续两年在全网方便面品牌排名中位列第六。公司在多元化产品布局下，同时铺开了线上线下渠道。订单大量堆积情况下，融资拓展产能已经迫在眉睫。

## 一、行业概览

### （一）营养美味需求升级，昔日王者荣耀不再

方便面作为传统的方便食品，在我国方便食品行业占据着重要地位。2013 年，全国方便面销量达到了 462.2 亿包。但顶峰之后，方便面的需求量开始连年下跌。2016 年跌至 385.2 亿包，相比 2013 年下降约 16.7%。方

---

* 本文写于 2020 年 2 月。

便面行业就此进入产品转型时期。2016 年后，方便面需求量开始回升。2018 年全年销量约为 402 亿包，同比增长 3.2%（见图 1）。

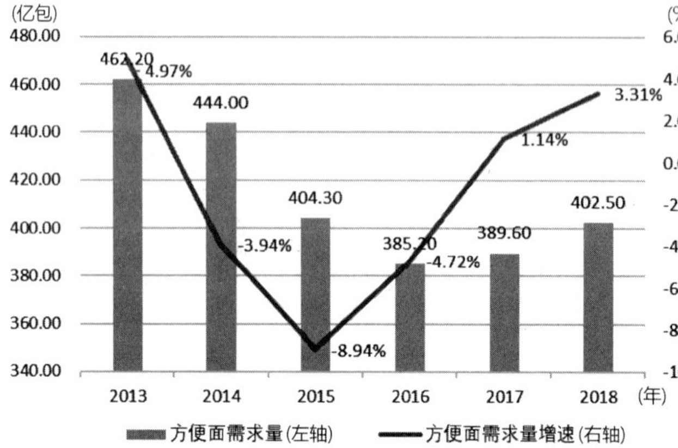


**图 1　2013～2018 年方便面需求量变化**

资料来源：Wind

2013～2016 年，方便食品行业增长低迷（见图 2）的原因主要有三点：

- 健康意识提升：消费者饮食健康意识逐步提升，与大众对方便面“油炸、非健康食品”的普遍认知相左。
- 需求升级：消费升级及食品丰富性的增加使方便食品行业产生了许多方便面的替代品。
- 外卖冲击：降低了方便面历来倡导的“方便”属性。

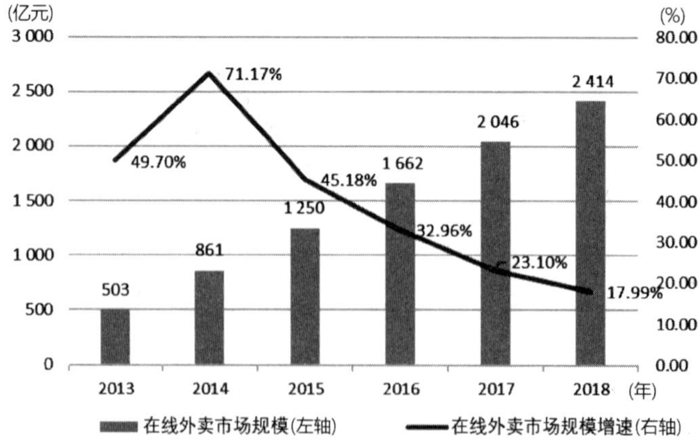


**图 2　2013～2018 年在线外卖市场规模量变化**

资料来源：Wind

2016 年之后，方便食品行业的转降为增的主要原因有两个：

- 方便面产品转型升级，更多关注口味和营养，满足了消费者的升级需求；
- 方便食品价格相比外卖等替代品更低，在口味相差不大的情况下，能够满足年轻人价廉物美的需求（见图 3）。

**图 3　2013～2018 年方便面及在线外卖市场规模增速对比**

资料来源：Wind

从方便面需求量增速和在线外卖市场规模增速的变化也能看出，在外卖的新鲜度过去之后，外卖市场规模增速大幅放缓，而方便面需求随之逐步复苏。可见，外卖无法完全替代消费者对方便速食食品的需求。

## （二）新型快食整合价格、丰富度与便利度优点或成为消费首选

外卖可分为品牌外卖店和普通外卖店。从图 4 可看出，在各类餐饮商中，品牌外卖店和新型快食在各方面都能更好地满足消费者需求。其中，品牌外卖店表现最突出的有口味、产品丰富度、健康程度；新型快食表现突出的有价格和使用便利度。但消费者受消费能力限制，主要需求的是普通外卖。从图 5 饿了吗订单消费额分布可看出，外卖消费者的主要消费区间集中在 10～45 元范围，难以覆盖品牌外卖，所以新型食品可能会成为普通外卖很好的替代品。

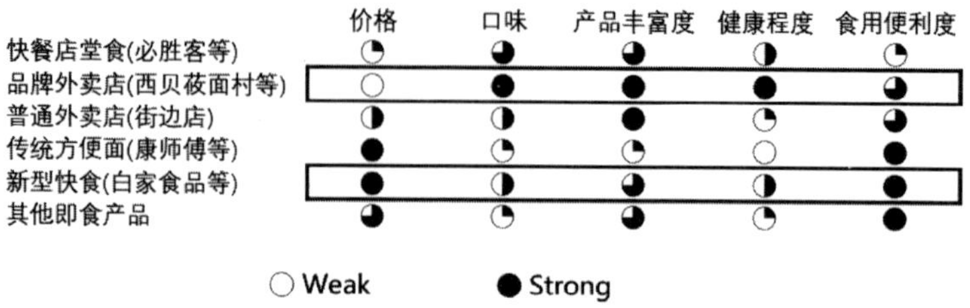


图 4　各类餐饮商多因素比较图

资料来源：公开资料整理

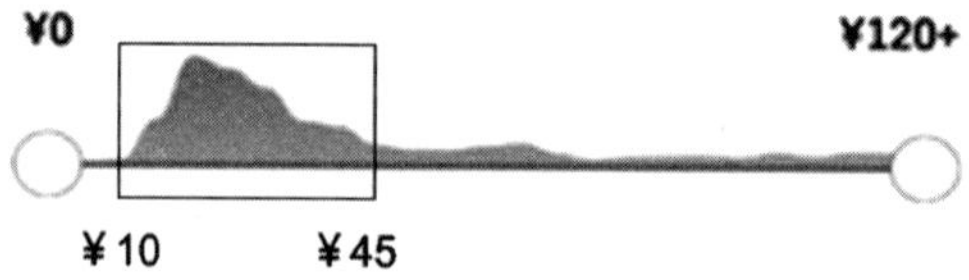


图 5　单笔外卖订单消费额分布（饿了吗）

## 二、标的分析

### （一）多元化产品覆盖细分市场

四川白家食品产业有限公司成立于 2016 年 12 月，公司总部坐落于四川省成都市，是一家专业从事食品科研、生产、加工和销售推广的中型企业。公司全资拥有三个生产基地——成都龙泉总厂、北京顺义工厂和宜宾高县工厂，产品畅销全国 31 个省、自治区和直辖市，并出口包括美国、加拿大、英国、澳大利亚、日本、新加坡、韩国等在内的 20 多个国家和地区。

### （二）专注食品本身，铸就研发优势

白家食品现有业务主要为线上线下销售的方便速食产品，其产品结构多元化发展趋势明显，拥有方便粉丝、方便米线、非油炸方便面、全料挂面、方便自热火锅、方便自热米饭、川味复合调味料七大产品系列。其母品牌官方淘宝店上架了 54 种方便速食产品，其中包括自有品牌阿宽 27 种，白家陈记 27 种产品，覆盖多种样式的方便面、甜水面、火锅、面皮、酸辣粉、火鸡面、老鸭汤、米线等，囊括了多种人群的不同偏好（见表 1）。

表 1　　主要品牌对比

| 品牌 | 主要产品 | 价格 | 口味 |
|---|---|---|---|
| 康师傅 | 中高端方便面 | 10～22 元人民币 | 丰富配料<br>特质面饼 |
| | 袋装面 | 2～4 元人民币 | 普通 |
| | 粉丝 | 5 元人民币 | 普通 |
| Hodo | 素食、即食食品 | 5.5～7 美元 | 模仿川菜豆腐口感较为单一 |
| 拉面说 | 日式拉面半成品 | 15～20 元人民币 | 丰富配料　手打拉面 |
| 白家食品 | 甜水面 | 10 元人民币 | 四川独特口味有特定受众 |
| | 红油面皮 | 4 元人民币 | |
| | 自热米饭 | 16 元人民币 | |

在产品和技术层面，白家食品的优势在于：白家食品抓实地域风味的复原，引领了方便食品近年来创新的趋势；白家粉丝于 2001 年通过了美国 FDA、欧盟检验检疫局、日本厚生省的检测，并保持在十几年无食品安全事故；在研发、生产和供应链方面，已经形成完整产业链条，品牌可以根据消费者需求做出快速反应；与科研院所合作，开发新的产品，并获得专利（已拥有 73 项技术专利）。

## （三）多厂家竞争红海市场，线上线下渠道为王

方便食品行业是传统生产类型企业，主要采用的是“线上电商＋线下商超”销售的商业模式。在线上平台赚得声誉和口碑后，行业内公司仍然需要通过大面积的铺货来拓展自己的线下市场。

行业内以方便面为代表的主要市场竞争异常激烈，多家厂商纷纷逐鹿其中，主要参与者是康师傅、统一等。康师傅作为中国方便食品行业的领导企业，其方便面国内市场渗透率达 43%，在市场中占有主导地位。白家食品身处其中，选择用粉丝等多种不同且有特色的方便食品打开市场，通过构建带有地方特色风味的食物拓展产品线，以求用长尾商品吸引消费者，打开盈利产品市场。白家食品推销活动具有特色，线上渠道运营良好，2019 年“双 11”销售额一度赶超康师傅。

作为方便食品行业的后起之秀，白家食品在线上和线下渠道都有一定优势：

●线上：白家食品店铺商品多样，除自研产品外还包括海底捞等非自创品牌，能够吸引更多流量。对比康师傅官方淘宝店仅 30 种商品，白家食品店铺中上架的速食食品多达 67 种，产品更加多样，吸引了更多消费者；同时，白家食品紧抓新营销的风口，将碎片化流量转化为品牌和营销动能。公司在 2016 年完成企业战略重组，由传统营销型品牌向互联网型品牌转变，重视线上电商渠道，以淘宝、天猫、京东为主要平台进行精准营销。目前，线上销售额占总销售额的 40%，成为新的增长点。

●线下：白家食品通过摆展和线下广告积累起密集的线下营销网络，深入县乡市场、高校和旅游市场。全国销售网点总数约为 70 万～80 万个，已进入 95% 的大型商超和卖场，覆盖面极广（见表 2）。

**表 2　　　　线上线下渠道对比**

| 比较 | 线上渠道 | 线下渠道 | 营销方式 |
|---|---|---|---|
| 白家食品 | 线上在淘宝、京东建立官方直营店，通过自建配送中心拓宽网购渠道进行直销；在朋友圈、优酷、土豆、爱奇艺进行广告投放以引流 | 线下针对特定人群的特定生活习惯投放广告，摆展促销；提高铺货率，深入县乡市场、高校和旅游市场，进入 95% 的大型商超和卖场 | 1. 锁定年轻人群，进行深度沟通，结合网销行业营销规律，大力度参与网销推广活动<br>2. 推出的阿宽系列塑造的“P 阿宽”走的是励志、奋斗、个性年轻的定位，以“个性，乐享，正能量”为品牌核心价值观，阿宽专注洞察年轻消费者的消费需求<br>3. 在“长尾理论”的指导下，大力度进行特色方便美食的开发推出，如手工湿粉、手工湿面等更接近餐馆口感的产品应运而生，尽量满足不同人群的不同需求 |
| 康师傅 | 线上在淘宝、京东和拼多多开设官方旗舰店，售卖产品种类较少，销量多集中于袋面或中低端桶面 | 扁平化布局，更多关注线下，通过直营和经销商开发覆盖全国主要城市渠道网络；推行“通路精耕”策略，新品推出后 7 天实现在全国 30 多万零售店商家 | 1. 康师傅将“健康”融入产品理念，推出了高汤熬制主题方便面<br>2. 康师傅将娱乐 IP、网红、直播、体育等嫁接到品牌的宣传和提升，通过广告植入等形式在年轻人关注较多的领域进行了宣传 |

资料来源：互联网搜集

另外，白家食品相比其他以贴牌销售为主的新型快食公司，拥有3家自有工厂，能保证产品供应，产能稳定性高。从其融资目的看出，公司目前订单量已经远超产量，所以通过融资扩大产能后，必能更好地建立产能优势，满足更多订单（见图6）。

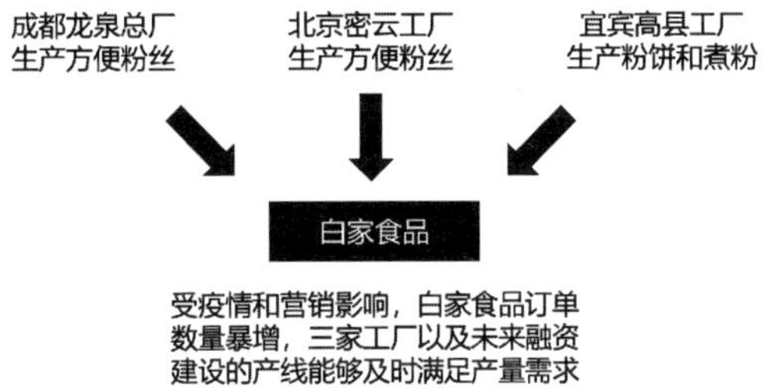


**图6　白家食品生产供应状况**

## 三、交易评价

### (一) 线上长尾构筑渠道，增产解决积压订单，营销与品牌地位推动前行

方便食品行业在疫情的影响下有抬头趋势，但长期而言需求端仍将处于低迷情形。出于人们消费和生活意识转变，细分市场可能会有小幅增长的趋势，某些单品可能会成为长时间的爆款。行业整体的商业模式没有突出变化，其中品牌的核心竞争力转向营销渠道。

长期而言，白家食品在快消粉面领域将继续长尾商业模式，利用已经建立的技术优势、线上渠道优势，以精细分类、口味独特的产品吸引客户，并且以此获得流量带动主销粉丝等产品的销量增长，获得更多盈利。白家食品目前订单积压严重，同时以线上为主的渠道已经铺开，有良好的潜在市场。A轮融资获得的资本支持可以帮助其有效扩大生产，同时进一步完成品牌和产品渗透。

管理团队领导表现出极强领导力和规划能力，对于公司未来的发展极有信心，考虑3年内B轮及IPO。

### (二) 互联网泡沫逐渐破灭，传统型企业稳定现金流成为青睐

互联网泡沫导致互联网相关企业均获得了高估值，以至于泡沫逐渐破

灭时，互联网企业股价均出现了或多或少的破发情况，而传统行业因其稳定的业务及其现金流获得了更多投资者的青睐。从图 7 可以看出，中概股中与互联网相关的企业，如老虎证券、云集与瑞幸咖啡，均有破发情况，且下跌幅度均超过 60%；而传统餐饮零售企业上市后股价获得了超过 70% 的增长。因此，未来白家食品的 IPO 前景值得期待。

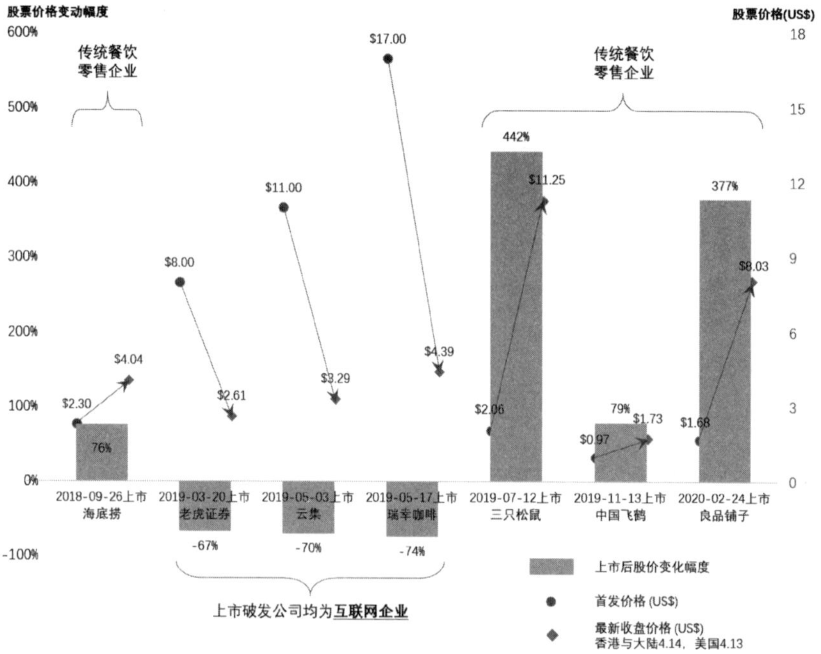


**图 7　上市后股价变动图**

资料来源：Wind

想成为投融资观察报告创作团队的一员吗？微信扫描本书第 388 页二维码，现在就加入我们吧！

**No. 13**

# 信息铸就房产中介平台化趋势，服务代替信息带来更大蛋糕*

**主笔：**周永鑫

**资料收集：**张　严　胡欣玥　焦　杨

**交易概览：**

2020 年 3 月 4 日，贝壳找房宣布获 15 亿美元战略融资。其中，软银愿景基金领投 10 亿美元，另外 5 亿美元由高瓴资本、腾讯控股、红杉资本出资。15 亿美元资金将主要用于产业互联网领域的持续性技术研发、产品应用创新以及优秀人才招募培养等，以推动居住产业数字化和生态优化。公司在 2019 年 11 月完成 24 亿美元 D+轮融资 5 个月后，本轮估值已达 140 亿美元。

## 一、全球房产中介市场对比：美日龙头效应明显，服务代替信息成为收入来源

美国和日本房地产经纪市场高度成熟，市场份额集中，分别呈现双寡头和三寡头竞争格局（见图 1）。

美国房地产经纪市场坐拥公开透明的房源信息共享平台 MLS、完善的经纪人合作分佣体系，以及高素质经纪人团队，形成了高度成熟的垄断竞争格局。根据美国房地产经纪协会的相关数据，美国约 90% 的房产交易业务由房地产经纪公司完成。根据 Q 房网数据，2017 年美国 TOP5 房地产经

* 本文写于 2020 年 2 月。

纪公司集中度约为 50%。结合美国房地产经纪协会和美国人口普查局的数据估算，2017 年美国房地产经纪前两大龙头 RE/MAX 和 Realogy 合计市场份额超过 30%（交易量口径）。

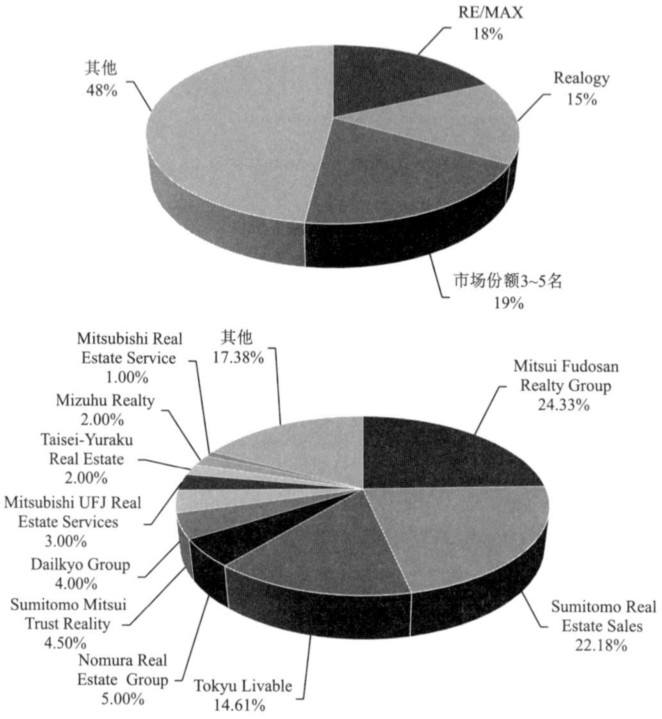


**图 1　美国（左）和日本（右）房地产经纪市场份额**

资料来源：20190319－华泰证券－我爱我家－000560. SZ－家之所在，心之所向

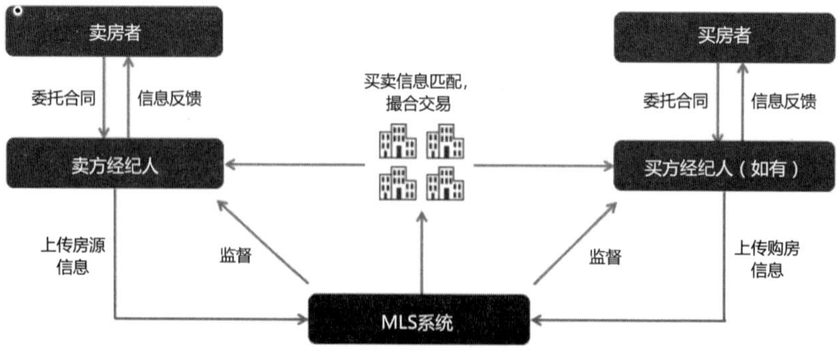


**图 2　美国房屋交易依托的房源信息共享平台（Multiple Listing Service，MLS）**

资料来源：20190319－华泰证券－我爱我家－000560. SZ－家之所在，心之所向

日本房地产经纪市场交易信息透明，经纪人责任明确、规范有序。日本的房产经纪人需要考取由日本政府颁发的国家专业资格，考试极高的难度倒逼经纪人专业素质不断提升。结合日本住宅新报和国土交通省的数据，2017 年日本前十大房地产经纪公司集中度高达 84.25%。其中，三井不动产（Mitsui Fudosan Realty Group）、住友不动产（Sumitomo Real Estate Sales）、东京不动产（Tokyu Livable）交易量口径市场份额分别为 24.33%、22.18%、14.61%。

在信息价值降低的情况下，房产中介的主要价值主张是提供房产有关服务。例如，在双方谈拢房价后，买方经纪人会帮助客户在户籍公司认真调查房源的产权和抵押情况，并联系专业机构做房屋状况检测，如水、电、气等设施老化情况等。如果有器具需要修复，机构则告知房东出钱修复，保证房子交到买家手里时完好无损。

相比美国和日本，中国的房产经纪市场极其分散并且呈现明显地域分化。2018 年，中国 TOP3 房地产经纪公司整体市场占有率不到 20%。在地域上，除集中度较高、行业巨头合计市场占有率超过 50% 的北京房地产经纪市场外，广州、深圳、杭州、南京、天津等一线和重点二线城市前五大经纪公司市场占有率通常在 30% ~40%，而大部分二、三线城市仍以区域性经纪公司为主。

我国经纪行业的分佣机制以成交为导向。一般而言，只有最终成交的经纪人才能获得佣金，这使得经纪人一方面希望提升房源曝光度，另一方面又担心房源信息被其他经纪人利用导致“跳单”，最终造成虚假房源泛滥和恶性竞争横行，增大了买卖双方交易匹配的难度。如此背景下，二手房买卖双方对经纪人缺少信任感，社会对于经纪行业的认可度较低，因此很少有经纪人愿意长期深耕行业。再加之行业准入门槛低，经纪人素质整体偏低等一系列客观因素，交易实现阶段的服务质量难以保障。总体来看，行业未来格局尚未完全确定，监管法规、公司治理、经纪人素质水平的调整与改善空间仍然较大（见表 1）。

**表 1　　中国、美国、日本房产经纪市场对比表**

| 国家 | 集中度 | 经纪人综合能力 | 收入主要构成 |
|---|---|---|---|
| 美国 | TOP5 占据近 50% | 强，有准入门槛考试 | 专业中介服务 |

续表

| 国家 | 集中度 | 经纪人综合能力 | 收入主要构成 |
|---|---|---|---|
| 日本 | TOP10 占据 80% | 强，有准入门槛考试 | 专业中介服务 |
| 中国 | TOP3 市占率 <20% | 弱，无门槛 | 房源信息费 |

资料来源：实地走访；巴曙松、杨现领著，《新中介的崛起与房地产价值链的重构》

## 二、20 年变迁数次洗牌，平台化成为必然趋势

房产经纪是一个衍生行业，考察它的历史和发展需要将其纳入房地产市场大环境的变迁中。毫无疑问，二手房市场的崛起是推动房产经纪行业发展成长的驱动力。我国二手房交易市场虽起步较晚，但发展迅速，从 1998 年不到百亿元的交易额扩大到如今的万亿元级别，全国累计交易 GMV 已达到 30.33 万亿元，交易总套数达 2 391 万套。其中，中介市场也经历了一系列“从野蛮到合作”的变迁。时至今日，平台化已经成为二手房交易市场的必然趋势，而贝壳正是这一浪潮下的产物（见图 3）。

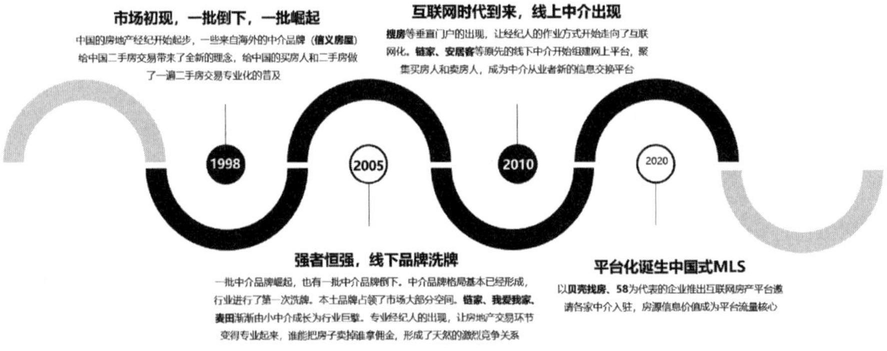


图 3　中国房产经纪市场演变

案例

贝壳找房：诞生于链家上市压力，深陷商业模式囹圄

2016 年，链家完成 B 轮融资，出让的股份比例为 15% ~20%，

并同投资人签订“对赌”协议：若链家未能在B轮交割日后5周年内完成IPO，投资人有权在该情形发生后的任何时间要求回购。回购价格为基本投资价格+每年8%（单利）的回报。链家IPO的发展条件是将规模做大的同时，提升盈利能力。

2018年4月，链家创始人左晖抽调链家精英人士打造了贝壳找房。平台上线不足两年，已实现全国范围内的大举扩张。数据显示，截至2019年12月底，贝壳找房平台业务已经覆盖全国106个城市，连接新经纪品牌超过235个，签约门店数量涨至3.8万家，连接经纪人超过36万人。2020年2月10日起，贝壳找房网通过推出VR看房、VR带看、在线认购等多个功能的“VR售楼部”，线上带看量环比增长超9倍。

贝壳找房作为一家互联网新房、二手房买卖租赁公司，提供连接B端第三方经纪中介和C端用户的平台业务和包括装修、房产金融、消费金融、VR看房、社区服务等在内的其他业务（见图4）。

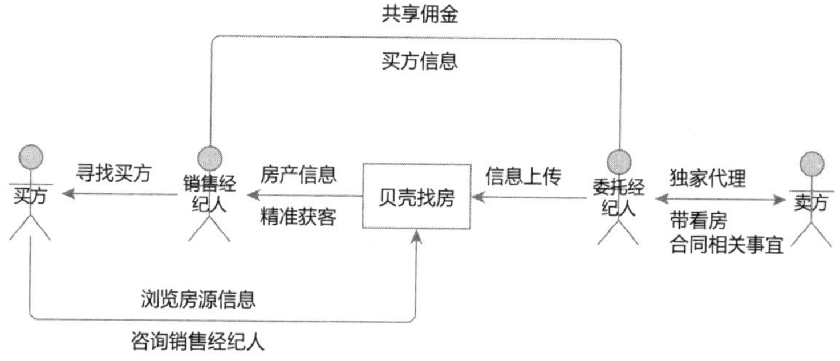


**图4　贝壳找房业务模式**

资料来源：知乎，《贝壳找房产品分析》；www.woshipm.com，《贝壳找房产品分析：经济救命草？》

作为房地产B2B平台，平台给商家带来流量、促进成交，凭借成交单和平台服务收费。其主要通过保障房源真实性和利用互联网平台解决了房产市场信息的准确性问题和房地产中介服务的及时性问题。利润分两个方面，分别是房屋信息费以及中介服务的服务费。

贝壳找房平台上中介的规范性相比其他平台较高，其 3D 看房、真实房源保障、金融及法律和政策服务均以平台为载体展开，更具效率性（见表 2）。此外，贝壳目前正积极开展的中介教育培训和内部相关考试表明了其对于服务质量的重视。

**表 2　　中介服务对比**

| 项目 | 贝壳 | | | | | 58 同城 |
|---|---|---|---|---|---|---|
| | 链家 | 德祐 | 住商 | 21 世纪 | 中小中介 | 我爱我家 |
| 买卖服务 | | | | | | |
| VR（3D）看房 | √ | √ | √ | √ | √ | √ |
| ACN 合作网络 | √ | √ | √ | √ | | |
| 真实房源 | √ | √ | √ | √ | | |
| 退还买方定金 | √ | | | | | |
| 金融服务 | √ | √ | √ | √ | √ | √ |
| 资产服务 | | | | | | |
| 资产价值评估 | √ | √ | √ | √ | √ | √ |
| 法律、政策等咨询、垫付服务 | √ | √ | √ | √ | | |
| 售后服务 | | | | | | |
| 房屋问题赔付 | √ | √ | √ | √ | | √ |
| 费率 | 2.40% | 2% | 2% | 2% | 1% ~2% 不等 | 2% |

资料来源：实地走访

## （一）既是裁判员又是运动员，“真房源”公司的“真平台化”长路漫漫

回顾平台化商业模式，平台作为第三方，需要提供供需两端的担保，有“共享”的特征，即经纪公司的房源都将被平台获取。而链家既孵化了贝壳找房，又需要以普通中介公司的身份入驻平台。贝壳找房对此表示，规则的建立将有效解决这个问题，却并没有实际回答如何处理链家与其他中介在平台上可能被差异化对待的处理方法（见图 5）。因此，供给端其他房屋中介公司，如我爱我家、万科、龙湖等纷纷加入“58”房地产中介平台，谴责贝壳称“一家自称是平台的企业，如果既做线上，又做线下，既

当裁判员，又当运动员，在商业伦理上和操作逻辑上是‘绝对不能接受的’”。

**图5　房产中介阵营对比**

资料来源：互联网整理

目前看来，虽然贝壳依托行业龙头链家的资源成为行业中不可小觑的一股力量，但是其加盟的中介品牌比起“58”阵营仍略显单薄。贝壳找房要想走得更长远，必须跳脱出“既当裁判又当运动员”的模式。

从贝壳找房公布的计划来看，公司未来规划十分长远。其目标是连接100个品牌、10万家门店和100万经纪人，而三、四线城市是贝壳找房的广阔天地。资料显示，从2017年9月至2018年，贝壳找房在徐州、郑州、长春、成都四个城市做了试点，且效果超出了链家自身的预期。但其竞争对手也采用了相同的策略。我爱我家在南昌、武汉和长沙拥有了450家加盟门店；中原地产也在6月13日正式启动了加盟店的全国战略；21世纪不动产CEO卢航也透露，公司2018年7月前完成百城拓展目标。

### （二）美国、日本房产经纪逻辑决定发展方向，平台整合能力决定发展前景

平台意味着信息的高速、高质流通。在目前行业格局仍纷繁杂乱的情况下，美国、日本房地产经纪的透明平台、“按劳分配”以及专业的中介服务将成为中国房产经纪平台发展的方向。销售角度上，提供信息即享分成将极大地推动真实信息的流通；客户角度上，互联网使得信息的价值持续减少，服务价值持续提升。

贝壳和58联盟纷纷进入下沉市场，其二者比拼的不是已经泛滥的房源信息，而是作为中介为顾客提供服务的能力。以更好的服务模式、服务内容以及服务技术获得更多消费者的青睐，进而以更多的客源吸引更多中介进驻，以更多需求获得更多供给，提升平衡点和市占率（见图6）。

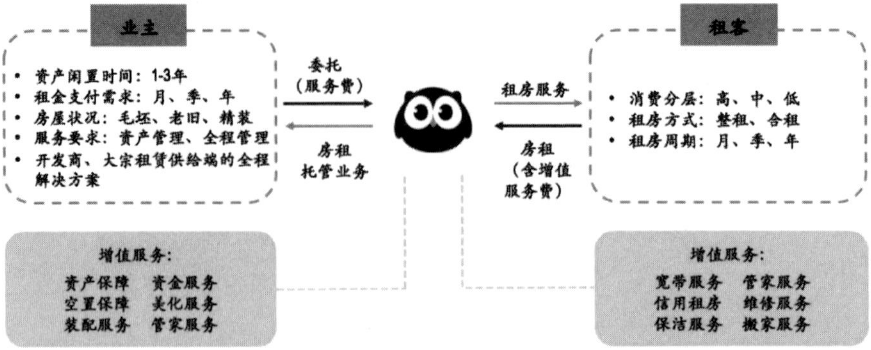


**图 6　房产服务**

资料来源：20190610－中银证券－我爱我家－000560. SZ－房地产经纪龙头，尽享存量房时代红利

## （三）一手房销售代理潜力巨大，平台化带来更大蛋糕

我国一手房在成熟市场地区的房地产市场代理销售比例早已超过 50%，预计 2020 年代理比例将达到 60%。保守按照 1% 的代理费用测算，到 2020 年，房地产代理市场收入规模将达到 800 亿元。

回顾房产一级市场，巨头主要是业务专注于一手房代销的企业，例如世联行、易居中国等，它们依托销售中介的专业性竞争优势吸引了许多房企竞相合作。例如恒大、万科、保利、富力等大型房企已与世联行合作多年（见表 3）。但房地产销售的主战场仍是二级市场。

**表 3　房企合作**

| 公司名称 | 成立时间（年） | 项目分布城市数量（个） | 项目数量（个） | 已结算代理销售额（亿元） | 已结算代理销售面积（万平方米） | 代理销售收入（亿元） | 代理销售平均费率（%） | 代理销售收入占比（%） | 代理销售毛利率（%） | 销售人员数量（人） |
|---|---|---|---|---|---|---|---|---|---|---|
| 世联行 | 1993 | 185 | >2 100 | 4 523 | 4 390 | 37.79 | 0.84 | 46.02 | 36.09 | 约 16 300 |
| 易居中国 | 2000 | 186 | 1 030 | 4 330 | 3 720 | 39.27 | 0.91 | 84.75 | 24.20 | 约 16 000 |
| 合富辉煌 | 1995 | >150 | >1 000 | 3 600 | 3 000 | 29.29 | 0.81 | 62.69 | 13.19 | |

在一级市场已有玩家仅占据60%市场且不具备垄断能力的情况下，更专业的二级市场平台将有机会获得一手房代理的“蛋糕”。同时，相比专注于一手房代销业务的公司，二手房平台新房的代理销售将通过平台整合后的流量价值提升创造更多价值。拥有更多潜在买家的高市场占有率平台将有更大可能拿到开发商的代销资格（见图7）。

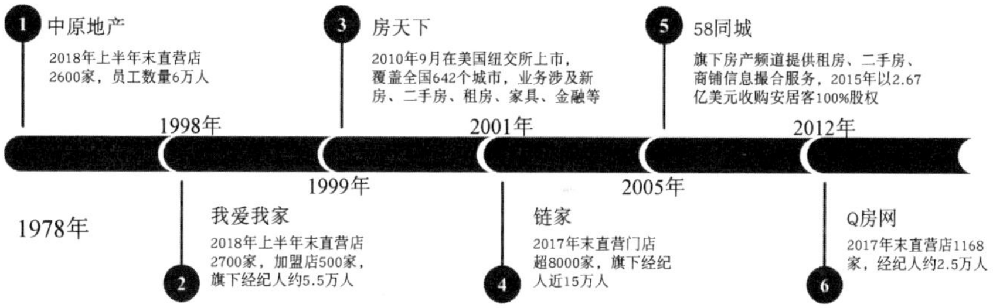


**图7　房产中介与平台公司成立时间线**

资料来源：各公司官网整理

## 三、房产中介行业未来展望

国内房产中介市场收入结构与欧美或者是日本相比仍有转型空间，中介服务费所涉及的市场仍是蓝海。资源属性可以通过平台化的方式解决，但是服务才是决定一个平台能否长久在市场占据主导地位的关键因素。此外，行业中技术层面的突破，例如VR等，可以大幅度提高服务质量和用户满意度。而技术需要大量资本投入，这些投入只有一定体量的大平台才可能承担，因此贝壳找房作为目前最大的两个平台之一，毫无疑问占有先机。

想成为投融资观察报告创作团队的一员吗？微信扫描本书第388页二维码，现在就加入我们吧！

No. 14

# 翱捷科技接连获投，国产物联网基带芯片大有可为*

主笔：宋慧颖

资料收集：陆一宸　李以珩

**交易概览：**

2020 年 2 月 25 日，电子芯片平台研发、方案提供及技术支持提供商翱捷科技（ASR）获得约 0.12 亿美元战略投资。投资方为小米集团、久有股权投资基金、兴业证券、元禾控股、弘信资本。本轮融资将主要用于开发新产品，加大物联网和 5G 领域的投资，提供技术支持服务。

2020 年 4 月 30 日，距离上轮融资仅 2 个月后，翱捷科技宣布完成股改前最后一轮 1.19 亿美元融资，投后估值超过 16 亿美元。本轮投资由中国互联网投资基金（简称"中网投"）领投，浦东科创、红杉宽带、上海科创、高瓴创投、张江科投、上海自贸区基金、华安控股、上海科创投等共同参与投资，TCL 创投作为战略投资参与本轮融资。

## 一、行业分析：5G 基带芯片势头正盛，国产物联网芯片大有可为

基带芯片是移动终端的通信模块，最主要的功能是与移动通信网络的基站进行交流，对上下行的无线信号进行调制、解调、编码、解码工作。

* 本文写于 2020 年 2 月。

基带芯片主要包括两个部分：射频部分负责射频收发、频率合成、功率放大；基带部分负责信号处理和协议处理。基带芯片与负责电池节电的电源管理部分，LCD、触屏、摄像头、声卡等外设，以及涵盖驱动、中间件、应用等的配套软件共同集成于主芯片 SoC 内部，为终端提供系统化解决方案（见图 1）。

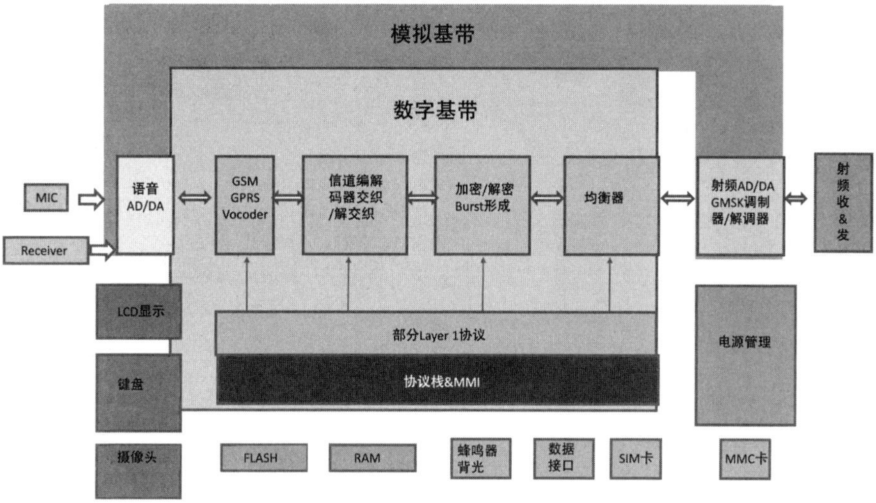


**图 1　基带芯片结构图**

资料来源：icHub、民生证券研究院

## （一）移动蜂窝基带芯片与 5G 市场

目前手机仍是通讯芯片的最大市场，其次还有可穿戴设备与物联网。5G 是第五代移动通信技术，具有高速率、宽带宽、高可靠、低时延等特征。5G 为智能手机设计带来的最直接的变化是通信部件的升级。智能手机的通信架构主要由天线、射频前端和基带芯片三部分组成（见图 2）。

相对于 2G、3G、4G 蜂窝基带芯片，5G 蜂窝基带芯片有更多设计难点，如支持毫米波（见图 3）。此外，5G 基带芯片需要同时兼容 2G/3G/4G 网络，多频段兼容和需要支持的模式数增加也使得芯片设计变得更为复杂。

目前全球主要基带芯片厂商高通、三星 LSI、联发科、华为海思、紫光展锐、Intel 都已发布 5G 基带芯片（见表 1）。苹果与英特尔签署了收购协议，将以 10 亿美元收购英特尔大部分的智能手机调制解调器业务、相关知识产权、设备等，意在积极自研 5G 基带芯片。届时，世界三大智能手机制造商“巨头”——苹果、华为、三星都将采用自家的 5G 基带芯片（见表 1）。

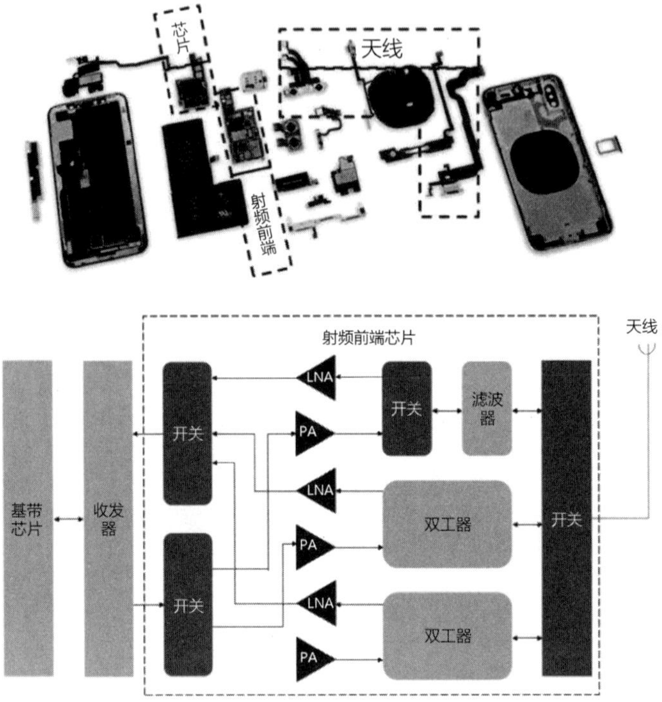


**图 2　智能手机通信架构图**

资料来源：iFixit、卓胜微招股说明书、东吴证券研究所

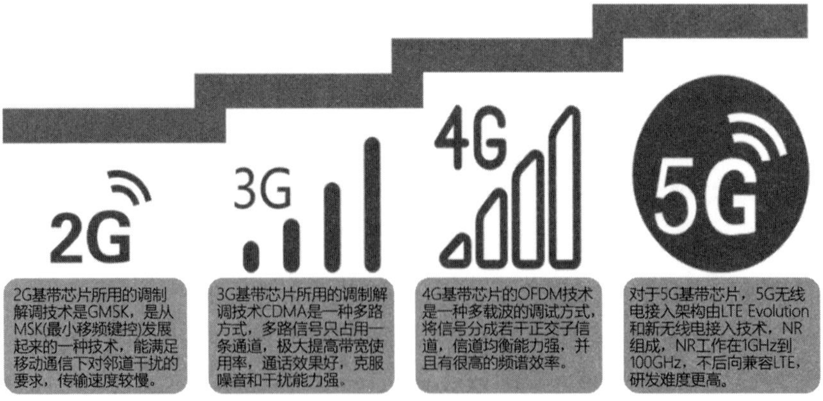


**图 3　5G 基带芯片相较于 2G、3G、4G 基带芯片设计的难度**

资料来源：ITTChina、西南证券整理

表 1　　全球 5G 基带芯片厂商及产品

| 供应商 | 产品 | 产品示意图 | 性能 | 公司市场地位 |
|---|---|---|---|---|
| 华为 | 巴龙 5000 |  | 7nm 制程；支持 Sub－6G 和毫米波段，支持 SA 和 NSA；峰值下载速率 4.6Gbps，毫米波段峰值下载速率达 6.5Gbps | 全球领先 5G 基带芯片供应商 |
| 三星 | Exynos Modem 5100 |  | 10nm 制程；支持 Sub6G 和毫米波段，支持 SA 和 NSA；峰值下载速率 2Gbps，毫米波段峰值下载速率达 6Gbps | 全球领先基带芯片供应商 |
| 苹果（英特尔） | XMM 8160 |  | 7nm 制程；支持 Sub6G，不支持毫米波段，支持 SA 和 NSA；峰值下载速率可达 4.6Gbps | 收购英特尔调制解调器业务布局 5G 基带芯片 |
| 高通 | Snapdragon X50 |  | 28nm 制程；目前使用最广的一款 5G 基带，需和骁龙 855 芯片搭配使用，不支持 26GHz 毫米波频段，不支持 SA；峰值下载速率可达 5Gbps | 全球基带芯片龙头 |
| | Snapdragon X55 |  | 7nm 制程；支持 Sub6G 和毫米波段，支持 SA 和 NSA；高通目前最成熟的一个 5G 基带，兼容性优于 X50，峰值下载速率可达 7Gbps | |
| 联发科 | Helio M70 |  | 12nm 制程；支持 Sub6G 和部分毫米波段，支持 SA 和 NSA；峰值下载速率可达 4.67Gbps | 全球领先的中低端基带芯片供应商 |
| 紫光展锐 | Makalu lvy510 |  | 12nm 制程；支持 Sub6G，不支持毫米波段，支持 SA 和 NSA | 全球领先的移动通信芯片供应商 |

资料来源：数字中国，东吴证券研究所

Strategy Analytics 最新发布的基带市场研究报告显示，2019 年全球蜂窝基带处理器市场收益为 209 亿美元。具体到厂商方面，高通在营收中所占的比重为 41%，依旧是第一大厂商，其所占份额也远高于其他供应商（见图 4）。第二是华为旗下的海思，2019 年在全球蜂窝基带市场营收中所占的比重为 16%，营收约为 33.44 亿美元。英特尔以 14% 的营收份额排第三，算上高通和海思，排名靠前的三大供应商在 2019 年全球蜂窝基带芯片营收中所占比重就超过了 70%，其他厂商占比不足三成。在高通、海思和英特尔之后的玩家分别是联发科和三星 LSI。

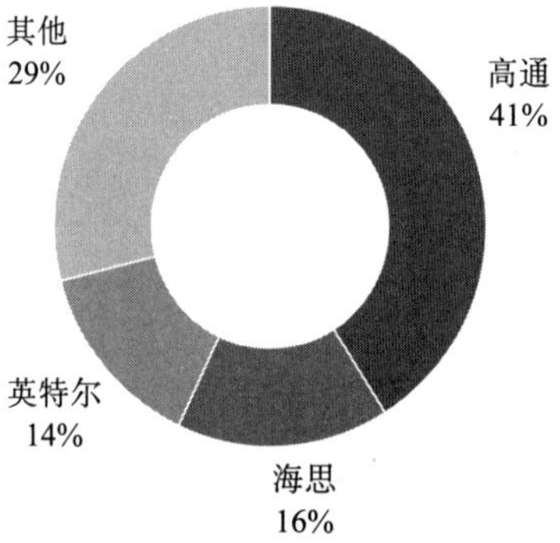


**图 4　2019 年全球蜂窝基带处理器市场份额**

资料来源：Strategy Analytics

除了以上头部手机厂商及芯片巨头外，基带芯片还有第三方供应商。手机厂商考虑到成本、性能等性价比因素，会依靠第三方供应商来做中低端市场，如紫光展锐和翱捷科技。

（二）物联网基带芯片

从系统结构上看，物联网分为感知层、网络层和应用层。其中，网络层是物联网发展的先决条件，主要技术包括针对不同应用场景的通讯标准，如蜂窝网络、NB－IOT、LORA、Zigbee、NB－IoT、蓝牙等，包括通信芯片、模组，以及设备商、运营商、物联网相关平台等玩家。应用层主要采用云计算、大数据、人工智能等方式为相关行业应用提供业务分析，应用支持等功能（见表 2）。

表 2　　　　物联网各层次主要技术和功能

<table>
<tr><th>层次</th><th>细分厂商</th><th>细分产品</th><th>主要技术</th><th>功能</th></tr>
<tr><td rowspan="3">感知层</td><td>芯片提供商</td><td>嵌入式芯片、通信芯片、定位芯片</td><td rowspan="3">传感器、条码、二维码、RFID、定位识别、光符号识别、语音识别、人脸识别、IC 卡识别、指纹识别等</td><td rowspan="3">持续、实时、精确的信息获取</td></tr>
<tr><td>传感器</td><td>物理传感器、化学传感器、生物传感器、摄像头</td></tr>
<tr><td>无线模组</td><td>Wifi、蓝牙</td></tr>
<tr><td>网络层</td><td>通信网络</td><td>蜂窝网络、非蜂窝网络</td><td>5G、3G/4G、光纤通信、IPV6、WLAN、WPAN、蓝牙、Zigbee 等</td><td>高效、可靠、安全的信息传输</td></tr>
<tr><td rowspan="6">应用层</td><td rowspan="3">平台服务商</td><td>设备管理平台</td><td rowspan="6">机器学习、用户分析、云存储、云计算、各行业应用技术</td><td rowspan="6">智能、精确、多样的信息处理</td></tr>
<tr><td>连接管理平台</td></tr>
<tr><td>应用开发平台</td></tr>
<tr><td colspan="2">系统及软件开发</td></tr>
<tr><td>智能终端</td><td>2B、2C 端</td></tr>
<tr><td>系统集成服务</td><td>公共服务、智慧生活</td></tr>
</table>

资料来源：CIO 时代网，中国交通报，安信证券研究中心

物联网的无线通信技术很多，主要分为两类：一类是 Zigbee、WiFi、蓝牙、Z - wave 等短距离通信技术；另一类是 LPWAN（Low - Power Wide - Area Network，低功耗广域网），即广域网通信技术。LPWA 又可分为两类：一类是工作于未授权频谱的 LoRa、SigFox 等技术；另一类是工作于授权频谱下，3GPP 支持的 2G/3G/4G/5G 蜂窝通信技术，比如 EC - GSM、LTE Cat - m、NB - IoT 等。高速率业务主要使用 4G、5G 技术；中等速率业务主要使用 GPRS 技术。低速率业务目前还没有很好的蜂窝技术来满足，而它却有着丰富多样的应用场景。

（三）物联网技术分类

在除蜂窝通信以外的物联网无线通信技术领域，LoRa 芯片由 Semtech 独家供应，NB - IoT 芯片领域呈现全球厂商“百家争鸣”的状态，新一代 Wifi6 则由博通、高通、intel、Marvell 以及其他国外 wifi 解决方案商把持。比起在消费电子领域的应用，基带芯片在智慧城市（楼宇、电表、物流、医疗、交通）等领域的国产替代显然更加关键。

翱捷科技作为国内除华为、海思外唯一拥有全网通技术且同时拥有 LoRa 和 GNSS 技术的公司，对于推进国内物联网通信芯片国产化发挥着关键性作用。

而市场规模方面，2015 年国内无线模组和芯片市场规模分别为 51 亿美元和 96 亿美元，而到 2018 年已经增至 217 亿美元和 287 亿美元，预计到 2020 年国内无线模组市场规模将达到 296 亿美元，芯片市场规模将达到 338 亿美元（见图 5）。

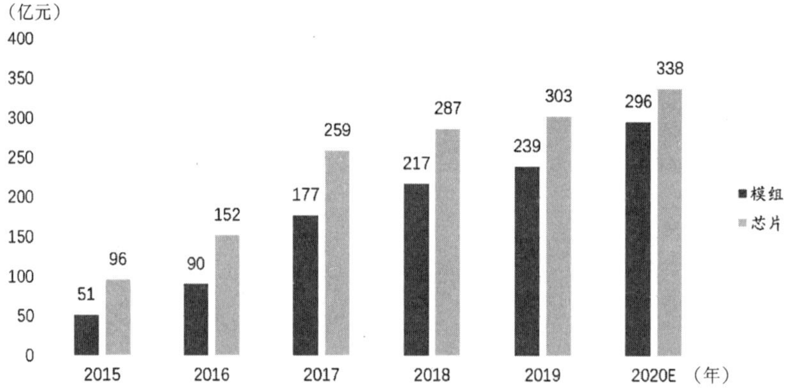


**图 5　2015～2020 年中国物联网模组和芯片市场规模**

资料来源：中国产业发展研究网，华西证券研究所

## 二、标的分析：紫光展锐收购锐迪科后，创始人出走携原高管团队再创业

### （一）公司介绍

翱捷科技成立于 2015 年，是一家定位于基带芯片领域的 IC 设计公司。创始人戴保家是前锐迪科（RDA）创始人、董事长兼 CEO。前锐迪科成立于 2004 年 4 月，主要生产移动电话通讯支持芯片、广播通信芯片和无线数据连接芯片（包括蓝牙、wifi、FM 等），客户包括中兴、华为、TCL、天语、三星等国内外手机客户以及海外厂商。前锐迪科于 2010 年 11 月 11 日在美国纳斯达克交易所上市。2014 年 7 月 19 日，紫光集团宣布以 9.07 亿美元的价格，完成对锐迪科微电子的收购，与展讯合并为紫光展锐，创始

人戴保家及部分研发团队于2015年创办翱捷科技。

翱捷科技成立后基于锐迪科技术班底，先后收购韩国Alphean、江苏Smart IC和Marvell（美满电子科技）MBU（移动通信部门），成为国内基带公司中除海思外唯一拥有全网通技术［支持TD-LTE、FDD-LTE、TD-SCDMA、CDMA（EVDO2000）、WCDMA、GSM共六种不同的通信模式］的公司。

此外，经过7轮融资后的翱捷科技股东背景十分雄厚。第一大股东阿里巴巴于2017年4月入资，当前持股21.75%；深创投及其子公司持股约12%。B轮引入IDG资本；D轮融资小米入资1.38%；D+轮融资由大基金中网投领投，高瓴资本、红杉中国旗下产业基金、TCL资本及包括上海自贸区基金在内的地方大基金跟投（见表3）。

**表3　翱捷科技融资历史轨迹**

| 翱捷科技融资历史 | | | | | | |
|---|---|---|---|---|---|---|
| 轮次 | 时间 | 融资金额（美元） | 估值（美元） | 投资人 | | |
| | | | | 大基金 | 其他财务投资人 | 战略投资人 |
| D+轮 | 2020/4/30 | 1.19亿 | 16亿 | 中网投<br>浦东科创<br>张江科投<br>上海自贸区基金<br>上海科创投集团 | 红杉宽带<br>湖畔国际<br>高瓴创投 | TCL资本 |
| D轮 | 2020/2/25 | 0.12亿 | — | 国家集成电路产业投资基金 | 兴证投资<br>久有基金<br>弘信资本 | 小米长江基金<br>中青芯鑫 |
| C轮 | 2019/4/27 | 数亿 | — | 上海自贸区基金 | 朗玛峰创投<br>普续资本 | 安芯投资 |
| B轮 | 2018/7/13 | 1亿 | — | — | IDG资本<br>中电华登<br>嘉盛资管<br>深创投 | 芯片联合 |

续表

| 翱捷科技融资历史 | | | | | | |
|---|---|---|---|---|---|---|
| 轮次 | 时间 | 融资金额（美元） | 估值（美元） | 投资人 | | |
| | | | | 大基金 | 其他财务投资人 | 战略投资人 |
| A 轮 | 2017/8/8 | 超过 1 亿 | — | | 深创投<br>华登国际 | 阿里巴巴 |
| Pre－A 轮 | 2016/8/30 | — | — | 浦东新产投 | 华登国际 | |
| 天使轮 | 2015/11/6 | — | — | 浦东科投 | 武岳峰资本<br>冠盈集团<br>颐泰创投 | — |

资料来源：公开资料整理

## （二）主要产品

翱捷科技致力于移动智能通讯终端、物联网、导航及其他消费类电子芯片的平台研发、方案提供、技术支持和服务等，产品线覆盖包括 2G、3G、4G、5G 以及 IoT 在内的多制式通讯标准，可满足智能手机、物联网、可穿戴设备等领域的通信需求。

具体产品包括 2 枚涵盖八核 cpu、4k 视频播放、LCD、21M 拍照和 5 模 Cat5/7 通信制式的智能手机 SoC 芯片，2 枚可穿戴设备 Cat1 通信制式芯片，1 枚竞品中系统最小的调制解调器芯片，2 种物联网通信制式 SoC 芯片，以及自行研发的 PC 下载工具。

## （三）公司优势

公司成立后通过一系列收购，拥有了世界级的基带芯片研发团队，也是目前在物联网技术面覆盖面最广的公司。

团队方面，从创始人戴保家到 ASR 的核心运营团队都拥有丰富的行业经验和专业背景。ASR 的 VP 团队均是来自 Marvell、RDA、展讯和联芯的高管和专家，在研发、运营和技术支持方面拥有深厚的行业背景。

全球范围内，拥有完善的基带和射频能力解决方案的公司高度稀缺资源，因此，阿里巴巴、深创投等大股东对 ASR 团队持续鼎力支持，包括红杉中国、高瓴资本等顶级风投公司的入资也大大增强了公司软实力。

翱捷科技的创始投资人为上海浦东科技投资有限公司，且从天使轮到D+轮不断有国家大基金、地方政府基金入资，尤其是上海张江科投、上海自贸区基金、上海科创基金的进入更加体现出上海政府对翱捷5G与物联网基带芯片研发的支持。

## 三、投资分析

IPO将近，2个月两轮融资，大基金站台，小米布局5G，大VC纷纷入局。结合两轮融资的投资方分析，可以按照LP背景和投资目的分为大基金、战略投资人和财务投资人，以下选择其中有代表性的进行分析。

### （一）大基金和政府基金

中国互联网投资基金领投D+轮，天使轮投资人上海浦东科创集团、C轮投资人上海自贸区基金加码，上海国资委旗下上海科创集团、上海张江科创集团首次注资，均可体现出翱捷科技在上海乃至全国通信芯片行业的标杆地位，以及政府对技术实力出众的半导体企业上市的支持。

### （二）战略投资人

阿里巴巴2017年A轮注资成为翱捷科技第一大股东，持股21.75%。2018年9月20日在“2018·杭州云栖大会万物智联”峰会上，阿里云IoT联合翱捷科技共同发布超小尺寸、采用超低功耗LoRa1262集成的单芯片ASR6501，旨在部署低功耗、广域网为数十亿台联网设备提供网络支持。

小米则在2020年2月D轮通过旗下用于支持小米及小米生态链企业业务拓展的湖北小米长江产业基金入资，持股1.38%。在此之前，小米基金已投资5家半导体企业，这些企业的产品包括物联网SoC和SiP（系统级封装）、物联网摄像机核心芯片/蓝牙芯片/应用处理器芯片、Wifi6芯片组、高性能射频芯片等。由此可见，小米投资翱捷科技的目的在于，在小米自研智能设备SoC失败后，为其物联网生态链企业提供先进的5G/LoRa/NBLoT等制式基带芯片，以提高接网效率。

### （三）财务投资人

兴证投资在2020年2月D轮入资约500万元，持股0.69%。作为一家典型的券商 VC，此举应当旨在锁定翱捷科技上市保荐代理人资格。深创投在 2017 年 A 轮和 2018 年 B 轮通过深创投和旗下基金前海万容红土投资基金累计持股约 12.3%，相当于翱捷科技的第二大股东，仅次于阿里巴巴。而最新一轮融资参投的红杉宽带数字产业基金，作为红杉资本和宽带资本联合组建的中美数字经济跨境产业资金，重点投资于新一代信息技术领域。可见，资本方面对翱捷科技公司整体技术实力的认可。

## 四、总结

手机、可穿戴设备基带芯片是消费电子 SoC 最核心的芯片之一，物联网基带芯片尤其是 5G 蜂窝通信技术目前是各国竞争的焦点。翱捷科技脱胎于有着雄厚射频芯片研发实力的锐迪科，于 2017 年成功收购 Marvell 移动通信部门，成为国内基带公司中除海思外唯一拥有全网通技术的公司。2020 年 2 个月内先后完成 D 轮和 D + 轮累计 1.31 亿美元的融资，将用于加大翱捷科技在物联网和 5G 领域的投资。基于翱捷科技在不同通信标准的布局，可以推测翱捷科技正在从手机 SoC 芯片提供商向多模物联网通信芯片提供商转型，大大推进国内物联网芯片国产化步伐。同时，两轮融资作为翱捷科技 IPO 前的最后融资，也将为投资者带来可观收益。考虑到基带芯片与国家政策、国际环境联系密切，5G 与物联网的推广进度会对公司的发展有较大影响。但总体来说，翱捷科技的前景十分明朗，物联网芯片国产化大有可为。

想成为投融资观察报告创作团队的一员吗？微信扫描本书第 388 页二维码，现在就加入我们吧！

**No. 15**

# 君乐宝：机智选赛道，乘国产奶粉东风而起*

主笔：韩欣恒

资料收集：陆一宸　李以珩

交易概览：

2020年3月17日，石家庄君乐宝乳业有限公司（简称“君乐宝”）完成人民币战略融资，本轮投资方为红杉资本中国、高瓴资本、中秦兴龙等。其中，红杉资本中国投资额超过12亿元，并以15.26%的持股比例成为企业最大的机构股东。

## 一、奶粉行业：下沉市场前景广阔，高端化成未来趋势

受毒奶粉事件影响，国产奶粉曾一度严重受挫（见图1）。随着国家的标准提升与政策扶持，内资品牌逐渐触底回升。而君乐宝奶粉在低中高端都有布局，主要在中低端。目前来说，进入下沉市场更适合当下国产奶粉的发展。

### （一）中国奶粉需求量大，低线城市市场空间广阔

中国母乳喂养比例低于全球。近年来，中国的纯母乳喂养率①低于30%，而纯母乳喂养率的世界平均水平为38%左右，这说明我国对奶粉市场的潜在需求巨大（见图2）。

---

* 本文写于2020年3月。

① 纯母乳喂养率 = 24小时内纯母乳喂养的人数/当地出生后1~180天的婴儿人数 × 100%。

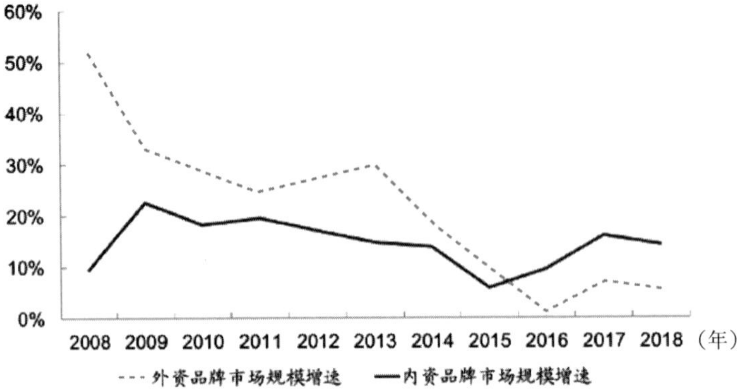


**图 1　内资与外资企业品牌市场规模增速**

资料来源：尼尔森，欧睿咨询，中金公司研究部

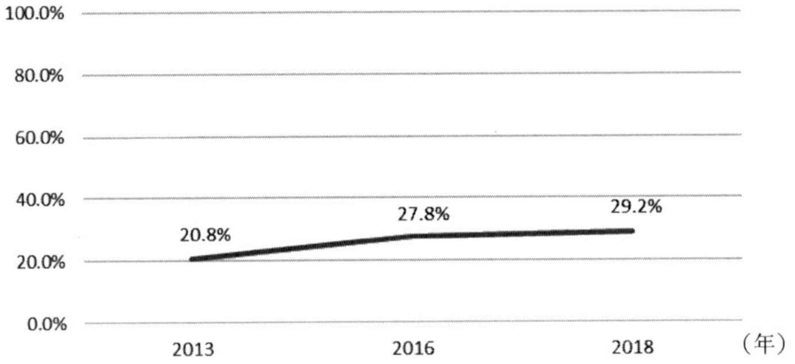


**图 2　2013～2018 年中国纯母乳喂养率**

资料来源：国家疾控中心，中国发展研究基金会，iMedia Research（艾媒咨询）

婴儿出生率虽然有所下降，但是主要发生在一、二线城市；三、四线城市婴儿出生率反而更高。“全面二孩”政策实施后，一、二线城市出生率和二胎率皆低于三、四线城市，低线城市消费者崛起，三、四线及以下的城市市场更广阔，需求量的增长会加速。数据显示，目前中国 0～3 岁婴幼儿中约有近 1 000 万个位于一、二线城市，3 800 万个位于三、四线及以下城市（见图 3）。

奶粉配方注册制施行后，市场上将会减少大量杂牌、贴牌，同时许多进口奶粉品牌因无配方注册资格而无法进行线下销售，从而无法进入到下沉市场。因此，低线城市将空出 120 亿～140 亿元的市场空间（见图 4）。

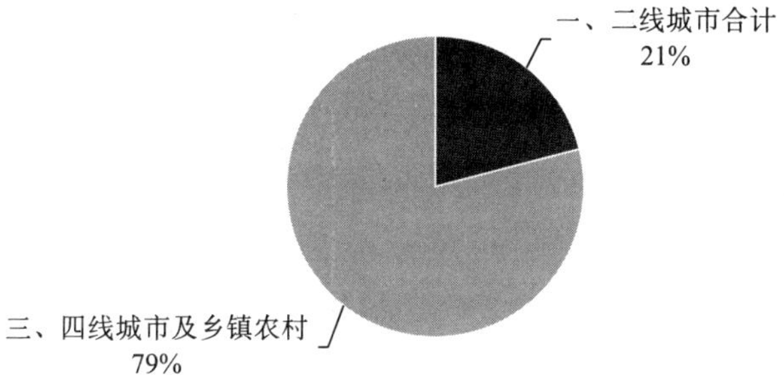


图 3　2017 年 0～3 岁婴儿各线城市占比情况

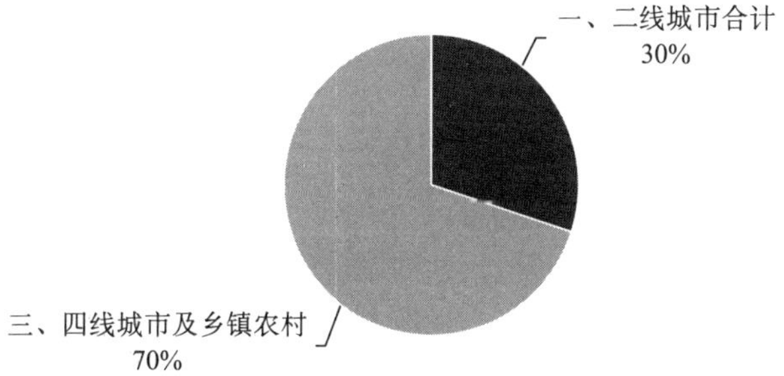


图 4　2017 年各线城市常住人口数量占比情况

资料来源：搜狐财经网，国海证券研究所，Wind，国海证券研究所

## （二）国产奶粉品质提升，逐渐受到消费者肯定

2018 年食品药品监管总局组织制定了《国家食品安全监督抽检实施细则（2018 年版）》。检测结果表明，婴幼儿配方乳粉在监测的 32 大类食品中合格率是最高的（见图 5）。

2018 年 8 月 22 日发布的《中国奶业质量报告（2018）》显示，通过抽样评估和比较研究，国产奶品质优于进口奶。因而，现在越来越多的中国人也逐渐重拾对国产奶粉质量的信心。当然，这背后也有逻辑清晰的依据可寻。原料上，国产奶粉主要采用生鲜乳，一方面保证了产品的新鲜度，更好地保留营养成分；另一方面，以生鲜乳为原料，可以减少可能受到的污染，使产品均质化。进口奶粉采用工艺易受污染，且存在运输通关影响品质的风险。配方上，国产奶粉更适合中国婴儿。研发和质量控制上，国产奶粉有了巨大的提升。从这几点来看，国产奶粉自然具备适应当地情况的优势。

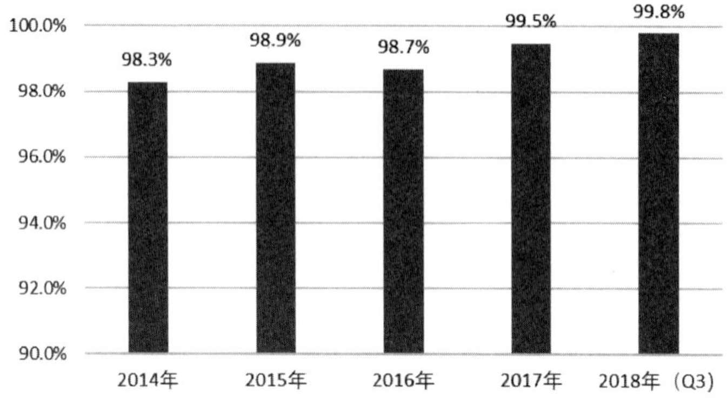


**图 5　2014～2018 年中国婴幼儿奶粉抽检合格率**

资料来源：中国乳制品工业协会，iiMedia Research（艾媒咨询）

## （三）国产奶粉市场选择：三、四线城市购买意愿更高

中低收入的消费者对于国产奶粉信心更强。整体而言，中国消费者对于进口奶粉的购买意愿较高。具体来看，不同收入水平消费者的意愿存在差异。对于进口奶粉品牌，高收入（每月可支配收入 1 万元以上）消费者购买意愿更强；对于国产奶粉品牌，中低收入（每月可支配收入 1 万元及以下）的消费者购买意愿更强，显著高于一、二线城市（见图 6）。对于进口奶粉品牌，一、二线城市的消费者购买意愿更强；对于国产奶粉品牌，三、四线城市消费者购买意愿更强，显著高于一、二线城市（见图 7）。

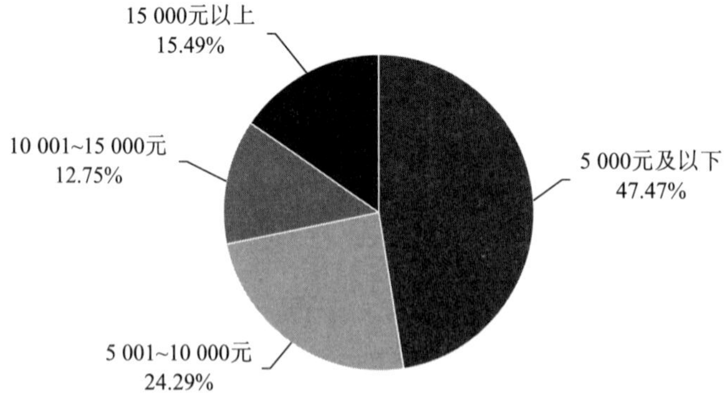


**图 6　愿意购买国产品牌的人中不同月薪水平人群比例**

资料来源：iMedia Research（艾媒咨询）

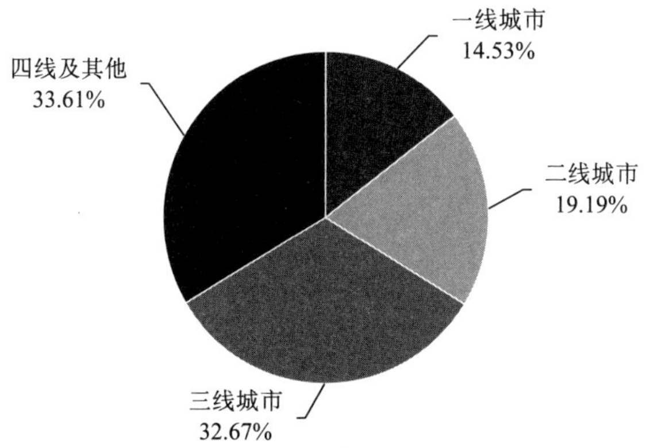


**图 7　愿意购买国产品牌的人中不同线级城市人群比例**

资料来源：iMedia Research（艾媒咨询）

在一、二线城市，进口奶粉占据份额较大，因此国产奶粉主要瞄准三、四线城市，尤其乡镇市场。从供给方来看，内资在渠道下沉方面更具优势，从需求偏好来讲，低线城市消费者对进口奶粉无太多偏好（见图 8）。

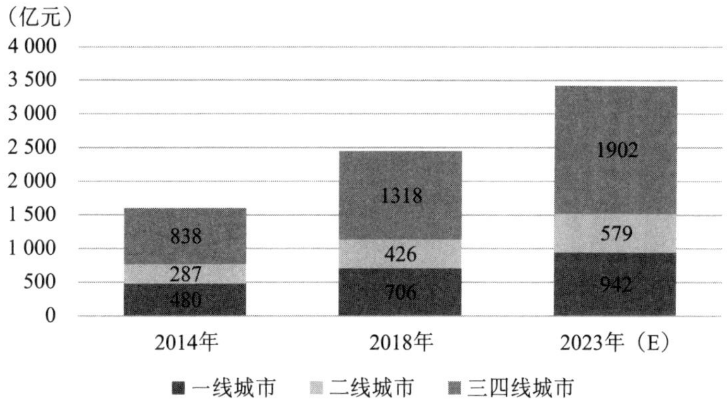


**图 8　不同级别城市的市场规模增速与市场份额**

## 二、国产奶粉发展趋势

根据公开数据显示，大多数消费者倾向于价格区间为 200 ~ 300 元的奶粉，其次是 300 ~ 400 元的奶粉。"80 后""90 后"人群由于生活条件的提升，逐渐倾向于更高端的奶粉。随着未来新一代的父母越来越多，奶粉的高端化将成为趋势（见图 9）。

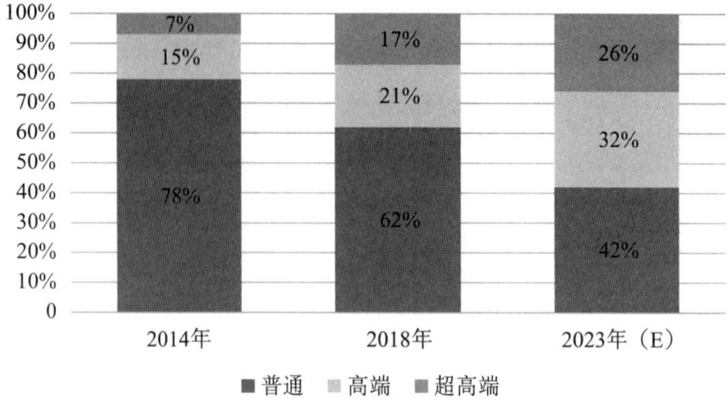


**图 9　各档次婴幼儿配方奶粉市占率变化情况**

资料来源：弗若斯特沙利文报告（中国飞鹤有限公司招股说明书），国海证券研究所

另外，奶粉的高端化发展与国产奶粉的下沉发展并不矛盾。许多国产奶粉品牌都有涉及各个层次的奶粉产品，包括高端、超高端部分，而且往往比同水平的进口奶粉具有更吸引人的价格，同时也不输品质。

京东大数据的《中国消费市场研究报告》显示，随着三、四线城市居民收入与消费能力的提高，尤其低线城市消费增速领先，消费潜力巨大。除此之外，低线城市人均消费水平也在不断提升，消费结构不断优化。这些消费者将会在能力允许的范围内选择更质优的奶粉。

综上，在强势刚需背景下，价格具有明显优势且质量不输进口奶粉的国产奶粉更吸引消费者。从图 10 可以看出，国产婴幼儿奶粉近年在市场的

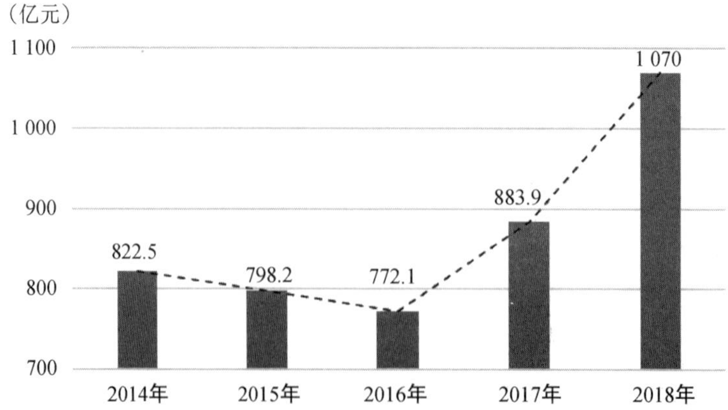


**图 10　中国国产奶粉市场规模**

资料来源：前瞻产业研究院整理

占比有所提升。另外，优质化高端化也将是奶粉行业未来的趋势，国产奶粉也有在提升产品档次。

## 三、公司简介

君乐宝成立于1995年，旗下拥有自建的大型现代化牧场，采用“全产业链”生产模式，即全产业链一体化自有、自控，即种、养、加一体化全产业链模式，保证奶粉“鲜活”，降低加工过程中的营养损耗，确保产品的安全质量。同时，君乐宝大力发展电商，地域市场方面由中国北部向南部市场扩张。

2018年，君乐宝毛收入130亿元，净收入94亿元，税后净利润3.07亿元。2019年，君乐宝集团实现销售收入约163亿元，同比增长25%，奶粉产销量为7.5万吨。

君乐宝主打奶粉产销。作为严控品质的国产奶粉厂商，君乐宝选择了一条合适的道路，目前也被越来越多的人青睐。侧重中低端，面向下沉市场人群，对于君乐宝这种非顶流公司来说，是渗透市场卓有成效的路径，有利于培养大量基础用户，打造品牌。实际上，君乐宝奶粉的SKU很多，也包含部分高端产品，并且公司也有意随着大众的取向逐步提升产品的品质和档次，顺应发展。

目前，君乐宝主要产品与其竞品的相关资料见表1和图11。

**表1　　品牌奶粉的区别**

| 比较 | 君乐宝 | 飞鹤 | 伊利 | 澳优 |
|---|---|---|---|---|
| 知名单品 | 优萃、恬适、乐钙益生菌、乐畅、乐铂K2儿童成长配方奶粉<br><br>160元~270元（每罐800克） | 星飞帆、臻稚有机、星阶优护、舒贝诺<br><br>300元（每罐700~900克） | 伊利金领冠系列、培然、托菲尔奶粉<br><br>120元~300元（每罐900克） | 能立多、美纳多、美优高、悠蓝、海普诺凯<br><br>200元~400元（每罐800克） |

续表

| 比较 | 君乐宝 | 飞鹤 | 伊利 | 澳优 |
|---|---|---|---|---|
| 行业地位 | 自 2014 年创立，年平均复合增长率达到 84.5%，2019 年产销量达 7.5 万吨，同时产量超过 1 亿罐。而 2014 年到 2019 年，中国婴幼儿奶粉市场年平均复合增长率仅为 8.1%，君乐宝以行业 10 倍的增速遥遥领先其他企业 | 飞鹤是首家年销售额突破百亿元的国产婴幼儿奶粉企业，并连续 6 年荣获世界食品品质评鉴大会金奖，一年销量超 7 000 万罐，是中国最大的中国品牌婴幼儿配方奶粉公司。2018 年在国内婴幼儿配方奶粉市场份额排名第二，市占率约为 7.3% | 婴幼儿配方奶粉零售额市占率为 6.0%，比上年同期提高了 0.4 个百分点。伊利奶粉连续 4 年国产奶粉销量第一 | 成立于 2003 年，在全球已拥有从收奶、生产到市场终端销售的全产业链条，并在中国、北美、欧洲、俄罗斯、中东等地拥有销售服务网络。公司于 2009 年 10 月 8 日在香港联交所上市，是中国内地首家在香港地区上市的婴幼儿配方奶粉企业 |
| 技术与证书 | 率先通过欧盟双认证，成为中国首家获得 BRC、IFS 双认证的奶粉品牌，并在全球同行业首家通过了 BRC A + 顶级认证 | 与中国工程院院士朱蓓薇及其专家团队合作，建立中国首家乳品工程院士工作站。不断对国内外资源进行整合，通过建立飞鹤 - 哈佛 BIDMC 营养实验室，搭建起两国四地的科研平台。2019 年，飞鹤获得了乳蹼脂母乳化发明专利，在脑发育核心技术方面获得历史性突破 | 2007 年，伊利建立中国首个母乳研究数据库，覆盖率、可靠性和准确性极高。建有伊利欧洲研究中心，由伊利集团和荷兰瓦赫宁根大学共同设立，是中国乳业首个海外研发中心。旗下 10 个品牌系列 30 个配方全部通过注册，位居行业前列 | 拥有 30 多位国内外营养博士、乳业专家组成国际化研发团队；拥有国内先进母乳研究数据库；建立北大 · 澳优母婴营养研究中心、荷兰乳业研发检测中心；拥有低渗透压配方、母乳活性成分配方、氨基酸优化配方等 75 项专利，其中发明专利 39 项 |

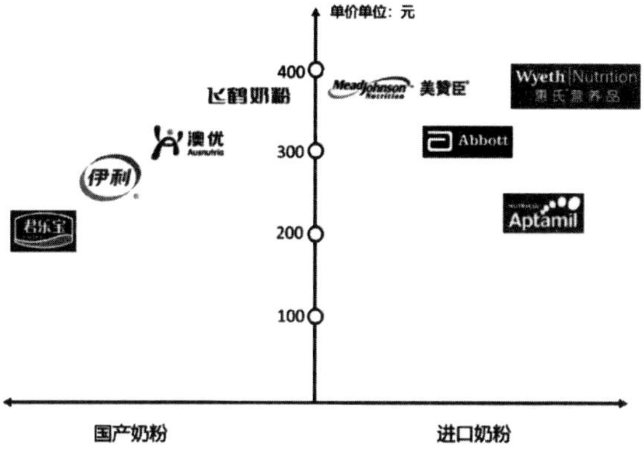


**图 11　竞品单价对比图**

品质方面，君乐宝对奶制品实行了非常严格的质量管控。为了实现“质量最优、品牌最强、社会最放心、消费者最满意”目标，君乐宝制定了“四个世界级”管理标准，包括：

（1）自建现代化牧场，原奶指标优于欧盟、美国、日本等地区。君乐宝牧场对各种饲料实行全员、全过程、全方位的“三全”管理模式，所有原料都要经过入场前、审核后、存储后检测，并实现质量指标全程可追溯。

（2）优选全球顶级供应商，与爱尔兰 KERRY、荷兰皇家帝斯曼、以色列领先油脂等战略合作。

（3）建设全球领先的工厂，用国际一流的工艺设备做婴幼儿奶粉。

（4）引进食品安全全球标准 BRC 和国际食品安全标准 IFS 双重管理体系。对乳制品实行企业自检、行业检验、国家抽检、国际权威第三方监督检验的“四重检测体系”，仅企业自检指标就多达 520 余项。一罐君乐宝奶粉全部项目检测完成需要 7 天。7 天后产品质量检测报告就会传送到集团官网供消费者扫码查询。

基于这样的管理模式，君乐宝奶源菌落总数低于 2 万（CFU/毫升），体细胞数在 20 万以下（个/毫升），平均蛋白质含量达到 3.45%，均优于欧美原奶指标。

## 四、交易总结

君乐宝拥有完全独立的全产业链，能有效保证产品质量。其研发团队对营养、口味、品质都有专业把控，总体而言值得信赖。

另外，君乐宝分板块对不同产品进行分析，根据分析结果定位选择不同的赛道，在奶粉方面选择中低端市场，在液态奶低温酸奶方面则选择高端市场的策略也是非常明智的。当然，随着全行业未来整体呈高端化发展，君乐宝也会有相应对策。

此次交易背后的资本方含国资，一定程度体现了国家扶持国产乳业的意愿。

最后，君乐宝旗下包括白小纯系列、悦鲜活牛乳、纯享系列、简醇、慢醇、涨芝士啦等产品均表现不俗。“涨芝士啦”在同品类中占据 70% 销售份额。目前，君乐宝市场占有率排名全国第三且增速稳健。AC 尼尔森数据显示，截止到 2019 年 11 月，君乐宝低温酸奶增速在行业位列前茅，远高于行业平均水平。从君乐宝在液态奶方面的不俗表现来看，具备未来该板块单独进行新融资的可能性。

想成为投融资观察报告创作团队的一员吗？微信扫描本书第 388 页二维码，现在就加入我们吧！

**No. 16**

# 小米生态链：崛起的 IoT 联盟*

**主笔：**韩欣恒

**资料收集：**范　凯　卢思轶

**交易概览：**

2020 年 4 月 2 日，智能照明产品研发商 Yeelight（易来）完成战略投资融资，投资方为云锋基金、金石投资、峰谷资本。不得不提的是，Yeelight 是小米生态链中的企业。此次投资方云峰基金、峰谷资本对于小米而言并不陌生（见表 1）。云峰基金曾参与过小米上市前最后一轮融资，云峰与小米也曾共同投资过项目；而峰谷资本于 2017 年也曾投资过小米生态链企业爱必达。

**表 1　　融资历程**

| 融资时间 | 轮次 | 融资金额 | 投资方 |
|---|---|---|---|
| 2013.03 | 天使轮 | 10 万美元 | SOS Ventures，HAXLR8R 等 |
| 2014.02 | A 轮 | 100 万美元 | 顺为资本、小米科技等 |
| 2018.06 | B 轮 | 未透露 | 珠海长榕投资合伙企业等 |
| 2018.11 | C 轮 | 未透露 | 顺为资本、GIC、凯辉基金、蓝图创投等 |
| 2020.03 | 战略融资 | 未透露 | 云峰基金、峰谷基本、金石投资等 |
| 2020.04 | C + 轮 | 未透露 | 中信金石、光大控股 |

资料来源：根据公开信息整理

* 本文写于 2020 年 4 月。

## 一、Yeelight 简介

Yeelight 是由美国 SOS Ventures 孵化的一个高科技创新品牌，于 2014 年加入小米生态链（见图 1）。2020 年 4 月 1 日晚，Yeelight 在老罗直播间 30 秒内售空 5 000 台智能台灯。Yeelight 的主要产品有氛围照明系列、吸顶灯系列、台灯系列等。

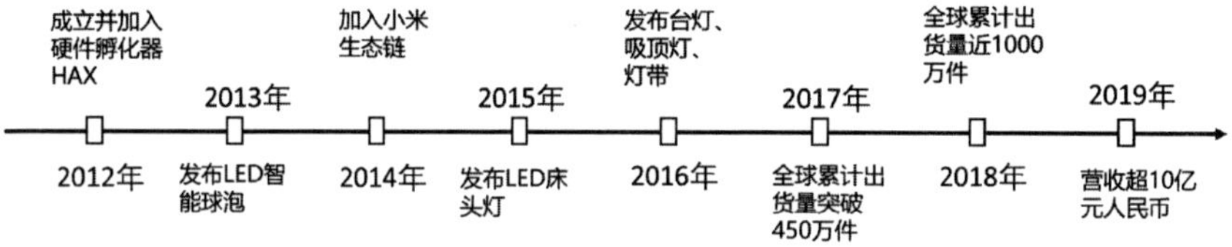


图 1　公司发展历程

资料来源：根据公开信息整理

作为小米生态链的一环，Yeelight 深耕智能照明板块。2013 年全球智能照明市场规模约 57.57 亿美元，其中灯具和相关配件市场规模约为 12.87 亿美元。根据当前发展趋势，预计 2020 年全球智能照明市场可达 243.41 亿美元，其中灯具市场规模约为 87.1 亿美元，年复合增长率超过 20%。由此，照明智能化将成为趋势（见图 2）。而 Yeelight 加入小米生态链则是以一种更接近用户的样貌呈现在大众眼前，培养用户使用智能照明的习惯。

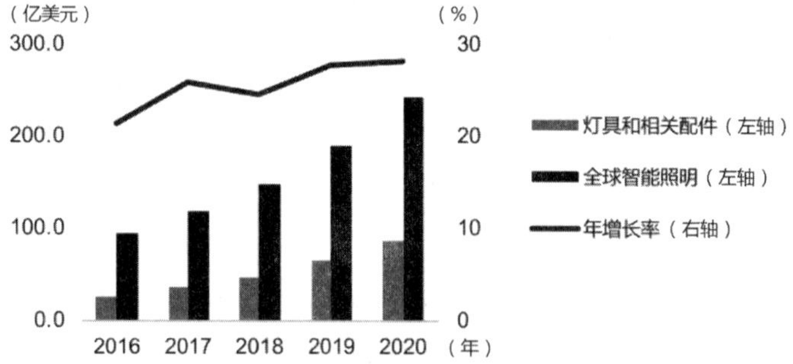


图 2　全球智能照明市场

资料来源：36 氪，前瞻产业研究院

## 二、小米自身业务

小米公司正式成立于 2010 年 4 月，是一家以手机、智能硬件和 IoT 平台为核心的互联网公司。2018 年 7 月 9 日，小米在香港主板上市，成为港交所首个同股不同权的上市公司，创造了香港史上最大规模的科技股 IPO，以及当时历史上全球第三大科技股 IPO。

目前，小米在 45 个国家和地区的智能手机出货量排在前五位。通过独特“生态链模式”，小米投资带动了更多具有相似目标的创业者，同时建成了连接超过 2.3 亿台智能设备（不包括智能手机和笔记本电脑）的 IoT 平台。2019 年，小米收入达 2 058 亿元人民币。截至 2019 年，小米的业务遍及全球 90 多个国家和地区，境外市场收入达 912 亿元人民币，同比增长 30.4%，占总收入的 44.3%。

从 2018 年到 2019 年，小米在总收入得到提升的同时，它从 IoT 与生活消费产品获得的收入占比稍有提升（见图 3 和图 4）。

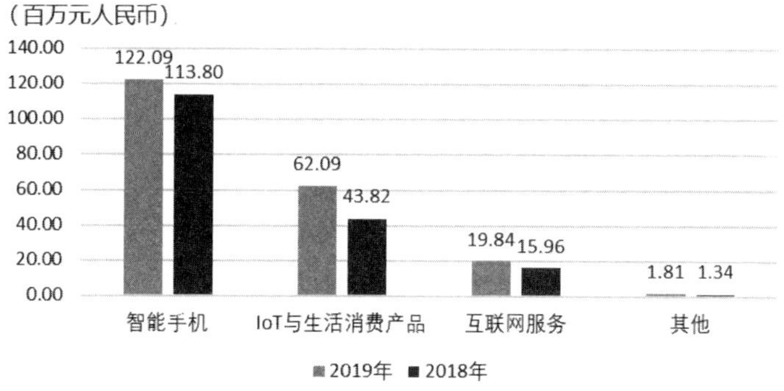


**图 3　2019 年与 2018 年小米收入分类统计**

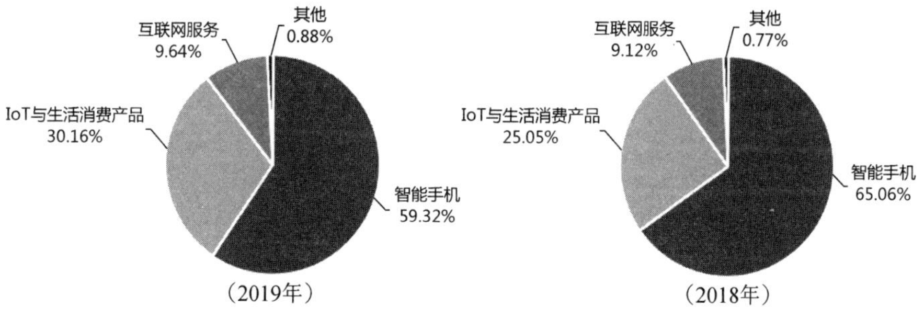


**图 4　2018 年和 2019 年小米收入结构**

资料来源：公开数据整理

对比近几年来小米三大主营业务的应收占比和增速，可以更为直观地看出，小米从智能手机方面谋取的利益正逐渐减少。相比而言，IoT 方面正被逐步挖掘，成为未来有望增长开发的板块（见图 5 和图 6）。

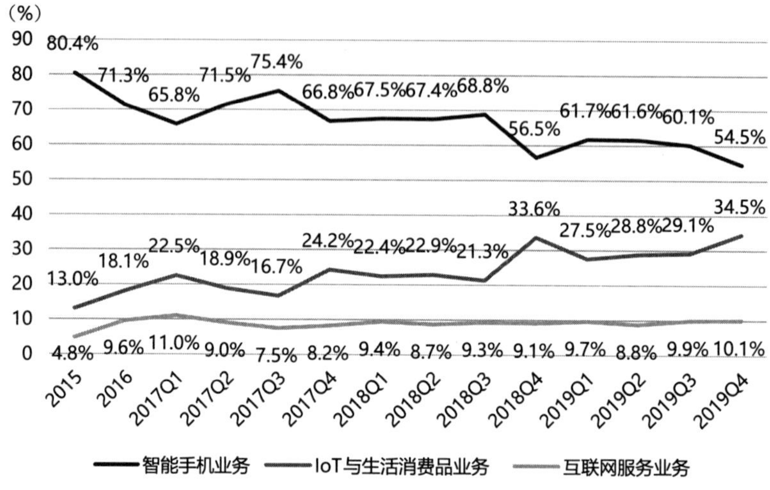


**图 5　小米三大主营业务营收占比**

资料来源：36 氪，小米财报

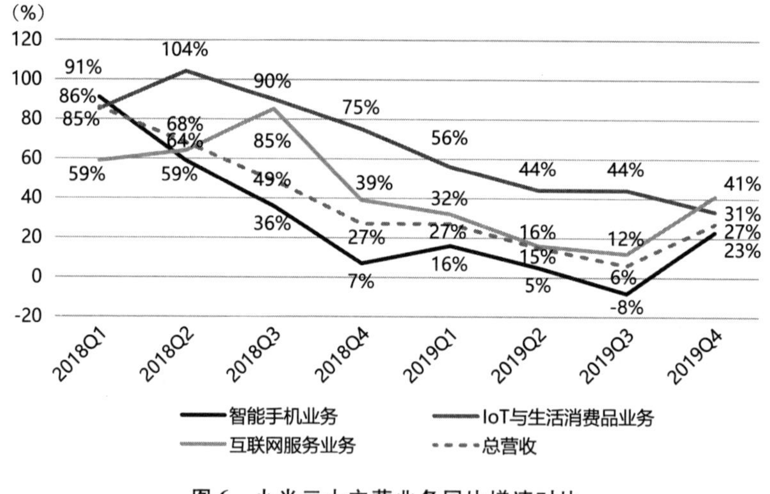


**图 6　小米三大主营业务同比增速对比**

资料来源：36 氪，小米财报

IDC 数据显示，从出货量和出货规模来说，全球智能手机市场近两年增速陷入停滞，2020 年受 5G 普及刺激，可能将迎来新一轮的增长，但仍存在天花板。IDC 预测，全球智能手机市场出货金额从 2020 年至 2023 年年均复合增长率仅为 4.31%（见图 7）。

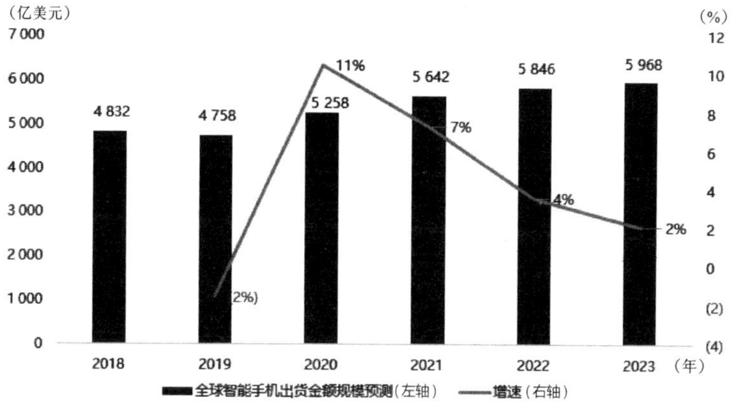


**图 7　IDC 全球智能手机市场规模预测**

资料来源：36 氪，IDC

随着智能手机市场争夺的白热化，并未拥有核心技术的小米如果继续依赖该板块，其营收可能面临较大风险，未来发展会受到掣肘。在这种情况下，IoT 业务才是决定小米未来营收天花板的关键。

## 三、小米生态链的构成

### （一）小米自身在 IoT 生态链中的产品

小米自家产品在整个生态的总销售额中仍占主导比例（见图 8）。同为生态链产品，采用小米/米家品牌与使用自主品牌时，产品型号外观定位等有显著差异。

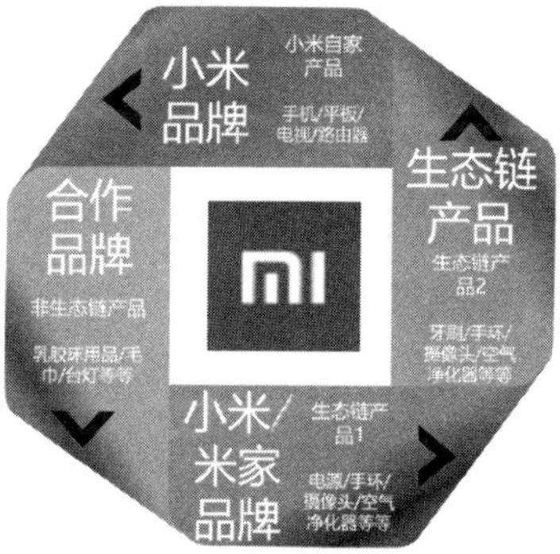


**图 8　小米及其相关产品**

2019 年，小米电视全球出货量达到 1 046 万台，同比增长 51.9%。在中国的出货量突破 1 000 万台，位居中国市场第一、全球第五。截至 2019 年第四季度，小米电视出货量已连续七个季度在印度智能电视市场位居第一位。在全球智能可穿戴设备（包括智能手表和手环）领域，小米出货量排名第一，小米智能音箱的出货量在中国市场也位居前三。

对于小米而言，电视、手机、小爱音箱、路由器这一类“入口产品”是小米构建生态链的基石，是重中之重。比如音箱，成本可控，研发门槛不高，于用户而言使用频率却较高，可在其中内嵌云系统，实现与各种 APP 的交互，自然而然地抓取用户，将用户放在其所构建的生态链世界中。

除表 2 列示的产品之外，小米生态链中在售的还有小吉的米家互联网洗烘一体机、Yeelight 的米家台灯 Pro、纯米的米家 IH 电饭煲、青米的米家插线板、峰米的米家投影仪、绿米的米家多功能网关等。

**表 2　　小米生态链所涉及的其他公司**

| 产品 | 公司名 | 成立时间（年） | 排名 | 收入（亿元） | 收入增速（%） | 市值（亿元） |
|---|---|---|---|---|---|---|
| 移动电源 | 紫米 | 5 | 第一 | | | 150 |
| 净化器 | 智米 | 4 | 第一 | | | 100 |
| 扫地机器人 | 石头 | 4 | 线上第一 | 30 | 172 | 200 |
| 手环 | 华米 | 4 | 世界第一 | 37 | 78 | 52 |
| 平衡车 | 九号 | 4 | 世界第一 | 42 | 208 | 270 |
| 耳机 | 万魔 | 4 | 第一 | 8 | | 30 |
| 旅行箱 | 开润 | 3 | 第一 | 21 | 76 | 78 |
| 净水器 | 云米 | 4 | 第六 | 26 | 193 | 63 |
| 市值合计 | | | | | | 943 |

资料来源：致一财经

## （二）小米生态链的构建方式与协同效应

- 少数股权投资。小米会以小米或雷军或顺为的名义为生态链企业提供早期资金支持，并持有合作伙伴的少数股权，而合作伙伴的上市在一定程度上也对小米有正面影响。

- 孵化支持。小米于生态链企业早期发展阶段提供孵化支持，包括人力资源和其他管理支持及协助。

• 产品设计及研发支持。小米负责研发生态链硬件产品，并予以合作伙伴提出严格的产品设计及质量标准；小米可提供适用开发者平台，面向智能家居、智能家电、健康可穿戴、出行车载等领域，开放智能硬件接入、智能硬件控制、自动化场景、AI 技术、新零售渠道等小米特色优质资源，而这些并不是初创公司早期可以独立实现的。

• 供应链管理支持。小米予以合作伙伴优惠条款以协助其获取优质材料。此外，小米与合作伙伴、合作伙伴与合作伙伴之间分享有关运营效率的经验，助其管理生产相关成本。

• 品牌、市场营销及零售支持。小米自行开发的电视、手机、小爱音箱、路由器是先天具有优势的导流入口，省去了生态链其他公司高昂的获客成本，实现流量共享用户共享。通过小米品牌的高辨识度和新零售平台，小米 IoT 与生活消费产品产生爆款效应，使得生态链中其他企业得到企业知名度、行业地位与销量的迅速提升（见图 9）。

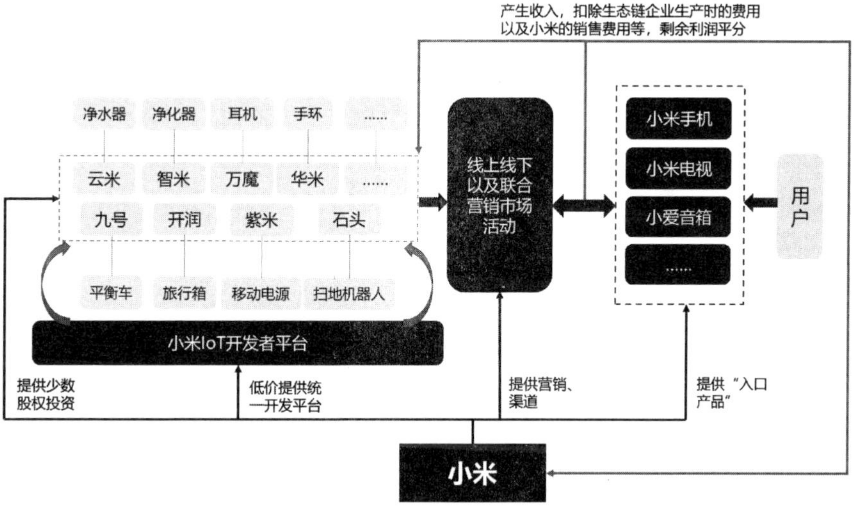


图 9　小米生态链

资料来源：根据公开数据整理

## 四、小米生态链面临的内忧外患

生态链内部对小米的高度依赖对公司自身不利。从图 10 可以看出，生态链中的这些公司对小米品牌产品的依赖程度较高，公司的自主营收能力相对较弱。2018 年，华米、云米、石头科技、九号机器人来自小米品牌营收分别占总营收的比例为 67%、46%、47%、57%，占比相对较高。

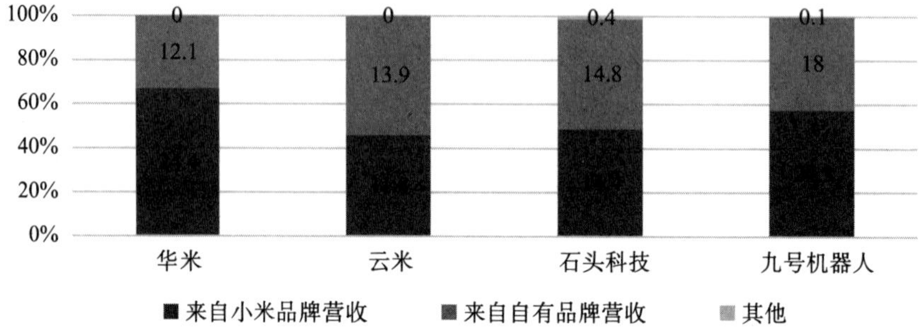


**图 10　2018 年四家公司营收构成对比**

资料来源：根据公开数据整理

虽然生态链公司覆盖范围众多，但是就单个公司而言，基本处于“单个 SKU 销量好但 SKU 总数少”的情况，一旦产品生命周期提前结束或产品销量未达预期，那么该生态链公司将没有动力继续维持运营。比如华米高度依赖与小米的手环项目合作，其发布与销售情况会直接影响华米。

此外，小米生态链的公司一直都处于让红利的地位，如果将华米、石头科技按产品划分的毛利率与美国的 Fitbit、国内的科沃斯进行对比，可以看出华米和石头科技小米品牌产品的毛利率处于不利地位。

### （一）生态链公司试图脱离依赖，可能会对小米构成竞争

近几年一些公司也一直致力于减少对小米的依赖，并提高“自我造血能力”。力求通过小米品牌产品成功提升知名度后，借由所积累的影响力，逐步将重心转移到能够完全控制的自有品牌。而生态链企业往往会选择相似领域进行扩张，这种扩张便和小米自身的产品形成更为直接的竞争关系。

### （二）持股不控股的利弊

利：对于生态链公司，小米方一般是小米和顺为合计持股 10% ~30%，而不会控股。除了资金方面的考量外，此举也可以激励员工推动公司发展。小米对于生态链公司曾经规定“上市以前不准分红”，管理层想要争取上

市，必然要降低小米品牌和小米渠道的收入占比。这种持股方式使得生态链企业本身更加独立，员工为了自身利益驱动力更强，有一定激励作用，从而反哺整个生态链。

弊：除了运营与营销，小米提供的优惠条件可能成为小米对生态链公司的牵制。如果控股比例增大，会增强牵制力度；但控股比例较小时，生态链组织就会较为松散。当小米系资源不是这些生态链企业的唯一选择时，整个体系便面临一定风险。

不过近日小米也宣布收购紫米 27.44% 的股份，将总共持有 49.91% 股权，接近控股，“持股不控股”的生态链战略将逐步发生变化。

（三）外部竞争

由于坚持硬件产品性价比，小米硬件业务（智能手机 + IoT 业务）的毛利率一直处于较低水平（见图 11）。

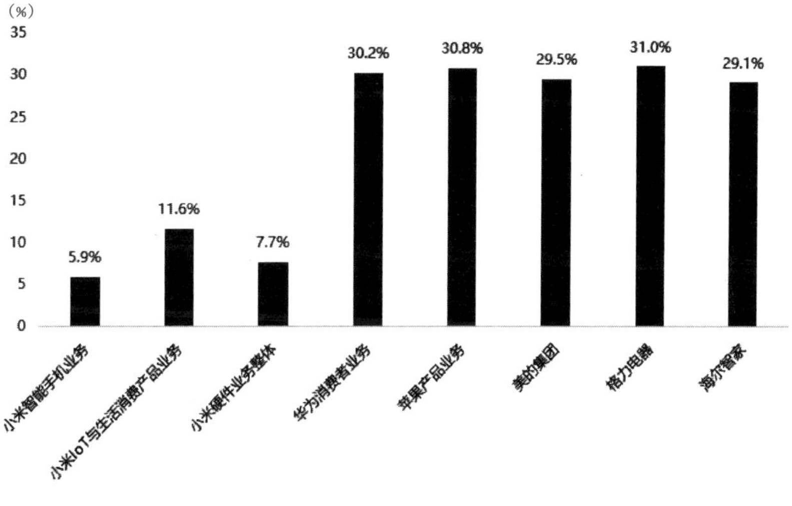


**图 11　2019 年上半年各企业毛利率对比**

资料来源：小米/苹果财报，华为票据募集说明书，i 问财

从研发层面来讲，小米研发投入占营收比重与绝对值，和华为、苹果差距较大。相比之下，小米 2019 年上半年的研发投入绝对值与美的、格力、海尔这类家电企业更接近（见图 12）。

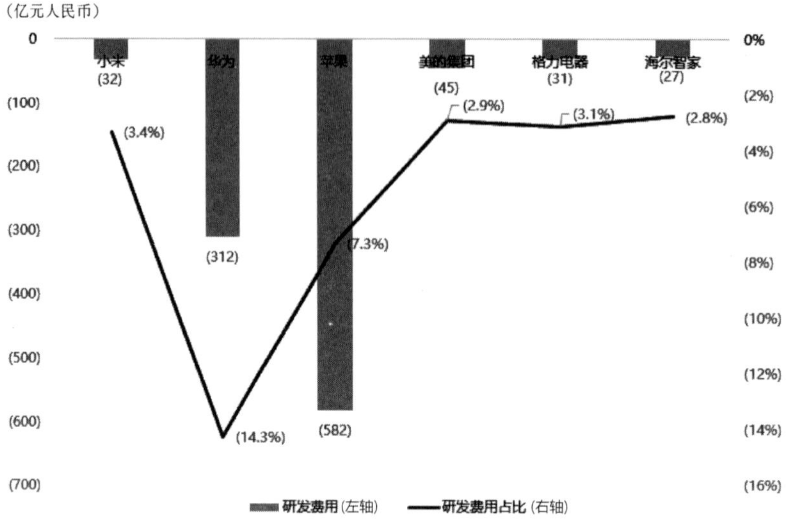


**图 12　2019 年上半年各企业研发投入**

资料来源：小米/苹果财报，华为票据募集说明书，i 问财

注：华为数据为总研发投入 × 消费者业务占营收比重得到

由此可见，小米需要同时在智能终端市场面对华为、苹果这些科技巨头，也要在 IoT、智能家电市场，与美的、格力、海尔竞争。小米将面临这样的问题，即：基于研发投入相对受限的情况，要尽量提升各产品线竞争力，进而扩大销量与营收规模。

## 五、总结

小米生态链将手机 APP、智能硬件及生活耗材连接在一起，构建“硬件——内容——互联网”的生态闭环，避免了来自 BAT 在其垄断领域的直接竞争，并且也打破了传统大集团控股的模式。比较有趣的是，尽管存在于小米生态链中的矛盾很多，但是由于彼此间拥有着密不可分的联系，恰能相互牵制，因此合作的形式至少在目前来看较为健康。

未来小米将如何解决生态链体系面临的内外隐患，使自己和生态链内的合作企业更好地互利共赢，也非常值得期待。

想成为投融资观察报告创作团队的一员吗？微信扫描本书第 388 页二维码，现在就加入我们吧！

**No. 17**

# 喜茶估值激增至160亿元，新式茶饮头部品牌虚位以待*

主笔：梁梓泳

资料收集：谢子怡　徐宇麟

**交易概览**

2020年3月23日，据36氪报道称，喜茶即将完成C轮融资。该融资由高瓴资本和Coatue Management联合领投，交易金额未披露，投后估值或超160亿元。对此喜茶方面回应："没有回应，暂无更多信息提供。"

值得注意的是，2019年7月，喜茶刚刚完成B+轮融资，融资后估值90亿元，短短9个月，喜茶估值激增77.78%。此前，喜茶已在2016年与2018年分别完成A轮、B轮融资。

## 一、交易背景：资本市场助力新式茶饮行业抓住发展机遇

新式茶饮行业概况见图1。

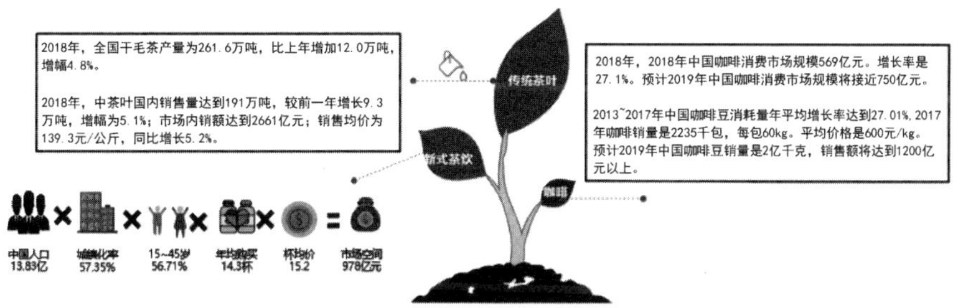


资料来源：36氪研究院

**图1　新式茶饮行业简图**

---

* 本文写于2020年4月。

### （一）巨大的市场规模，新式茶饮行业有潜力

中商产业研究院的数据显示，2019 年中国现制茶饮的潜在市场规模应在 400 亿～500 亿元。艾瑞咨询则认为，早在 2018 年这一数据就已经超过了 900 亿元。

### （二）快速的行业增长，资本助力品牌崛起

36 氪研究院数据显示，2017 年全国饮品店销售总额达 472 亿元，同比增长 14.29%。截至 2018 年第三季度末，中国现制茶饮门店数量达到 41 万家，较上年增长了 74%。2017 年新式茶饮行业融资金额超过 13 亿元人民币。

### （三）消费升级时代，茶饮消费进入快速扩张时期

在中国，当前国民人均 GDP 已经达到 8 000 美元。从美国、日本等发达国家经验来看，在人均 GDP 达到 6 000～12 000 美元时，居民消费会进入快速扩张时期。

同时，“80 后”“90 后”年轻人群在餐饮整个用户层中占比接近七成，“90 后”正逐渐超越“80 后”成为餐饮业的消费主体，而新式茶饮的消费主体正是“90 后”年轻人群。

### （四）关键的技术进步，保证品质且有望规模化

以萃取、高压蒸汽、无菌无糖等为代表的新食品加工技术的进步、成熟和应用，对提高新式茶饮产品质量起到关键作用。

## 二、喜茶：创新填补传统茶饮连锁“品质好茶”空白点

喜茶发展历程见图 2。

喜茶总部位于深圳。2012 年，喜茶 HEYTEA 起源于广东江门一条名叫“江边里”的小巷，原名“皇茶 ROYALTEA”。由于无法注册商标，故在 2015 年全面升级为注册品牌“喜茶 HEYTEA”。

喜茶诞生之时，中国大陆还是台式奶茶加盟品牌的天下。除了加盟店，像喜茶这样散布在大街小巷的自营奶茶店不在少数。而喜茶的脱颖而出源于其对茶饮品的再创新——喜茶的招牌产品“芝士奶盖”，在阳江形成现象

级，随后就火遍整个珠三角。

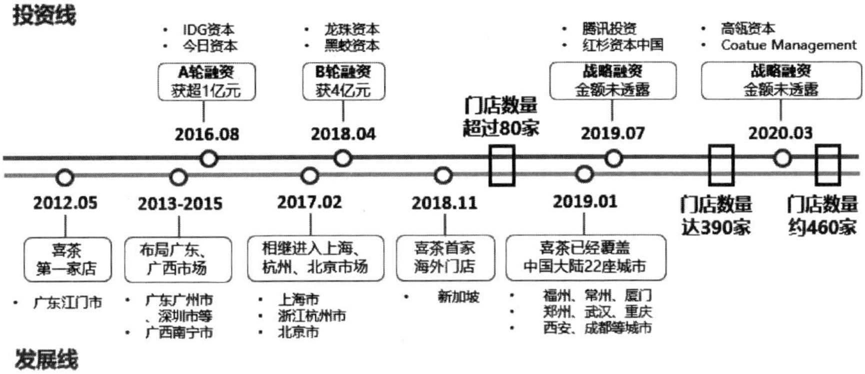


图 2　喜茶发展历程图示

资料来源：公开资料整理

喜茶用产品创新成功引领新式茶饮行业新风潮，将“品质好茶”作为卖点，开创了新式茶饮的时代。

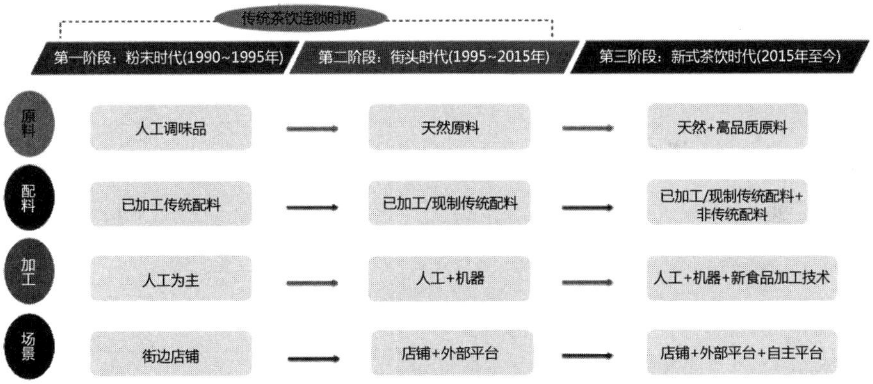


图 3　喜茶模式

资料来源：36 氪研究院

为保证“品质好茶”，喜茶一直坚持高品质要求。坚持独立自主的产品研发，致力于茶饮产品构思、配方研究及样品制造。

从产品研发到门店终端，喜茶利用消费者的整体体验塑造了独特的品牌形象。扭转了此前奶茶品牌缺乏消费者忠诚度的局面。喜茶门店独特的风格元素和丰富店型让消费者印象深刻。喜茶已成为消费者心中新式茶饮龙头。喜茶创始人聂云宸在接受采访时曾透露，喜茶门店平均出杯量近 2 000 杯/天，单店单月平均营业额 >100 万元。由此推算，单店平均年收入超过 1 200 万元。目前，喜茶拥有约 460 家门店，即预期一年的销售额超过 55.2 亿元。

## 三、新式茶饮行业痛点：进入壁垒低，同质化严重

自喜茶创始以来，新式茶饮的竞争愈发激烈。然而，从无论从时间线、初创城市，还是从产品品类来看，新式茶饮行业目前缺少有效的进入壁垒。一方面，配方容易被模仿，产品同质化程度比较高；另一方面，茶饮行业前期投入少，资金进入壁垒低。

自从资本开始进入新式茶饮行业，头部竞争也越趋明显。资本快车的车票已经攥在手里，与喜茶旗鼓相当的品牌不容小觑。喜茶要如何坐稳这 160 亿元的估值，并非易事（见表 1）。

**表 1　　品牌对比**

| 项目 | 喜茶 | 奈雪的茶 | CoCo | 乐乐茶 | 茶颜悦色 |
|---|---|---|---|---|---|
| 成立时间 | 2012 年 | 2015 年 | 2010 年 | 2016 年 | 2015 年 |
| 初创城市 | 江门 | 深圳 | 台北 | 上海 | 长沙 |
| 主要品类 | 茶饮 | 茶饮 + 软欧包 | 茶饮 | 茶饮 + 欧软包 | 茶饮 + 甜品 |
| 价格区间（元） | 22 ~ 32 | 19 ~ 33 | 7 ~ 17 | 19 ~ 29 | 11 ~ 22 |
| 单店面积（$m^2$） | 100 ~ 400 | 200 ~ 400 | ≈20 | 50 ~ 400 | ≥15 |
| 线下销售方式 | 自营 | 直营 | 直营 + 加盟 | 直营 | 直营 + 加盟 |
| 门店数量（2019 年，家） | 390 | 420 | 近 4 000 | 54 | 近 200 |
| 最新情况 | 2020 年 3 月获战略投资，估值或超 160 亿元 | 2018 年 3 月获数亿元 A + 轮投资，估值约 60 亿元 | — | 2019 年 4 月获 2 亿 Pre – A 轮投资 | 2019 年 8 月获 A 轮投资 |

资料来源：36 氪研究院

## 四、喜茶160亿元估值的求解已遇难题

### (一) 规模化或为资本的唯一出路

资本是否一定意味着餐饮将走向规模化呢？也未必。网上有种戏谑说法是："纽约有三宝：自由女神像、帝国大厦和Shake Shack汉堡。"

"用米其林的标准做快餐"是Shake Shack的经营标准。其独特的口味、新鲜的食材、健康的形象和餐饮空间广受好评。从一辆公园的餐车，距今20年，开了211家店。其于2015年在纽交所IPO时，仅有63家门店。每间门店的平均价值可达1 070万美元，是麦当劳的4.3倍。Shake Shack也被誉为全世界估值最贵的餐饮股（见图4）。

**图4　2015～2020年Shake Shack股价波动情况**

资料来源：东方财富网

Shake Shack的门店目前分为直营和特许经营，未有加盟。从其财报可见，其经营策略是提高店的质量，而非店的数量，且经营中心为国内直营店，采用"精耕细作"的竞争手段。但靠口味口碑上市的Shake Shack发展如何，时间已经给出了答案。短暂疯狂下的超高估值在上市后出现回落，再次回归了门店数量的问题。

由于Shake Shack主要消费群体是富裕阶层，产品定价高于一般汉堡和薯条，限制了其扩张选址。另外，受地域因素影响那些先入为主的汉堡品

牌也为 Shake Shack 带来极大阻碍。在美国本土连锁精细化管理的汉堡市场竞争者并不少，Shake Shack 20 年门店数量仅为 211 家，初期“看重质量”的初心仍能支撑起群众对其的喜爱，但是维持高估值或获得更高估值，还是需要门店的扩张。没有门店的扩张，时间终究会给估值一个现实的标价。

纵观 Shake Shack 的发展，似乎能找到一些和喜茶相似的特点。

与市面上的同类产品对比，喜茶是新式茶饮行业主要品牌中定价区间最高的；而 Shake Shack 汉堡走的也是高定价的路线，其产品价格为同行业产品的 2 倍。

喜茶的走红是源于小巷里口味和颜值俱佳的奶盖茶；而 Shake Shack 则是餐车的热狗。

喜茶能很好地把握店内空间的设计和消费者的喜好；Shake Shack 在这两方面同样出众。

一个是“用好茶的”茶饮，一个是“享受慢快餐”的汉堡，都是在已有领域上的创新。人气或许能够支持初始的超高估值，但是无法成为长久之计，门店扩张在资本道路上势在必行。

### （二）规模化稀释口味已成定数

喜茶的爆红源于口味，但资本的进入似乎已经逐渐让口味的红利稀释。2020 年 4 月喜茶上线“喜小茶”瞄准低线下沉市场，均价仅为喜茶的一半，出乎消费者意料。然而，价格降低的代价已快速得到了消费者的反馈——便宜但不够好喝。

此前，喜茶已有部分门店被爆出产品质量不合规，如今资本再次加注，喜茶似乎也意识到如果保持原来较高端的产品经营，面对门店快速扩张，品质保证将受到影响，且下沉城市的消费者也未必愿意为此买单，毕竟三、四线城市物美价廉的新式茶饮品牌并不在少数。在餐饮行业，口味与规模化的冲突一直存在。

国内的鹿角巷、黄记煌、小肥羊火锅和翠华餐厅，都曾经是红极一时的热门餐饮品牌，都曾以其独有的口味赢得消费者的喜爱，而近年却几乎淡出消费者的视线，究其原因都与其规模化门店扩张有关（见表 2）。

表2　品牌对比

| 品牌 | 创立时间（年） | 口碑产品 | 经历 | 门店数（峰值，家） | 困境 |
|---|---|---|---|---|---|
| 鹿角巷 | 2013 | 奶茶 | 2013年，从中国台湾起步，先后在法国巴黎、加拿大、马来西亚、日本等国家和地区布局了400多家门店。2017年，在上海开店后，火爆全国 | 500+ | 品牌火得太快，鹿角巷商标被抢注。进入中国内地市场1年，真门店仅11家，山寨门店却已多达500家，真假难辨。部分门店因被山寨围攻经营困难而关闭 |
| 黄记煌 | 1997 | 三汁焖锅 | 2013年走出国门，澳洲、美国、加拿大、印尼、泰国等地均有门店，成为全国门店600+新式标准化中餐连锁企业 | 600+ | 2013年是黄记煌加盟扩张的一年，随后由于快速扩张，门店管理水平却出现了下滑，不少消费者反映口味不稳定，服务不好，不具备性价比等问题，还爆出卫生事件 |
| 小肥羊火锅 | 1999 | 羊肉火锅 | 连续6年称为全国火锅收入第一的企业；2003年，小肥羊已在美国开设了门店 | 700+ | 被百盛集团收购后，扩张到国外开店，却屡屡受挫，从而严重影响国内门店发展计划，生意一落千丈 |
| 翠华餐厅 | 1998 | 菠萝油云吞面 | 全香港地区1.8万家餐厅中，翠华茶餐厅是名头最响亮者。2012年，翠华餐厅集团上市成为“茶餐厅第一股” | 84 | 上市后加速在中国内地的扩张，随后一直处于负增长阶段。由于成本问题导致价格偏高，以及内地餐饮市场竞争激烈等原因，规模化加重了翠华餐厅的负担。2020年接连关店，市值蒸发77亿元 |
| Shake Shack | 2000 | 汉堡 | 每间门店的平均价值可达1 070万美元，是麦当劳的4.3倍，也被誉为全世界估值最贵的餐饮股 | 211+ | 上市后由于开店选址、目标客群等因素，于美国国内难以扩张，股价下跌。门店难以维持曾经的超高估值 |

资料来源：公开资料整理

被山寨围攻说明口味和品牌形象会被轻易复制，扩张不慎则暗指口味和服务在快速扩张中无法维持。这些餐饮品牌的经验恰恰说明了口味是无法持久的，若消费者不为规模化下被稀释的口味买单，口碑极佳的品牌都将面临消费者的遗忘。

## （三）选择快速扩张？“瑞幸模式”的未来破灭

在瑞幸东窗事发前，其 18 个月 2 370 家门店的辉煌战绩犹在耳畔。从咖啡到新式茶饮的融合，让不少投资人看到了新式茶饮行业头部品牌的可能。然而，2020 年 4 月 2 日爆出的 22 亿刷单造假丑闻让原本的传奇画上了句号。迷雾已揭开，快速的门店扩张必然导致边际效益下降，上市一年后其线下店的盈利已无法保证。

喜茶目前拥有超过 460 家门店，若未来快速扩张，对标瑞幸已无参考价值，只能对比与瑞幸门店数量相当的星巴克。从 470 家门店到 4 125 家门店，星巴克用了 9 年时间，也就意味着喜茶短期内快速扩张达到 1 000 家门店，最快也需要 3 年（见图 5）。然而资本是否有时间等待喜茶慢慢成长，暂时无法知晓。

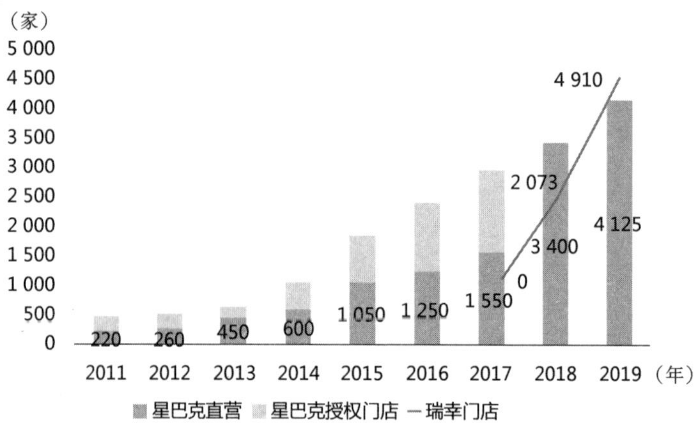


**图 5　星巴克与瑞幸咖啡中国门店数量**

注：2018 年星巴克回收同意华东地区股份，中国区所有门店变成直营

资料来源：星巴克财报

此外，瑞幸咖啡的营运模式行不通，其投资模式同样给投资人敲响了警钟。瑞幸事件后，美股中概股的做空潮讨论热度急速上升。据统计，

2019年至今，在港股和美股上市的10多家中国上市公司被做空，只是瑞幸咖啡获得了最广泛的关注与讨论（见表3）。

表3　　部分茶饮上市公司情况

| 企业 | 上市地点 | 时间 | 做空缘由 |
| --- | --- | --- | --- |
| 嘉楠科技 | 美国 | 2020.05 | 业务是出售比特币采矿机硬件。除此之外，没有其他重要的业务，也没有经常性的软性收入 |
| 爱奇艺 | 美国 | 2020.04 | 业绩造假 |
| 好未来 | 美国 | 2020.04 | 至少自2016年起财报造假，欺诈性地创造利润 |
| 跟谁学 | 美国 | 2020.04 | 利用机器人进行刷单，并且虚增了公司营收 |
| 趣头条 | 美国 | 2019.12 | 2018年趣头条74%的销售额是虚假的，以及77%的现金余额是不存在的 |
| 百济神州 | 中国香港 | 2019.09 | 销售造假 |
| 优信 | 美国 | 2019.04 | 夸大交易量达40%，创始人转移2.8亿美元资金 |
| 58同城 | 美国 | 2019.03 | 对利润增速和溢价市盈率表示质疑 |
| 京东 | 美国 | 2019.03 | 剥离金融业务存疑，实际现金流糟糕 |
| 和信贷 | 美国 | 2019.01 | 夸大其累计利润1 343%，并在其SEC披露文件中夸大其累计收入195%。存在向投资者谎报业务规模、内部人士转移现金、线上平台负面发展等情形 |

资料来源：公开资料整理

瑞幸事件无疑将中概股的处境再次标红，中概股企业的发展路径和中概股投资人的退出路径也备受挑战。但作为民族品牌，尽管喜茶在美股上市的前景受到了冲击，但未尝不可未来在A股上市。

### (四) 新式茶饮行业有待出现新的发展方式

喜茶会成为“新式茶饮第一股”吗？答案无疑是肯定的。就目前的消费者认可度、品牌实力与外部融资来看，喜茶是新式茶饮当之无愧的龙头。然而口味与规模化的冲突在喜茶上已初露端倪，“瑞幸模式”的破灭又已证明快速扩张的可行性不再，喜茶在未来的道路上仍需要摸索出自己的发展方式。

想成为投融资观察报告创作团队的一员吗？微信扫描本书第388页二维码，现在就加入我们吧！

**No. 18**

# 卖好车受资本青睐，“仓储物流+供应链金融”助力小微车商*

**主笔：** 王悦苏

**资料收集：** 范　凯　卢思轶

**交易概览：**

2020 年 4 月 17 日，汽车 B2B 交易服务平台“卖好车”已完成逾 2 000 万美元新一轮融资，由海高集团领投，创新工场、凯欣集团追加投资，多家机构跟投。

2020 年 4 月 20 日，卖好车官宣开启与中国建设银行的战略合作，用 10 亿元人民币继续发展汽车供应链业务，让车商的融资成本下降了 40% 以上。

## 一、行业概览

### （一）国内汽车行业产业链：逐步从整车市场转移，深入更多高盈利环节

国内汽车产业链可分为汽车生产制造环节、销售流通环节、汽车后市场三部分。其中，生产制造环节的整车市场在先前一直是国内汽车产业的领先市场，主机厂仍是现阶段汽车行业价值链的驱动者，其变动对汽车产业需求和投资有较大影响（见图 1）。

但事实上，汽车制造业的整体盈利性并不比其他环节高，而近年来零

* 本文写于 2020 年 4 月。

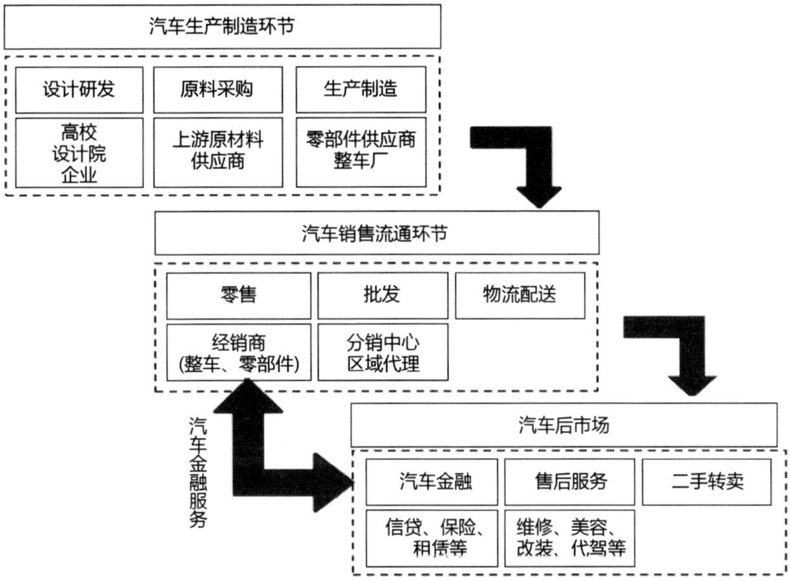


**图 1　汽车行业产业链**

资料来源：国海证券研究所

部件、汽车售后市场也开始吸引越来越多的投资者目光。虽然行业呈现出了升级转型的态势，但目前国内很多核心零部件仍需要从国外进口。在销售流通环节我国自主汽车品牌也在全球市场中处于劣势地位，汽车后市场处于“行业发育期”，面临着市场监管、盈利困难等问题。

### (二) 国内市场：近年汽车市场销售持续走低，存量争夺与机遇并存

国内汽车市场随着近 10 年的高速扩张，2018 年开始出现明显销量滑坡，2019 年形式愈发严峻（见图 2）。欧美的汽车市场早处于平稳发展的阶段，而国内汽车市场逐渐进入到一个存量搏杀和新机遇并存的时代。

• 存量在于消费者的换车需求，争夺点在于产品线与口碑。车辆购置的主体——以家庭为单位的车辆保有量已处于饱和状态，新增消费需求较少。而对于存量市场来讲产品线及口碑将帮助车企赢得消费者。在近两年车辆销售增量整体下降背景下，车企的分化也愈发严重，不同品牌销量差距较大，原因包括：消费者偏好转变，品牌口碑差异，新能源汽车冲击等。

• 新机遇在于方兴未艾的新能源汽车：谁能赢得能源基础技术上的创

新或者推出汽车产品消费模式新组合，谁就有机会成为最终的赢家。

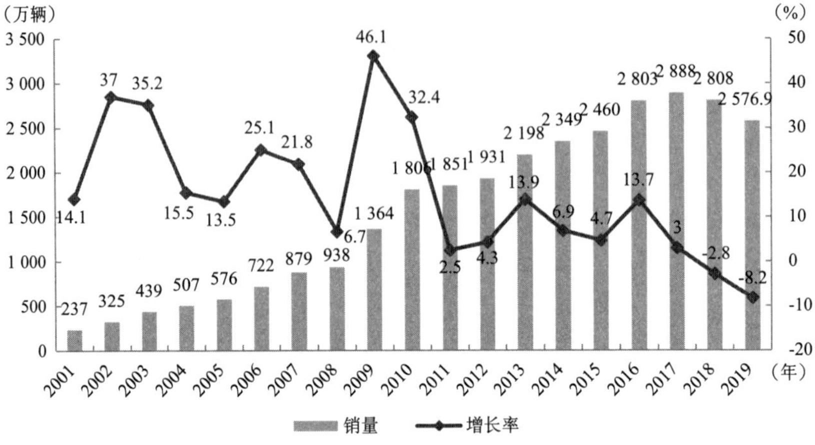


**图 2　2001 ~ 2019 年中国汽车销量及增长率**

资料来源：公开资料整理

## （三）国内汽车电商：二手车电商渐成熟，盈利模式仍待探索

二手车市场演进见图 3。

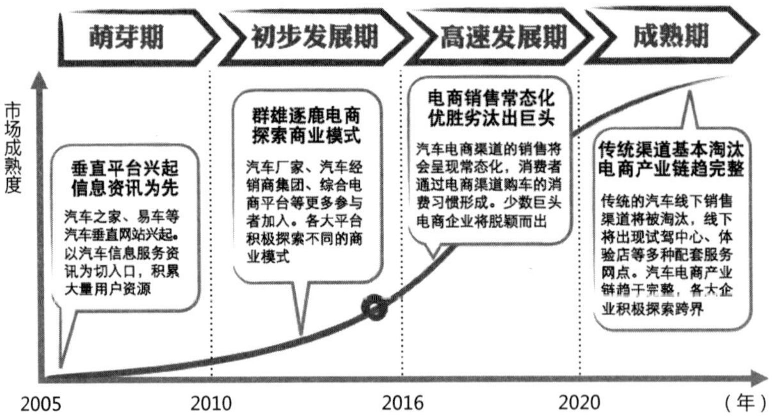


**图 3　二手车市场演进**

资料来源：案头研究，专家访谈

国内汽车电商平台仍以销售流通环节为主，并逐步覆盖全产业链节点。目前，我国汽车销售市场可以分为线上、线下两种渠道。线下渠道依然以

主流模式4S店为主，同时还包括汽车经销商主导的多品牌集合销售门店、汽车电商实体门店等。线上渠道包括新车电商、二手车电商等（见图4）。

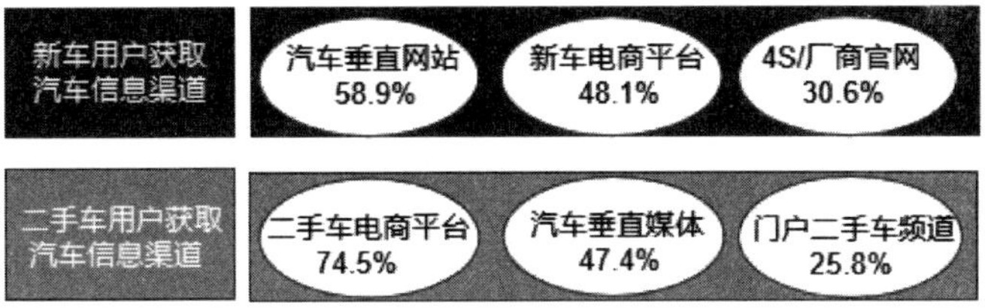


**图4　汽车用户汽车信息获取渠道**

资料来源：艾瑞咨询

随着汽车电商模式逐渐成熟，越来越多的零售平台不断涌出，推动汽车电商及汽车厂商资源进一步整合，不断探索新的盈利模式。

同时，相对于新车用户对于资讯的需求，二手车更接近销售（交易），二手车电商的商业模式相对新车电商也更为成熟，故目前国内电商平台的主要用户仍为二手车用户。

### （四）竞争格局：以瓜子、优信、大搜车为例

现状归纳：流量争夺期后，多数企业盈利模式未明了。

近年来，虽然汽车电商得到快速发展，但整体仍处于尚未成熟的阶段。以优信、瓜子等头部电商企业为例，前期大多重视通过营销与渠道获取流量，主要以广告战、背靠品牌引入流量等方式为主。

这种发展模式存在几个问题：一是经营模式不够完善，相较于传统4S店网点覆盖面广、服务较全面，汽车电商目前没有明显竞争优势；二是盈利模式不够明朗，新车利润不高，而售后服务、金融服务、保险服务等方面的盈利仍处于探索阶段。

### （五）汽车电商发展趋势预测：供应链重塑、业务拓展、新零售加紧布局

1. 供应链导向：以C端为导向的供应链协同，数字化驱动导向；

2. 业务拓展趋势：汽车后市场（金融服务）与汽车流通领域布局；

3. 汽车电商新形式：产业链整合趋势与附加价值延伸为两大趋势；

4. 新零售布局：线下二手车交易仍占据八成以上市场份额，开设线下门店，甚至打通地域限制实现“全国购”（见表1）。

表 1　　汽车电商对比

| 公司名称 | 估值/市值 | 主营业务 | 交易量 | 融资历程 | 优势与发展战略 | 劣势与存在问题 |
|---|---|---|---|---|---|---|
| 瓜子<br>2015/7/13 | 85 亿美元 | 概述：主打 C2C 个人二手车买卖服务的交易平台；瓜子二手车直卖网帮助买家直接和卖家面对面交易<br>业务模式：C2C 个人二手车交易模式<br>严选直卖、全国购<br>新车交易平台：毛豆新车 | 独立设备数为：644 万台<br>2019 年全年营收增长约 200%，主营业务实现整体盈利<br>MAU 为 723.53 万 | 2015/11/25—天使轮—6 000 万美元—杨皓涌（从 58 赶集分离完成）<br>2016/09/27—A 轮—2.5 亿美元—山行资本、风云资本、红杉资本<br>2017/06/14—B 轮—4 亿美元—山行资本、经纬中国、红杉资本<br>2017/10/31—B + 轮—1.8 亿美元<br>2018/03/01—C 轮—8.18 亿美元—今日资本、腾讯投资、红杉资本<br>2018/10/16—C + 轮—1.62 亿美元—诺伟其、天图资本<br>2019/02/28—D 轮—15 亿美元—软银中国资本（技术、本店布局）<br>2020/05/06—D + 轮—2 亿美元—软银集团、红杉资本（车后服务） | 品牌营销与渠道：广告战争流量，与 58 合作渠道迅速获取流量<br>C2C 模式：便于获取海量用户数据，二手车寄卖形式快捷、便利、可控<br>新零售布局规划：线上线下实现生态闭环 | 1. 平台运营成本高，监管成本高，需要独立把控二手车质量，且后续服务全由平台负责<br>2. 供应端的真实车源不足<br>3. 持续盈利难，即 C2C 直卖业务利润低，且天花板低 |

续表 1

| 公司名称 | 估值/市值 | 主营业务 | 交易量 | 融资历程 | 优势与发展战略 | 劣势与存在问题 |
|---|---|---|---|---|---|---|
| 优信<br>2011/8/11 | 7 亿美元 | 概述：二手车竞价拍卖服务供应商，提供竞价拍卖、车况查定、安全支付、售后服务及远程物流在内的一站式服务<br>业务模式：<br>B2C 优信二手车业务—全国购（主营）<br>B2B 二手车在线交易平台——优信拍 | 独立设备数为 168 万台<br>2019 全年收入 15.88 亿元<br>毛利润 8.99 亿元<br>MAU 为 195.79 万 | 2012/01/01—A 轮—3 000 万美元—君联资本、腾讯投资、DCM 资本<br>2014/09/01—B 轮—2.6 亿美元—华平投资领投<br>2015/03/18—C 轮—赴美上市融资 8 亿美元—百度投资部 KKR<br>2016/01/22—D 轮—4 亿美元—泰康保险、华平投资<br>2017/01/15—E 轮及以后—5 亿美元—KKR、华新资本领头<br>2018/06/27—DAQ 纳斯达克上市—戴琨持股 25%<br>2019/05/29—战略投资—2.3 亿美元—58 同城领头<br>2019/10/26—战略投资—5.01% 持股—GIC 举牌投资<br>2020 - 03 - 24—并购 1.05 亿美元—58 同城 | 1. B2B + B2C 双模式，便于联结行业双向客群<br>2. 品牌业务延伸，试图打通整个销售板块 | 1. 资金成本高且回收周期长，平台收购二手车，赚差价<br>2. 前期需要投入大量资金收购与统一装备、销售 |

续表 2

| 公司名称 | 估值/市值 | 主营业务 | 交易量 | 融资历程 | 优势与发展战略 | 劣势与存在问题 |
| --- | --- | --- | --- | --- | --- | --- |
| 大搜车<br>2012/11/21 | 28 亿美元 | 概述：二手车交易服务提供商，主打线上信息、线下门店撮合，而后发展为与 4S 店合作<br>业务模式：<br>经销商 SaaS - 数字化赋能模式——汽车新零售与新金融平台 | 独立设备数为 78 万台交易量上升，但尚未实现盈利 | 2012/12/01—A 轮—400 万美元—源渡创投、晨兴资本<br>2013/09/01—B 轮—2 000 万美元—源渡创投、晨兴资本、红杉资本<br>2016/11/16—C 轮—1 亿美元—蚂蚁金服、神州租车<br>2017/04/06—D 轮—1.8 亿美元—海通国际、晨兴资本、华平投资<br>2017/11/01—E 轮—3.35 亿美元—阿里巴巴、招商国际、华平投资<br>2018/09/03—E 轮及以后—5.78 亿美元—晨兴资本、阿里巴巴、春华资本 | 1. 营销能力与渠道能力：2016 年上线“弹个车”促进了后续扩张，阿里入局后引入更多流量入口<br>2. 新零售战略：已布局线下门店 300 +，组建有多地车商联盟——“大手车家选” | 1. 平台建设成本高，系统搭建、赋能车商的资金投入大<br>2. 盈利模式未能形成，资金压力较大 |

## 二、卖好车——新车电商 B2B 平台

### （一）公司发展历程：中小汽车经销商服务平台

杭州一骑轻尘信息技术有限公司成立于 2014 年 8 月 5 日，法定代表人李研珠，是原阿里营销板块负责人、蘑菇街联合创始人（见图 5）。注册资金 5 272 万元人民币。公司目前已完成 B + 轮融资，融资总额 1 亿美元。卖好车在 2016 年云栖大会被定义为国内首家 B2B3. 0 模式的代表企业。

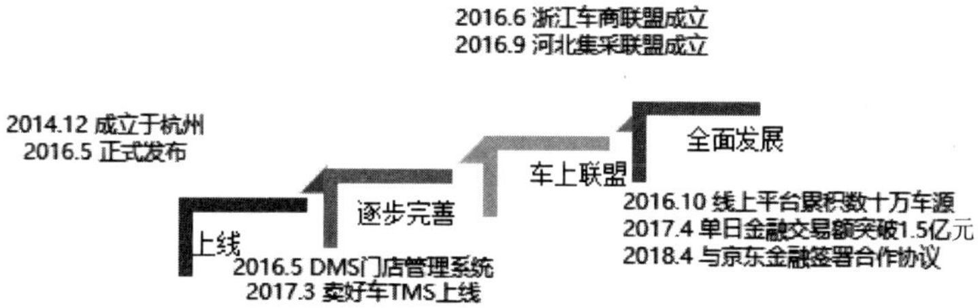


**图 5　公司发展历程**

### （二）公司定位与主要业务：好车物流，好车金融，好车仓储，打造企业服务竞争优势

作为国内最大的汽车电商 B2B 平台，卖好车为汽车经销商提供了供应链服务平台 + 金融服务平台 + SaaS 软件服务平台服务 + 仓储物流平台等独特的整合解决方案，帮助非授权经销商提升经营效率、降低经营成本（见图 6）。

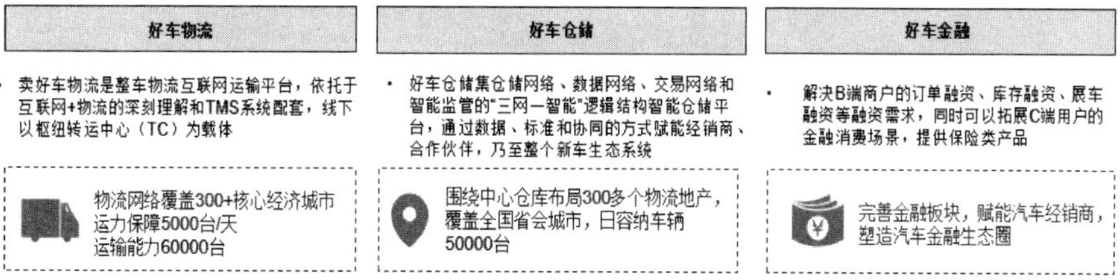


**图 6　卖好车主要业务与业绩**

由于政策放宽，销售渠道变化，中小经销商拥有了更多的机会，市场具备较大的未被开发的潜力，但同时这些二级经销商也面临重重困难。这

些非授权经销商多分布在非一线城市，体量小，较为分散。因此，卖好车瞄准了这一块市场空白，将主要客户定位为三线、四线、五线城市的非授权经销商。

目前卖好车的模式主要是解决传统经销商的业务以下四个发展瓶颈及痛点：

1. 传统汽车经销商在金融服务方面资金仅靠自身能力，缺乏稳定低成本高效的资金来源。而卖好车通过与多家金融机构成立合作项目，专门解决经销商的库存融资和订单融资问题。

2. 传统的汽车销售通路为“以产定销”。在汽车流通以前，主机厂对渠道管控很强，非授权经销商在车源信息方面仅靠熟客交易，无法获取最优车源。卖好车反其道而行，根据消费者需求，为经销商反向对接供应商，实现“以需定单”。

3. 在物流仓储方面，由于成本高、运输时间无法保证，且社会仓储管理水平参差不齐，车辆存储有安全隐患等问题，经销商库存压力与物流风险较大。为解决这些问题，卖好车自建仓库与物流配送系统，并配套 SaaS 平台进行高效管理。

4. 卖好车还通过 SaaS 平台的系列软件服务，如 DMS 系统、TMS 系统等，解决了由于经销商、物流公司、仓储公司信息化程度较低，导致的管理效率低的问题。

### （三）优势与机会：先机抢占，优越定位，资本加持

1. 抢占先机：卖好车进入市场早，市场竞争尚小，通过口碑传播服务优势，赢得了大量好评。

2. 金融切入：汽车经销商的金融服务市场空白，且多方急需，卖好车瞄准这一需求，提供透明、即时的数据更新，通过数据分析与实物价值预测降低抵押风险，专业把控、操作简化，加快了放贷速度，效率提高，成功迅速切入市场。

3. 全价值链布局：公司业务广泛，提供的增值服务竞争力较大，因此掌握了更多的主动权。

4. 资本支持：卖好车受到多家资本、银行高额投资，资金链较充裕，且已进入盈亏平衡期。

截至目前，与卖好车平台合作的经销商已经突破 10 万家，覆盖全国（除港澳台地区外），中心仓库布局 300 多个物流地产，平台有数十万车辆信息，日询盘已突破 2 万。而在金融服务已有 2 000 家经销商，每月平均交易额在 10 万元以上。2017 年 6 月和 7 月已经突破月交易额 15 亿元，2018 年累计服务总额 200 亿元。

### （四）潜在问题与应对：增长瓶颈，盈利稳定探索

尽管已经积累了一定的先发优势和市场份额，卖好车未来仍然面临着不容小觑的挑战。首先是市场规模的瓶颈。卖好车已经出现了 B 端客户增长困难的情况，C 端市场的增速也有所放缓。相较于 TO C 端企业较高的品牌认可和推广度，TO B 端企业由于自身客户特性和品牌运营的原因，常常面临品牌度较低导致增长停滞的问题。未来如果有巨头进入行业，将面临更剧烈的资本比拼。

其次是盈利模式的问题。由于供应链金融投入较大，且随着未来竞争增大，对企业服务要求提升，基础建设仍需较大资金投入。而物流金融渗透率目前仍然较低且突破困难，盈亏长期平衡待观察。

卖好车长期布局全供应链的多层业务，顺应了汽车数字化、供应链整合、金融、高效能流通的趋势。

在未来，卖好车想要基于新车电商 B2B 模式实现在规模化、常态化、高黏性等综合领域的全面突围，还有很长的路要走。能不能实现突围还要看卖好车能不能及时构建起自己的规模化护城河与业务优势。

想成为投融资观察报告创作团队的一员吗？微信扫描本书第 388 页二维码，现在就加入我们吧！

**No. 19**

# Lime 共享滑板车：远渡重洋共享模式的新境况*

**主笔：** 韩欣恒

**资料收集：** 吴安琪　吴昕帆

**交易概览：**

2020 年 5 月 8 日，Lime 宣布获得由 Uber 领投，Alphabet、贝恩资本（Bain Capital）和 Alphabet 旗下的风险投资部门 GV 参投的 1.7 亿美元 D+轮融资。作为交易的一部分，Lime 将收购 Uber 旗下的自行车和滑板车业务 Jump，而 Uber 获得在 2022～2024 年收购 Lime 的权利。

## 一、Lime 公司介绍

Lime 实为 Neutron Holdings Inc. 前身为 LimeBike，位于美国旧金山，是一家提供智能共享出行服务（设备装载 GPS 并使用无线技术）的美国独角兽科技公司，旨在为第一和最后一公里的交通问题提供可持续解决方案，在世界各地运行电动滑板车、电动自行车、普通脚踏自行车和汽车共享系统。目前，Lime 是一家以共享电滑板车业务为主的共享出行公司（见图 1 和图 2）。

* 本文写于 2020 年 5 月。

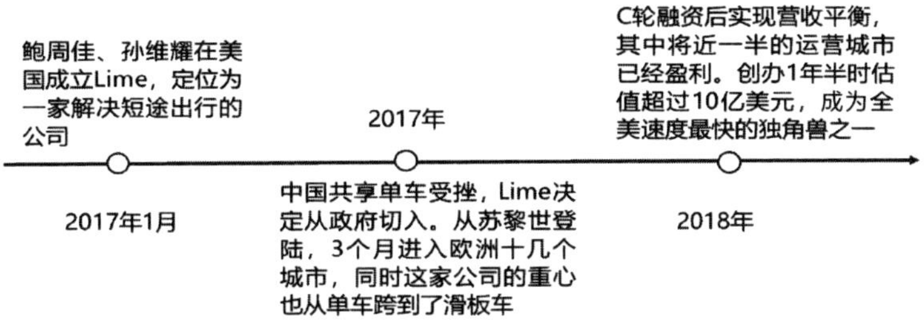


图 1　发展历程

图 2　主要产品

## 二、共享滑板行业形势

共享电动滑板与共享单车类似，是一种短期分时租赁服务，协助解决城市地区的最后一公里出行问题。平民购买力以及快速城市化将推动人们对该产品的需求增长。滑板车在美国年轻人中相对更为普及，更具吸引力。除此之外，和骑车相比，在美国骑自行车依据规定需要佩戴头盔、购买保险等，而滑板车就绕过了这一特性，操作更容易，因而更受青睐。

根据 S&P Intelligence 发布的市场研究报告，2018 年全球共享踏板车市场的价值为 9 980 万美元；到 2025 年，预计将产生 5.530 亿美元的收入；2019～2025 年的复合年增长率为 24.4%，呈增长趋势。

北美市场在 2018 年的价值估计为 1.548 亿美元，预计在 2019～2024 年将以 28.4% 的复合年增长率增长。这主要归因于有利的政府激励措施和联邦税收抵免，电动踏板车共享车队的出现以及此类车维护需求较汽车更低（见图 3、图 4）。

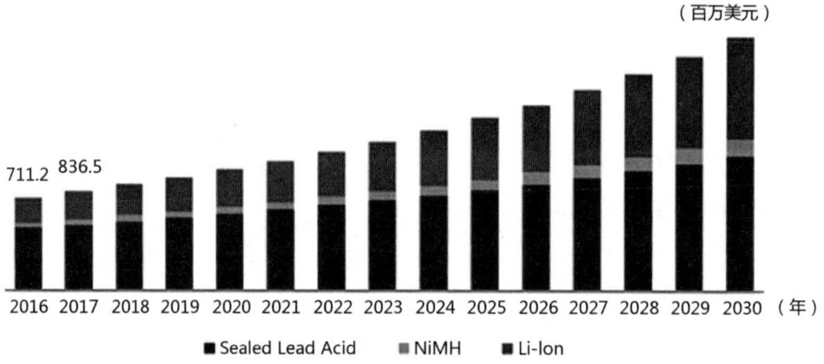


**图 3　2016～2030 年美国电动滑板车市场规模（按电池类型）**

资料来源：www.grandviewresearch.com

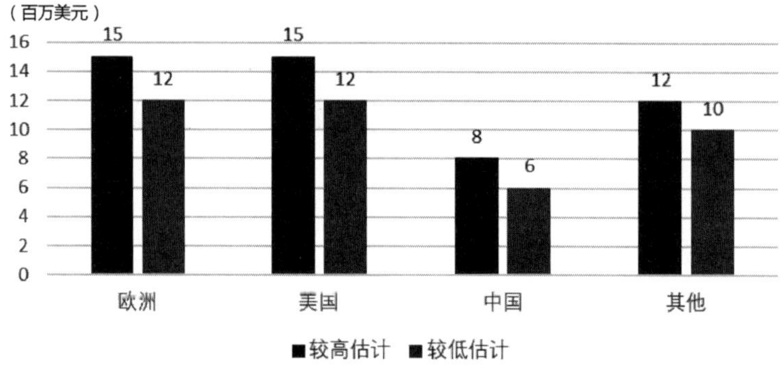


**图 4　2025 年全球共享电动滑板车市场规模估计（按地区）**

资料来源：statista

共享滑板产业的简化模式见图 5。与国内共享单车的模式相比，总体类似，但在细节上有差异。

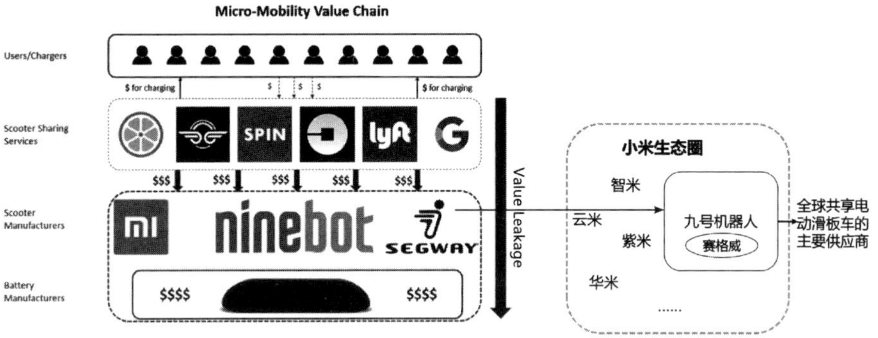


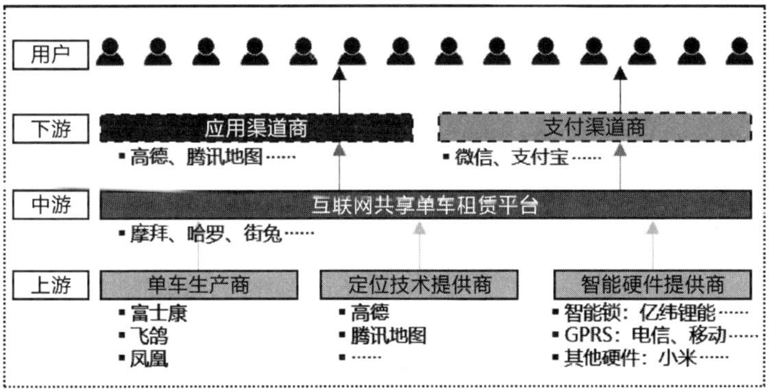


**图 5　共享单车产业简化模式图**

资料来源：公开数据整理

## 三、美国该行业与国内共享单车行业的对比

“共享车”大规模兴起于中国，中国共享单车也纷纷向海外拓展业务，海外也相应地发展起此类共享车的业务，产业模式、计时收费方式等方面都有类似。对于其他国家来说，这是一次重要的“copy from China”的尝试。在美国，该模式也具有节能减排、解决最后一英里问题的优势。然而，基于各国不同的情况和需求，在美国，Lime 的共享滑板车业务与国内共享单车业务相比有许多不同点（见图 6）。

除了最为直接的，需要针对美国人的身材而改变共享车尺寸外，还针对山地等地形地貌改变了共享车功能调节，针对美国人支付习惯（信用卡）和较为完善的信用体系不设置押金。

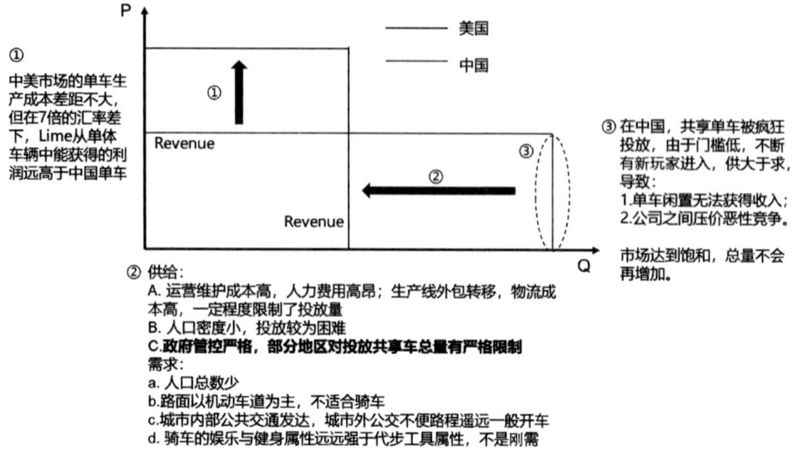


**图 6　中美共享车收益差异原因**

Lime 的计费方式为解锁 1 美元，骑行 0.15 美元/分钟，可能在不同地区会有细微差别。该价格比国内的共享单车高，但是相比美国其他交通方式已经较为便宜。

一周年报告中，Lime 披露平均骑行距离为 1.06 英里，按照 6 英里/小时速度计算，平均骑行时间大约为 10 分钟，因而平均每次收入为 2.5 美元。2018 年，一位创始人 Toby 透露，在部分城市每辆滑板车每天使用次数为 8～12 次，按照 10 次计算，每辆车每天的收入为 25 美元。

相关人士认表示，每辆车大约 2 个月可收回成本，包括初始购车成本、每日折旧以及运营费用等，照此计算，每辆车两个月的成本约为 1 500 美元。随着进一步实现规模化，未来利润率还能有继续提升的空间。

尽管如此，在美国，共享车无法像在中国一样野蛮生长，即使可获得较高利润率，也无法大肆拓展。

最直接限制美国共享车投放数量的是美国各地的地方规定。共享车必须获得经营许可才可在城市运营，而其总量会受到部分城市的控制，这在一定程度上也避免了因为供给过多、竞争压价而产生的恶性竞争。对于共享车公司来说，公关成了更为重要的一个因素。

例如在华盛顿特区，2020 年 4 月 1 日起，仅 Jump、Lyft、Skip、Spin 被允许可在该地投放共享滑板车，每家公司最多可投放 2 500 辆。

2019 年 10 月，旧金山新增许可 Uber、Lime 和 Spin 投放共享电动滑板车，而之前一直只有酷航一家。新计划允许酷航运营 1 000 辆滑板车，低于之前的 1 250 辆，而 Jump、Spin 和 Lime 则将能够部署 500 辆。只要能够继续满足许可的条款条件，这些公司就可于 12 月 15 日增加到 750 辆，到 2020 年 2 月 15 日增加到 1 000 辆。考虑到安全性问题，甚至有一些地区正在考虑或已经直接禁止投放共享滑板车。

除了许可证门槛外，许多城市还会让共享车公司承担更多城市交通治理成本。美国俄勒冈州的波特兰市政府，对共享单车运营商提出了严苛的收费制度。除了运用许可申请需要支付的 5 250 美元外，用户每次骑行共享单车，政府都会再收 0.25 美元。

因此，美国用户需求在体量上远没有中国大，而且供给受到的多方面限制使得美国共享移动工具行业不会出现中国数十数百家公司大规模涌入的现象，这反而使得行业以及公司个体可以更为健康的发展，避免靠压价竞争，恰能达到相对平衡的情况。

## 四、共享出行市场

目前看来，国内外共享车行业整体来说都是融资趋冷，估值受损，而并购成为大趋势（见表 1）。横纵结合来看其他行业，一旦发展接近天花板，最终都会趋于发生并购。比如精细化工行业，包含了很多子行业诸如医药中间体、医药原药、饲料、食品添加剂、水处理化学品、电子化学品等，而这当中的许多子板块触及行业天花板后，很难再纯粹依靠扩张拓展更多业务，因此往往会发生纵向并购，比如大宗化学品企业会并购相关子行业企业。教育、文娱、社交等细分场景细分类目的子行业，极易达到天花板，目前都在走向大并购，比如腾讯在文娱 IP 打造时所建立的纵向一条龙。

在共享滑板车方面，已经形成 Lime 和 Bird 两家独大的局面。网约车方面，则是 Uber 与 Lyft 在美国二分天下。除核心业务之外，这两家网约车公司均在其他方面有拓展，且各自的发展方向有所不同（见图 7）。其中，Uber 就参与了 Lime 本次 D + 和 C 轮融资（见图 8）。

表 1　　共享车行业内企业概况

| 公司名称 | 估值（亿美元） | 成立时间 | 总部 | 背景 | 共享滑板 | 滑板生产 | 共享单车 | 共享摩托 | 共享汽车 | 网约车 | 优势 | 劣势 |
|---|---|---|---|---|---|---|---|---|---|---|---|---|
| Lyft | 118.31 | 2012.06 | 旧金山 | 网约车 | √ | | √ | | | √ | 有强大的引流功能，可迅速提升新产品知名度；平台本身更受网约车司机和用户喜爱；强调社区驱动 | 与 Uber 相比，地域扩张较为局限，资本市场地位稍弱 |
| Uber | 603.95 | 2009.03 | 旧金山 | 网约车 | √（Lime） | | √（Jump 无桩） | | | √ | 相比 Lyft 有更大版图与更多元的服务；有强大的引流功能，可迅速提升新产品知名度 | 暂无 |
| Scoot（Bird 收购） | 0.71（2018）→ 0.25（2019） | 2011 | 旧金山 | | √ | | √ | √ | | | 电动摩托车业务 | 小型玩家 |
| Spin | 1（福特收购价） | 2016 | 旧金山 | 前 Lyft 产品经理 | √ | | √（2018 放弃） | | | | 背靠巨型车企，资源、供应链更加强大 | 定位方向较为狭隘；小型玩家 |
| Lime | 24（2019）→ 5.1（2020） | 2017.06 | 旧金山 | 华人创始 | √ | | √ 有桩 无桩 | | √ | | 业务版图全面，在各个子领域都有较高知名度、用户量和经验 | 暂无 |

续表

| 公司名称 | 估值（亿美元） | 成立时间 | 总部 | 背景 | 共享滑板 | 滑板生产 | 共享单车 | 共享摩托 | 共享汽车 | 网约车 | 优势 | 劣势 |
|---|---|---|---|---|---|---|---|---|---|---|---|---|
| Bird | 20（2018） | 2017.09 | 洛杉矶 | Uber、Lyft 前高管 | √ | | | | | | 创始人在共享出行领域累积的丰富经验和人脉，融资 & 用户成长速度快 | 专注单一领域 |
| Skip | — | 2018.05 | 旧金山 | 滑板生产 | √ | √ | | | | | 背靠 Bootsted Boards，以制造电动滑板而闻名，有渠道优势 | 小型玩家 |

资料来源：36 氪，钛媒体，Grand View Research，公司官网，factset

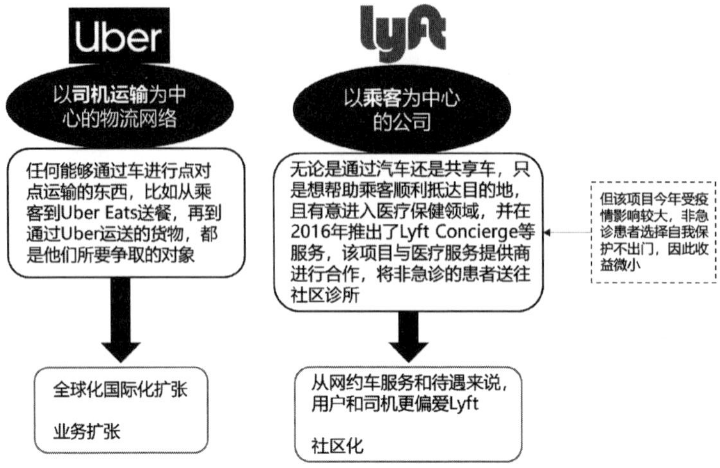


**图 7　Uber 与 Lyft 的核心业务**

资料来源：公开数据整理

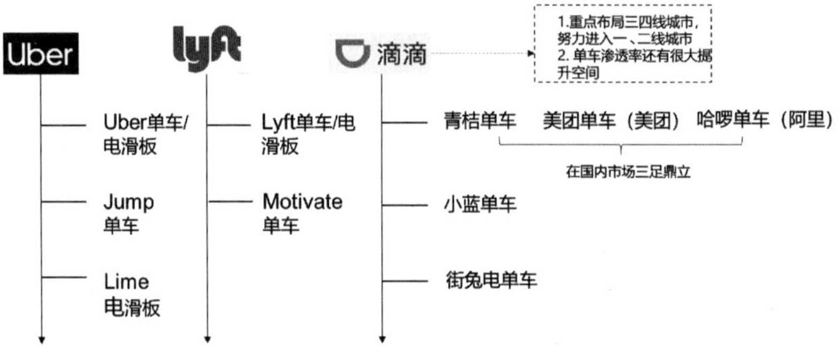


**图 8　Uber、Lyft 和滴滴的业务方向**

资料来源：公开数据整理

除此之外，垂直产业链相关的其他公司也会对共享车公司有兴趣而选择去投资，如福特于 2018 年 11 月 7 日宣布收购 Spin。由此可见，汽车厂商可能会选择拓宽自身业务而对其进行投资。

那么未来是否会出现诸如阿里收购哈啰、美团收购摩拜这样的交易呢？当融合走到一定程度，这是完全有可能的。考虑到美国市场似乎更青睐于单独运作，比如 Facebook 拥有 Messenger、Instagram 等，不同业务仍然分列于不同的 APP 中，通过“收购”来增强相关板块业务但没有完全“整合”，因此未必会像国内的并购结果那样直接成为流量入口，但可能会成为大公司布局智慧交通的一个重要分板块。

## 五、Google 布局数字交通版图

Google 自 2018 年起参与过 Lime 的 C 轮、D 轮、D + 轮融资，对将共享出行纳入自己大版图一直都很有兴趣。

Google 即 Alphabet 在数字交通智能城市的主要项目是 Sidewalk Lab，旨在将具有前瞻性的城市设计与尖端技术相结合，从根本上改善城市生活——与城市开发商合作，规划能够达到可持续、可负担的出行和经济机会新标准的社区，也可称作为“建立在互联网之上的社区”。

可持续城市与交通专业知识平台“一览众山小”指出，应用技术需要 Sidewalk Lab 的基础（ICT）技术点有：基于 LoRa 的低功耗物联网、城市事件感知的数据标准、城市事件与基础设施状态的机器学习建模、具有前端结构化处理能力的深度学习摄像头、就地发电设施、就地电能存储、场内外自动化建造、3D 打印、智能温控器、智能停车收费系统、无人驾驶飞机、物流机器人、LED 可变车道系统……

由此看来，共享出行只是数字交通智能城市生态圈极小的一个点，当然，不能否认或低估其意义，不过这也印证了融合将成为未来的一个趋势。

## 六、交易总结

Lime 整体模式源自于国内共享单车，因此相应地能解决类似的痛点如最后一公里，也会出现很多类似的问题，比如单车破坏、运营繁琐等。但是 Lime 与试图进驻西方的 ofo、摩拜不同，创始人背景使得他们对当地文化及法规的了解更加深入、人脉更为通达，而且由于供求双方与国内情势差异较大的因素，在很多细节和理念上与国内也完全不同，是“当地化”较为有效的一个例子。

本轮融资对 Lime 的估值为 5.1 亿美元，最新估值较于 2019 年 2 月时的 24 亿美元估值下降了 79%。公司估值下降的原因有两个：一是中国共享单车发展的破灭引起海外同类型公司的警惕；二是 Uber 本身 IPO 以及后续过

程并不算很成功。

此次交易的一个重要原因是 Lime 和 Uber 在疫情中都受到巨大影响。对 Lime 来说，它急需资金。而对 Uber 来说，一方面，通过对 Lime 的投资，Jump 员工将转移给 Lime，节省 Uber 的运营成本；另一方面，也是为未来打造立体出行生态做资源整合。在美国这样一个用户量与使用场景相对有限的地区，再加上技术门槛低、政策限制供给等因素，共享车行业的天花板并不会太高，因此走上并购的道路也极有可能。

想成为投融资观察报告创作团队的一员吗？微信扫描本书第 388 页二维码，现在就加入我们吧！

**No. 20**

# 燧原科技 B 轮
# ——AI 芯片前路在何方*

**主笔：** 吴昕帆

**资料收集：** 梁彦珊　章沚滢

**交易概览：**

2020 年 5 月 7 日，AI 云端算力芯片与平台商燧原科技宣布完成 7 亿元人民币的 B 轮融资，领投方基金为武岳峰资本，腾讯、海松、上海双创、达泰、万物、红点创投中国基金跟投。值得一提的是，2018 年腾讯曾领投该公司的 Pre - A 轮融资，本次是连续第三次投资燧原。而该笔资金用途为：规模化和量产，招募高端人才，扩充技术支持团队，继续研发其第二代云端训练与推理产品。

## 一、行业分析

### （一）AI 芯片行业概述

谷歌开源的深度学习算法，衍生出了诸多变体，促使人工智能迎来了 60 年历史上的第 3 次爆发。然而，这些变体背后核心的变化在于：从传统的人工设置芯片逻辑转为算法模型，对大体量数据自动进行模式识别，从而搭建一个近乎黑箱的算法模型。这样基于纯数据逻辑的算法模型的制造和使用对传统计算芯片提出了两大核心要求。

---

* 本文写于 2020 年 5 月。

1. 高速通信需求：深度学习算法的核心在于大数据量的输入并计算，因此计算和存储单元之间常有高速传输的海量数据，对芯片的缓存、片上存储、通信接口带宽均需满足较高要求。

2. 专用计算能力：基于不同的部署位置，AI 芯片可以分为云端芯片和边缘芯片两类。云端芯片多用于大规模计算和海量数据的处理，在私有云、公有云或混合云等基础设施上都能够部署。同时，它们支持非结构化应用，以及语音、图片、视频等的计算和传输，所以常用方式是多个处理器并行完成相关任务。边缘芯片主要应用于工控设施、边缘服务器、智能手机、摄像头等移动终端或嵌入式的领域，因而它一般是低能耗小体积的，相比之下对性能没有那么高的要求。

根据《2019 年 AI 芯片产业深度研究报告》，由于承担不同的任务，AI 芯片可以划分为推理芯片和训练芯片。“训练”是指“学习”大量标记过的数据，形成具备特定功能的神经网络模型，因此，训练芯片对算力和精度有极高的要求。同时，为了适应多种算法训练需求，该芯片还有通用性上的要求。推理则是对输入新数据到完成训练的模型进行计算，从而推出结论，因此推理芯片更加看重算力能耗、时延、成本等综合能力。

在实际应用中，因为训练过程对算力要求大，数据输入多，所以在云端部署几乎是独一选择，且多采取异构模式即“CPU + 加速芯片”，其中加速芯片是 FPGA、ASIC 专用芯片或 GPU。AI 训练芯片市场中谷歌和英伟达领先，同时 AMD 和 Intel 正在积极切入，且集中度高。

而推理计算相反，可以运行于云端和终端，低市场门槛带来较多市场参与者。其中，云端推理芯片，海外有英伟达、赛灵思、谷歌等传统大厂，国内有寒武纪、比特大陆等；终端推理芯片的使用场景和细分市场分化大，海外有英特尔、英伟达、高通和 ARM，国内有寒武纪、云知声、地平线、云天励飞等打入不同细分应用领域的厂商。

从应用端来看，AI 芯片在金融、公共安全、教育、交通、零售、客服和工业等纵向行业上可以承担人脸识别、行为模式识别、语言语义识别、图像视频、智能驾驶、知识图谱和消费者画像构建等横向应用（见图 1）。

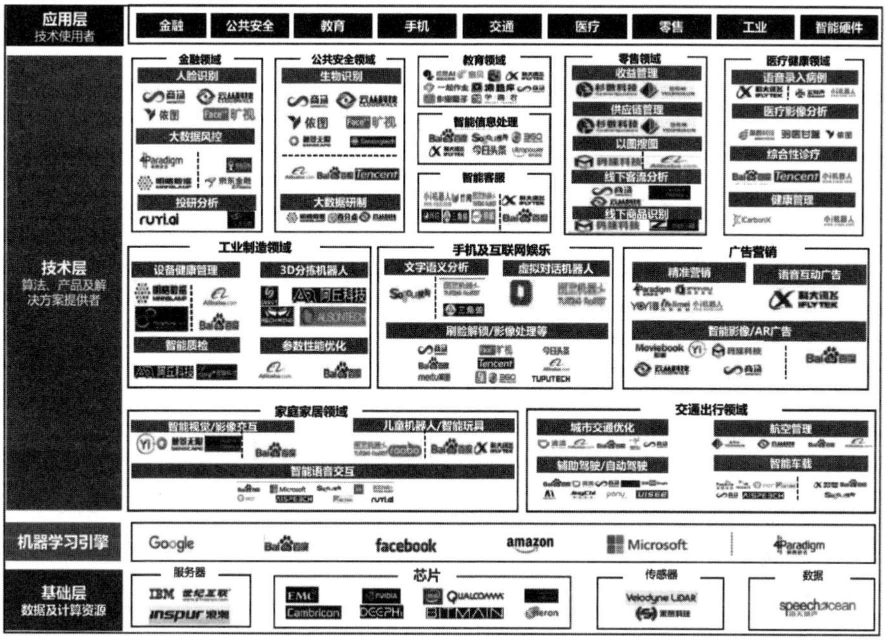


图 1　AI 产业链与具体应用场景栈图

资料来源：艾瑞咨询

根据公开的行业预测数据显示，未来几年随着大数据收集与处理速度加快，“新基建”基础设施落地，下游应用范围扩大等因素，AI 芯片领域需求规模将迅速扩大，2019～2024 年市场规模预计复合增速超过 45%（见图 2）。

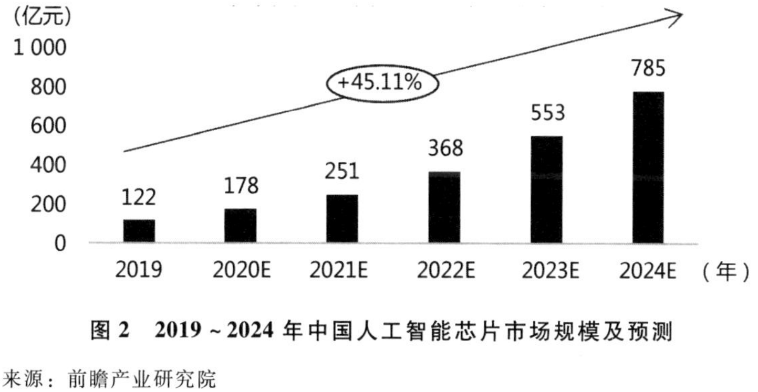


图 2　2019～2024 年中国人工智能芯片市场规模及预测

资料来源：前瞻产业研究院

（二）AI 芯片行业格局：全球市场英伟达一骑绝尘，中国市场百花齐放

1. 全球范围：英伟达（GPU）一骑绝尘。AI 芯片最主要使用场景是数据

中心，主要的类别有 GPU 和 ASIC。目前硬件平台上，市场占有率高的硬件平台都使用英伟达的 GPU；云平台计算平台上，AWS、Azure、阿里云等主要云平台都使用了英伟达的 GPU + 加速卡进行训练。GPU 天生适合作为 AI 训练芯片，这给公司带来了极大的成长。亿欧网指出，英伟达 AI 芯片市场占有率达 70%。

2. 中国市场：百花齐放。根据不完全统计，截至 2018 年底，中国有超过 1 700 家公司在 AI 芯片领域发展，涌现出以云天励飞、寒武纪、地平线和深鉴科技为首的“四小龙”，其在全球处于领先地位。

然而，Compass Intelligence 2018 年发布的全球 AI 芯片企业排名（AI Chipset Index）结果显示：前十名中，没有一家中国企业上榜。而在 Top24 的榜单排行中，华为（海思）位列这份榜单的第 12 位，联发科（MediaTek）排名第 14 位，寒武纪（Cambricon）排名第 23 位，地平线（Horizon）排名第 24 位。

多而不强，杂而无章，成为中国 AI 芯片市场的怪相。

### （三）AI 芯片行业资本市场现状：资本犹向火，销售已成冰

1. 行业投资暂时仍处风口上。2017 年开始，2018 年、2019 年有中国 AI 四小龙：深鉴科技、云天励飞、寒武纪、地平线，2019 年后却陷入沉寂，发生了深鉴科技并购案。

从投资事件角度看，芯片行业投资次数在 2014～2015 年有一次极高的增长，这与当时资本市场火热的情况息息相关。在 2017 年一级市场挤出泡沫之后，行业投资事件数有所减少但之后又逐步恢复。从 2020 年看，市场依然火热，1～5 月投资事件已达 6 个（见图 3）。

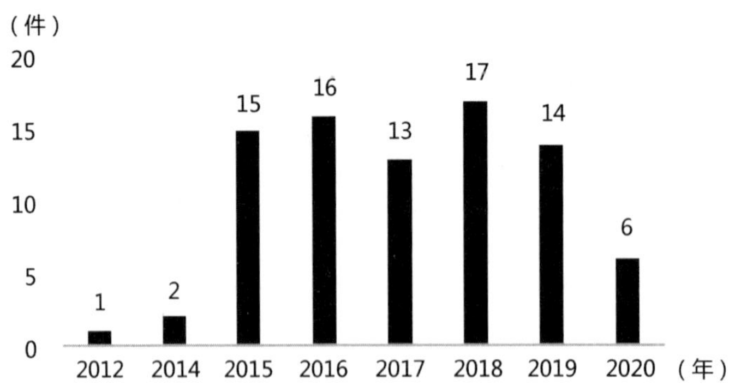


**图 3 截至 2020 年 5 月 AI 处理器/芯片领域投资情况——投资事件数**

资料来源：IT 桔子

从投资轮次角度看，企业融资轮次多走到 B 轮及之后（见图 4）。究其原因，一方面是本身开发需要较多的资金支持，且投资到获利的周期较长；另一方面也说明行业的投资有不少已经走到中期轮次，这时候资本方的盈利要求会逐步增强，给公司的压力也会逐步增大，而同业的竞争又是另一大压力，资本市场或会在当前形势下逐步回归理性。

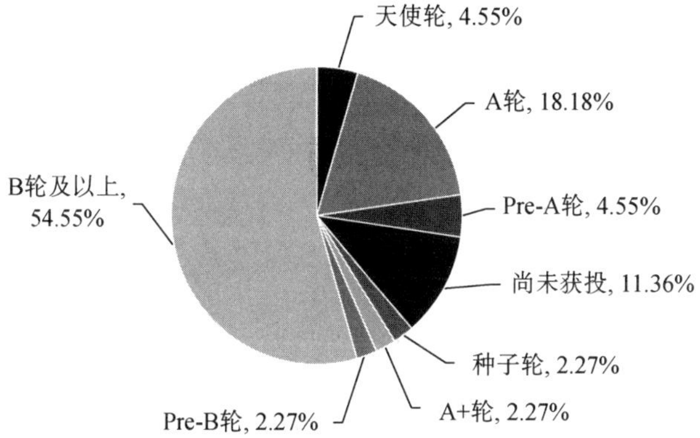


**图 4　轮次分布**

资料来源：IT 桔子

2. 投资向北，销售向南。国内专门从事本行业的尚无上市公司，公开的营业收入信息较少。以中国“四小龙”之一的寒武纪公司为例，寒武纪《招股书》指出，2019 年营业收入为 4.4 亿元，而相比之下，亏损达到了 11.8 亿元，其中研发费达 5.4 亿元。可见，行业的销售现状并不乐观，即使在头部公司，高额的研发费用依然很难支撑起一个同等规模的营业收入（见图 5）。

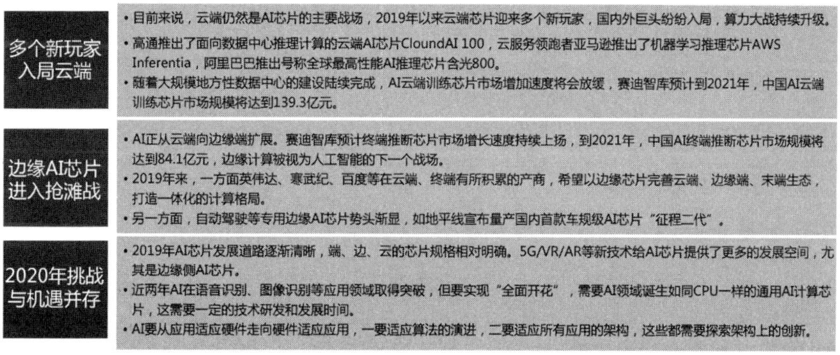


**图 5　AI 芯片产业或将经历“大洗牌”**

### （四）AI芯片行业痛点

目前实际落地的应用中，云端训练芯片对其相适的生态环境提出了较高的要求，英伟达等国际巨头借助其先发优势和人才优势已经成功形成了完整的算法、模型、人才和硬件的生态圈。后进入者或选择兼容跟随策略，受制于人；或者烧钱自建生态苦苦挣扎。

终端推理芯片又往往是对特定算法、需求的高度定制化产品，芯片落地对应的是算法，但算法本身又在高度迭代，因而一块芯片的适用场景和生命周期都受到很大局限。

相比单颗芯片的可变成本，芯片的固定成本是极高的。因此，规模效应是半导体行业盈利的关键，前期巨大的研发费用和流片费用可以被后续的大规模出货快速稀释，从而实现较大的毛利率。但AI芯片囿于应用场景与迭代速度，需求带来的销量规模效应在短期较难实现（见表1）。

表1　　芯片成本收益基于芯片出货量的敏感性分析

| 芯片销量（万块） | 单芯片成本（美元） | 参考售价（美元） | 毛利率（%） |
|---|---|---|---|
| 0.1 | 14 923 | 1 000 | -1 392.30 |
| 1 | 1 513 | 1 000 | -51.30 |
| 5 | 321 | 1 000 | 67.90 |
| 10 | 172 | 1 000 | 82.80 |
| 100 | 37.9 | 1 000 | 96.21 |

资料来源：《虎嗅网芯片成本收益基于芯片出货量的敏感性分析》

## 二、标的分析

燧原科技为客户提供了云端AI训练和推断的国产通用人工智能软硬件解决方案。根据官网介绍，公司成立于2018年3月，专注AI云端算力平台，为AI的实现提供基础设施解决方案，提供自主知识产权的高算力、高能效比、可编程的通用人工智能训练和推理产品。其创新性架构、互联方案和分布式计算及编程平台，可广泛应用于云数据中心、超算中心、互联网、金融及智慧城市等多个人工智能场景。其优势是产品价格相对低廉、研发能力、背靠腾讯带来赋能，但也面临无法实现规模效应的难题。

邃思 DTU（Data Transfer Unit）：12nmDPU（Distributed Processing Unit，分散处理单元）芯片，基于格芯 12nm FinFET - 非自主独研，针对云端人工智能训练场景的高性能通用可编程芯片，将主要应用于云端人工智能训练。

云燧 T10、T11（根据官网）："基于邃思，面向云端数据中心的人工智能训练加速卡产品；T10 具有高性能、通用性强、生态开放等优势，可广泛应用于互联网、金融、教育、医疗、工业及政务等人工智能训练场景；T11 面向云端数据中心，可广泛应用于互联网、金融、教育、医疗、工业以及政务等云端训练场景。"

驭算：自研计算及编程平台，含分布式调度、软件开发包（SDK）和设备驱动层，支持主流深度学习框架，并针对邃思芯片进行了特定优化。

具体内容见表 2。

**表 2　　竞品对比**

| 公司 | 定位 | 最新融资 | 优势 |
|---|---|---|---|
| 燧原科技 | AI 芯片、云端算力平台 | 融资 7 亿元人民币<br>估值 52 亿元人民币<br>2020. 5. 7，B 轮 | • 价格优势<br>• 背靠腾讯可协同 |
| 云天励飞 | 视觉智能芯片 | 估值 10 亿元人民币<br>2020. 4. 4，Pre - IPO | • 专利积累<br>• 覆盖基础，应用到数据层<br>• 政府安防壁垒高 |
| 深鉴科技 | 基于 FPGA 处理单元：自己优化的神经网络剪枝技术运行在赛灵思的 FPGA 上，用这 FPGA 来跑人工智能应用 | 对价 3 亿美元<br>2018. 7. 18，并购 | • FPGA 性能高<br>• 背靠赛灵思 |
| 地平线 | 自研 AI 架构 ASIC 芯片 | 融资 6 亿美元<br>估值 30 亿美元<br>2019. 2. 27，B 轮 | • 方向清晰<br>• 重落地 - AI 驾驶 |

续表

| 公司 | 定位 | 最新融资 | 优势 |
| --- | --- | --- | --- |
| 寒武纪 | 神经网络 IP + 芯片<br>对标英伟达、海思 | 估值 200 亿 ~ 400 亿元人民币<br>2020. 3. 26，招股书 | • 国资背景<br>• 背靠阿里联想<br>• 中科院支持<br>• 相对英伟达优化了效能、性价比<br>• 响应国内用户快<br>• 相对海思有先发优势 |
| 英伟达（海外） | GPU 厂商 | 市值 2 195 亿美元 | • GPU 龙头<br>• 芯片供应商<br>• 依托工程师打造了极强大的 GPU 生态系统 |
| 赛灵思（海外） | FPGA、可编程 SoC 及 ACAP 厂商 | 市值 223 亿美元 | • FPGA 龙头<br>• 打造了高灵活性、有高适应性的 5G 开发平台 |

## 三、总结

对燧原科技而言，腾讯在数据、业务场景、算法团队等方面具备优势，背靠腾讯不仅能帮助公司更快实现落地，找到好的产业结合点，还可以为进一步实现邃思芯片的量产与性能提升研发打下基础，并赋能 IoT。

作为投资方的腾讯 CSIG 主导着国内第二大云平台腾讯云，在阿里、百度纷纷入场 AI 芯片行业的情况下，腾讯对燧原的连续三轮战略投资有助于腾讯云进一步提升性能与自研能力。

此次投资是否能产生协同，还要看腾讯对于公司的未来定位。本质上，这次增持与之前的交易都不是事实上的收购，因此造成的影响尚不确定。目前看来，腾讯在云和 AI 侧与阿里在云、硬件方面的差距都比较大，此次交易能带来的帮助仍需要进一步观察。

**No. 21**

# 转转合并找靓机：二手手机市场加速整合，你的下一部手机何必是新机*

主笔：姜佩言

资料收集：梁彦珊　章沚滢

**交易概览：**

2020 年 5 月 6 日，二手交易平台“转转”宣布战略合并二手手机 B2C 平台“找靓机”。合并后，找靓机作为转转集团旗下子公司继续保持独立品牌发展，后续将由转转提供线下质检，找靓机进行供应链整合，两者将打通双方用户池，共同深耕二手手机产业链。交易完成后，转转集团估值将超过 18 亿美元。

## 一、我国二手手机行业分析

### (一) 二手手机市场：供需双方良性驱动，市场空间巨大

从全球市场来看，虽然 2019 年全球手机销量下滑，但全球各地二手手机市场并未展现出增速放缓迹象。市场调研公司 IDC《全球二手智能手机预测报告》显示，尽管 2019 年全球智能手机销量同比下降 3%，但 2019 年全球二手智能手机的出货量达到 2.067 亿部，同比增长 17.6%。预计 2023 年交易量将突破 3 亿部，年增长率将为达到 13.6%（见图 1）。

* 本文写于 2020 年 5 月。

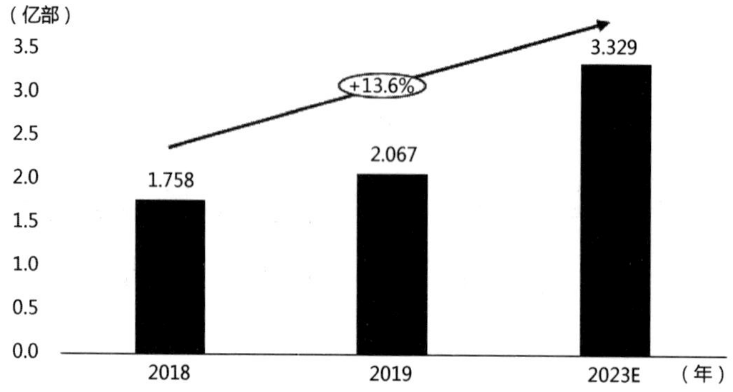


**图 1　2018 ~ 2023 年预期全球二手智能手机出货量**

资料来源：IDC《全球二手智能手机预测报告》

我国二手手机市场一直存在，但具有交易过程主体众多、产品质量参差不齐的特点。同时，非标和供应链的不稳定制约着产品的流通，二手手机市场一直不温不火。近年来，随着供给端、需求端的良性发展，二手手机市场发展态势也良好。

（二）供给端：手机存量替代时代到来，线上交易平台快速成长

据艾媒数据中心研究显示，中国手机用户数量已达 10.8 亿，用户规模逐渐触顶。2017 ~ 2019 年我国手机销量呈下降趋势，手机市场已向存量替换时代转换（见图 2）。与此同时，手机市场竞争越发加剧，5G 浪潮下产品换代速度加快，大量功能完善的手机将涌向二手市场。

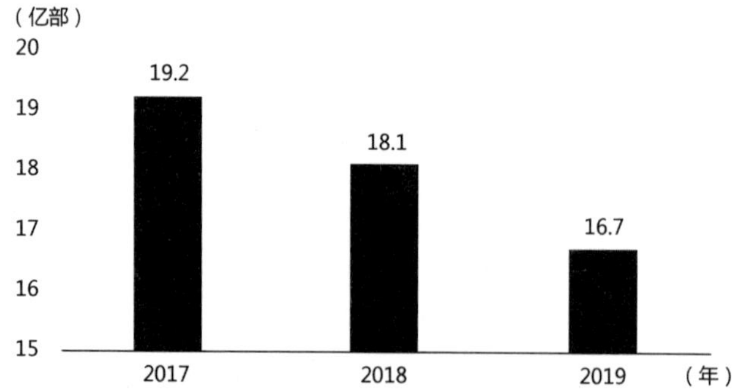


**图 2　2017 ~ 2019 年我国手机销量**

资料来源：工信部

目前，我国旧手机回收率还是个位数。相比之下，欧美发达国家的手机回收率达到 40% ~ 50%，中国的二手经济崛起初见端倪，二手手机供给

端的大量潜能将逐渐释放。

由于受消费习惯、线上二手交易流程仍需打磨等因素影响，目前我国二手手机交易仍集中在线下，手机交易线上化率只占20%。随着消费者网购习惯的养成与平台交易流程的不断优化，二手手机线上交易优势渐显，二手手机交易平台趁势发展。平台推出上门回收及邮寄回收服务鼓励用户转卖旧手机，与手机厂商、供应商积极达成直接合作提升产品供应能力，以及通过标准化质检服务、优质售后服务力图打造货全、价低、安心的二手手机交易平台（见图3）。

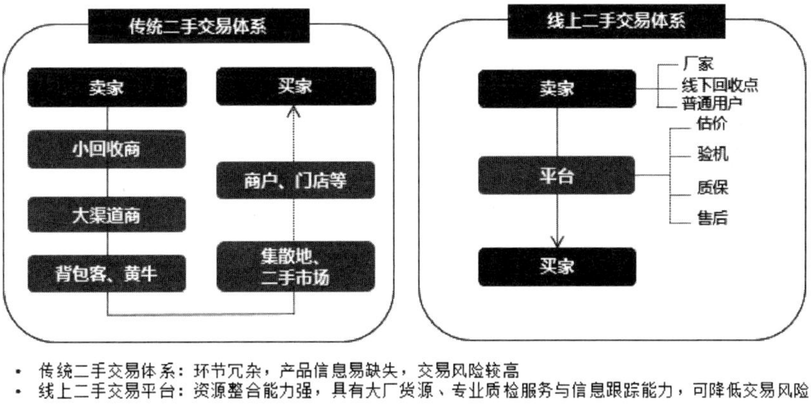


**图3　传统与线上二手手机对比**

资料来源：根据公开资料整理

## （三）需求端：下沉市场消费升级，二手手机性价比受关注

具有二手手机消费意愿的人群往往有如下一条或几条特征：

1. 对价格较为敏感；
2. 对手机的质量有一定要求；
3. 有备用机、老年机、学生机需求；
4. 想体验其他手机品牌的功能；
5. 有收集经典机型的爱好或期待借品牌保值率投机。

《下沉市场报告》指出，中国下沉市场用户规模超过6亿。下沉市场人群消费意愿和对品质的追求逐步上升，但该人群对价格的敏感性依然存在，消费需求与购买能力的矛盾促使这群消费者进入二手手机市场“淘金”。

年轻消费者对共享经济接受度高，对 3C 产品关注较多，且对手机性能要求更高，经济能力的限制使得他们更愿意购买性价比高的产品，自然也成为二手手机交易的主力。36 氪调查显示，85.3% 的二手交易用户为来自 18 ~ 34 岁的年轻人。

另外，受疫情、经济等多重因素影响，人们普遍对价格更为敏感，二手手机成为更多人的备选项。二手手机的主要用途包括：

- 作为主要的日常使用机：消费者希望在可负担价格内购买到功能更好的手机。
- 作为备用机：消费者希望以较低价格购入功能齐全的手机。
- 作为老人机、学生机：消费者希望以较低价格购入智能机。
- 作为收藏品或保值投资品。

由此可见，二手手机的核心消费诉求是“高性价比”，即价廉物美。

“价廉”主要体现在二手手机售价远低于新品售价。观察价格表可以发现，即使是 99 新的二手手机售价也低于原价的 7 折，9 成新的二手手机售价基本低于原价的 5 折，手机型号较老的二手产品价格会更低（见表 1）。二手手机的低价确实是难以抵挡的诱惑。

**表 1　　热门二手手机机型价格表**

| 型号 | 成色 | 二手价（元） | 原价（元） | 型号 | 成色 | 二手价（元） | 原价（元） |
|---|---|---|---|---|---|---|---|
| iPhone11pro max 256G | 99 新[1] | 7 250 | 10 899 | 小米 8 128G | 99 新 | 1 649 | 2 899 |
| iPhone11pro max 256G | 95 新[2] | 6 984 | 10 899 | 小米 8 128G | 95 新 | 1 349 | 2 899 |
| iPhoneX 256G | 99 新 | 3 749 | 6 788 | 华为 P30pro 256G | 99 新 | 3 588 | 5 988 |
| iPhoneX 256G | 9 成新[3] | 3 310 | 6 788 | 华为 P30pro 128G | 95 新 | 3 488 | 5 988 |
| iPhone7 128G | 99 新 | 1 649 | 2 999 | OPPOA5 64G | 99 新 | 799 | 1 499 |
| iPhone7 128G | 8 成新[4] | 744 | 2 999 | OPPOA5 64G | 9 成新 | 499 | 1 499 |

注：数据整理自转转 APP

（1）99 新：仅激活功能全部正常，轻微划伤；

（2）95 新：使用 1 周，功能全部正常，轻微划痕；

（3）9 成新：使用一个月，基础功能正常，有轻微划痕，带壳贴膜后基本不可见；

（4）8 成新：使用 3 个月，基础功能正常，有明显划痕，带壳贴膜后基本不可见

“物美”则主要体现在二手手机的品牌和功能上。在与新机相比，消费者希望在相同价格下购买到品牌更优、功能更好且质量过关的二手手机。事实上，二手手机或多或少曾被使用过，产品质量一直是消费者心中的一个坎，也是行业玩家的主要发力点。

## 二、竞争格局：转转、找靓机领跑，行业玩家在货源与服务内容上打差异战

二手手机是高度非标品，因此一直存在用户信任程度、平台流量与供应链能力方面的行业痛点。为了解决这些问题，行业玩家一方面努力在产品质检、维修护理、售后等方面打造独特优势；另一方面也在全交易环节的布局、打通供货渠道和提升产品流转效率方面不断增强（见图 4）。

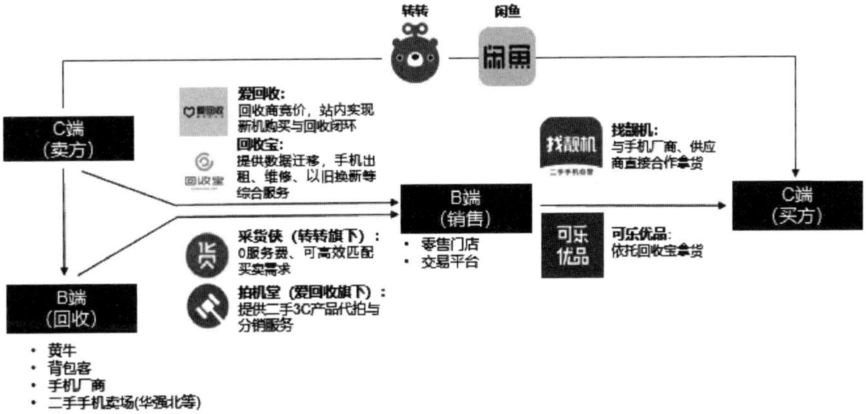


**图 4　二手手机线上交易模式及玩家特点**

互联网巨头不会放过这片蓝海，腾讯投资转转 + 采货侠，京东投资爱回收 + 拍机堂，阿里投资回收宝 + 可乐优品 + 闲鱼呈三足鼎立之势，这些投资方为二手交易平台提供了流量支持。全品类交易平台自然具有更多流量，因此行业玩家或多或少在手机以外的二手产品市场都有所试探。

在二手手机市场交易 APP 中，转转与找靓机的 APP 渗透率最高（见图 5），APP 月均 DAU 也让同行望洋兴叹（见图 6）。那么转转与找靓机有怎样的独门秘籍？它们的合并又意味着什么？接下来我们将重点讨论这些问题。

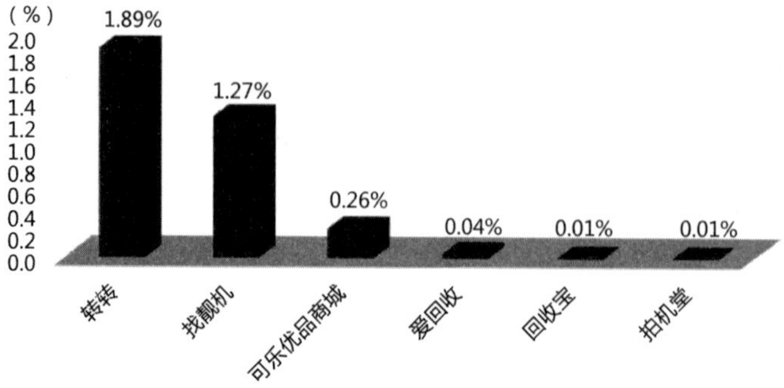


**图 5　主要二手手机交易 APP 渗透率**

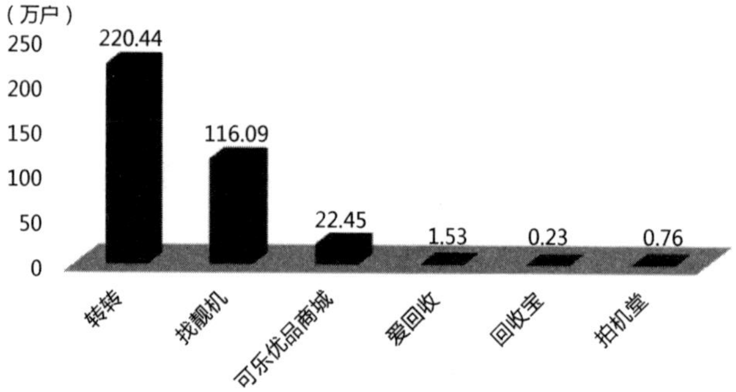


**图 6　主要二手手机交易 APP 月均 DAU**

资料来源：极光调研

## 三、标的分析

### （一）转转集团：二手手机行业领跑，质检服务为核心竞争力

转转是 58 集团旗下的全品类二手交易平台，由 58 同城创始人姚劲波一手创立，力图用标准化推动二手交易市场变革，目前已成为估值超 10 亿美元的二手交易独角兽。

规范标准化的质检服务是转转的王牌。早在 2016 年，转转就在手机等核心品类上创新性地推出了 C2B2C 模式。通过为用户提供验机与质检报告服务提升用户的信任度；2017 年，转转通过与富士康合作，联手优化二手手机质检体系；2019 年，转转收购数码消费品检测筛选平台 WHYLAB 实验室，对平台验机技术进行智能化升级。目前，转转已可提供多达 66 项的质检标准服务，很好地满足了用户多元化的消费需求。

转转主打 C2C 模式，旗下拥有的 C2B2C 模式的转转优品为用户提供电子商城式的二手手机选购服务。2019 年，转转联合线上回收平台闪回收、国内头部供应链企业柒月、壹品等，以及全国重点手机流通区域主要地方的回收商、渠道商共同投资成立 B2B 二手交易平台“采货侠”，由此打通了二手手机交易全渠道。

2017 年和 2019 年，转转获得了腾讯与 58 同城共计 5 亿美元的投资。两轮融资不仅为转转打造标准化质检服务、提高上游供应链实力提供了充足的资金，更给予了转转用户流量支持、微信支付支持与 58 同城消费者画像信息支持。

转转借助突出的质检服务获得大批粉丝，占据二手手机用户交易第一的位置。然而，面对越来越大的 C 端购买市场与越来越高的品质要求，依靠 C 端回收的货源维护成本高、效率低，尽管已有 B2B 平台采货侠的助力，转转仍需在二手手机货源上进行挖掘。此时，找靓机进入视野。

### （二）找靓机：精而美，强悍的供应链能力

找靓机成立于 2015 年，主要从事二手数码 3C 交易，早期以二手苹果手机为主要产品，目前主营九成新以上的 3C 产品。面对二手手机市场鱼龙混杂、信息不对称的问题，找靓机以 B2C 模式为切入口，凭借强悍的供应链实力与严格的质检服务、贴心的售后服务获得爆炸口碑。

找靓机一出现就被市场看好。找靓机与包括苹果在内的 700 余家知名手机厂商和供应商建立直接合作关系，为交易提供强大供应链保障。B2C 模式既保证货源稳定，也保证了二手产品质量。“B 端自检 + 平台质检”的质量双保险与“七天包退，一年保修”的售后承诺在市场上独树一帜。找靓机还独创了“一机一码”360 度全方位产品展示，每台手机都有自己独立的 IMEI 号对应质检报告书，确保在消费者购买之前就对自己的爱机了如指掌。

凭借优质货源，找靓机成为二手手机交易中的精品店。但垂直化的交易内容与 B2C 的商业模式使得找靓机流量不足，而用户多、业务交叉范围广、理念类似的转转不失为合适的合作伙伴。

## 四、总结

### （一）巷战结束，二手手机市场大局已定

转转是买卖双方网络效应极强的 C2C 全品类二手交易平台，找靓机则具有中心化的网络效应，其 B2B 模式与转转形成互补关系并建立起生态闭环。转转合并找靓机无疑增强了平台二手手机回收能力，提升了产品品质。合并后，转转、找靓机用户池互通、质检服务合并、品牌效应叠加，消费者信任度也将随之提升，在这个垂直细分领域，其他竞争对手很难再有机会翻身。“B2C 交易额 3.57 亿元，支付成交超 207 000 单”的“6・18”优秀战绩也证实了强强联合的效果。

### （二）荡开一笔：全品类二手交易平台是否“转”得起来

从电商的崛起到网约车的爆发，不难发现，只有专业人士的出现、专业平台的介入才能让整个行业得到迅速发展，二手交易市场也一样。二手交易的核心难题是信任，这更要求专业机构的出现来梳理产品渠道，整合资源，疏通产品信息屏障，以便更高效地解决信任难题、提升交易效率。二手产品信息最主要的内容是产品的性能，而性能好坏的判断必须以明确的新产品性能作为参照。因此，有公共标准（如标准可查的品牌、厂家、型号），并且方便平台质检的二手商品才能借助平台用户资源与质检服务进行大规模交易。

从二手交易用户交易商品类型的数据可以印证，越易标准化的二手商品，其交易量越大（见图 7）。

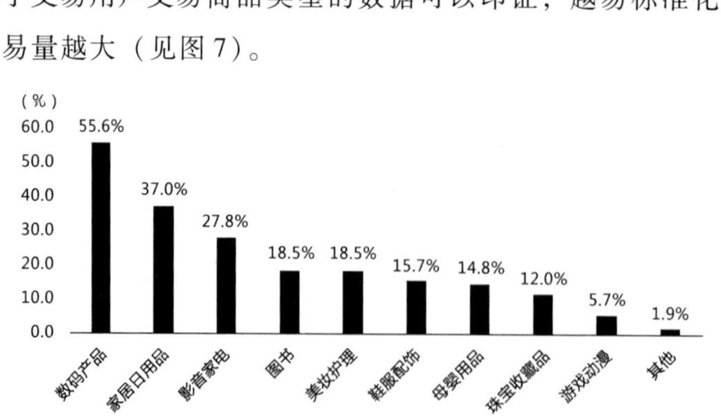


**图 7　2018 年上半年中国在线二手交易用户交易商品类型**

资料来源：艾媒咨询

从我国及世界市场不同二手商品使用率和我国不同二手产品交易平台数量对比也可以看出，消费者对易标准化的二手商品接受度更高，其市场空间更大（见表2）。

**表2　　二手商品交易情况**

| 产品分类 | 我国使用率（%） | 世界使用率（%） | 我国交易平台数量（家） |
| --- | --- | --- | --- |
| 二手车 | 33.00 | 50～70 | 105 |
| 二手手机 | 15 | 40～50 | 33 |
| 二手奢侈品 | 5 | 20～30 | 18 |
| 二手书 | 5 | 15～20 | 6 |
| 二手服饰 | / | 15左右 | 10 |

注：使用率=二手产品销量/产品总销量×100%

奢侈品指国际时尚品牌的箱包皮具、服饰、鞋靴、配饰、饰品等。

资料来源：易观、百融行业研究中心、ThredUp、IPSOS、公开资料整理

在二手手机这一细分领域，转转和找靓机凭借“质检+货源”的优势已站稳脚跟，但这优势很难在全品类二手交易市场中复制。

纵观国内二手交易市场，几乎是闲鱼与转转的天下。然而，闲鱼强悍的增长能力是转转望尘莫及的。数据显示，2018年中国二手电商平台渗透率闲鱼占70.7%，转转仅占20.4%。这种结果也在意料之中。

首先，闲鱼依托于淘宝垂直电商入口，用户转换率更高。相较之下，转转依托QQ、微信等社交圈作为流量接口，用户转换率必然要打折扣。其次，转转以标准化平台质检为亮点，近年来深耕以手机为主的3C二手交易市场。虽然怀揣着全品类交易的憧憬，但易于标准化的产品品类毕竟有限，二手市场上又的确存在一个愿打一个愿挨的不合理定价现象，转转的标准化质检优势难在全品类复制，也在一定程度上磨灭了“淘货”的乐趣。闲鱼着力打造二手交易社区，信任的构建依靠卖家买家双方各显神通，卖家买家直接对话的社交属性与明星入驻等营销方式的结合吸引着用户主动进入流量有保证。对于二手交易平台来说，当激情散去，行业标准逐渐明晰，流量才是命门。

不过由于高净值产品二手交易的垂直领域均具有标准化质检的真实需

求，在二手手机这一细分市场，转转已拥有绝对的话语权，同时其也在向其他高净值产品品类试探。2019 年 5 月，转转旗下的“切克”球鞋鉴定 APP 上线标志着转转开始涉足球鞋、潮流服饰等潮品鉴定交易领域。未来转转是否能成功涉足其他品类的二手交易市场，需拭目以待。

想成为投融资观察报告创作团队的一员吗？微信扫描本书第 388 页二维码，现在就加入我们吧！

## No. 22

# 神州租车——神州系租车、售车、二手车困难险阻下的切割交易*

主笔：周子荃

资料收集：陈佳馨　张　楠

**交易概览：**

2020 年 4 月 16 日，神州租车宣布公司主要股东 Amber Gem Holdings Limited 将分两批向神州优车全资附公司收购其所持有的神州租车股份，合计占神州租车已发行股本的 17.11%。Amber Gem 是神州租车早期投资人华平投资的子公司。本次收购资金将用于偿还神州优车的现有融资。一旦完成交易，华平在神州租车的持股量将增至 27.22%，成为有控股权的最大股东。然而，2020 年 6 月 1 日，神州租车宣布终止华平投资与神州优车此前签订的第二批收购协议，交易中断。

2020 年 4 月 13 日，北汽集团与神州优车联合宣布双方将达成全面战略合作；6 月 1 日，神州租车公告称，双方再次签署无法律约束力的战略合作协议，根据协议北汽将收购神州租车不超过 21.26% 的股份，即神州优车所持有的股份。若北汽集团收购 21.26% 股份，将成为神州租车第二大股东。

* 本文写于 2020 年 5 月。

## 一、汽车租赁市场稳步发展，但市场集中度不高

艾瑞咨询数据显示，虽然传统汽车行业总体呈萎靡状态，中国用户对汽车使用的刚性需求愈发明显，从 2012 年至今稳步增长，增长率维持在 17% 左右。至 2019 年，中国整体租车市场达 900 亿元（见图 1）。

随着租车市场热度兴起，租车公司的新进入者如雨后春笋般诞生，市场集中度不高。目前市场中前五家头部公司共计市占率不到 25%。

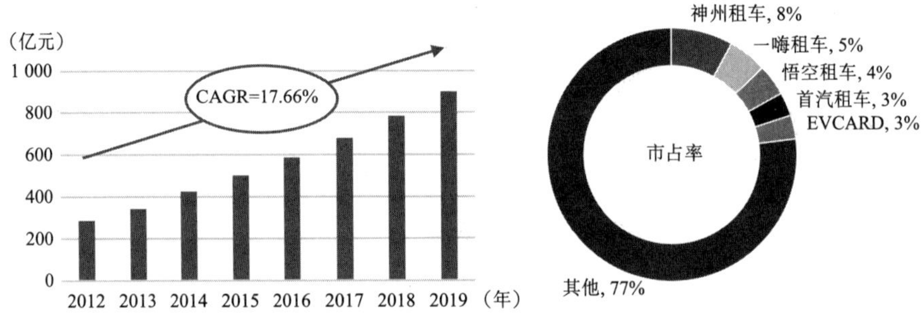


**图 1　2012～2019 年中国汽车租赁行业市场规模**

## 二、汽车租赁市场子行业发展不均，长期租赁市场规模最大，短期租赁集中度最高

汽车租赁主要分为经营性租赁与融资性租赁（见图 2）。经营性租赁即消费者向商家租用车辆，车辆属于商家；融资性租赁指以租代购的商业模式，消费者分期付费租车，到期后车辆属于消费者。经营性租赁又分为短期租赁、长期租赁和分时租赁。

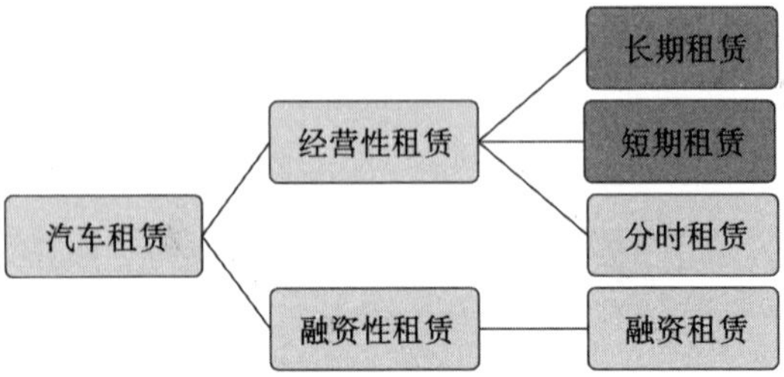


**图 2　汽车租赁分类**

神州租车主营短期、长期租赁市场。

• 长期租赁以 B 端企业用户为主，满足企业长期用车需求，目前以传统采购流程进行，规模最大。长期租赁市场发展驱动因素主要为：一是旺盛的商务出行需求；二是企业轻资产运营需求；三是公务车保有量政策改革。因此，预期长期租赁市场将稳定发展，且随着 B 端用户对于车辆性价比、服务要求的提升，子市场竞争加剧角逐，在未来会逐渐出现龙头企业。

• 短期租赁以 C 端用户为主，线上平台是最主要的途径，市场集中度最高。其中线上途径分为：

B2C 模式：重资产运营模式，需要自主采购车辆、自建线下服务，优势在于保证充足的车辆资源、服务全面而优质，神州租车、首汽租车、一嗨租车等头部企业即用该种经营模式。

P2P 模式：连接出租用户与承租用户，瞄准个人车辆闲时资源，轻资产、纯线上模式，车辆不统一、数量不保证、价格亲民。

平台模式：旅游、出行行业巨头参与（如携程、滴滴），通过第三方租赁公司，综合平台自身服务能力。

目前，短期租赁市场已经逐步成熟，多家 B2C 模式的头部企业已经显现，期待头部企业的进一步角逐与扩张。

## 三、神州系公司产业背景

### （一）神州系历史渊源：神州租车与神州优车

• 神州系：神州租车与神州优车均附属于神州集团，是神州集团在汽车方面布局的两大主要板块（见图 3）。

神州租车成立于 2007 年 9 月，总部位于北京，主要为客户提供包括短租自驾、长租自驾、融资租赁以及通过跟神州优车合作推出代驾专车服务。2014 年 9 月在中国香港上市。神州优车成立于 2016 年，于 2017 年成为神州租车的股东，同年于新三板挂牌上市。

因此，神州租车是神州优车集团发展的基础和延伸，两者共同聚焦汽车出行和汽车销售领域，打造全产业链和人车生态圈。神州优车主营三大板块：神州专车——B2C 高端服务，神州买买车——O2O 电商平台，神州车闪贷——提供二手车金融、汽车抵押贷款等全面汽车消费信贷服务。神州优车与神州租车两者满足了汽车出行、服务、买车、车贷、保险、卖车的全套服务。

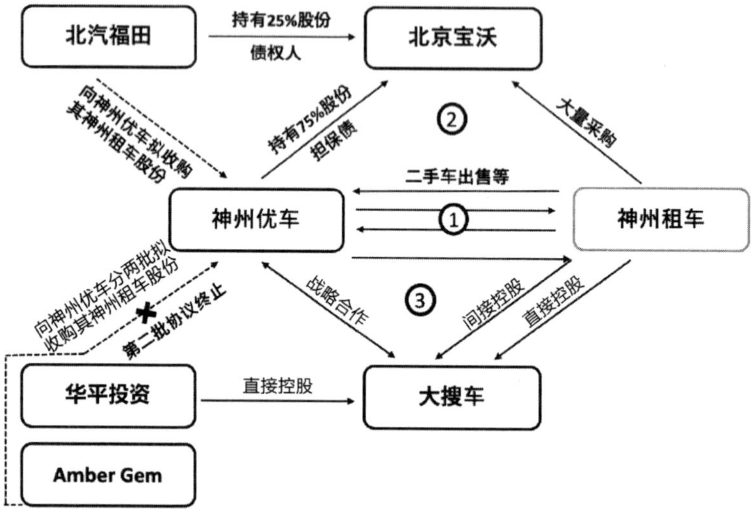


图 3　神州集团结构

• 神州系与北汽集团。除此之外，自 2018 年底，神州优车从北汽集团旗下的北汽福田获得北京宝沃 75.2% 的股权转让，并同意在 3 年内偿还福田汽车向宝沃汽车提供的 42.7 亿元借款。福田汽车原为北汽福田全资控股子公司，于 2014 年收购，但在传统汽车业下行的宏观背景下，北京宝沃 2015 年、2016 年连年亏损，需要持续输血，拖累了北汽福田现金流。因此，北汽福田希望剥离该业务来改善财务报表并集中资金发展自己的商用车业务和新能源战略。神州优车一直与宝沃汽车有诸多合作，希望通过宝沃实现新零售战略，通过产业链改造和平台赋能全面实现产销分离、渠道重塑。

从此，神州优车与神州租车分别向宝沃购买大量汽车，经过一段使用后神州优车将老化的汽车再次出售给神州租车作为二手车卖出。因此，神州优车、神州租车、北京宝沃三者互相有大量关联交易，共同构建汽车产业闭环。

• 神州系与华平投资。神州租车与神州优车都在早期得到华平资本的大力投资（见图4）。神州租车于2012年7月获得华平投资的2亿美元B轮融资，神州优车于2015年7月获得华平投资领投的共计2.5亿美元A轮融资。正因为有这两轮输血融资，华平投资帮助神州租车获得了行业占有率龙头第一的地位，神州租车也成功于中国香港上市，成为神州系里最为优质的资产。

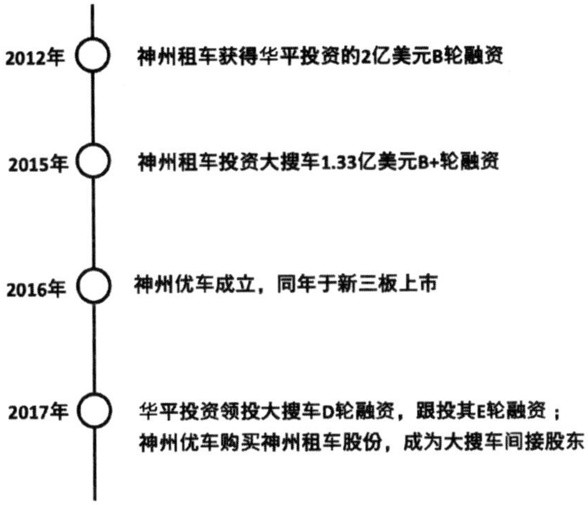


图4　华平投资历程

值得一提的是同样得到华平投资的大搜车。大搜车的业务与神州优车类似，专注中国汽车交易服务及金融服务领域，通过SaaS服务系统纳入二手车商，希望依靠数据和技术能力服务车商，整合数据提供营销服务。大搜车与神州优车看似竞争关系，实际神州优车是大搜车的间接股东。

这要追溯到神州租车对大搜车的直接投资。2015年，神州租车投资大搜车1.33亿美元B+轮融资。此时，神州优车还未正式成立，但该笔投资已经成为优车在二手车赛道发展的一个战略性伏笔。2016年神州优车成立，双方业务迎面相撞，神州优车随即成为神州租车股东，即大搜车间接股东，化敌为友，实现与大搜车的战略合作。2016年下半年，大搜车重点关注汽车金融领域，推出“弹个车”的创新性汽车金融产品。该业务与神州优车期望发展的“买买车”电商平台、“车闪贷”一站式汽车金融服务业务相匹配，即神州优车提供平台、汽车、服务，大搜车提供配套金融产品。

由此可见，华平投资所布局的二手车赛道中，占据了半壁江山的依然是神州优车。

（二）神州系业务情况

● 神州租车业务全面，短租仍是主要收入来源。神州主营短期租赁与长期租赁业务，2017 年携手“赫兹”发展国际业务，同时注重由车辆更新衍生的二手车销售业务（见图 5）。短期租赁业务依然占总收入一半，是最主要的收入来源（见图 6）。

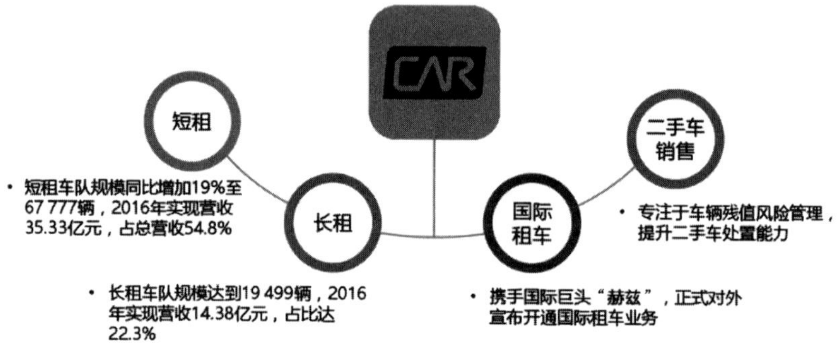


图 5　神州租车主要业务组成

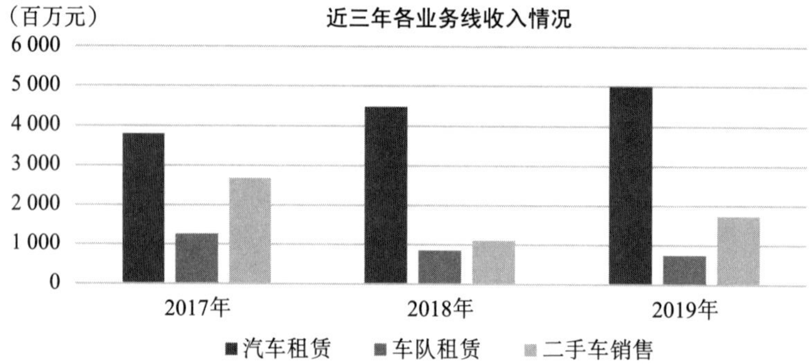


| 项　目 | 2019 年 | 2018 年 | 2017 年 |
| --- | --- | --- | --- |
| 汽车租赁 | 5 008 | 4 484 | 3 792 |
| 车队租赁 | 746 | 855 | 1 256 |
| 二手车销售 | 1 728 | 1 103 | 2 669 |

图 6　近三年各个业务线收入

可见，租赁依然占绝大部分的收入，且逐年稳定增长；车队租赁收入逐年缩减，但不影响整体租赁市场的扩张；二手车销售在近三年收入有所波动，但 2019 年相较于 2018 年的骤跌有所回升（见表 1）。

表 1　　2017～2021 年预期营业状况

| 项　目 | 2017 年 | 2018 年 | 2019 年 | 2020 年预期 | 2021 年预期 |
|---|---|---|---|---|---|
| 收入（亿元人民币） | 50.5 | 53.4 | 55.6 | 56.2 | 58.4 |
| Rev YoY（%） | 0.7 | 6.0 | 4.1 | 1 | 4 |
| 毛利（亿元人民币） | 19.7 | 21.3 | 18.4 | 21.0 | 21.8 |
| 毛利率（%） | 39 | 40 | 33 | 37 | 37 |
| 净利（亿元人民币） | 8.8 | 2.9 | 0.3 | 4.4 | 4.6 |
| 调整净利（亿元人民币） | 6.1 | 6.8 | 2.9 | 5.6 | 5.5 |
| 调整净利率（%） | 12.1 | 12.7 | 5.30 | 10.0 | 9.3 |
| EBITDA | 29.9 | 32.6 | 34.6 | 35.8 | 38.2 |
| EBITDA 比率（%） | 59.3 | 60.9 | 62.3 | 63.8 | 65.3 |

从财务数据来看，2019 年毛利有所下降，主要由于非直接运营成本所致；净利率比 2018 年同比下降 87%，主要因美元计值的负债相关汇兑亏损减少所致。从经营性角度来看，EBITDA 比率近三年持稳定上升趋势，神州租车业务的经营状况基本健康。

神州租车若想要维持行业龙头地位，需要摆脱短期净利润骤降的干扰，优化非直接运营成本。长期来看，依然需要提升租车服务体验，完善服务覆盖面（如旅游、出行类），加强二手车销售业绩，甚至拓展新能源车型等。结合先前行业分析，神州租车应抓住机遇发展长期租赁市场，凭借生态优势与品牌优势抢占市场份额。

• 神州优车亏损严重、负债累累，现金流压力大。神州优车在收购宝沃时，希望能够产生协同效应，打造汽车新零售，共建生态圈，但在收购的连续三年中，宝沃的净利润连年走低、连年亏损，从 2016 年 4.8 亿元的亏损提高 2018 年 25.5 亿元的亏损，说明神州优车对于宝沃的收购并没有改善宝沃的经营情况。虽然神州优车于 2017 年、2018 年两年净利润较前两年有提升，但对于宝沃而言本次收购的结果并不理想。以 2019 年 6 月的时间点来看，神州优车的净利润情况再度走低，再次走入亏损严重的境地（见表 2）。

表2　　神州优车2015~2019年经营情况

| 项　目 | 2015年 | 2016年 | 2017年 | 2018年 | 2019年6月 |
|---|---|---|---|---|---|
| 收入（亿元人民币） | 17.4 | 58.5 | 98.6 | 59.5 | 19.2 |
| Rev YoY（%） | NA | 236 | 69 | -40 | -68 |
| 毛利（亿元人民币） | -30.08 | -15.4 | 12.7 | 15.3 | -0.4 |
| 毛利率（%） | -173 | -26 | 13 | 26 | -2 |
| 净利（亿元人民币） | -37.2 | -36.7 | -3 | 2.7 | -6.5 |
| 净利率（%） | -214 | -63 | -3 | 5 | -34 |
| 宝沃净利润（亿元人民币） | — | -4.8 | -9.8 | -25.5 | — |

从现金流的角度来看，神州优车2019年半年报显示，其持有的神州租车股票全部质押担保给银行以提供贷款；且Wind客户端消息称，神州租车2020年1~5月已偿还的银行债务为20亿元，未来每月债务为2亿元左右，虽然仍有偿还能力，但现金流压力依然极大。

## 四、交易评析

### （一）华平资本线

2020年4月16日神州租车宣布，公司主要股东Amber Gem Holdings Limited将分两批向神州优车全资附属公司收购其所持有的神州租车股份，合计占神州租车已发行股本的17.11%。第一批股份收购，按每股2.30港元收购9 860万股公司股份，占神州租车总股本比例约4.65%；第二批股份收购，按每股3.40港元有条件收购最多2.64亿股，约占比12.46%。本次收购资金将用于偿还神州优车的现有融资。一旦完成交易，华平在神州租车的持股量将增至27.22%，成为有控股权的最大股东。2020年6月1日，神州租车宣布终止华平投资与神州优车此前签订的第二批收购协议，交易中断。

华平资本作为一家投资策略较激进的私募股权机构，曾投资58同城、神州租车等项目，有通过价格战获取龙头地位的战略基因；且华平资本是神州租车、神州优车、大搜车的投资方，与神州系保持着各种直接和间接的关系，作为未退出的投资方，神州租车依然是投后管理的目标企业之一，帮助神州租车重振业绩有一定的必要性。但最终无缘，可能原因有二：一是第二批收购条款未能达成一致；二是神州系与北汽之间的协议已明确，无须华平资本方介入。

（二）北汽集团线

2020 年 4 月 13 日，北汽集团与神州优车联合宣布双方将通过车辆采购、汽车新零售、技术合作、大数据以及金融服务等方式达成全面战略合作；6 月 1 日，神州租车公告称，神州优车在 5 月 31 日于北汽集团签署无法律约束力的战略合作协议，根据协议北汽将收购神州租车不超过 21.26% 的股份，即神州优车所持有的股份。若北汽集团收购 21.26% 股份，则将成为神州租车第二大股东。

北汽集团与神州系的历史追溯于神州优车收购大量北汽宝沃股份，帮助北汽解决宝沃的销售业务难题。如今在汽车领域市场低迷的情况下，老牌企业选择通过拓宽业务线以适应转型并坐稳市场，这对于北汽和神州系都是一件战略性转型的好事。而这一笔交易能否成型，还需拭目以待。

## 五、小结

整体来看，无论是华平资本还是北汽集团，都容易被贴上“接盘侠”与“抄底”的标签；但从神州系的业务状况来看确实是一桩“接盘”生意，再从神州租车的低迷股价来看也确实是一个“抄底”行为，或许北汽集团就正在等待更低的价格来完成交易。

神州租车从业务和商业模式上来说，并无硬伤，在租车总市场上，占领了 8% 的市场份额，属于目前行业第一。在新冠肺炎疫情与瑞幸事件的双重打击下，神州租车的估值确实已经降到了极低点；同时，神州优车亏损严重，现金流压力巨大，神州系有强烈输血需求。可以说，本次交易对于双方都有好处。

再从华平投资与北汽集团相比的角度来说，可能处于战略合作考量的北汽集团是更好的选择，而资本化运作的华平投资则略逊一筹。主要由于目前北京宝沃依然亏损严重，因此需要一个利益相关者来输血以渡过难关，因此通过北汽集团这样的合作伙伴一起攻坚克难或许是更好的选择。

想成为投融资观察报告创作团队的一员吗？微信扫描本书第 388 页二维码，现在就加入我们吧！

**No. 23**

# 康基医疗获七家明星基石护航，MISIA 赛道风口助力龙头腾飞*

**主笔：**梁彦珊

**资料收集：**曾　冉　曾沂兢

**交易概览：**

2020 年 6 月 16 日，康基医疗在港交所挂牌上市，获得富达投资、贝莱德基金、清池资本、高瓴资本等七大知名投资机构作为基石投资者投资，投资金额达 1.65 亿美元。本轮资金 20% 用于提升产能及加强制造能力，25% 用于研发活动提供资金，25% 用于潜在战略投资及收购，20% 用于投资销售及营销活动，10% 用于营运资金及一般公司用途。

## 一、行业分析：MISIA 市场增速显著，潜力巨大

微创手术包括微创外科手术（MIS）、微创操作（MIP）以及其他微创手术三类。微创外科手术器械及配件（MISIA）即 MIS 中使用的主要医疗器械。与创伤较大的传统开放手术相比，MIS 具有痛感低、创伤小、疤痕小、感染风险小、并发症少、住院时间和恢复时间短的优点。因此，MIS 越来越受医生和患者们青睐。

近年来，中国微创外科手术的数量及渗透率显著增加。但与美国等发达国家相比，中国的微创外科手术渗透率仍然很低。中国每百万人口接受微创

* 本文写于 2020 年 6 月。

外科手术的数量及微创外科手术的渗透率分别从 2015 年的 4 248 台及 28.5% 增至 2019 年的 8 514 台及 38.1%。但 2019 年美国每百万人口接受微创外科手术的数量及微创外科手术的渗透率分别为 16 877 台及 80.1%（见图 1）。

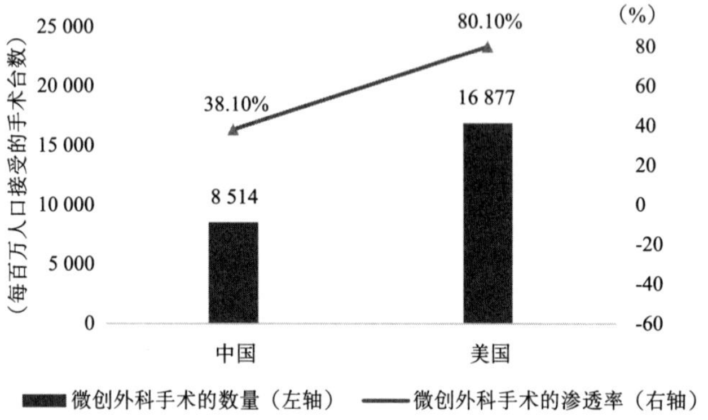


**图 1　2019 年中国、美国微创外科手术的数量及渗透率对比**

资料来源：灼识咨询报告

从医院的层面来看，微创外科手术在中国医院的渗透率仍然不高，尤其在非三甲医院。2019 年末，中国 23 735 家医院中仅有约 4 400 家（18.5%）可开展微创外科手术［包括约 1 400 家（5.9%）三甲医院和 3 000家（12.6%）其他医院］。然而，在 2019 年，美国所拥有的 6 146 家医院中 71.0% 可开展微创外科手术（见图 2）。

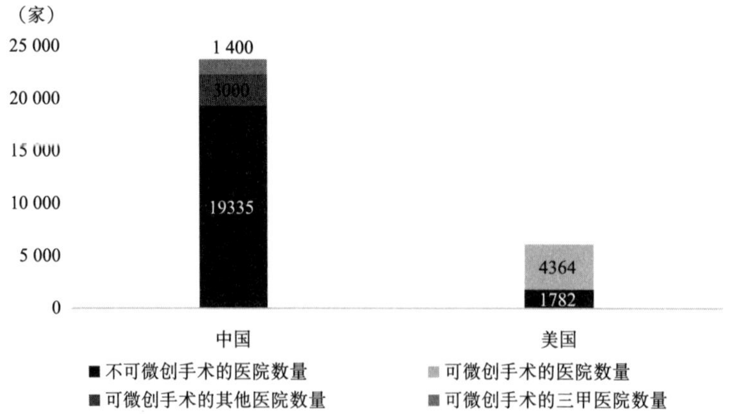


**图 2　2019 年中国、美国微创外科手术医院渗透率对比**

资料来源：灼识咨询报告

因此，中国的微创外科手术仍有较大的渗透空间。随着医生教育持续发展、医院的临床能力逐渐加强、新建医院以及患者的负担能力提升和报销范围的扩大，微创外科手术将逐渐在中国普及。预测能开展微创外科手术的医院数量将于 2024 年增至 8 850 家，自 2019 年起的年复合增长率为 15.0%。预计到 2024 年，中国每百万人口接受微创外科手术的数量及微创外科手术的渗透率将分别增至 18 242 台及 49.0%（见图 3）。

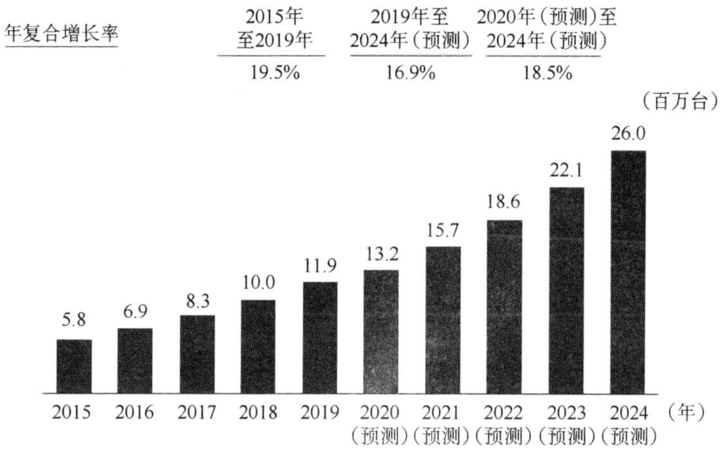


**图 3　中国 2015 年至 2024 年（预测）的微创外科手术数量**

资料来源：灼识咨询报告

得益于微创外科手术的普及化，微创外科手术器械及配件（MISIA）也将得到长足发展。灼识咨询的数据显示，中国 MISIA 市场庞大，且正处于快速增长阶段。中国 MISIA 市场的销售收入已从 2015 年的 96 亿元人民币增至 2019 年的 185 亿元人民币，年复合增长率达 17.8%，预计 2020 年至 2024 年间的年复合增长率将攀至 19.1%，中国 MISIA 市场的销售收入将于 2024 年达到人民币 408 亿元（见图 4）。

根据产品是否为一次性使用，MISIA 市场通常可分为一次性 MISIA 市场和可重复使用 MISIA 市场。由于使用一次性产品可降低患者的感染风险及医院的消毒负担，逐渐在取代可重复使用产品。2019 年，一次性 MISIA 市场销售收入已占总市场销售收入的 82.7%。预测 2020 年至 2024 年一次性 MISIA 市场将以 21.2% 的年复合增长率快速增长，一次性 MISIA 市场一直并将继续成为整个 MISIA 市场的主要部分。

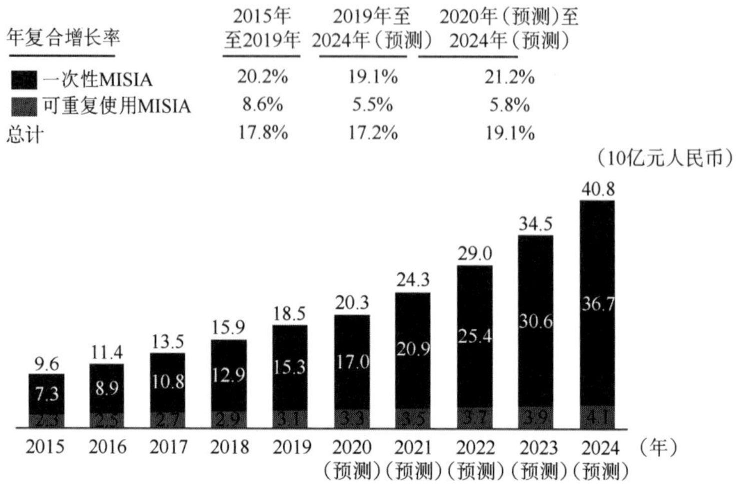


**图 4　中国 2015 年至 2024 年（预测）的 MISIA 市场**

资料来源：灼识咨询报告

## 二、行业格局：国际厂商主导市场，细分市场情况迳庭

相较于传统外科手术器械，微创外科手术器械在设计、功能、操作、驱动等方面均有较大的差异，这些差异反映出市场对 MISIA 厂商制作工艺和研发水平的高精尖导向，最终形成中国 MISIA 市场的行业格局（见表 1）。

**表 1　传统外科手术器械和微创外科手术器械的对比**

| 项　目 | 传统外科手术器械 | 微创外科手术器械 |
|---|---|---|
| 产品设计 | 产品设计符合人体力学，适合手持操作，大部分手术仅可在手术室完成 | 产品微型化设计：微型化设计使得器械可通过通道进入腔内。借助微型化设计的特点，部分原先只能在手术室实施的手术可以通过门诊完成 |
| 产品功能 | 一般来说一件手术器械仅具备单项独立功能 | 产品功能集成化：为实现部分手术操作的连续性和及时性，微创手术器械往往通过功能集成，让一件手术器械同时具备两种或两种以上的独立功能 |
| 产品使用 | 传统器械在手术中一般仅依其原有形态使用，无法弯曲变形使用 | 产品可控多维度操作：原先一些使用传统器械无法完成的手术操作，微创手术器械通过控制手术器械在体内工作部分可多维度弯曲变形，扩大手术操作范围工作部分的形状变化，来方便操作 |

续表

| 项　目 | 传统外科手术器械 | 微创外科手术器械 |
| --- | --- | --- |
| 产品驱动 | 传统手术器械的驱动通常由医生手持驱动 | 产品驱动智能化：通过采集医生操控器械手指的动作，经计算机辅助计算驱动不同的电机，间接控制器械不同功能的动作 |

根据灼识咨询报告的数据，按销售收入来看，中国 MISIA 市场目前仍由国际厂商主导，前五大厂商中仅第四名是国内品牌，其余四大外国品牌占中国 MISIA 市场份额的 62.5%，第一大厂商占的市场份额为 41.2%。

这主要是由于：（1）国际品牌和国内品牌的制作工艺和研发水平仍存在显著差异，因此高端 MISIA 产品（即高价高技术产品）市场，如超声切割止血刀系统一次性刀头及腹腔镜吻合器均为国际品牌主导；（2）在所有产品类型中，国际品牌的产品价格通常较高，可能是国内品牌的 2～4 倍。这主要是由于国际厂商通常具备更先进的技术、更高的运营成本（包括研发费用）等，因此，与中国公司相比，国际厂商的许多产品均可在 MISIA 市场上抢占先机。考虑到跨境销售的较高成本及税收，国际品牌的出厂价格往往更高。

从细分市场上看，微创外科手术器械及配件（MISIA）是 MIS 中使用的主要医疗器械（不包括内窥镜），其主要品类包括腹腔镜吻合器、高分子结扎夹、可吸收结扎夹、一次性超声刀、一次性电凝钳、一次性套管穿刺器以及重复性套管穿刺器和钳。根据产品的价格、制作工艺等性质的不同，其市场规模、渗透率和行业格局有也明显差异。

在部分技术要求相对偏低的产品细分市场上，如一次性套管穿刺器、重复性套管穿刺器和钳市场，国内厂商较好地实现了国产替代。在高分子结扎夹、一次性电凝钳市场上，国内厂商以价格优势在销量上实现了与国际厂商的分庭抗礼，而在新兴高值产品市场中的竞争力则比较弱。但受疫情因素影响，民生行业尤其是医药行业国产替代化的情绪愈发高涨，MISIA 行业作为微创外科手术的重要配套行业，或因疫情催生政策扶持国内厂商，促进行业发展和技术进步。

## 三、标的分析

### （一）康基医疗

康基医疗是一家集整套 MISIA 产品组合的设计、开发、制造和销售于一身的公司。产品包括一次性产品和重复性产品，主要用于妇产科、泌尿外科、普外科及胸外科等主要外科专科领域。此外，康基医疗还可以提供一站式定制手术解决方案。作为中国最大的国内微创外科手术器械及配件（MISIA）平台，康基医疗目前在中国 MISIA 市场的多个细分领域中排名第一，在全球排名第四，市占率为 2.7%，也是中国具备微创外科手术能力的三甲医院中最畅销的国内厂商。

公司已在国内注册了 41 种第一类医疗器械、13 种第二类医疗器械和 8 种第三类医疗器械，并将于 2020 年及 2021 年推出超声切割止血刀系统一次性刀头、可吸收结扎夹及腹腔镜吻合器。

产品的主要原材料包括聚碳酸酯颗粒、医用级不锈钢、密封材料和包装材料。企业过往均在国内采购所有原材料，且与大多数主要原材料供应商维持着介乎 3～8 年的稳定合作关系。前五大原材料供应商作出的采购额占比适中，未存在供应商重大依赖。

在销售模式上，康基医疗比较依赖于经销商销售的模式，通过经销商销售的收入占总收入比例近 90%。

综合来看，康基医疗的优势主要在于：坐拥国内最大 MISIA 平台，产品组合全面优质，研发能力强大；销售网络广阔，合作渠道稳定；业绩增速显著，未来政策向国产倾斜。但由于公司产品技术与国外公司仍有一定差距，国外产品的竞争力较强。尤其是在超声切割止血刀系统一次性刀头等先进且高价值的产品方面，国外竞品优势更明显。

### （二）竞品对比

在中国 MISIA 市场，康基医疗虽跻身前五大厂商排名第四，但市场份额仅占 2.7%（见表 2）。国内第二名的厂家排名第八，市场份额仅为 1.0%。美国美敦力及其旗下的柯惠医疗、还有强生、卡尔史托斯、泰利福医疗为代表的国际厂商仍是中国 MISIA 市场的主导。国内厂商仍有较大的市场空间来实现国产替代。

**表 2　　总体市场比较：国际厂商仍为主导**

| 公司 | 品牌类型 | 销售收入（人民币 10 亿元） | 市场份额（%） |
|---|---|---|---|
| 公司 A | 国际 | ~7.6 | 41.2 |
| 公司 B | 国际 | ~3.0 | 16.2 |
| 公司 C | 国际 | ~0.6 | 3.2 |
| 康基医疗 | 国内 | ~0.5 | 2.7 |
| 公司 D | 国际 | ~0.4 | 1.9 |
| 其他 | — | | 34.8 |

资料来源：康基医疗招股书

标的公司在多个产品子类的份额占比中均超过国际厂商，在细分市场份额排名第一。其中，一次性套管穿刺器、重复性套管穿刺器和钳市场均为国内厂商主导的市场，高分子结扎夹和一次性电凝钳是国内厂商销量占优的市场（见表 3）。而标的公司将于 2020 年及 2021 年推出的超声切割止血刀系统一次性刀头、可吸收结扎夹及腹腔镜吻合器来丰富产品线。该三类产品均为高端 MISIA 产品，系国际厂商凭借技术优势历来主导的细分市场，康基医疗是否能够顺利在市场上“分一杯羹”，还待继续观察。

**表 3　　细分市场比较：多个细分市场份额领先**

| 2019 年细分市场规模 | | | | 细分市场中的最大竞争对手 | |
|---|---|---|---|---|---|
| 产品 | 销售收入（百万元人民币） | 康基医疗占细分市场的市场份额 | 康基医疗在细分市场的排名 | 品牌类型 | 市场排名及份额 |
| 一次性套管穿刺器 | 1 776.5 | 19.1% | 第一 | 国际 | 第二（6.5%） |
| 高分子结扎夹 | 1 033.3 | 27.7% | 第一 | 国际 | 第二（25.5%） |
| 第三类一次性电凝钳 | 64.7 | 75.5% | 第一 | 国际 | 第二（10.8%） |
| 重复性套管穿刺器和钳 | 502.5 | 14.8% | 第一 | 国际 | 第二（11.6%） |

资料来源：康基医疗招股书

在国内厂商中，康基医疗的主要竞争对手有江苏三联星海医疗器械、广州迪克医疗器械以及上海微创心脉医疗等产商。2019 年国内前五大厂商的产业线覆盖对比可知，康基医疗是其中第一大厂商且在国内五大厂商中产品线最全（见表 4）。广泛的产品组合有利于康基医疗建立品牌忠诚度，且在研发、制造和商业化等活动中实现协同效应，并获得规模经济，从主要国内竞争对手中脱颖而出。

**表 4　2019 年国内五大厂商按销售收入划分的 MISIA 产品线覆盖比较**

| 公司排名 | 一次性套管穿刺器 | 高分子结扎夹 | 一次性电凝钳 | 重复性套管穿刺器及钳类 | 超声切割止血刀系统一次性刀头 | 可吸收结扎夹 | 腹腔镜吻合器 |
|---|---|---|---|---|---|---|---|
| 1（本集团） | ▲ | ▲ | ▲ | ▲ | △ | △ | △ |
| 2 | ▲ | | | | | | ▲ |
| 3 | | | △ | | ▲ | | |
| 4 | | | | | | ▲ | |
| 5 | △ | | △ | | ▲ | | ▲ |

附注：▲现有产品；△管线产品

资料来源：康基医疗招股书

随着国家对公共卫生体系、疾控体系、基层医疗建设的重视加深，各级医疗机构扩容和能力提升的需求将长期释放，同时国家对国产高端医疗设备自主发展的重视必将加速进口替代。医疗器械板块颇受资本市场青睐，目前正值风口，持续走强。港股医疗器械及服务行业的 PE 均值跑赢恒生指数平均 PE，且明显高于其他行业的 PE 均值（见图 5）。

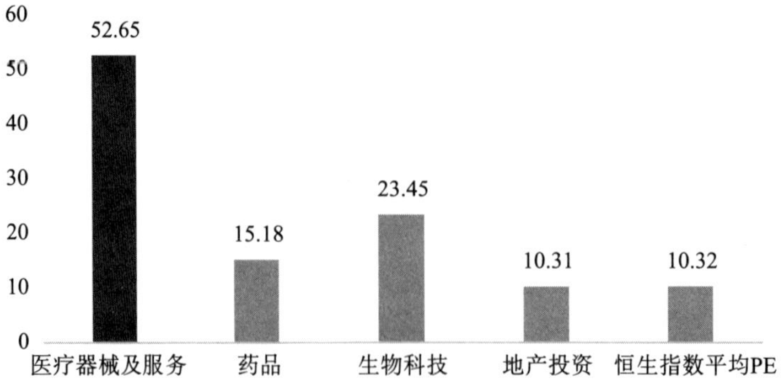


**图 5　医疗器械及服务行业与其他行业平均 PE 值对比**

资料来源：阿斯达克财经网

康基医疗的国内厂商竞争对手中除了心脉医疗在科创版上市外，其他竞争对手均未登陆资本市场，且康基医疗正乘医疗器械的风口，加上 MISIA 国内龙头的地位，IPO 后的数据都比较靓丽，市值和 PE 明显高于可比公司平均值，比较受资本市场的青睐（见图 6 和图 7）。康基医疗有望借助医疗器械风口和抢先登陆的优势，拓宽融资渠道，提高企业知名度，进一步巩固业内龙头地位。

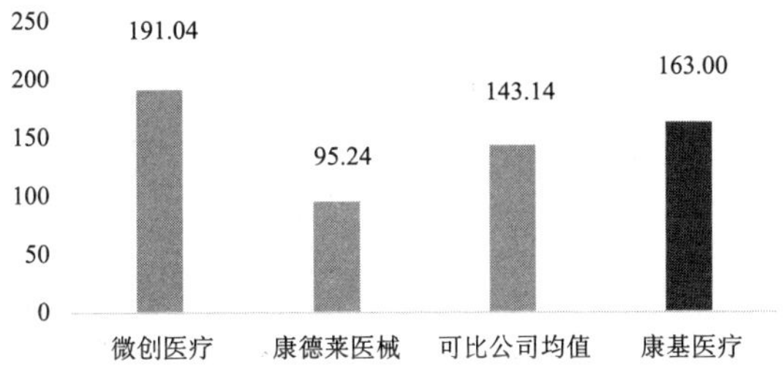


**图 6　康基医疗与港股可比公司 PE 值对比**

资料来源：虎博搜索

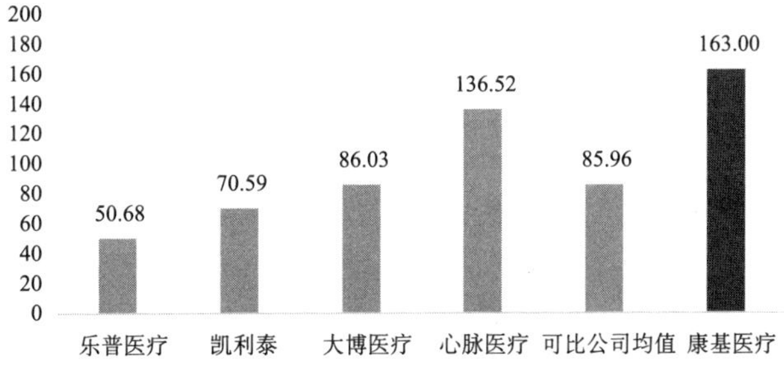


**图 7　康基医疗与沪深可比公司 PE 值对比**

资料来源：虎博搜索

## 四、总结

近年来，中国微创外科手术的数量及渗透率显著增加，但与美国等发达国家相比，中国的微创外科手术渗透率仍然很低。因此，中国的微创外科手术仍有较大的渗透空间。从当前市场数据来看，MISIA 的市场正值高速发展期，市场潜力巨大，随着医生教育持续发展、医院的临床能力逐渐加强、新建医院以及患者的负担能力提升和报销范围的扩大，微创外科手术将逐渐在中国普及，助力 MISIA 市场进一步发展。

康基医疗作为国内业界龙头，手握中国最大的微创外科手术器械以及配件（MISIA）平台，凭借强大研发能力支持需求导向型产品开发，产品线全面筑起高垒。康基医疗还通过对目标外科专科进行学术推广，利用公司建立优质的终端用户基础，支撑广泛经销商网络，使得多个产品细分市场份额领先。企业基本面优秀，近年收入、毛利润和净利润均快速增长，IPO 后市值、PE 均高于可比公司均值，颇受资本市场青睐。

而从国内 MISIA 市场来看，国际厂商仍占主导，康基行业作为国内厂商第一，仅占 2.7% 的市场份额，仍有巨大的国产替代空间。MISIA 行业作为微创外科手术的重要配套行业，与民生密切相关，或因疫情催生政策扶持国内厂商，促进行业发展和技术进步，加速国产替代化进程。

此外，七大明星基石的护航也看好医疗器械的市场热度和 MISIA 赛道的未来发展，提前进行布局。富达基金、贝莱德基金手持全球几万亿元资金，高瓴资本、奥博资本、清池资本均是专业医药投资基金，几乎垄断了 2019～2020 年港股上市的头部医药创新企业。基石投资者的加盟也增加了资本市场对康基医疗的信心，助力龙头进一步腾飞。

然而，康基医疗正处于市场爬升阶段，需要面对质量上的竞争，也需要承担政府采购带来的价格下滑。由于中国医疗体制和医疗保障制度决定了医疗器械和耗材市场无法实现完全市场化，集采模式对盈利模式相似的医疗械企都会带来不可避免的价格冲击。短期内，康基医疗或能凭龙头优势挺过“阵痛”，但长期看还需对产品结构和盈利模式进行调整。

综上所述，顺利进入资本市场对于康基医疗来说无疑是重大利好。长期来看，康基医疗有望借助医疗器械风口和抢先登陆的优势，利用充裕资金，或通过收并购提高产能、拓展版图，或深耕研发，提高产品质量，抗衡外国压制，巩固自有优势，坐稳业内龙头；但也有可能忽视国外厂商竞争，安坐国内头把交椅，躺平圈钱啃老本。除去外在市场因素的加持外，龙头能否飞得更高，还需看康基医疗的智慧、雄心和远见。

想成为投融资观察报告创作团队的一员吗？微信扫描本书第 388 页二维码，现在就加入我们吧！

# NO. 24

# 云顶新耀 C 轮 + 上市势如破竹，License - in 新贵闪耀资本市场*

**主笔：** 吴昕帆

**资料收集：** 刘欣怡　陈丹娜

**交易概览：**

2020 年 6 月 16 日，云顶新耀宣布 C 轮融资 3.1 亿美元，成为中国生科融资金额最大的一级市场交易。

本轮 3.1 亿美元的优先股融资分为 C-1 轮 5 000 万美元、C-2 轮 2.6 亿美元。C-1 轮融资 5 000 万美元由嘉善国投投出，属于云顶新耀 2020 年 3 月宣布的与嘉善国家级经济技术开发区和嘉善国投广泛战略合作的一部分。C-2 轮领资方为建峖实业、RA Capital Management 和高瓴。其他主要投资方有国新国同、德诚、Rock Springs Capital、骏利亨德森、Octagon Investments 及一家大型长线机构投资者，老股持有者 Cormorant、康桥、兰亭和 HBM Healthcare Investments 也参与本轮融资。易凯是独家 FA。

7 月 19 日，C 轮融资在夺得国内生物制药融资桂冠 1 个月后，云顶新耀在资本市场的惊愕声中，向港交所递交招股书并申请主板 IPO，高盛和美银证券为公司联席上市保荐人。

* 本文写于 2020 年 6 月。

# 一、行业分析

## （一）生物医药行业概况

生物制药行业高技术、高投入、长回报周期的特征，决定了其高风险的特性（见图 1）。商业模式之所以能跑得通，则是因为药品在规模化投产后有着极高的收益。

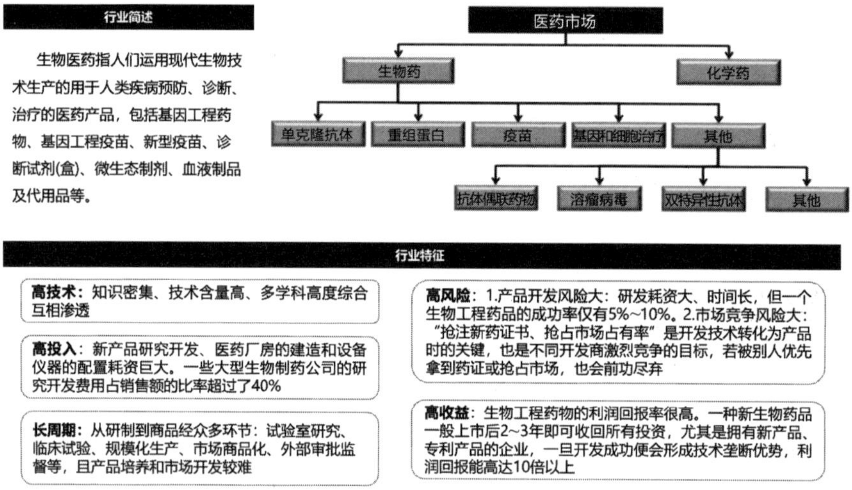


**图 1　行业特征分析**

如果分阶段来看，在研发阶段风险最高，因为药物不一定能研制成功；而到了临床期，药物研发已经取得了比较大的突破，此时企业的风险急剧下降，且变现的可能性随着每一个临床阶段的实现而倍增（见图 2）。因此，对应资本市场特征就是：

- 研发期：药企估值水平低。
- 临床 1～3 期：从研发突破到临床，估值实现多倍增长；每一期临床实验的成功推进，也都能带来估值的倍增。

## （二）行业内优质公司的特征

判断一家生物制药公司是否具有潜力，首先需要分析公司所瞄准的细分市场。通过公司集中研发针对病种的药物，依据全球病患数、发病频率、治疗费用等指标，推断市场规模大小。

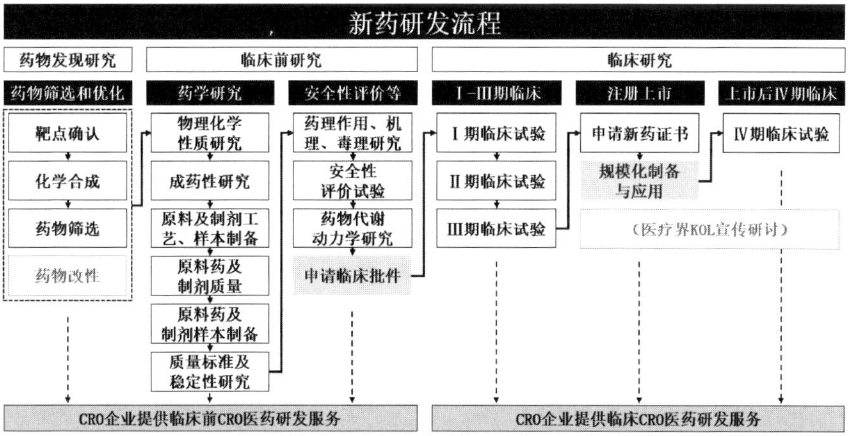


注：Contract Research Organization，医药研发合同外包服务机构，通过通过合同形式为制药企业、医疗机构、中小医药医疗器械研发企业、甚至各种政府基金等机构在基础医学和临床医学研发过程中提供专业化服务的一种学术性或商业性的科学机构，如药明康德，采用业内现如今比较普遍的新药研发“VC+IP+CRO”模式，提供早期药物发现筛选服务

**图 2　生物制药行业产业链（新药研发流程）**

资料来源：成都先导招股书、公开资料整理

• 在规模较大的市场，大药企优势更大，若产品管线能形成矩阵，形成 BIC（Best - in - Class，同类最佳），则公司是一家优质的公司。

• 在规模较小的市场，小药企如果能有多年医疗团队研发积累，形成 FIC（First - in - Class，同类首创）和 BIC，且研制药可替代性小，形成自身壁垒，则公司是一家优质的公司。

### （三）中国总体市场格局

中国医药市场的特点是市场规模庞大，增长速度快（见图 3）。

与美国等成熟市场相比，仍有较大的发展空间。中国的新药上市有明显的滞后。根据弗若斯特沙利文报告，从 2014 年至 2020 年 6 月，美国 FDA 批准的 277 种新药中，有 142 种（或 52%）尚未在中国开始临床研发。由于临床项目及监管批准的延迟，中国与北美或欧洲许多疾病的治疗标准有所不同，这为引入发达市场经证明具有临床益处的创新候选药物提供了巨大机遇。

不过近年来，药监局监管改革、医保支付改革、市场准入拓宽及新药录入医保目录时间的缩短，为中国的创新和专利产品提供了更光明的前景（见图 4 及图 5）。

| CAGR | 化学药品 | 生物制品 | 中药 | 合计 |
|---|---|---|---|---|
| 2015～2019 年 | 4.6% | 21.1% | 6.4% | 7.5% |
| 2019～2024 年（预计） | 3.2% | 18.0% | 2.2% | 6.4% |
| 2024 年（预计）至 2030 年（预计） | 4.5% | 10.6% | 2.5% | 6.2% |

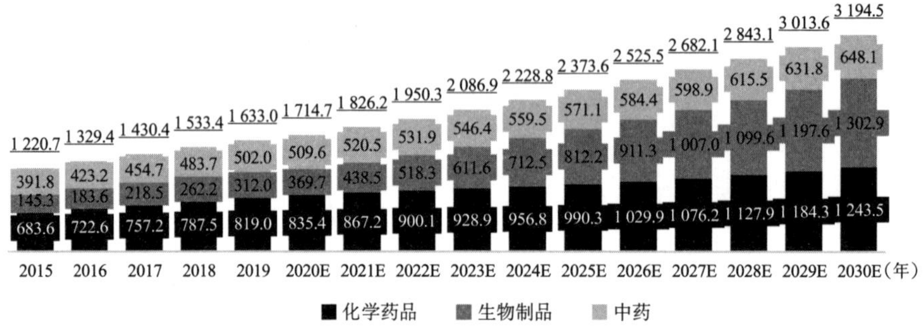


**图 3　按化学药品、生物制剂及中药分类的中国医药市场规模**

资料来源：云顶新耀招股书

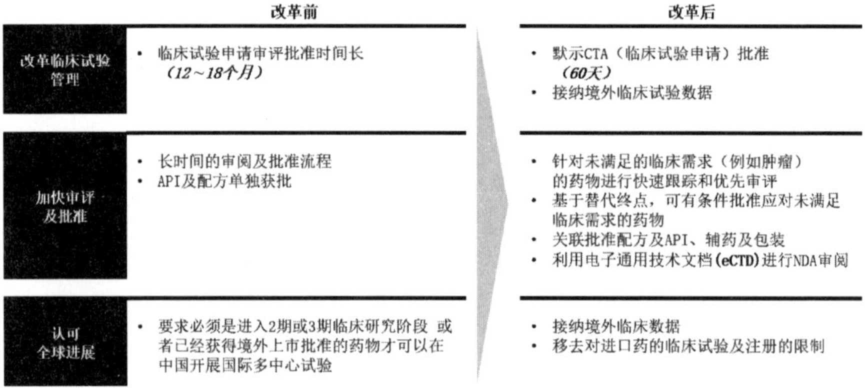


**图 4　中国临床改革前后的对比**

资料来源：弗若斯特沙利文报告

**图 5　创新肿瘤药物从 NDA 批准到国家医保目录的平均天数**

资料来源：云顶新耀招股书，弗若斯特沙利文报告

### （四）许可引进模式

药企研发有高风险高收益的特点，有哪些可以规避风险的方式呢？

区别于传统的医药公司自己研究新药和或收购创新药公司的两种投资方式，许可引进（License - in）是一种产品引入方式，“产品引进方”为了能取得在某些国家（地区）研发、生产和销售产品的商业化权利，支付首付款给“产品授权方”，且在合约中就里程碑费用（按品种开发进展）以及未来销售提成达成协议。

License - in 模式的优点显而易见。一是丰富产品线。License - in 模式是基于国外先进企业的研究成果，对引进方企业自身研发能力的要求大幅降低，同样资源完全可以同时开展多种不同产品的引进；产品方向不必受限于现有团队的能力，可以通过引进的新技术，补足自有团队的能力缺陷。二是快速进入市场。通过 License - in 的方式，产品周期可以与国外先进产品几乎同步，这意味着能够第一时间进入中国市场，建立先发优势；同时，相较于以进口模式进入中国的国外其他竞争对手，引进方企业可以充分利用本土优势，享受政策红利，较快地取得上市许可。三是拥有完整知识产权。通过 License - in，引进方拥有产品在中国的全部知识产权，因此可以享受政策红利，提高产品门槛；同时，基于自身能力，消化学习技术快速增强技术实力，取得二次开发专利权，并构建自有知识产权研发的基础。

但是，这种方式对于引进方的综合能力要求较高，包括产品筛选能力、产品资源对接能力、资金支付能力、团队研发/运作能力等，并非所有药企都能具备。

从目前来看，国内进行 License - in 项目的公司主要具备以下特点：一是本身资金充足，具有购买能力；二是在相应领域具有学术推广能力或销售能力，具有将潜力新药打造成重磅品种的能力和前景；三是有一定的自主研发能力，将引入的品种完成临床试验推向市场。

### （五）未来趋势分析

在政策红利、资本介入的影响下，未来生物制药行业 License - in 模式或许将逐渐在国内普及，更多药企将实现这一经营模式，并基于此探索出更加开放、创新的研发模式。

总体来说，目前以 License－in 为主的创新药企业数量较少，处于行业发展期，竞争格局尚未成型。License－in 模式相对于自研模式，能有效缩短药品上市时间，减少药物失败风险，但必须支付较高的引入药品成本。

## 二、标的分析

云顶新耀是一家专注于创新药开发及商业化的临床后期生物制药公司，业务包括全球同类首创或同类最佳疗法的授权、临床开发及商业化（见图 6）。

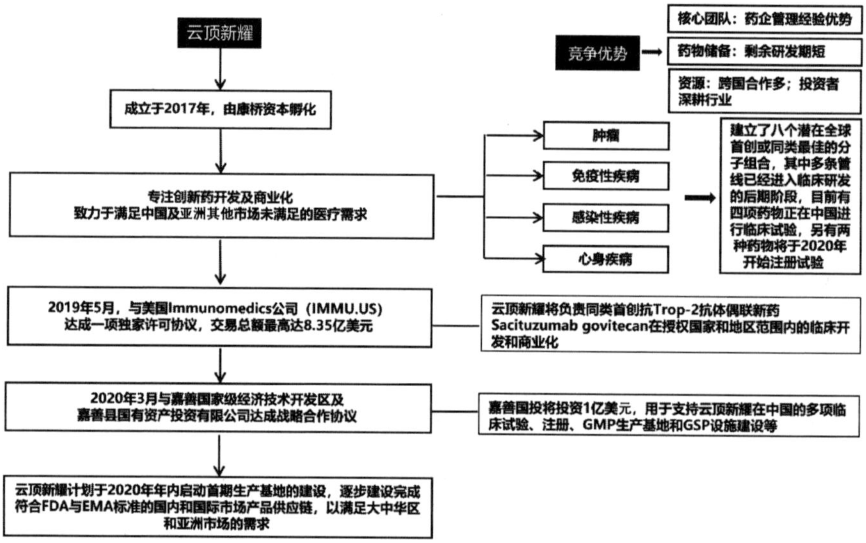


**图 6　公司介绍**

公司的生产基地坐落于苏州，可以对接当地与上海深厚的制药积累。此外，公司在北京、上海、纽约、波士顿、圣地亚哥、香港及新加坡均设有办事处；业务开发团队以美国为基地，而临床开发团队则设于中国。

从团队构成来看，在临床注册开发、产品商业化、资本等关键点，云顶新耀团队汇集了众多专业人士。公司核心团队在罗氏、阿斯利康、赛诺菲等国际制药企业担任多年高管。

云顶新耀主要采用了 License－in 的商业模式，现有产品如表 1 所示。

表 1　　云顶新耀现有产品管线及进度

| 细分领域 | 产品品类 | 病症 | 研发周期 | 云顶新耀许可市场 |
|---|---|---|---|---|
| 肿瘤 | Trodelvy (sacituzumab govitecan) | 三阴性乳腺癌 | 临床 3 期<br>美国批准 BLA | 大中华、韩国、蒙古、东南亚 |
| | FGF401 | 肝细胞癌 | 临床 2 期 | 全球 |
| 免疫性疾病 | Etrasimod | 溃疡性结肠炎<br>其他自体免疫性疾病（克隆氏症、异位性皮肤炎） | 临床 3 期 | 大中华、韩国 |
| 心肾 | Nefecon | 免疫球蛋白 A 肾病 | 临床 3 期 | 大中华、新加坡 |
| | Ralinepag | 肺动脉高压 | 临床 3 期 | 大中华、韩国 |
| 感染性疾病 | Xerava (eravacycline) | 复杂性腹腔内感染 | 临床 3 期<br>美国、欧盟、新加坡批准 NDA | 大中华、韩国、东南亚 |
| | Taniborbactam | 复杂性泌尿道感染 | 临床 3 期 | 大中华、韩国、东南亚 |
| | SPR206 | 革兰氏阴性感染 | 临床 1 期 | 大中华、韩国、东南亚 |

资料来源：云顶新耀招股书

其中，Etrasimod 及 Xerava 为公司核心候选产品，二者均在各自赛道上较有潜力。Etrasimod 对应的是中国自身免疫性疾病市场，市场规模达 162 亿元，预计未来以 27% 的年复合增长率高速增长。Xerava 对应的中国革兰氏阳性菌用药市场，市场规模达 205 亿元，未来的平均年复合增长率达 11%。肿瘤科领域的核心产品 Trodelvy，正在国内进行注册性临床试验并计划上市，在美国已获批三阴乳腺癌适应症，未来有望获批治疗尿路上皮癌、激素受体阳性转移性乳腺癌等高治疗难度癌症。心肾科拳头产品 Nefecon 则是一种用于治疗免疫球蛋白 A 肾病的候选首创药物。

云顶新耀是国内目前拿到同类授权技术的第一家药企，下一步公司将继续致力于推动从研发到过审最终量产的进程。主要包括推进现有候选药物，并完成注册性试验，在中国建造 GMP/GSP 生产设施以支持药物开发。同时，公司拓展战略合作及联盟，建立强大的销售及营销能力，挑选战略伙伴提供辅助，保证最大限度地发挥产品的商业潜力。

## 三、总结

生物制药行业本身市场需求极大，在政策红利和资本介入的双重加持下，未来有较好的发展前景。而云顶新耀旗下 FIC、BIC 品类多，可替代性低，且团队具备多年国内外化学制造与控制（CMC）、高质量临床开发、药政事务、业务发展和运营经验，是业内不可多得的具有较高发展潜力的公司。

同时，云顶新耀的明星机构投资者云集，包括淡马锡全资子公司、RAC、高瓴资本、贝莱德等，股东在医药赛道资源丰富，同时也给予了公司很好的背书。

2020 年 7 月 19 日，云顶新耀向港交所递交了招股说明书申请主板上市。虽然目前科创板也给予了生物制药类公司上市的渠道，但云顶新耀此次依然选择了港股上市，与其投资者有关，其核心考量是目前科创板针对外资还是没有合适的退出渠道（见表 2）。

**表 2　　股票市场相关规定**

| 股票市场 | 相关规定 |
| --- | --- |
| 港股市场 | 只要满足已通过临床一期实验且获准开始二期或其后阶段的试验、产品受主管当局规管、最少一名资深投资者做出相当数额的投资这三条，生物科技企业在港股 IPO 的门槛大幅降低，允许未通过主板财务资格测试的生物科技企业上市<br>——港交所《新兴及创新产业公司上市制度》 |
| 科创板 | 对于未盈利生物药企，企业需要满足预计市值不低于人民币 40 亿元，主要业务或产品需经国家有关部门批准，市场空间大，目前已取得阶段性成果，并获得知名投资机构一定金额的投资。医药行业企业需取得至少一项一类新药二期临床试验批件，其他符合科创板定位的企业需具备明显的技术优势并满足相应条件<br>——上交所《上海证券交易所科创板股票上市规则》 |
| 美股市场 | 纳斯达克原则上不对公司的盈利、管理等实质性内容设置门槛 |

资料来源：公开资料整理

**NO. 25**

# 趣店投资寺库，是双赢还是抱团取暖*

**主笔：**范　凯

**资料收集：**张　玥　马晓文

**交易概览：**

2020 年 6 月 4 日，奢侈品服务平台寺库宣布获得 1 亿美元战略投资，投后估值 3.46 亿美元。投资方为金融技术服务公司趣店集团，趣店将以至多 1 亿美元认购寺库 10 204 082 股新发 A 类普通股。交易完成后，趣店将持有寺库 28.9% 的股份，成为其第一大股东。此外，双方将在全球奢侈品电商领域开展全面战略合作。趣店和寺库公司上市信息见表 1。

**表 1　　趣店和寺库上市信息**

| 公司信息 | 趣店 | 寺库 |
| --- | --- | --- |
| 股票代码 | NYSE：QD | NASDAQ：SECO |
| IPO 地点 | 美国 | 美国 |
| 市值 | 6.01 亿美元 | 2.75 亿美元 |
| P/E | 2.58 | 8.84 |

## 一、趣店：坎坷的转型之路

趣店成立于 2014 年 3 月，是面向 5 亿非信用卡人群的金融科技公司，

* 本文写于 2020 年 6 月。

其前身为“趣分期”。趣店依托统一且独特的风控和大数据体系，与国内多家第三方大数据平台合作，主要为用户提供金融贷款服务。2017 年 10 月 18 日，趣店在纽约证券交易所挂牌上市，IPO 发行价为每股 24 美元（见图 1）。

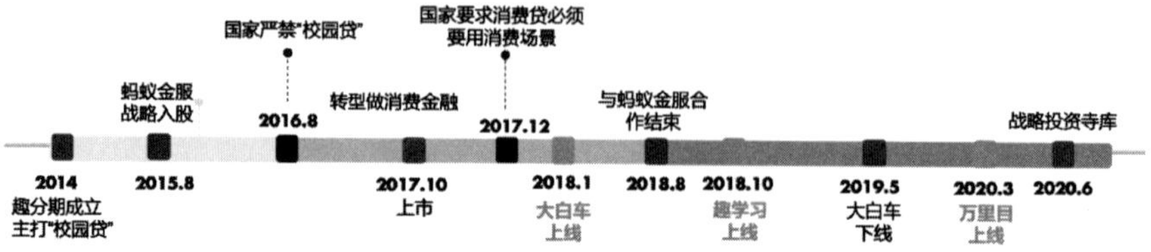


**图 1　趣店发展简图**

资料来源：公司官网，新闻报道

趣店早期主要以校园贷业务为主，2015 年 8 月蚂蚁金服战略入股趣分期，开展深度战略合作，并通过支付宝提供流量入口。2015 年 11 月，趣分期上线现金贷业务。然而 2016 年国家对校园贷监管加强，趣店转型社会普通贷款，以助贷的形式开始做非信用卡人群的消费金融业务。截至上市前，趣店累计注册用户高达 4 800 万，2017 年第二季度用户复贷率达 85.6%，在当时已经是全球领先金融科技企业第二名。

2017 年 12 月 1 日，央行和原中国银监会联合下发《关于规范整顿“现金贷”业务的通知》，要求所有放贷平台必须要持牌经营，且要有消费场景，同时借贷利率必须在 36% 以内。

趣店作为行业领头羊，受到很大影响。为了寻找新的消费场景，趣店开始大举进入重资产的汽车金融市场，并于 2018 年初上线大白汽车分期。但早在趣店布局汽车金融前，汽车金融市场已经风起云涌，大白汽车的优势尚不明显。在商业模式上，趣店也主要采用自建门店、集采直租的重资产形式。而这种以租代购的模式极大地提高了趣店的运营成本。在专业性方面，趣店也不及其对手。模式重、成本高、效率低注定了大白汽车的结局。另一方面，与蚂蚁金服战略合作协议到期之后的趣店在获客方面也是难上加难。根据报告显示，趣店用户环比增速从 2018 年二季度的 3.79% 持续下降，2019 年一季度注册用户增速仅为 2.08%。基于汽车行业风险的不确定性，趣店于 2019 年 5 月 21 日起停止大白汽车的新车销售业务。

在大白汽车失败之后，趣店又尝试过教育项目“趣学习”、校园社交项目“相同”、高端家政项目“维谱家”，但都未能带来转机。2020 年初，趣店看准国内奢侈品消费的上升趋势，进入奢侈品领域，上线跨境奢侈品电商“万里目”，疫情倒逼奢侈品向线上发展，奢侈品电商或迎来发展机会，但在玩家众多的奢侈品电商行业，趣店能否脱颖而出仍旧是个未知数。

在财务方面，趣店的表现也不容乐观，2019 年 12 月，其营业收入开始下滑。受疫情影响，2020 年第一季度趣店营业收入下滑至 9.579 亿元，并首次出现巨额净亏损，亏损额达 4.68 亿元。其中，融资收入 6.227 亿元，同比下滑 38.4%；贷款便利化收入和其他收入 4.224 亿元，同比下滑 34.4%；交易服务费和其他相关收入为 -1.504 亿元，同比下滑 194.77%。另受“大白汽车”业务影响，趣店销售收入亦从上年同期的 1.370 亿元大幅降至 1 710 万元，同比下滑 87.52%；销售佣金为 3 370 万元，同比下滑 75.2%（见图 2）。

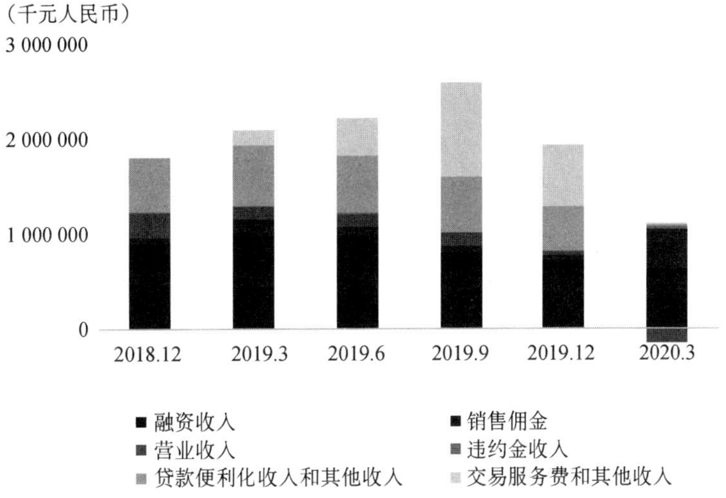


**图 2　趣店收入拆分**

资料来源：趣店财报

反观相同背景出身的陆金所，其转型之路顺利不少。陆金所成立于 2011 年，是平安旗下的一款线上财富管理平台。在国家对 P2P 监管严格的背景下，陆金所逐渐“去 P2P 化”，全面布局财富管理和消费金融领域。在财富管理端，陆金所的表现尤为亮眼。截至 2019 年末，陆金所控股客户资产管理规模为 3 468.56 亿元；同时，通过科技手段实现金融主业的提质增效。其次，由于背靠平安集团，陆金所在消费场景、风控能力、资金成本均游刃有余。平安金融近年来深度布局金融服务、医疗健康、汽车服务、房产服务、智慧城市，覆盖多种金融牌照，是陆金所转型消费金融有利的先天优势。在面临相同问题时，陆金所不局限于消费金融，而是积极拓展其他类金融业务，逐步转型成为横跨信托、基金、证券、保险、消费金融等综合互联网金融平台。

## 二、寺库：专业奢侈品电商

寺库网是一家奢侈品电商，于 2017 年在美国纳斯达克上市，成为奢侈品电商上市第一股，旗下设有寺库商城、寺库智能、寺库拍卖和寺库金融四大核心业务板块，为中国高端消费人群提供从奢侈品新品销售、鉴定评估、售后养护到奢侈品再流通等全方位的“一站式”奢侈品专业服务。上市前，寺库从 2011 年获得首轮 IDG 资本的投资开始，共经历 5 轮累计超过 1 亿美元的融资。上市后又获得了两轮战略融资。

作为国内首屈一指的奢侈品电商平台，寺库能够提供全流程的闭环服务，拥有较高的护城河（见图 3）。

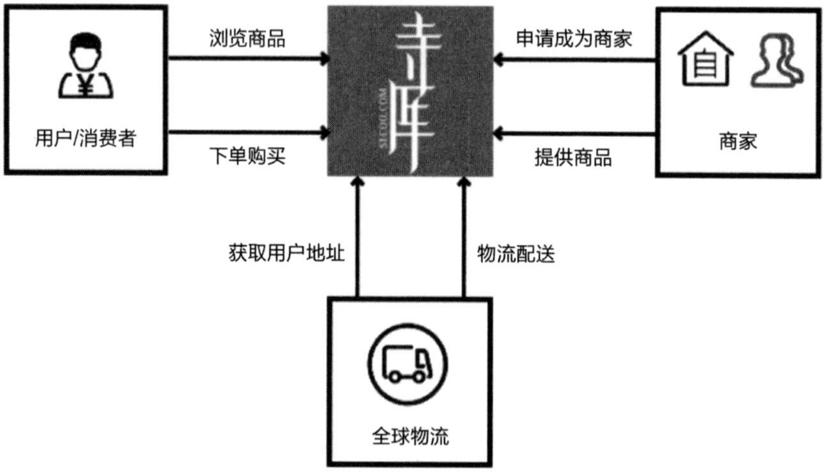


**图 3　寺库闭环服务**

资料来源：寺库官网

• 寺库拥有广阔的品牌渠道。寺库已拥有如 Versace、Salvatore Ferragamo 等千余家国际一线品牌的直接授权，可提供超过 3 000 个国内外品牌，超过 30 万个 SKU。奢侈品品类布局也较为全面，包括腕表、包袋、服装鞋靴、珠宝首饰、美妆等。

• 寺库还提供完善的鉴定服务，以解决假货危机。目前，寺库拥有全国权威的奢侈品评估机构，并拥有来自全球各地超过 70 名专家组成的专家鉴定团队。与此同时，通过收集标准商品数据，寺库已经建立起了庞大的商品信息数据库，通过大数据对比进行智能鉴定和远程鉴定，可以更好地获得消费者信任。

## 三、投资分析

趣店认购寺库股份的消息一经流出，寺库和趣店的股价就水涨船高，寺库股价大涨 52.56%，趣店股价也上涨了 5.44%。但是这种势头并没有维持多久，寺库与趣店的股价又出现下跌（见图 4）。

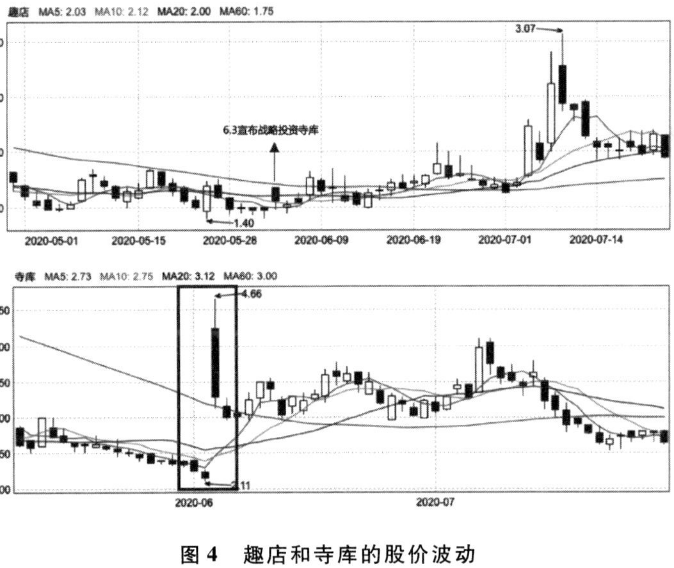


**图 4 趣店和寺库的股价波动**

资料来源：东方财富网

从趣店角度来看，国内奢侈品消费回流趋势明显，奢侈品行业线上化率持续提升。近年来，国家鼓励消费回流的政策支持力度持续提升，在进口关税降低、代购等灰色地带监管趋严以及品牌商价差调整等影响下，内地奢侈品消费占比不断提升。另外，传统渠道增长放缓，线上和免税渠道成为全球奢侈品行业主要助推器。本次趣店投资寺库，成为其第一大股东，可以视作其开拓新的消费场景、转型奢侈品消费贷的一个里程碑。

从寺库角度出发，受疫情影响，奢侈品市场短期呈萎缩态势。《2020年全球奢侈品行业研究报告春季版》数据显示，2020 年第一季度全球个人奢侈品市场销售额出现 25% 的下降，而至第二季度可能会加速萎缩，预计全年内市场规模将会缩减 20% ~35%，这取决于疫情后的恢复速度。另一方面，寺库近年业绩增速放缓，增长面临瓶颈。2019 年第四季度，寺库的成交总额同比增长 51.9%，相较此前接近翻倍的增长，本季度的增速下滑明显。事实上，从 2019 年第一季度开始，寺库的成交总额增速就呈现持续下跌趋势，其营业收入增速也从 2019 年第一季度起开始下降。从以上方面考量，寺库的未来增长还存在不确定性（见图 5 和图 6）。

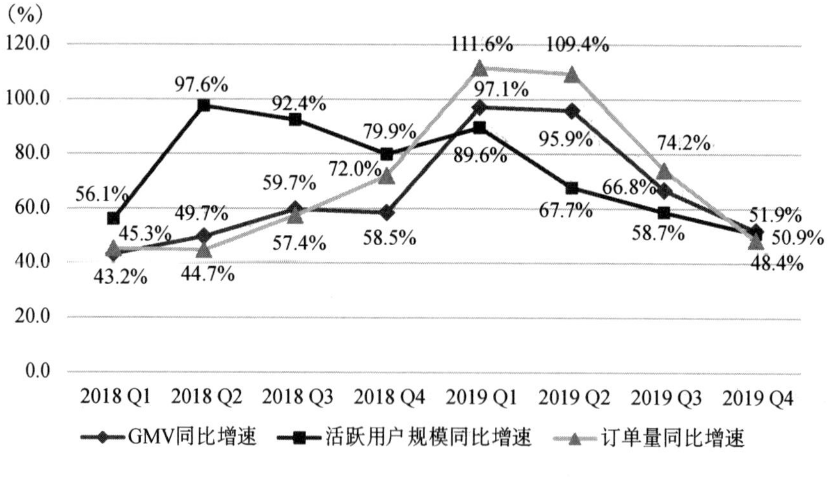


**图 5　寺库成交总额、活跃用户规模、订单量增速情况（2018 ~ 2019 年）**

资料来源：36kr

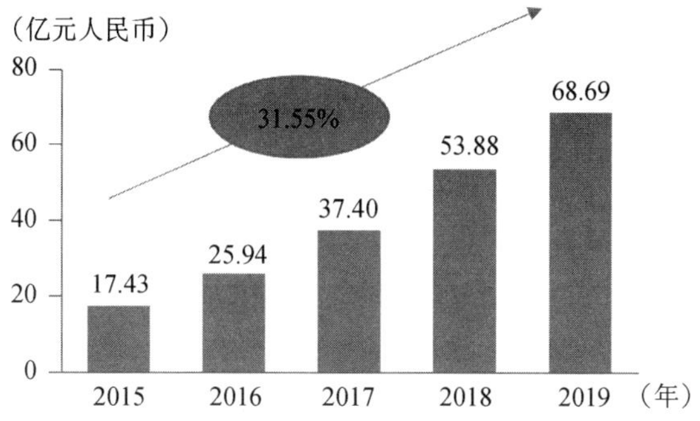


**图 6　2015～2019 年营业收入**

资料来源：寺库财报

## 四、总结

从长期来看，趣店此次成为寺库第一大股东，可以深入拓展奢侈品消费贷领域的发展，但是奢侈品消费的主流群体具有一定的消费实力，结合未来寺库的发展，转型奢侈品消费贷之路是否能够走通走远还是未知。

想成为投融资观察报告创作团队的一员吗？微信扫描本书第 388 页二维码，现在就加入我们吧！

**NO. 26**

# 东微半导体：华为哈勃再投功率半导体，加紧产业链布局与新能源汽车筹备*

主笔：刘笑彤

资料收集：曾　冉　曾沂就

**交易概览：**

2020 年 7 月 10 日，东微半导体获得数千万元战略融资，投资方为哈勃投资。这是哈勃自 2019 年 4 月成立以来投资的第 12 家半导体企业，虽然投资金额不多，但对于哈勃的“大后方”——华为来说，具有深远的战略意义。

## 一、交易逻辑

### （一）华为意在投资汽车电子板块

任正非曾说：“车联网、人工智能和边缘计算是华为未来三大突破点。”未来，人们将在手机与汽车间搭建通道，汽车将成为手机的延伸应用场景，成为华为生态体系布局的重要板块。

同时，随着新能源体系的逐渐完整和消费者对新能源汽车的认知逐渐成熟，新能源汽车渗透率在中国和欧洲快速攀升，传统燃油汽车的电气化也导致汽车电子在传统汽车内的成本占比逐渐提高，汽车电子在新兴和传统市场同时发力，未来增长空间巨大。

---

* 本文写于 2020 年 7 月。

### （二）半导体领域的“备胎思维”

中美两国从贸易战向科技战发展，华为为加强在半导体上的战略布局、保证其供应链的持续与稳定，广泛布局国内高科技公司。

华为与这些公司达成战略合作，不仅采购这些厂商生产的设备，还可以联合开发产品，甚至后期铺设产品线，实现设计、制造、封测、应用的垂直一体化。

## 二、哈勃投资的脉络与业绩

哈勃投资是华为旗下的全资子公司，成立于2019年4月。自成立以来，哈勃在短短一年内投资超过12家半导体企业。虽然投资频率高，但从投资金额上看，动作都比较小，甚至有4次投资金额小于100万元人民币。从介入轮次与投资比例上看，大多数是早期“占坑”，投资比例大多小于10%（见表1）。

表1　　哈勃投资事件表

| 投资标的 | 投资时间 | 投资比例 | 投资金额 | 投资轮次 | 所属行业 |
|---|---|---|---|---|---|
| 东微半导体 | 2020.07 | — | 323万元 | 战略投资 | 半导体 |
| 纵慧芯光 | 2020.06 | — | 117万元 | 战略投资 | 半导体 |
| 灿勤科技 | 2020.04 | 4.58% | 1.1亿元 | 战略投资 | 半导体 |
| 新港海岸 | 2020.03 | 8.57% | 44.7亿元 | 战略投资 | 半导体 |
| 鲲游光电 | 2020.01 | 5.74% | 10.9万元 | B轮 | 半导体 |
| 庆虹电子 | 2020.01 | 32.14% | 2 207万元 | 战略投资 | 通讯制造 |
| 好达电子 | 2020.01 | — | 401万元 | 战略投资 | 半导体 |
| 裕太车通 | 2019.10 | 10.00% | — | 战略投资 | 半导体 |
| 深思考人工智能 | 2019.09 | 3.67% | 48.5万元 | 战略投资 | 人工智能 |
| 杰华特微电子 | 2019.08 | 5.40% | 62万美元 | 战略投资 | 半导体 |
| 山东天岳 | 2019.08 | 8.57% | 908.7万元 | 战略投资 | 半导体 |
| 思瑞浦 | 2019.05 | 8.00% | 7 200万元 | 新三板 | 半导体 |

注：数据由投资界根据公开报道整理

目前，哈勃累计对外投资总额超过 4 000 万元。从投资版图和阶段来看，主要是以完善产业链、保障供应体系为意图进行长线布局。

从地域分布上看，所投资的 13 家半导体企业主要位于长三角区域，与目前半导体产业、汽车配套产业主要集中在长三角的现状也比较吻合。

从业务方向看，所投企业以自主研发高新技术为主，高度国产化生产。产品涵盖模拟芯片、碳化硅材料、功率芯片、人工智能芯片、车载通讯芯片、连接器等产品线。除手机相关业务布局外，还涵盖汽车电子相关产业。

从供应链来看，所投企业大部分已与华为产业链深度绑定。例如纵慧芯光，已进入华为旗舰手机 VCSEL 供应链，是华为 Mate 30 Pro 中 VCSEL 的主要供应商。而华为哈勃持股 4.58% 灿勤科技也曾在 6 月底申请科创板 IPO 时透露，其拳头产品介质波导滤波器主要应用于 5G 通信基站，收入超九成来自客户“H”，该客户“H”基本可确定为华为。

根据早年华为披露的供应商名单，华为此前供应链遍布全球，采购国内半导体产品并不多。而一年来通过自身赋能与哈勃投资驱动频繁“扶持”国内半导体企业，最新 Mate40 已经实现基本与欧美脱钩，供应链体系中国化，国产替代战略成效显著。

## 三、功率半导体赛道发展概述

### （一）定义与行业特征

功率半导体是电子装置中电能转换与电路控制的核心，主要用于改变电子装置中电压和频率、直流交流转换等。

据 Yole 预测，2018 年全球功率器件市场规模约为 160 亿美元，预计至 2022 年市场规模将增长至 183 亿美元，2016 ~ 2023 年复合增速为 4.4%。功率半导体行业集中度极高，高附加值产品长期被欧美厂商垄断，行业壁垒巨大。中国功率半导体市场大量依靠进口，高端功率半导体器件进口率近 90%。中国功率半导体市场规模及增速见图 1。

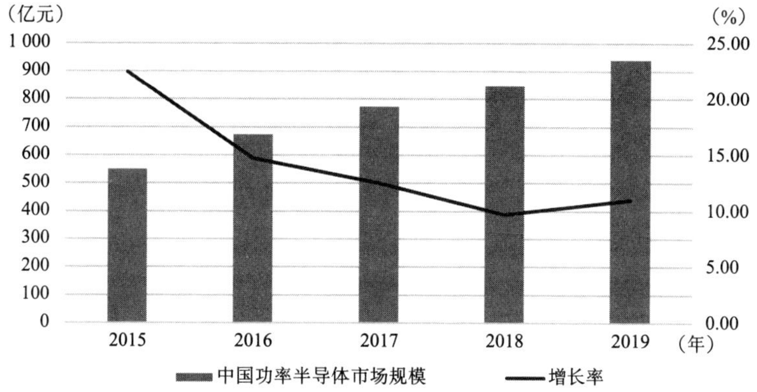


**图 1　中国功率半导体市场规模及增速**

资料来源：中国产业信息网，华创证券

国际格局头部公司英飞凌市占率近 30%，前五大厂商占比近 70%。行业整体毛利率水平不高，其中设计与制造环节价值量较高，模块封装环节较低，代工厂毛利适中。国内外对比，国外头部功率半导体厂商毛利率水平为 35% ~40%，国内功率半导体厂商多为 25% ~30%，国内进步空间还很大，中国制造也需要由依靠劳力的下游向依靠工艺的上游延伸（见图 2）。

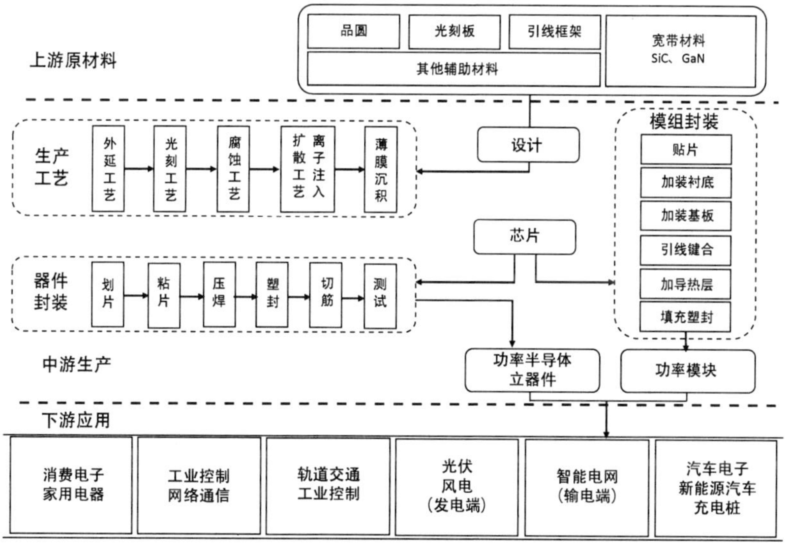


**图 2　功率半导体器件全产业链结构**

功率分立器件的演进路径基本为：二极管→晶闸管→MOSFET→IGBT，其中绝缘栅双极型晶体管（IGBT）是功率半导体新一代中的典型产品（见图3）。

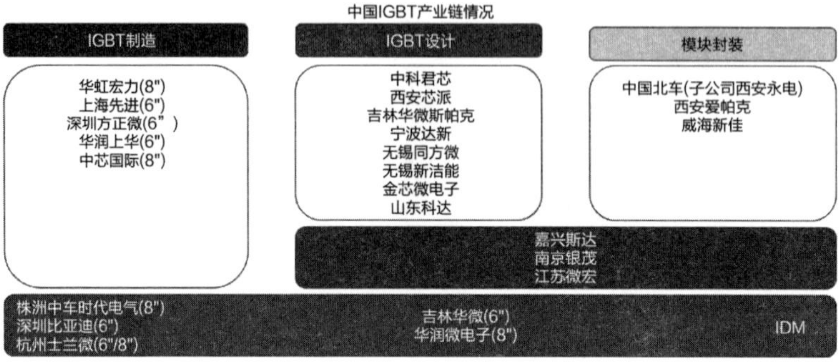


**图 3　产业链模式及代表公司（以 IGBT 为例）**

• Fabless 模式：负责设计与销售，制造、封测外包，主要集中在中国台湾地区，大陆厂商包括斯达半导、宏微科技等。

• 事业部：负责特定领域产品研发，包括比亚迪、株洲中车等。

• IDM 模式：横向一体化生产，包括英飞凌、捷捷微电、扬杰科技、华微电子、士兰微等。

（二）下游应用领域

功率半导体作为基础技术，主要应用于汽车电子、消费电子、变频驱动和电力传输四大领域。其中，消费电子和汽车电子是近年功率半导体的两个重要驱动点。以汽车电子为例，在变压、驱动和换能板块均需要功率半导体介入，且由于汽车电子规格相对较高，毛利空间充足，存在重组的龙头企业诞生空间（见图4）。

**图 4　典型汽车系统中 IGBT 芯片的应用场景**

新能源电动汽车的崛起有助于拉动功率半导体的市场需求。近几年可以说是中国造车新势力的“上市年”，继蔚来后，头部车企理想、小鹏相继赴美 IPO，威马也即将上市。可以说，功率半导体等底层器件拥有庞大的市场，处在一个好的赛道（见图 5）。

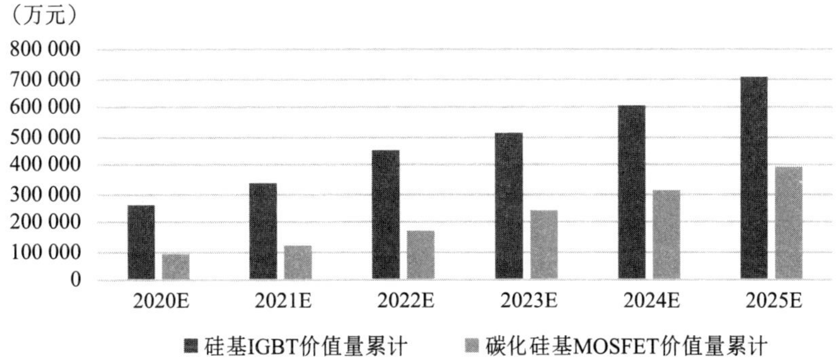


**图 5　中国新能源汽车功率半导体价值量预期**

资料来源：公开数据整理

### （三）功率半导体的国产替代机会

地缘优势：中国是全球最大的功率半导体消费国，未来我国对 IGBT 的需求占比将提升到 50% 左右，国内企业对于半导体这样的高科技应用能力强。如果我国在 5G 的赛跑中领先，将来通讯、人工智能、云端服务等也很有可能大大超前，后来居上。

国外专利过期：功率半导体领域产品技术更迭快，我国企业可以在现有技术上加紧突破，在研发方面跟上最新的方向。

政策优势：政策掌握大量资金，可用于对企业的战略扶持，或可形成独有的中国式投资模式，使市场和政府实现优势互补，推动第三代半导体在中国的发展。

## 四、标的公司

东微半导体是一家超级结 MOS 领域的头部设计公司（见图 6）。

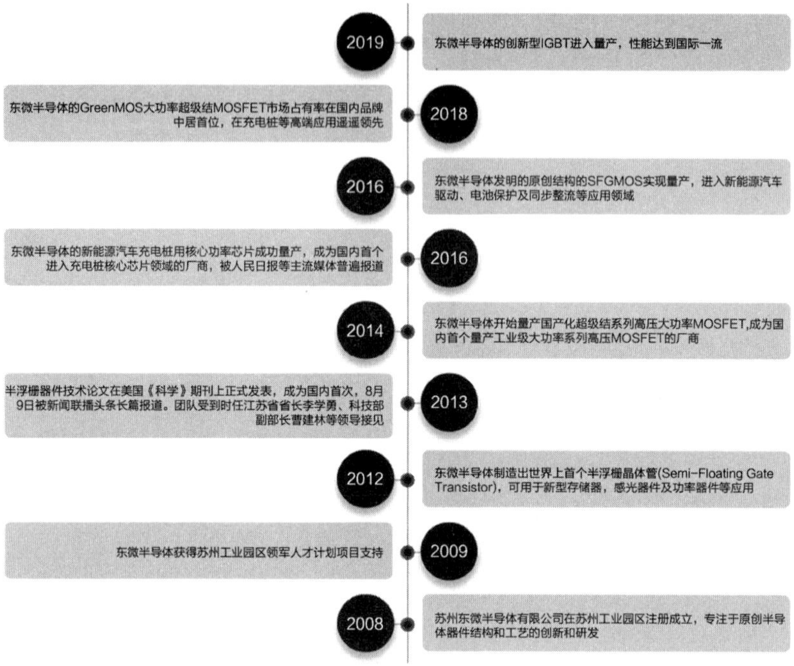


图 6　公司发展历程

东微半导体的第四大股东为国家大基金旗下上海聚源聚芯集成电路产业股权投资基金中心（有限合伙），后者的第二大股东为中芯晶圆股权投资（宁波）有限公司［中芯国际（上海）间接持股］。

东微半导体是国内首个量产工业级大功率系列高压 MOSFET 的厂商、国内首个进入充电桩核心芯片领域的厂商，制造出了世界上首个半浮栅晶体管，实现了新能源汽车充电桩用核功率芯片量产，打破了国外厂商的垄断。东微半导体的出货量很高，GreenMOS 大功率超级结 MOSFET 市场占有率在国内品牌中居首位。

目前有高压 GreenMOS 系列、中低压 SGTMOS 系列、IGBT 三类产品。

## 五、华为未来汽车半导体展望

### （一）后进者困境

欧美供应商掌握核心工艺，具备先发优势。尽管未来国产替代空间巨大，但未必便于实现；我国功率半导体起步晚，而功率半导体产品研发和市场开拓周期长，新进入者前期往往投入大，产出少，产能良率不及巨头。功率半导体的IGBT模块在下游产品的应用中，性能表现、稳定安全性为重要衡量指标，产品替换成本高，国际巨头控制交货周期与价格体系。

产品升级带来新的技术考验。SiC、GaN材料抢占传统硅材料的市场份额。SiC主要用于功率领域，目前特斯拉Model 3采用的SiC芯片可以将新能源汽车的效率提升10%，是下一代技术的方向。2019年，SiC功率器件市场约为5亿美元。亚化咨询预计，到2025年，SiC功率器件市场将逼近35亿美元。由于成本较高，预计3~5年可形成替代。

## （二）发展机遇

宏观层面，功率半导体未来主要的增长机会来自于新能源汽车的普及和工业生产自动化率的提高。新能源汽车规模化市场、充电基础设施市场、能源半导体市场价值总量有望达到百亿元级。

公司层面，华为通过打通全国供应链、优势互补，助力功率半导体的多个细分领域自主研发产品，也为汽车半导体积累实力；华为布局车联网与智能汽车行业，在电控系统上研究颇深。

政策层面，计划到2025年，新能源汽车新车销量占比达25%，智能网联汽车新车销量占比达30%，高度自动驾驶智能网联汽车实现限定区域和特定场景商业化应用；实行双积分政策作为对新能源汽车行业的长期支持，建立积分交易机制，更加市场化，促进节能与新能源汽车协调发展。

综上，长线看好华为在汽车半导体领域的发展空间和转型魄力。

**NO. 27**

# 小鹏汽车：定位中高端，角逐国产纯电动汽车市场*

主笔：刘笑彤

资料收集：卢义行　王康平

**交易概览：**

2020年7月20日，小鹏汽车宣布完成C+轮近5亿美元融资，主要投资方为Aspex、Coatue、高瓴资本和红杉中国。

8月3日，距离C+轮5亿美元融资不到半个月，小鹏汽车再次获得超过4亿美元融资，中国电商巨头阿里巴巴集团领投了小鹏汽车的本轮融资，卡塔尔投资局（QIA）等也参与了投资。这笔资金是上个月筹集的C+轮融资的附加资金。

8月27日，小鹏汽车成功登陆美国纽交所IPO。目前，小鹏汽车共持有现金类资产超85亿元人民币。此前已经历了11轮融资，累计融资175亿元人民币。

## 一、中国新能源汽车行业的曲折发展

资金链为王，大量资本涌入赛道。近年，随着技术的发展和能源问题的日渐严峻，新能源汽车板块渐受资本青睐。新能源汽车行业长期亏损、依赖巨额的资金补贴，资本为之疯狂。由于国家补贴力度可观，行业在2018年呈井喷式发展，迎来新能源汽车发展大潮。但同时，高额的补贴也

* 本文写于2020年7月。

诱发了“骗补门事件”，72 家企业不法牟利骗取补贴。另外，以乐视为代表的“PPT 造车”现象也导致投资人对该行业的信任度锐减。在新能源补贴退坡后，补贴重点关注汽车供应链。在此背景下，新能源汽车行业长期亏损、依赖巨额资金补贴的特性让许多资质不够的新能源车企难以为继。

2020 年以来，造车新势力不断爆雷，博郡、赛麟、拜腾等相继因为资金链断裂而出局倒下，资本是目前行业的生命线（见图 1 及图 2）。

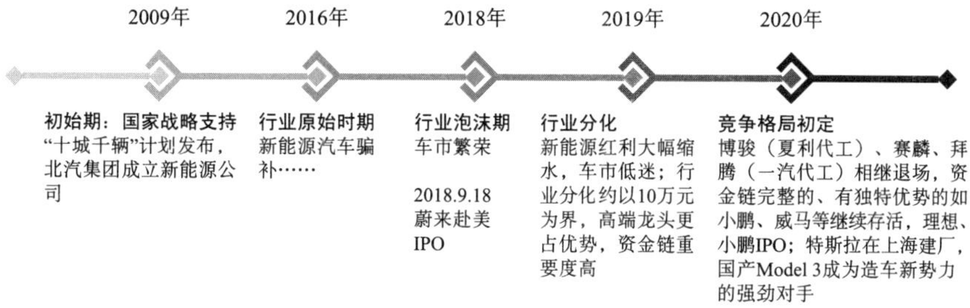


图 1　中国新能源汽车时间轴

部分新兴车企造车进度

| 新造车企 | 成立时间 | 首款量产车型 | 交付时间 | 售价（万元） | 生产方式 | 融资规模 |
|---|---|---|---|---|---|---|
| 蔚来 | 2015年5月 | 中大型纯电动SUV | 2018年4月 | 44.8~54.8 | 代工+自建 | 累计超146亿元人民币 |
| 威马 | 2015年12月 | 紧凑型纯电动SUV | 2018年 | 16.65~29.88 | 自建工厂 | 累计超接近200亿元人民币 |
| 车和家 | 2015年7月 | 插电混动中大SUV | 2019年 | 25~40 | 自建工厂 | 累计超57.55亿元 |
| FMC | 2016年3月 | 豪华中型SUV | 2019年 | ≥30 | 自建工厂 | A轮融资2.4亿美元，B轮获一汽战略支持 |
| 小鹏 | 2014年 | 紧凑型纯电动SUV | 2018年 | / | 代工+自建 | 累计超50亿元人民币 |
| 奇点 | 2014年12月 | 中大型SUV | 2018年底 | 20~30 | 代工+自建 | A轮6亿美元 |
| 零跑 | 2017年1月 | 纯电动轿跑 | 2019年上半年 | 20 | 自建工厂 | Pre-A轮过亿元人民币 |
| 爱驰 | 2017年2月 | 紧凑型纯电动SUV | 2018年 | 20~30 | 自建工厂 | 累计融资70亿元人民币 |
| 电咖 | 2015年 | 小型纯电动轿车 | 2018年亮相 | 13.38~14.18 | 代工+自建 | 天使轮过亿元人民币 |
| 游侠 | 2014年 | 纯电动轿车 | 2018年亮相 | / | 自建工厂 | 累计融资62.2亿元人民币 |

图 2　国内新能源汽车历史品牌一览

注：画圈为已完成 IPO 公司的标记，画线为已倒闭的公司

经历了市场热度下滑、融资困难的车市寒冬与汽车行业大洗牌，我国新能源汽车市场规模仍不断增长、保持活力，蔚来、小鹏、理想、威马等造车新势力脱颖而出，资本市场上融资不断，蔚来、理想、小鹏相继上市。由此可见，其实中国已具备生产优秀电动汽车的能力。

## 二、新能源汽车行业概览

新能源汽车行业所需资金量大，需要资本维系，产业链长；同时，好的新能源汽车需要依靠算法与数据，具有重运营、重服务的属性。目前，中国新能源汽车市场体量尚小，近年呈波动增长态势（参考数据：2019 年全国新能源汽车销量为 120.6 万辆，占汽车销量的 4.82%），但同时，造车新势力头部效应显著，市场集中度提高，行业前 5 家企业占比已达 90% 以上。

新能源汽车评价指标包含：续航里程（最基本指标）、充电性能（充电功率等）、动力性能（最大输出功率等）等，实用功能（如车载互联网）为加分项。

### （一）市场规模逐渐上升

中国是目前全球最大的新能源汽车市场。目前新能源汽车的产销量 95% 以上是纯电动力汽车或者插电混合动力汽车（见图 3）。IHS 市场报告显示，2019 年国内纯电汽车销量为 90 万辆，预计 2025 年国内纯电汽车销量将达到 420 万辆（见图 4）。

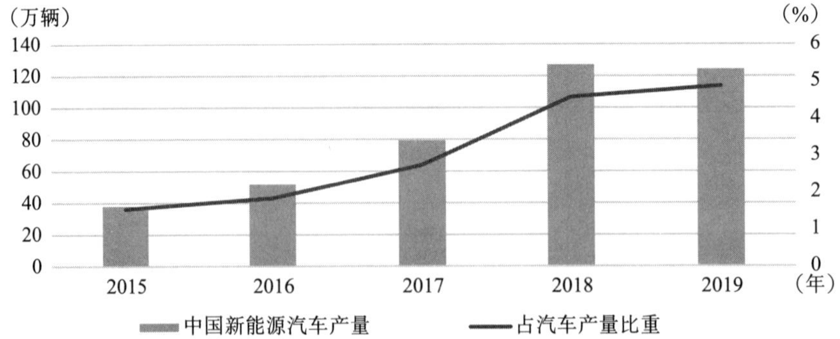


**图 3　2015 ~ 2019 年中国新能源汽车产量及占汽车比重逐年上升**

资料来源：中国汽车工业协会

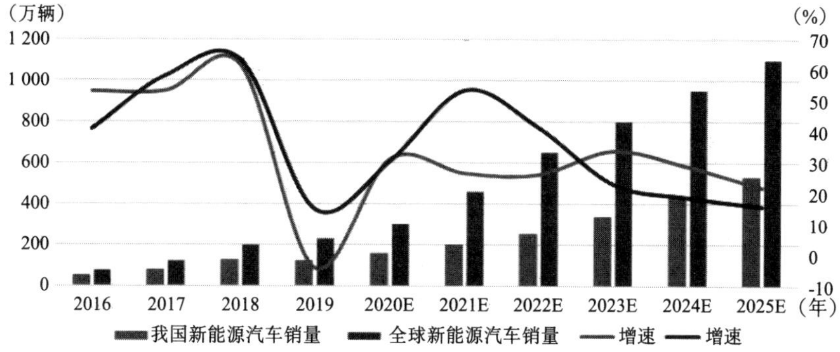


**图 4　新能源汽车产销规模及预测**

资料来源：工信部，彭博财经，东方证券研究所

## （二）政策：向该领域倾斜，目前新能源补贴滑坡

2020 年进入“后补贴时代”，国家采用新能源补贴与双积分政策（平均燃油消耗量积分 + 新能源汽车积分），鼓励新能源汽车行业良性发展（见图 5）。我国重视新能源汽车行业的原因主要是：一是新能源有利于发展环境友好型经济，更加环保；二是我国煤多油少，面临能源安全问题，发展新能源汽车有战略意义；三是中国与美国、日本、德国等国有巨大的技术差距，而新能源汽车的汽车电子脱离了传统的内燃机系统，中国汽车工业将有机会实现“弯道超车”。

**图 5　中国汽车产业链趋近于完整**

资料来源：公开数据整理

（三）赛道代表选手

新能源汽车选手众多，代表选手包括互联网造车。造车新势力：蔚来、小鹏、理想、威马；科技巨头：谷歌、百度；电商巨头：亚马逊、美团；汽车服务商：Uber、滴滴；传统车企：通用、丰田、中国代表车企比亚迪、吉利、北汽、奇瑞；汽车行业一级供应商：德国博世等。各个产业链均有众多国内外企业涉足，竞争激烈。

（四）传统车与新造车的博弈

传统车与新造车的差异主要体现在动力系统上。传统的燃油车使用发动机，发动机及动力总成系统占总成本的15%（见图6）；而纯电动汽车使用电动机，动力电池、驱动电机和电机控制器组成“三电”核心部件，纯电动汽车成本主要来自“三电”成本（见图7）。

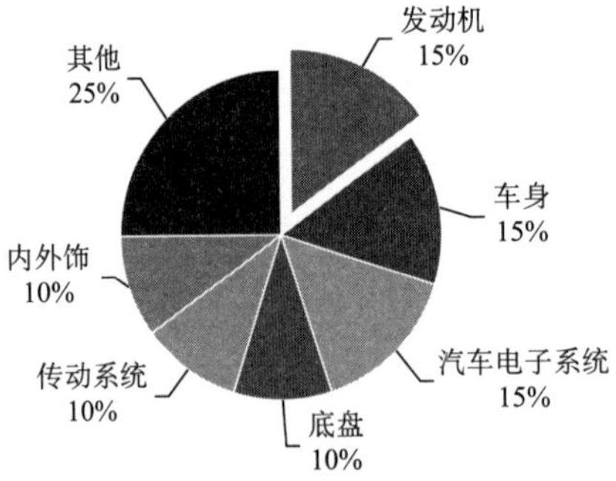


**图6　传统车成本构成**

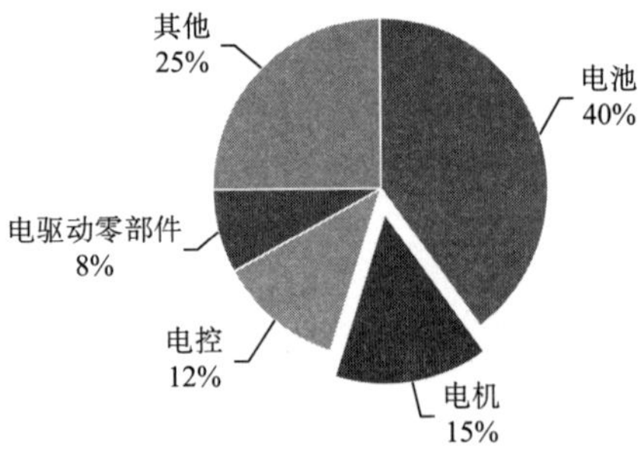


**图7　新造车成本构成**

传统车在竞争中优势很大，原因如下：

第一，百年工业积淀。传统车企供应链和生产体系完整，有丰富的经验积累，技术实力强，品控好，有一流的设备和产品线，打造出质量、续航、车机系统稳定性好的新能源车，而新造车目前产能爬坡艰难，代工生产的质量受质疑。

第二，销量占优。虽然新造车销量在逐渐增长，目前国内传统车销量仍占绝对优势（见图8）。

第三，许多传统车企已经及时跟上步伐，进军新能源领域。

基于这种竞争格局（见图9），在传统汽车的挤压下，造车新势力很可

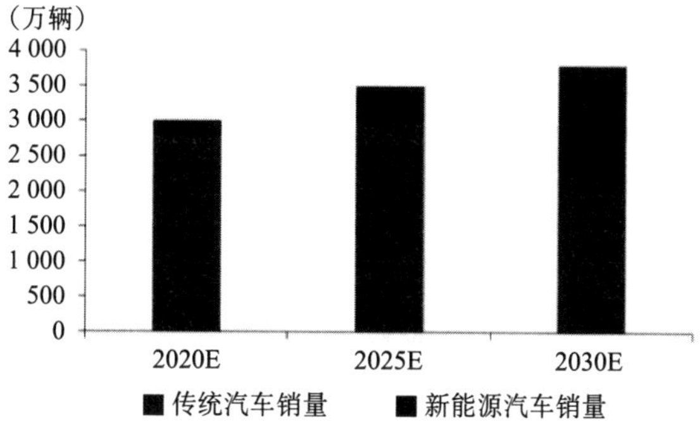


**图 8　传统汽车与新能源汽车的统计销量**

资料来源：中国汽车工程协会

能像小鹏汽车创始人何小鹏预测的那样："（未来中国新造车的）成功者不超过两家。"

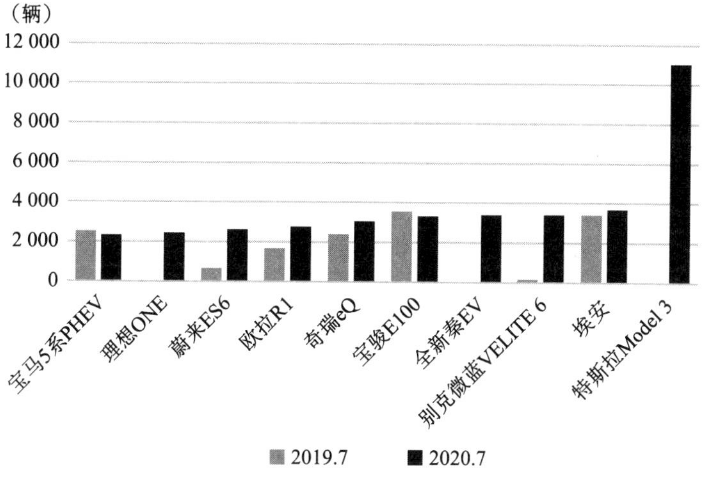


**图 9　新能源车前十名月销量比照图**

## 三、"汽车界的小米"——小鹏汽车

标的公司小鹏汽车是智能汽车设计及制造商，也是融合互联网和人工智能前沿创新的科技公司，背靠阿里，目前交付成绩优异，生产、制造、交付一系列体系迭代成熟，在新能源汽车赛道上具备极大的潜力，也是中国唯一一家拥有端到端自研技术并量产的车企。在目前的造车新势力中，小鹏汽车首个取得工信部产品公告，首个量产车下线，首个获得新能源专用牌照，并首个交付内部和友好用户，首家贯通设计、研发、生产制造、交付和上牌全流程。因高性价比、重创新和互联网基因，小鹏汽车被誉为“汽车界小米”。

• 2018 年 1 月，小鹏汽车 G3 量产；

• 2020 年第一季度累计销量前十车企中，国内新造车势力占其中 2 席，分别为蔚来汽车和威马汽车，市场占有率分别为 3% 左右。

• 从单品角度，以 2020 年 1 ~ 4 月销量为基础样本，蔚来汽车 ES6 进入车型 top10。另外，威马 EX5 和小鹏 G3 分别排名第 12 名和第 21 名，小鹏稍显落后。

## 四、错位竞争，小鹏的差异化卖点在哪里

主流电动汽车的性能比较见表 1。

**表 1　　几款主流电动车比较**

| | 差异化优势 | 车型/系统 | 动力类型 | 售价（万元） | 纯电续航（里程/km） | 最高车速（km/h） | 百公里加速(s) | 快充时间(h) |
|---|---|---|---|---|---|---|---|---|
| 蔚来 | 从销量角度，公司销量表现在造车新势力中排名第三<br>小鹏 p7 作为 20 万 ~ 30 万级纯电动车，可比比亚迪汉 EV 和特斯拉 Model 3<br>以整车的 OTA 能力实现产品的差异化<br>自主研发实现端到端全闭环，打造适合中国路况的自动驾驶演进路线 | ES 8 | 纯电动 | 45 ~ 60.6 | 415 | 200 | 4.9 | 1.5 |

续表

| | 差异化优势 | 车型/系统 | 动力类型 | 售价（万元） | 纯电续航（里程/km） | 最高车速（km/h） | 百公里加速(s) | 快充时间(h) |
|---|---|---|---|---|---|---|---|---|
| 特斯拉 | 中国新能源汽车引领者<br>研究换电模式，布局充电桩；<br>科研实力，一年申请4 000多项专利（被诟病产品定位不清晰） | Model 3（国产标准续航升级版） | 纯电动 | 29.18~41.98 | 445 | 225 | 5.6 | 1 |
| 威马 | 增程式汽车为主要差异点<br>单车 BOM 成本低，相较而言不大量砸钱，成本管控出色 | EX6 Plus | 纯电动 | 18.99~25.99 | 408 | — | 9.5 | 0.5 |
| 理想 | 百度为后方资本<br>续航里程长<br>充电时间短 | 理想 ONE | 增程式 | 32.8 | — | 172 | 6.5 | 0.5 |
| 小鹏 | 创始人光环促进品牌塑造<br>大单品战略，高举高打，抢占豪华车市场<br>融资能力强，现金流充足<br>技术储备和量产经验丰富<br>（目前 Model 3 落户上海） | G3 | 纯电动 | 14.68~19.98 | 460 | 170 | 8.6 | 0.63 |
| | | P7 | 纯电动 | 22.99~34.99 | 586 | 170 | 6.7 | 0.47 |

与特斯拉相比，小鹏汽车享有中国的本土补贴，而且通过自建工厂和汽车生产基地——广东肇庆工厂自主生产基地，可以更好地保证品控，降低变动成本，并获得市场认可。智能是小鹏汽车的核心竞争力。小鹏汽车自研了自动驾驶系统，其自动驾驶演进路线清晰，自动泊车技术在国内首屈一指。

## 五、没有销量，就没有未来

企业自身有造血项目，可以支撑现金流，销量增加又会反哺企业，提高其造血能力。因此，对于新能源车企而言，企业生产的汽车交付数、出货量是关键，企业能否存活最终要看销量、规模。

随着特斯拉 Model 3 在中国的本土化，降价的策略将会导致其销量上升，可能还会引发新的行业大洗牌。

从表 2 和图 10 可以看出，国内新能源车与特斯拉相比销量差距还很巨大，国内车的毛利与单车成本都不尽如人意，原因在于在产能爬坡期有大量的固定资产投入，但没有足够的交付数、销量来摊薄成本，所以毛利率很低，还未扭亏为盈，未来只有确保销量，才能发挥规模效应，改善盈利水平。

**表 2　2019 年全年新造车数据**

| | 销售数量（辆） | 固定资产（万美元） | 毛利（万美元） | 净利润/净亏损（万美元） |
|---|---|---|---|---|
| 特斯拉 | Model 3：300 075 | 2 019 900 | 409 600 | -77 500 |
| 蔚来 | ES6：16 608 | 79 478 | -17 919 | -162 252 |
| 理想 | 1 011 | 46 681 | -1 | -34 439 |
| 小鹏 | G3：16 608 | 45 717 | -7 900 | -522 523 |

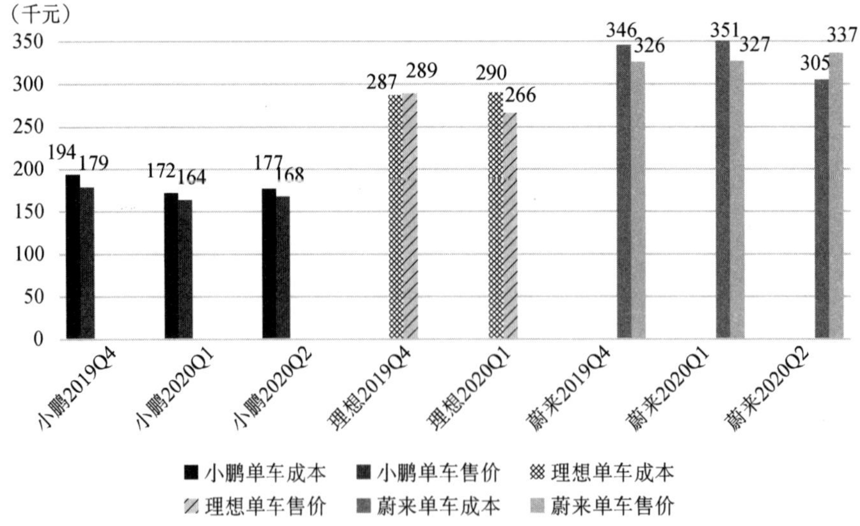


**图 10　理想、小鹏、蔚来单车成本、售价**

## 六、自动驾驶是新能源汽车的下一个战场

未来，汽车将更多地关注自动驾驶，电动汽车电动化基础更高，导入网联、数据采集和优化就更方便，趋势必然是会搭载自动驾驶。因此，新能源车是自动驾驶的最佳载体。

在新能源领域，小鹏汽车将同已登陆美股的蔚来汽车和理想汽车上演“三国杀”，形成“蔚来 + 腾讯、理想 + 美团、小鹏 + 阿里”三大势力格局，不少车企互相持股，关系错综复杂，新能源赛道上的竞争日益激烈。

中国的造车新势力最终可能会剩下 2 ~ 3 家。就目前来看，小鹏汽车仍有机会在新能源汽车的赛道上脱颖而出，打造新能源汽车领域优质的民族品牌。

想成为投融资观察报告创作团队的一员吗？微信扫描本书第 388 页二维码，现在就加入我们吧！

**NO. 28**

# 个护小家电市场大有可为，小米生态链品牌素士或成行业新星*

**主笔：**周子榆

**资料收集：**卢义行　王康平

**交易概览：**

小米生态链旗下品牌素士（Soocas）宣布已完成 1.75 亿元的 Pre－IPO 轮融资，本轮融资由远翼投资领投，恒旭资本、弘晖资本、浙商创新资本联合投资，老股东昆仲资本和云沐资本再次追加跟投。本轮融资将用于公司底层技术研发和品牌营销。此前素士曾在 2019 年初完成 2 亿元人民币 C 轮融资。

## 一、从进口替代到出口导向——中国家用电器行业发展历程

随着国产品牌技术日益发达，以及大面积代工导致进口品牌的品控能力下降，靠着显著的价格优势和更加本土化的运营以及营销，国产品牌已逐渐占据中国家用电器行业的大半江山。在保证价格优势的前提下，国产品牌逐渐提升自己的技术水平和保障产品质量。在空调、冰箱、小家电等领域诞生了格力、海尔和美的三大巨头，把控了国内家电市场的绝大多数份额。不仅如此，国产家电品牌在世界上的影响力也在逐渐扩大（见图 1 及图 2）。

* 本文写于 2020 年 7 月。

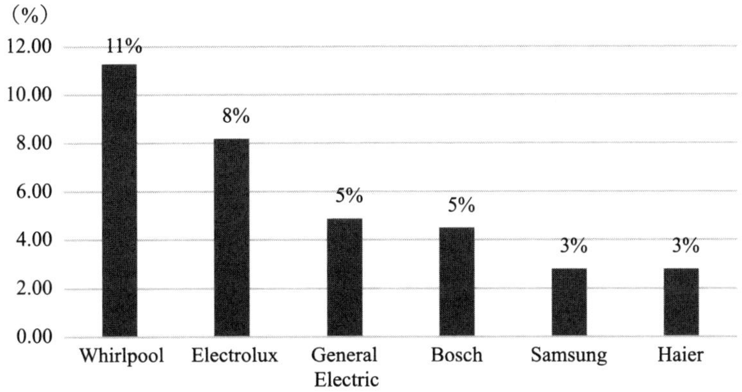


**图 1　2000 年福布斯全球大型厨房家电品牌份额**

资料来源：Forbes

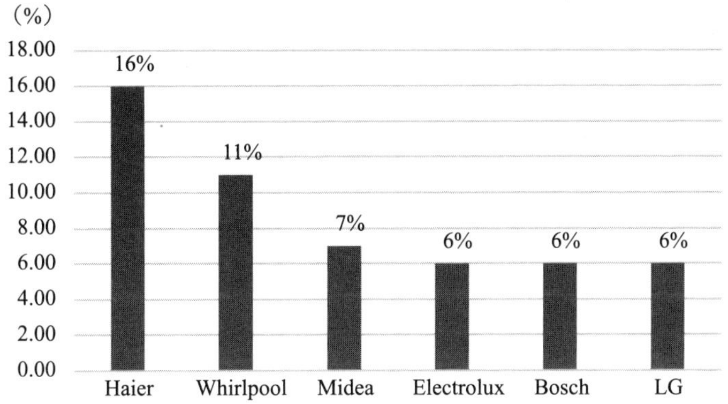


**图 2　2019 年欧睿国际全球大型家用电器品牌份额**

资料来源：Euromonitor International

对比 2000 年与 2019 年全球大型家用电器调查数据可以发现，国产大型家用电器已经在世界市场上处于绝对领先地位。在其他如惠而浦、伊莱克斯等头部企业洗牌并不明显的情况下，国产品牌海尔 2009 年成功拔得头筹，并 11 年蝉联全球家电品牌销量冠军，以 16% 的市场份额大规模领先于其他进口品牌。美的于 2016 年完成了对东芝的家电业务的收购，并于 2017 年收购德国工业机器人巨头库卡 90% 以上股份，美的的国际影响力迅速增长，2019 年以 7% 的份额在全球家电品牌名列第三。这些说明国产品牌在家电行业已基本完成从国产替代进入出口导向时代的转变，正在全球范围内产生较大的品牌影响力。

## 二、规模迅猛增长的小家电市场将是中国家电行业下一个热点

2019 年，中国家电产品销售量自 2014 年来首次出现下降，2020 年的新冠肺炎疫情又使大家电市场持续低迷。与此同时，小家电市场展现出不同寻常的韧性，受疫情的负面影响很小。像厨房、个护等小家电由于本就依赖线上的销售模式，反倒因为疫情隔离的原因销量不降反增，成为家电行业炙手可热的新星。实际上，疫情只是凸显了小家电市场的发展——小家电市场在中国正处于一个急速上升扩张期。消费升级是小家电行业增长的内驱动力。消费者生活及消费习惯的改变和互联网带来的红利，使提升生活品质的小家电正在中国迅速普及。

比较 2014～2019 年中国家电行业与小家电行业市场规模可以发现，从 2017 年起，中国家电行业的整体发展明显减缓，甚至出现了负增长的情况。而相比之下，小家电行业则处于一个较稳定且迅猛的发展阶段（见图 3）。根据前瞻产业研究院统计数据显示，2014～2019 年小家电行业年均复合增长率为 13.3%，2019 年市场规模达到了 4 015 亿元。相比欧美市场家庭平均 30 件小家电的持有量，中国小家电目前平均家庭 10 件的水平表明小家电的渗透率和普及率仍有很大的上升空间。

**图 3　2014～2019 年中国家电行业市场规模**

资料来源：中商产业研究院，前瞻产业研究院

## 三、小家电行业中，个护小家电具有最强的发展潜力

在小家电市场中，厨房小家电是国内普及度最高的子行业，而个护小家电仅占全部小家电市场的11%，是普及率较低的细分领域（见图4）。根据中国家电网的统计，80%的个护小家电规模由电动剃须刀占据，电吹风占比达到12%，其他品类的个护小家电如电动牙刷、美容仪器、健康护理等均尚处于发展初期，有很大的市场空间。随着生活水平的提高、消费的迭代升级以及一些个人护理习惯的养成，个护小家电将很可能以一个比小家电整体更高的增速发展。

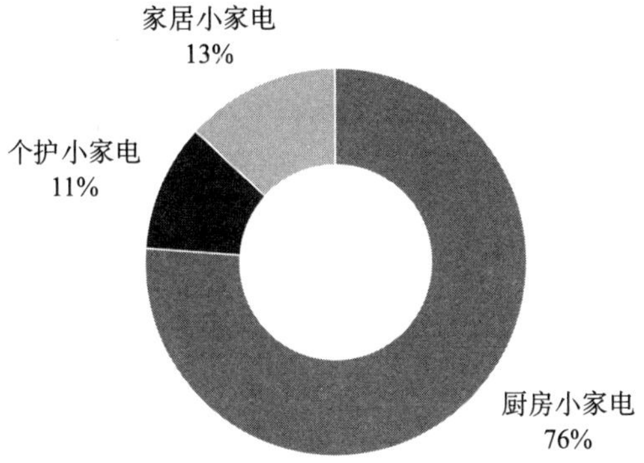


**图4　2018年全国小家电细分品类零售量占比情况**

资料来源：前瞻产业研究院

另外，随着小家电近年来的迅猛发展，小家电行业也出现了四大发展趋势：国产代替进口的品牌占有率，线上或线上线下结合代替线下的销售模式，从规模效应转为生态效应的新物联网商业思维模式，及从主打营销到技术为王的核心竞争力。

小家电固然有极大的发展空间，但就目前国内市场来看，小家电行业的风险也是显而易见的：一是小家电的技术壁垒普遍较低，在市场竞争激烈的情况下不可避免会产生产品趋同且质量参差不齐的情况；二是小家电不是生活刚需，对于企业来说单一品类的规模化存在瓶颈明显、风险较大的问题，想要在小家电行业占据一席之地，需要不断提升产品的设计及质量，需要开发新的产品来突破天花板的限制，寻找新机会。

## 四、素士：个护领域的行业新星

素士便是看中了个护小家电市场的发展空间，以声波电动牙刷为主打产品，逐渐侵入整个个护小家电市场。素士成立于 2015 年，是一家主要面向浴室场景的个人健康护理科技产品的小米生态链企业，在国内个人护理领域表现突出。目前，素士的产品可以分为口腔护理、美发护理、须发护理三大品类，已上线的产品有电动牙刷、电吹风、剃须刀、鼻毛修剪器、冲牙器等，并将衍生出牙膏、漱口水、护发精油等配套产品。

声波电动牙刷是素士知名度及销量最高的主打产品。电动牙刷巨大的市场潜力一直被业界看好（见图 5）。AC 尼尔森 2015 年的研究数据显示，中国电动牙刷的普及率仅有 3%，而伴随近几年公众健康意识和消费水平的提高，2018 年国内电动牙刷普及率已经达到 5%，不过仍与欧洲国家发达地区近 50% 的电动牙刷渗透率相差甚远。

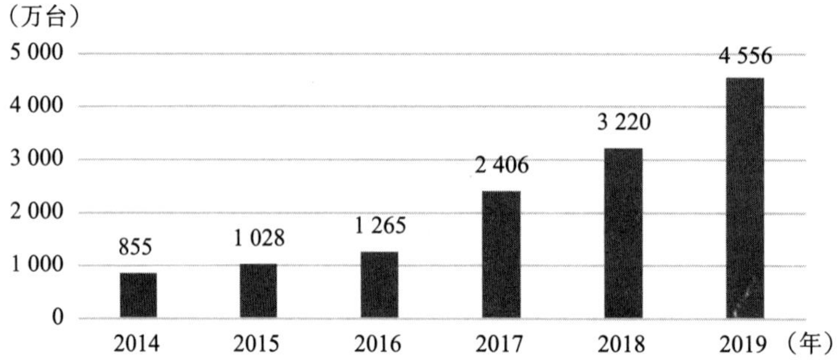


**图 5　2014～2019 年中国电动牙刷销量**

资料来源：动脉网

由于电商市场带来的红利、口腔卫生在国内的推广普及，以及人们对个人健康关注度的普遍提升，电动牙刷在国内的渗透率处于急剧扩张阶段。电动牙刷正从中高端消费者生活品质的象征逐渐成为普通消费者的日常个人护理产品。

与此同时，在电动牙刷进入中国市场已经近 20 年，且多达 300 余种的电动牙刷国内外品牌竞争激烈的情况下，电动牙刷市场的国产品牌头部缺失，呈现个较分散的格局。目前，进口口腔护理巨头如飞利浦和 ORALB 仍占据国内电动牙刷很大一部分市场，但其竞争力及渗透能力也在逐渐下降，给了国产品牌更多抢夺市场份额的机会（见图6）。

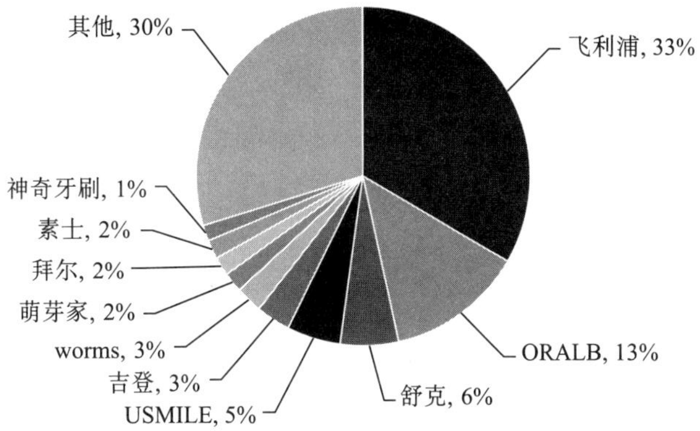


**图6　电动牙刷 TOP10 品牌线上市场占有率**

资料来源：中商产业研究院

素士的目标客户为中端市场的年轻消费群体。定位年轻消费群体，一是因为年轻消费者对于家电消费理念和需求与老一代消费群体存在较大差异；二是因为年轻人将会成为社会主流消费人群，潜在的市场空间广阔。随着年轻消费群体的崛起，抓住年轻消费群体等于把握住了未来的市场动向。围绕着年轻消费者对于产品外形时尚、性价比高的要求，素士利用自身的设计能力和依靠小米生态链的产业优势，在产品的外观设计及定价上都充分满足了年轻消费者的需求。而主打中端市场则是因为电动牙刷在下沉市场有广阔的拓展空间，通过把握价格及质量上的平衡，素士成功抓住了中端市场消费者的需求，并成为百元以上电动牙刷的中国品牌销量冠军。

除了明确的目标客户外，素士能从众多电动牙刷品牌脱颖而出，依靠的还是自己独有的设计层面上以及更重要的技术层面上的优势。

- 设计层面上，素士符合年轻人的消费需求，既保证了设计的美观又不削弱用户的使用感和产品的实用性，能够给用户提供物理和精神上的双重愉悦。
- 技术层面上，素士突破了个护小家电的技术壁垒，拥有多项专利，例如电动牙刷的磁悬浮超声波马达和刷毛的无金属植毛技术，能够绕过国外大品牌封锁且价格特别高昂的零部件与工艺（见图7和图8）。

图 7　磁悬浮超声波马达技术

图 8　素士的无金属植毛技术

牙刷品类主要企业情况对比见表 1。

表 1　企业对比

| | 主营业务 | 代表产品 | 优势 | 劣势 |
|---|---|---|---|---|
| oralshark | 新型智能牙刷 | 产品分为两个版本：一是普通版；二是蓝牙版。其中，蓝牙版用户可通过手机 APP 自定义牙刷振动频率 | 作为日化品牌，其产品具有一定吸引力 | 作为“参半”品牌下的分支，目前规模较小，缺乏较强的市场竞争力 |
| 天津橘子科技 | 口含式电动牙刷 | “U”形牙刷杆、刷头。可替换 TPU 纳米抗菌刷毛及尼龙刷毛 | 电动牙刷具有自身特点，科技感十足 | 品牌产品过于单一，缺乏多元化 |
| 力博得电子 | 智能磁悬声波牙刷及相关衍生产品 | 声波牙刷（智能磁悬声波、防水、杜邦刷毛） | 品牌成立时间早，有一定的积淀，拥有自己的专利 | 市场占有率较低 |
| 素士 | 个护小家电产品研发商 | 主打品类为声波电动牙刷。上线产品有：电动牙刷、电吹风、鼻毛修剪器、冲牙器等 | 以高端、时尚、功能性明显为特点的个护类小家电，定位清晰 | 与头部企业飞利浦等还存在较大差距 |

资料来源：公开数据整理

在智能音响、智能门锁以及扫地机器人等小家电领域，小米及其生态链企业的优势已有较为显著的体现（见图9～图11）。在小米生态链短短不到十年的发展中，小米已经在众多大小家电的领域占据了市场主导地位，在曾经被“美的、九阳、苏泊尔”垄断的小家电市场也有了一席之地。

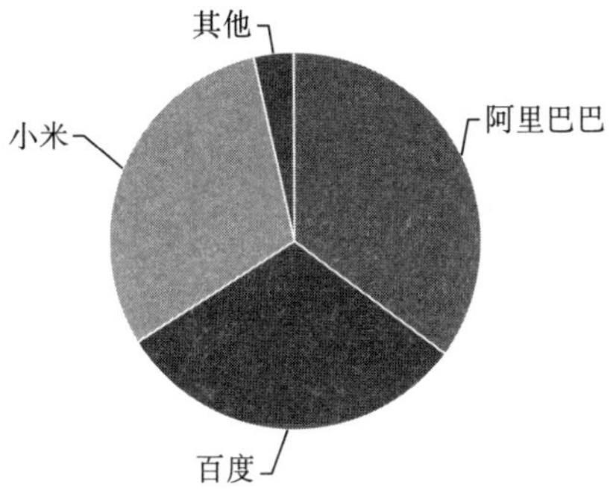


图9　2020年第一季度中国智能音箱市场份额

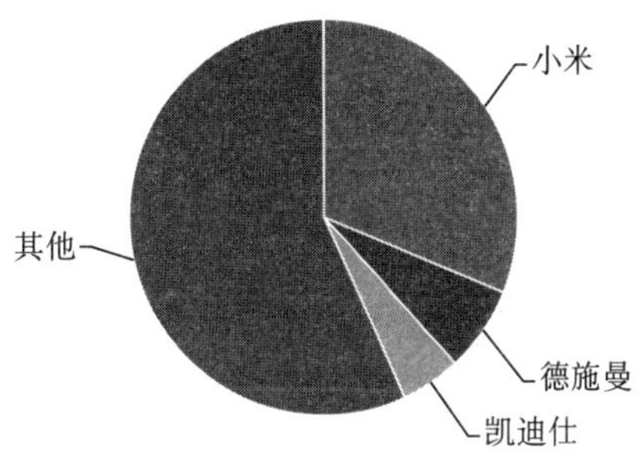


图10　2020年第一季度中国智能门锁市场份额

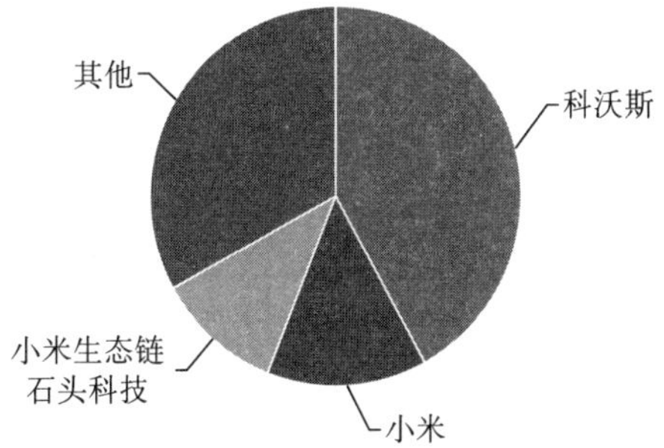


图11　2019年中国扫地机器人市场份额

资料来源：IDC，洛图科技，前瞻产业研究院

作为小米生态链企业的一员，素士也具有一些小米生态链企业与生俱来的优势。

在价格层面上，素士遵循小米的80/80准则，即满足80%的用户80%的需求，通过聚焦核心技术来压缩产品成本，并依靠小米直销减少渠道费用，尽可能削弱产品成本的同时不伤害产品质量，真正做到“便宜的好货”。其次，小米生态链企业能够利用社交电商的关注、分享、沟通、互动等多元化社交属性，通过营销制造爆款，再由此倒逼产业链来保证质量。

从用户层面来看，素士也享受到了小米粉丝效应带来的红利，为自己初期的产品打下稳定的客户基础。

在目前以创新技术和迎合市场能力为核心的小家电行业，凭借着设计和技术层面上的优势，素士的目标在于替代欧美品牌成为个护小家电领域龙头企业。除去继续加强底层技术研发和扩大品牌营销外，在日后的发展上，素士拟将采用主打线上销售、线上与线下并行的渠道模式，拓宽自己的产品种类，发展个人护理的其他领域产品来满足年轻人个人消费升级的需求。

## 五、总结：从素士看“新国货”运动，如何重新定义“中国制造”和“中国货”

国产品牌替代进口品牌的趋势如今已经在家电行业，甚至是计算机、手机等技术壁垒更高的领域得到了验证。纵观大小家电国产品牌的发展，中端及下沉市场的潜在消费者都是企业布局的战略要点，把握住了二、三线城市的中低端市场便意味着得到了不菲的市场占有率。众多国产家电品牌都是靠着高性价比及不错的质量，通过下沉市场抢占市场份额，再通过提升技术拓宽自己的目标客户，稳固一线城市的高端市场。如长虹电视在 20 世纪 90 年代凭借着有竞争力的价格，打入了中端及下沉市场，打破了日本等其他外资品牌对彩电市场的垄断，拓宽了市场，并逐渐抢占了外资企业原有的市场占有率。

如同 20 世纪 90 年代的电视行业，目前电动牙刷的下沉市场有着极大的潜力。在三、四线及以下城市，2019 年电动牙刷消费者人数增长平均为 228%，远大于一线城市的 114%（见图 12）。通过拓展中端及下沉市场，以素士的设计及技术能力、本土化的运营、迭代的速度以及小米生态链的成本优势，素士将逐渐侵占越来越多的市场份额，而头部效应又会反作用于素士，为其带来更强的研发能力和更好的营销效果，从而巩固其地位，也为其拓展更广的客户层及完成对现有进口品牌的基本代替打下基础。

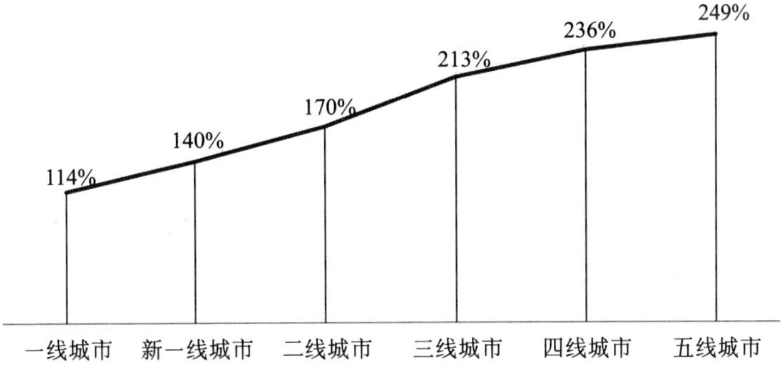


**图 12　2019 年电动牙刷消费者数量同比增幅**

资料来源：品质惠经济白皮书。

国产品牌除了拓展下沉市场的能力更强外，在营销上，通过自媒体以及网红带货的途径，相比进口品牌具有更加本土化和反应快速的优势。另外，素士作为小米众筹平台上线的产品，让消费者拥有了产品参与感与信任感，增强了粉丝黏性。这些营销手段都是进口品牌由于种种障碍很难达到的。

总的来说，作为一个设计驱动企业，素士准确拿捏住了家电企业发展的核心，凭借其在下沉市场的潜力和营销上的宣发优势，以及在研发能力、产品品质、工业设计和渠道铺设上的竞争力，重新定义了个护领域的“中国制造”和“中国货”。如同完成国产替代的其他行业一样，素士在其领域的崛起也将成为新国货运动的一部分，并为更多国产品牌的发展打下坚实的基础。

想成为投融资观察报告创作团队的一员吗？微信扫描本书第 388 页二维码，现在就加入我们吧！

**NO. 29**

# 视达：打破"AI+零售"虚假繁荣，探索行业扩张方案*

**主笔**：梁　悦

**资料收集**：朱若瑾　肖淇泳

**交易概览**：

2020年8月4日，国内AI赋能零售领域的科技企业视达(SandStar)，宣布完成数亿元B+轮融资。投资方为泰国电信业领军企业、泰国正大集团子公司True Corporation旗下的数字化分支True Digital Group。视达方面表示，将借助本次TDG作为国际战略投资人加入后带来的助力，在全球范围内进行又一轮扩张，预计接下来2年，将会在东南亚、日韩、欧美、中东市场加速落地。

## 一、业务模式：核心技术为算法和摄像头，立足于AI+零售，提供完善的服务

视达主要运用机器学习（数据分析与建模，以实现数据智能和产业链优化）和计算机视觉（应用于对消费者及商品的识别与分析）两种技术，提供以下四种类型的商品：AI智能货柜（见图1）、智慧门店分析解决方案、纯视觉无人店、AI智能结算台。

- AI智能货柜、AI智能结算台：纯视觉无人店主要关注于无人零售领域，运用计算机视觉技术，将SandStar摄像头安装在传统货柜即可完成AI

* 本文写于2020年8月。

智能货柜的搭建，硬件成本仅为传统货柜的40%，采用动态视觉和高阶动作语义识别技术，无须RFID，识别率高达99.7%。

**图1　视达AI智能货柜**

资料来源：公司官网

• 智慧门店分析解决方案（见图2）：主要运用算法和计算机视觉技术，采集线下门店的“人——货——场”数据构建更清晰的用户画像，在运用高阶动作语义分析技术，搭建门店漏斗消费模型，指导营销决策。通过摄像头监控，可以获得店内逗留热度数据、排队数据、SKU销售数据、客流统计、表情性别年龄细粒度分析、消费者拿取商品行为追溯等相关数据。

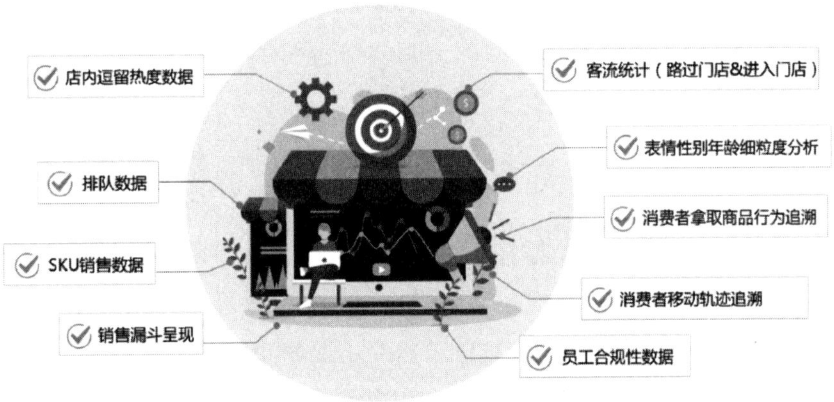


**图2　视达智慧门店分析解决方案**

资料来源：公司官网

## 二、视达客户画像

从 SandStar 官网披露信息来看，主要合作伙伴为百度、可口可乐、百事可乐、联合利华、万达集团等快消、地产公司和电商巨头。各类头部零售企业入局试水，意在积累数据资源、跑通业务落地逻辑，以在线下场景的流量争夺中抢占先机（见图 3 和图 4）。

图 3　合作品牌

图 4　实际案例

资料来源：公司官网

## 三、智能化运营及无人零售行业概览

“AI + 零售”，是指以人工智能技术为主要驱动力，为零售行业各参与主体、各业务环节赋能，突出 AI 技术对零售业的整体升级改造。细分领域主要可以分为六大领域：精准营销、商品识别分析、消费者识别分析、智能化运营、无人零售和智能客服。基于以上的六大模块，本文分析重点聚焦于视达智能化运营和无人零售板块。

智能化运营主要通过人脸识别、人体特征识别等技术获得消费者购买行为数据，实现对消费者的行为洞察；同时，通过深度学习、大数据技术等帮助零售企业实现“人——货——厂”数据的动态流转，辅助店铺选址决策、产品研发和供应网络效率优化。

如图 5 和图 6 所示，智能化运营依赖消费者行为洞察和陈列分析两个模块。其中，消费者洞察信息主要通过会员识别、到店提醒、客流分析、轨迹分析、热力分布、消费偏好等信息收集数据，辅助营销和运营；陈列分析则主要是通过陈列管理、SKU 管理、营销支持、价格管理等方式辅助 AI 商品的陈列分析。

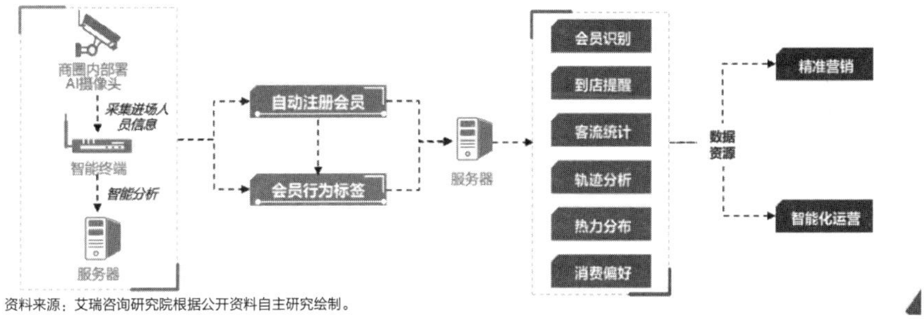


图 5　AI 消费者行为洞察解决方案流程图

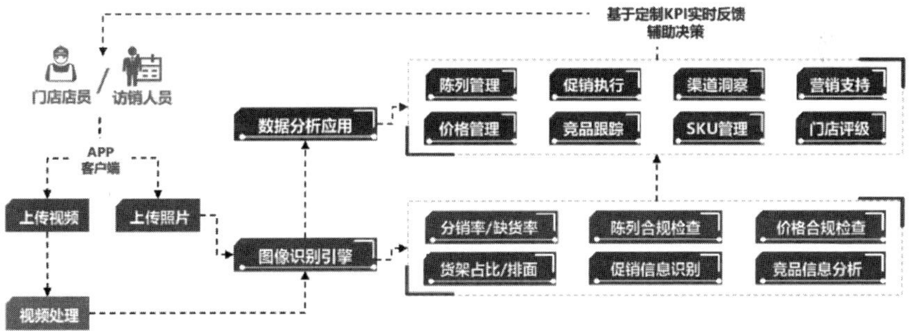


图 6　AI 商品陈列分析解决方案架构

另一方面，“无人零售”在 2016 年末亚马逊提出无人零售方案后爆火。而无人零售在经历风口后，逐渐摒弃追逐新技术的噱头，转而回归销售商品的本质，帮助零售门店降低人工成本，提升经营效率。目前，主要可以分为三大流派。

• AI 流派：利用 3D 视觉系统，捕捉人的行为。人工智能是三个派别中技术含量最高的，它充分利用了机器视觉、深度学习算法、传感器融合技术、无人零售的发展现状和方向分析，是最接近无人零售理想的技术派别，但在实际运用过程中，由于系统负荷、生物识别定位精度等因素，购物的流畅性和精准性有所差异。视达属于这一流派（见图 7）。

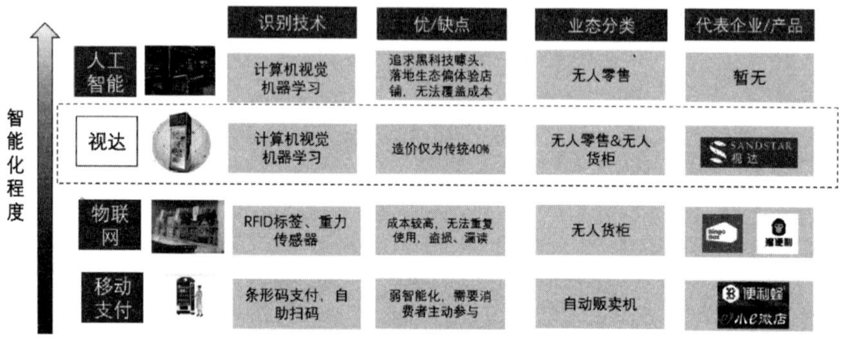


**图 7　视达的智能化**

资料来源：作者绘制

• 物联网流派：通过 RFID 等技术，实现物与物、物与人的泛在连接，实现对物品和过程的智能化感知、识别和管理。物联网派的代表是“缤果盒子”和“猩便利”，它们主要采用 RFID 标签技术，可在消费者选取和购买商品时实现对商品精准的跟踪和定位。缺点在于 RFID 费用较高，且易受气温影响。

• 互联网派（二维码/QR code）：利用顾客主动扫码的方式进行零售。“便利蜂”和“小 e 微店”代表了互联网派，主要利用微信扫码进行自助购物。缺点在于需要人工结算和排队付款。

对于无人零售行业来说，主要的发展类型包括三种形式：无人超市、开放式货架和自动售货机。其中，无人超市和开放式货架即为视达提供的解决方案。

## 四、行业进入冷静期，“AI＋零售”仍需探索未来发展路径

目前，“AI＋”行业内的主要玩家大致分为云服务商、AI 技术企业、

软件开发商/系统集成商、零售企业科技子公司四大类（见图 8）。

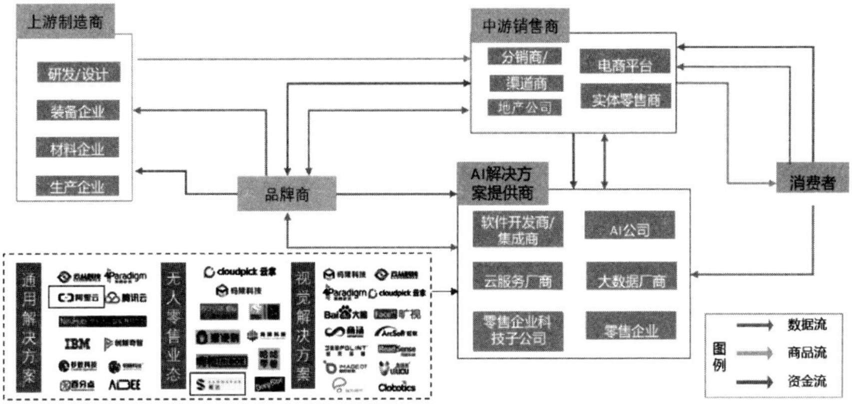


**图 8　AI + 行业产业链**

在各类解决方案提供方中，云服务巨头相对保持领先地位。基于云服务平台的解决方案部署成本较低且能快速扩展以持续，支持 AI 技术在业务中渗透，适合不具备二次开发能力或数字化水平较低的零售企业或品牌商应用，潜在客户体量庞大。而具备零售业务基因的云服务巨头，虽然可更好地帮助需求企业提高数据洞察与业务感知能力，但也天然地与需求企业存在市场竞争关系，从而在一定程度上为 AI 技术企业的发展提供了空间。AI 技术企业通过打造技术护城河，在掌握云资源优势、场景流量优势、资本优势及生态优势的巨头压力下寻求发展和突破。

“AI + 零售”行业从 2016 年底到现在，经历了风口、遇冷、沉寂、复兴等多个阶段。多家无人零售企业遭遇经营困难甚至倒闭，入店消费频率过低无法覆盖店铺投入成本。目前，行业逐渐冷静进入理性期，发展方向从盲目追逐黑科技噱头，到连锁便利店品牌和具体成熟供应链体系和门店资源的零售企业服务，以无人化方案解决便利店用工成本，减少支付环节的人工投入，优化店员服务（见图 9）。

“AI + 零售”行业的发展总体处于行业探索期，需要解决浅层次数字化虚假繁荣的问题，即弥补由数据采集到分析直至辅助决策应用之间的“落地鸿沟”。这需要服务提供方加深对零售业务的理解，需要零售企业内部组织的协调配合，甚至是多方合作，从而建立 AI 化的业务发展战略视角。

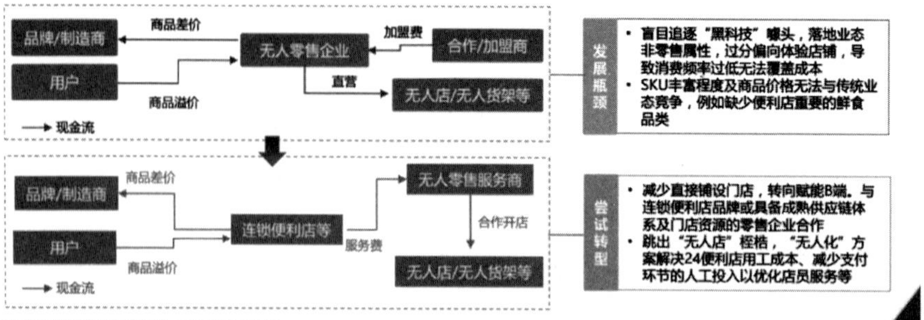


来源：艾瑞咨询研究院根据专家访谈、公开资料等研究绘制。

**图 9　中国 AI 无人零售的**

**商业模式转变**

## 五、总结

综合来讲，视达所拥有的先进算法和摄像头的解决方案，布局了零售环节中的无人零售和智能化运营板块，切实为顾客改善了服务，优化了成本。但也要适时防范那些专注于安保和金融的 AI 大企带来的冲击。相信这次和泰国方面的合作，有助于视达的海外扩张。

想成为投融资观察报告创作团队的一员吗？微信扫描本书第 388 页二维码，现在就加入我们吧！

**NO. 30**

# 乐普生物：聚焦肿瘤靶向药，走上抗癌药研发快车道*

主笔：谢　昊

资料收集：丁艺涵　贡海希

**交易概览：**

2020 年 8 月 6 日乐普生物于近日完成 12.91 亿元人民币 B 轮融资。本轮融资由阳光人寿、融汇资本、平安资本共同领投，海通创新、国投创合、国新央企运营投资基金以及青岛民芯启元参与。乐普生物成立于 2018 年初，由乐普医疗创始人蒲忠杰发起设立。公司通过自主研发、合作引进、投资并购等方式，围绕肿瘤免疫治疗和靶向药物，构建了丰富的产品管线。

## 一、生物医药相关概念简介

ADC（Antibody - Drug - Conjugates）从设计的理念上来说，是为了改进化疗药物。因为传统的化疗药物不能识别肿瘤特异性，而抗体将细胞毒性药物靶向递送至癌细胞，增加了到达肿瘤的药物分子百分比，从而降低了化疗药最小有效剂量并增加最大耐受剂量（见图 1）。

靶向药：分子靶向药物主要针对恶性肿瘤病理生理发生、发展的关键靶点进行治疗干预。

* 本文写于 2020 年 8 月。

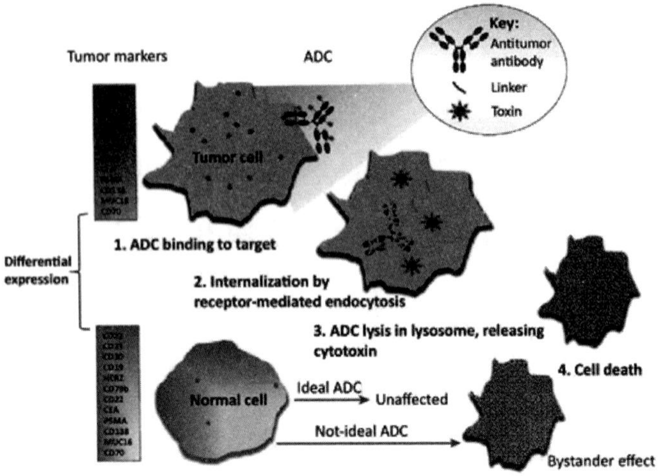


图 1　ADC 作用机理

## 二、医药行业迎来发展机遇，抗肿瘤药物需求旺盛

### （一）我国医药行业一级市场融资活跃

在国内创新药行业中，一级市场融资额仍然处于历史高位。自 2017 年开始，国内创新药行业的融资走上快车道。仅 2018 年，融资额就达到 991.24 亿元，相比 2017 年同期的 218.16 亿元增长了约 354%。2019 年行业融资继续增长，2019 年国内创新药行业的总融资金额已经达到了 1 488.34亿元，融资事件 447 次，单次平均融资额为 3.33 亿元。相关资料见表 1 和图 2。

表 1　　科创板上市医药公司以及部分上市审核医药公司

| 分类 | 证券代码 | 证券简称 | 科创主题 | 科创主题明细 | 首发上市日期 | 拟募集资金（亿元） |
|---|---|---|---|---|---|---|
| 科创板上市公司 | 688488. SH | 艾迪药业 | 生物产业 | 生物医药产业 | 2020 - 07 - 20 | — |
| | 688520. SH | 神州细胞 - U | 生物产业 | 生物医药产业 | 2020 - 06 - 22 | — |
| | 688185. SH | 康希诺 - U | 生物产业 | 生物医药产业 | 2020 - 08 - 13 | — |
| | 688180. SH | 君实生物 - U | 生物产业 | 生物医药产业 | 2020 - 07 - 15 | — |
| | 688566. SH | 吉贝尔 | 生物产业 | 生物医药产业 | 2020 - 05 - 18 | — |
| | 688177. SH | 百奥泰 - U | 生物产业 | 生物医药产业 | 2020 - 02 - 21 | — |

续表 1

| 分类 | 证券代码 | 证券简称 | 科创主题 | 科创主题明细 | 首发上市日期 | 拟募集资金（亿元） |
|---|---|---|---|---|---|---|
| 科创板上市公司 | 688513.SH | 苑东生物 | 生物产业 | 生物医药产业 | 2020-09-02 | — |
| | 688505.SH | 复旦张江 | 生物产业 | 生物医药产业 | 2020-06-19 | — |
| | 688336.SH | 三生国健 | 生物产业 | 生物医药产业 | 2020-07-22 | — |
| | 688356.SH | 键凯科技 | 生物产业 | 生物医药产业 | 2020-08-26 | — |
| | 688266.SH | 泽璟制药-U | 生物产业 | 生物医药产业 | 2020-01-23 | — |
| | 688222.SH | 成都先导 | 生物产业 | 生物医药产业 | 2020-04-16 | — |
| | 688278.SH | 特宝生物 | 生物产业 | 生物医药产业 | 2020-01-17 | — |
| | 688289.SH | 圣湘生物 | 生物产业 | 生物医学工程产业 | 2020-08-28 | — |
| | 688189.SH | 南新制药 | 生物产业 | 生物医药产业 | 2020-03-26 | — |
| | 688298.SH | 东方生物 | 生物产业 | 生物医药产业 | 2020-02-05 | — |
| 科创板上市审核公司 | A20482.SH | 天士生物 | 生物产业 | 生物医药产业 | | 24.26 |
| | A20480.SH | 阳光诺和 | 生物产业 | 生物医药产业 | | 4.84 |
| | A20475.SH | 百克生物 | 生物产业 | 生物医药产业 | | 16.81 |
| | A20466.SH | 上海谊众 | 生物产业 | 生物医药产业 | | 10.33 |
| | A20250.SH | 赛克赛斯 | 生物产业 | 生物医学工程产业 | | 3.05 |
| | A20251.SH | 东软医疗 | 生物产业 | 生物医学工程产业 | | 9.65 |
| | A20236.SH | 创尔生物 | 生物产业 | 生物医学工程产业 | | 4.56 |
| | A16249.SH | 华纳药厂 | 生物产业 | 生物医药产业 | | 13.82 |
| | A20218.SH | 欧林生物 | 生物产业 | 生物医药产业 | | 7.63 |
| | A20226.SH | 百合医疗 | 生物产业 | 生物医学工程产业 | | 8.42 |
| | A20222.SH | 圣诺生物 | 生物产业 | 生物医药产业 | | 3.49 |
| | A20211.SH | 亿腾景昂 | 生物产业 | 生物医药产业 | | 13.16 |
| | A20213.SH | 睿昂基因 | 生物产业 | 生物医药产业 | | 8.17 |
| | A20187.SH | 奥精医疗 | 生物产业 | 生物医学工程产业 | | 7.89 |
| | A20192.SH | 晶云药物 | 生物产业 | 生物医药产业 | | 6.00 |
| | A20181.SH | 诺泰生物 | 生物产业 | 生物医药产业 | | 5.50 |
| | A20180.SH | 泽生科技 | 生物产业 | 生物医药产业 | | 15.00 |
| | A20171.SH | 威高骨科 | 生物产业 | 生物医学工程产业 | | 18.81 |
| | A20162.SH | 康拓医疗 | 生物产业 | 生物医学工程产业 | | 5.23 |
| | A20160.SH | 科美诊断 | 生物产业 | 生物医药产业 | | 6.35 |
| | A20156.SH | 诺禾致源 | 生物产业 | 生物医药产业 | | 5.04 |
| | A19378.SH | 艾隆科技 | 生物产业 | 生物医学工程产业 | | 4.77 |

续表 2

| 分类 | 证券代码 | 证券简称 | 科创主题 | 科创主题明细 | 首发上市日期 | 拟募集资金（亿元） |
|---|---|---|---|---|---|---|
| 科创板上市审核公司 | A20152. SH | 安旭生物 | 生物产业 | 生物医药产业 | | 4. 59 |
| | A17323. SH | 之江生物 | 生物产业 | 生物医学工程产业 | | 13. 56 |
| | A20148. SH | 翔宇医疗 | 生物产业 | 生物医学工程产业 | | 7. 08 |
| | A20145. SH | 锦波生物 | 生物产业 | 生物医学工程产业 | | 9. 03 |
| | A20143. SH | 柯菲平 | 生物产业 | 生物医药产业 | | 15. 90 |
| | A19279. SH | 奥泰生物 | 生物产业 | 生物医药产业 | | 3. 98 |
| | A20138. SH | 盛诺基 | 生物产业 | 生物医药产业 | | 20. 24 |
| | A16155. SH | 凯因科技 | 生物产业 | 生物医药产业 | | 10. 92 |
| | A20134. SH | 爱威科技 | 生物产业 | 生物医学工程产业 | | 3. 80 |
| | A20133. SH | 皓元医药 | 生物产业 | 生物医药产业 | | 6. 50 |
| | A20114. SH | 康众医疗 | 生物产业 | 生物医学工程产业 | | 4. 46 |
| | A20109. SH | 健耕医药 | 生物产业 | 生物医学工程产业 | | 11. 43 |
| | A20111. SH | 科兴制药 | 生物产业 | 生物医药产业 | | 17. 05 |
| | A19114. SH | 浩欧博 | 生物产业 | 生物医药产业 | | 6. 09 |
| | A20103. SH | 成大生物 | 生物产业 | 生物医药产业 | | 20. 40 |
| | A20086. SH | 悦康药业 | 生物产业 | 生物医药产业 | | 15. 05 |
| | A20083. SH | 海泰新光 | 生物产业 | 生物医学工程产业 | | 8. 62 |
| | A20072. SH | 尚沃医疗 | 生物产业 | 生物医学工程产业 | | 3. 28 |
| | 688513. SH | 苑东生物 | 生物产业 | 生物医药产业 | | 11. 61 |
| | A20069. SH | 亚辉龙 | 生物产业 | 生物医药产业 | | 7. 33 |
| | A20070. SH | 惠泰医疗 | 生物产业 | 生物医学工程产业 | | 8. 40 |
| | A20051. SH | 艾力斯 | 生物产业 | 生物医药产业 | | 15. 03 |
| | 688013. SH | 天臣医疗 | 生物产业 | 生物医学工程产业 | | 3. 60 |
| | A20047. SH | 安杰思 | 生物产业 | 生物医药产业 | | 3. 88 |

2018 年下半年的港交所及 2019 年成立的科创板也都允许符合条件的 Biotech 企业上市，一级市场投资者的退出渠道拓宽，有利于促进一级市场对 Biotech 的投资。科创板中，以生物产业为科创主题的上市公司占比达到了 22%，而以此为主题的上市审核公司占比也到了 23%，上市审核公司的拟募集资金金额占总金额的 20. 4%（见图 3）。

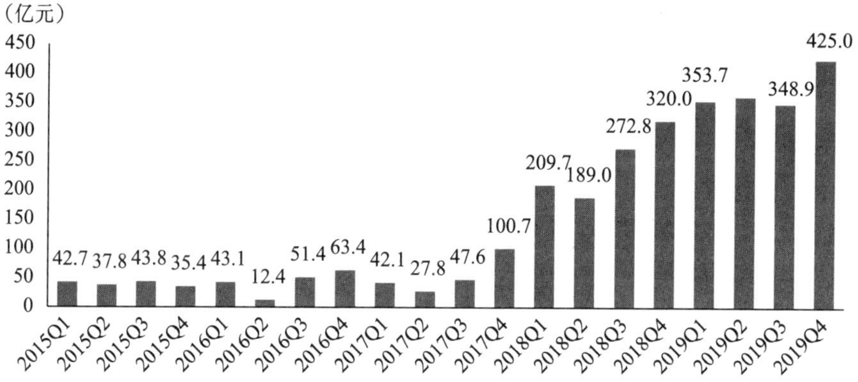


**图 2　国内创新药投融资金额呈现不断上升的趋势**

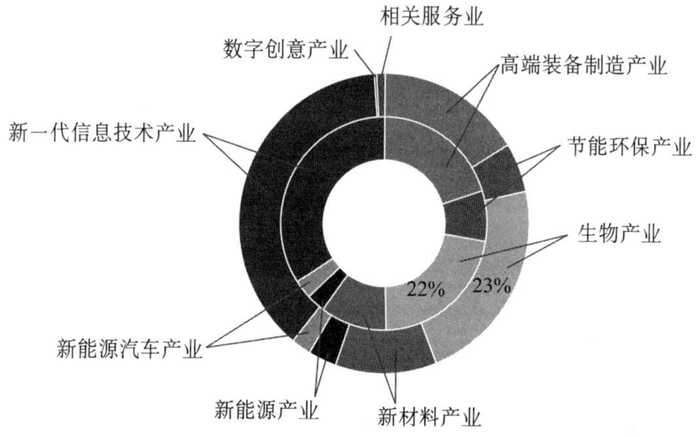


**图 3　科创板上市审核公司各类别公司占比**

## （二）国内上市药企的研发支出不断上升，但仍存在差距

我国上市药企的研发支出正在以超过 30% 的 CAGR 快速增长。2013～2018 年，我国化学制药、中药、生物制品上市公司研发支出的 CAGR 分别为 31.5%、29%、34.9%，研发支出的收入占比也不断上升。我国药企研发支出占收入的比例仍有很大提升空间。2018 年，美国 PhRMA 成员企业研发支出占收入的比例为 19.5%，而根据测算，2018 年我国重点上市药企研发支出占收入的比例平均值仅为 10.8%。从研发支出占收入的比例来看，我国研发支出水平仍需要 5～10 年才能赶上美国。

我国药企研发支出占收入的比例快速增长，平均每年提高 1～2 个点。

我国重点上市药企研发支出占收入的比例在 2015 年、2016 年、2017 年、2018 年分别为 7.58%、9.03%、10.01%、10.84%，预计我国药企的研发支出仍然会继续快速增长。

（三）中国癌症患者人数众多，增长趋势明显，对抗肿瘤药需求强烈

随着我国癌症患者人数众多，癌症发病率整体呈上升趋势。数据显示，我国癌症患者人数从 2014 年的 384.4 万人增加到 2018 年 428.5 万人，预计 2030 年我国癌症患者人数将增加到 569.6 万人（见图 4）。基于我国癌症治疗水平的现状，预示着我国癌症患者，特别是高发病率的癌症患者，对有效的肿瘤治疗药物有广阔的市场需求。2018 年，中国抗肿瘤药物总产值达 998.95 亿元，同比增长 21.20%。按照过去五年的年平均复合增长率，预测 2020 年中国抗肿瘤药达 1 341.2 亿元（见图 5）。

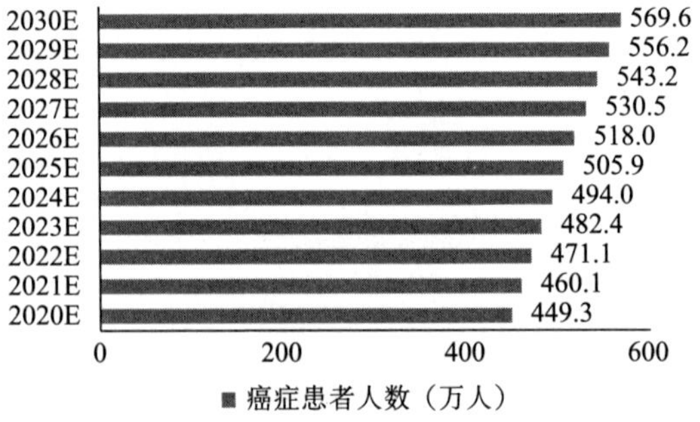


**图 4　2020～2030 年中国癌症患者预测**

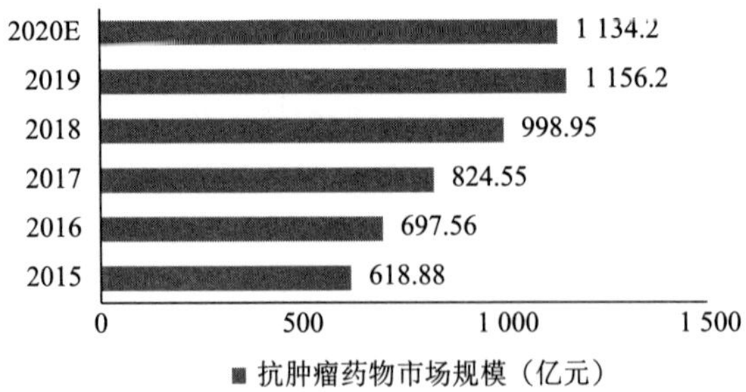


**图 5　中国抗肿瘤药市场规模预测**

## 三、乐普生物利用自身优势提前布局，占据先机

### （一）以肿瘤为主攻方向，利用协同效应实现跨越式发展

乐普生物成立于2018年初，由乐普医疗创始人蒲忠杰博士发起设立。公司通过自主研发、合作引进、投资并购等方式，围绕肿瘤免疫治疗和靶向药物，构建了丰富的产品管线，同时搭建覆盖靶点发现、成药研制、开发和生产的开放性产业平台。未来将通过产业平台和产品平台的协同作用，实现乐普生物的跨越式发展和可持续发展。旗下12个核心产品中，有7个处于临床阶段，3个是中美双报产品（见图6）。

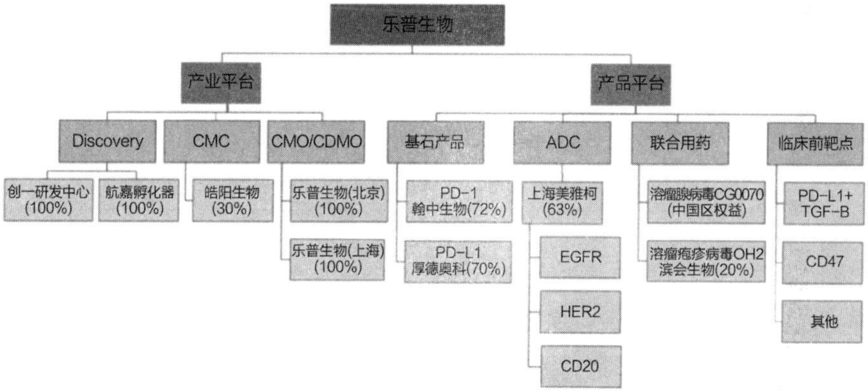


**图6　乐普生物产业平台和产品平台有机结合**

乐普生物通过自主研发、合作引进、投资并购（主要）等方式，围绕肿瘤免疫治疗和靶向药物已构建丰富的产品管线。乐普生物致力于新的免疫检查点药物的临床前开发，围绕肿瘤免疫循环尽可能释放肿瘤免疫治疗的潜力，并用以解决PD－1/L1药物响应性不足或耐药的临床问题。目前，公司研发中心正在着手开发LP007（CD47单抗）、LP008（PD－L1/TGF β RII双功能抗体）、LP009（LAG3单抗）和LP010（TIGIT单抗）。相关资料见表2。

表 2　　乐普生物相关资料

| 产品阶段 | 产品编号 | 在研药物 | 适应症 |
| --- | --- | --- | --- |
| 临床管线 | LP001/HX008 | PD－1 单抗 | 实体瘤（黑色素瘤、MSI－H/dMMR 实体瘤、胃癌、非小细胞肺癌、三阴乳腺癌等） |
| | LP002 | PD－L1 单抗 | 实体瘤（消化道肿瘤、小细胞肺癌等） |
| | MRG003 | ADC（EGFR） | 实体瘤（结直肠癌、头颈癌和鼻咽癌等） |
| | MRG002 | ADC（HER2） | 实体瘤（转移性乳腺癌、胃癌和转移性唾液腺癌等） |
| | MRG001 | ADC（CD20） | 弥漫大 B 细胞淋巴瘤和滤泡性淋巴瘤等 |
| | CG0070 | 溶瘤腺病毒 | 实体瘤（膀胱癌为主） |
| | OH2 | 溶瘤疱疹病毒 | 实体瘤（消化道肿瘤、黑色素瘤等） |
| 临床前管线 | MRG004A | ADC 药物 | 多种实体瘤 |
| | MRG005 | ADC 药物 | 多种实体瘤 |
| | LP007 | CD47 单抗 | 血液瘤及多种实体瘤 |
| | LP008 | PD－L1/TGFβRII 双功能抗体 | PD－1/L1 复发难治实体瘤 |
| | LP009 | LAG3 单抗 | 多种实体瘤 |
| | LP010 | TIGIT 单抗 | 多种实体瘤 |

## （二）2017 年即开始布局，手握心血管健康与肿瘤两大技术

2017 年第四季度，公司开始全面建设抗肿瘤平台，打造以心血管健康为主、抗肿瘤平台为辅“心血管＋肿瘤”一大一小两个平台。公司使用自有资金 2 亿元人民币，与公司董事长、实际控制人蒲忠杰先生控股的厚德科技共同设立乐普生物，持有 20% 股权。乐普生物作为布局肿瘤免疫的主要平台，旨在聚焦于抗体类和蛋白类药物等生物医药的研发、生产和销售。

公司布局的两大平台看似独立性很强，实则不然。有研究证实：心血管健康与肿瘤具有高度的相关性。在大约 15 年的研究过程中，1 670 名参与者患上了癌症，其中，19% 患胃肠道癌症、18% 患乳腺癌、16% 患前列腺癌，11% 患肺癌。研究者发现，包括年龄、性别、高血压和吸烟状况等心血管风险因素与癌症发病风险之间存在独立相关性；10 年动脉粥样硬化性心血管疾病（ASCVD）风险为 20% 或以上的参与者，患任何癌症的风险，为 5% 及以下参与者的 3 倍；相比未经历任何心脏事件的参与者而言，研究期间患心血管疾病的参与者患癌的风险是前者的 7 倍多。

### （三）成立 IVD 事业部，加强体外检测能力

2019 年，乐普生物在年报中披露：根据公司整体规划对体外诊断业务进行整合，成立体外诊断业务事业部。2019 年，大型全自动管式化学发光仪成功取证上市。配套的化学发光诊断试剂涵盖心肌标志物、肿瘤标志物、炎症标志物、传染病、甲功、激素等系列产品。其中，心肌标志物、肿瘤标志物共计 10 个产品已取得注册证。全自动化学发光免疫分析仪于 2019 年 7 月批准上市，心肌肌钙蛋白 I、肌红蛋白、肌酸激酶同工酶、N－末端脑钠肽前体四项配套诊断试剂于 2019 年 8 月批准上市。甲功、肿瘤标志物、传染病、激素等系列配套试剂也将陆续注册上市。

## 四、新机遇，新挑战

### （一）中国治疗癌症起步较晚，患者 5 年生存率不容乐观，亟须改变现状

中国的整体癌症（包含以上 18 种癌症）5 年生存率为 36.0%，而日本和美国为 57.4%，在癌症生存率方面，中国与日本等发达国家仍有较大的差距，生存率相差了将近 1 倍，现状仍不容乐观。以肺癌为例，在我国，由于早期筛查率还不高，有近 70% 的肺癌患者初诊时已是中晚期，失去了最佳治疗时机，肺癌晚期患者 5 年生存率不足 5%，我国每年因肺癌死亡的人数高达 59 万人。目前，我国癌症患者总体 5 年生存率是 40%，比 10 年前上升了 10%，但是跟西方发达国家相比仍有一定差距。相关资料见图 7。

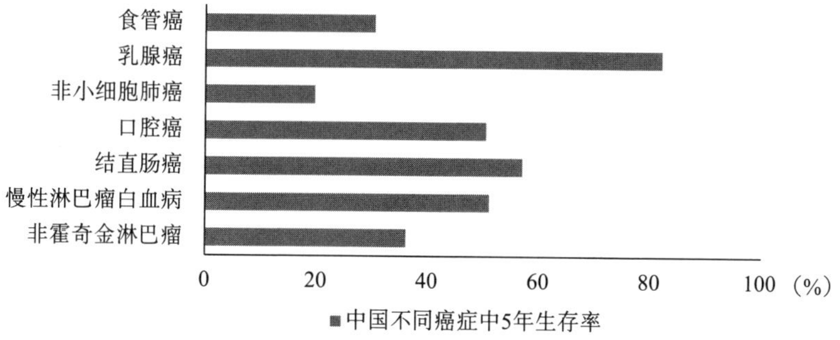


**图 7　中国不同癌症中 5 年生存率情况**

中国癌症治疗迫切需要生物医药公司利用自身资源以及资金的优势，加大研发力度，走上癌症治疗创新的快车道。在这样的背景之下，以癌症

治疗作为主营业务的乐普生物无疑是这条赛道极具竞争力的企业。

### （二）抗肿瘤药物市场竞争趋于激烈

由于绝大部分恶性肿瘤危及生命，并且癌症晚期患者生活质量差，抗肿瘤药物的市场接受度和迭代速度明显高于慢性病药物，因此很多跨国公司或中小规模公司将目光集中于抗肿瘤治疗领域。

同时，随着生活质量改善和人群收入的普遍提升，全球很多国家都在努力推动癌症预防计划，并进一步加强肿瘤的筛查和治疗。由于发达国家起步较早，目前肿瘤发生率已经得到了遏制（如美国等），因此抗肿瘤药物厂家要在市场中脱颖而出就更加依赖于新靶点/药物联用带来的疗效提升和适应症扩展。中国目前处于早期筛查尚待进一步覆盖的过程，因而对于存量人群和短期内的新发肿瘤人群，治疗就成为较为关键的一步，带来了更为明显的抗肿瘤药物市场规模的提升。

在这样的背景下，进口品牌将资源向新兴市场倾斜。

从结果看：全球进入抗肿瘤治疗领域的厂家明显增多，全球临床试验数量持续提升，并且靶向药物临床数量增长惊人。

很多大型跨国医药公司纷纷将目光聚焦于新兴市场国家，并且新兴市场占其整体业绩的比重持续提升。

伴随着国内医药公司的发展，在很多治疗领域如 PD-1、CAR-T，国内厂家已经开始追赶并试图超越进口品牌（见图 8）。

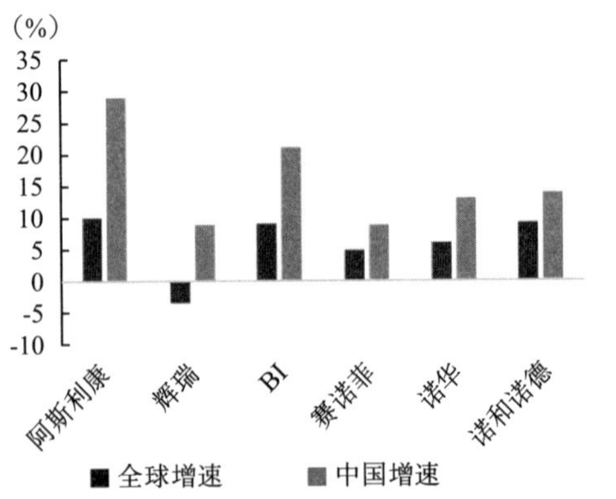


**图 8　抗肿瘤药物市场规模在中国的增速和全球销售增速对比**

资料来源：万联证券

## 五、结束语

中国抗肿瘤药物已经走上了发展的快车道，对于肿瘤的早期监测和后期治疗成为各大生物科学公司角逐的领域。乐普生物占据了先发优势，并且利用心血管治疗以及肿瘤治疗之间的关联性，在肿瘤靶向治疗和肿瘤免疫治疗领域占据优势，此轮融资必将刺激乐普生物在相关领域的进一步突破。

尽管存在大量的竞争者，但是医药行业属于技术密集型、资本密集型产业。药品从病理药理研究、临床试验、中试生产到产业化生产，需要投入大量的时间、资金、人力、设备等资源，投资回收期较长，需要具备较强的资金实力。具体而言，医药行业新产品开发投入高，周期长，风险大；药品生产专用设备多，重要仪器设备依赖进口，费用昂贵；产品销售渠道复杂，环节多，资金周转偏慢，营业费用所占比例较高。因此，新进入者通常需要较长的启动时间和巨大的资金压力。基于技术和资金的优势，乐普生物在肿瘤靶向药物研发方面的前景十分乐观。

NO. 31

# 阿里系入股环世物流：互联网的蓝海正在催生更多的机遇*

主笔：马钎倩

资料收集：钱艳雯　余心怡

交易概览：

2020年9月10日，环世物流和大掌柜宣布完成合并成立新环世。新环世获得了包括菜鸟物流、创新工场、云启资本等投资机构的数千万美元投资。另外，环世物流和菜鸟物流成立合资公司供应链，携手阿里巴巴国际站，向跨境中小商家提供一站式线上物流服务平台服务。

本次环世物流和大掌柜合并强强联手。通过传统货物运输代理的数字化再造和升级，以及传统航运货物运输代理行业数字化和线上化的深化，共同打造数字化货物运输代理，为跨境商家提供端到端的数字化跨境物流服务（见图1）。

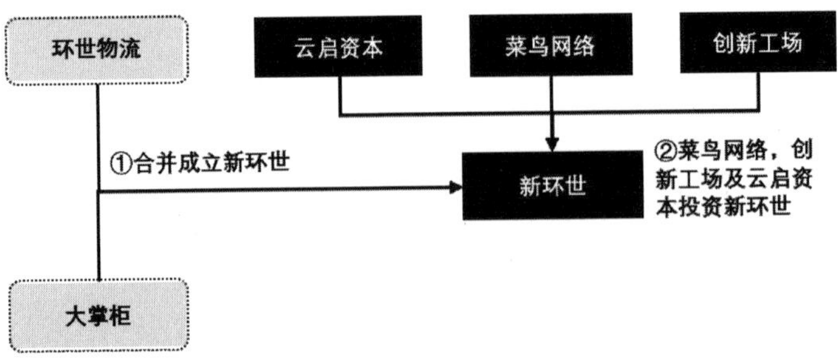


图1　交易架构示意图

* 本文写于2020年9月。

## 一、货物运输代理行业规模近年来持续平稳增长，未来增量空间较大但面临严峻挑战

货运代理，即货物运输代理（货代），是指以代理人身份接受货主委托或授权，代办各种国际贸易、货物运输服务等相关业务，并收取代理费。货运代理行业产业链上游以货物承运商（例如船公司与航空公司）为主，另外还包括集装箱堆场和包装公司；中游主要包括货运代理公司；下游包括托运人（货主），主要为进出口贸易企业（见图2）。

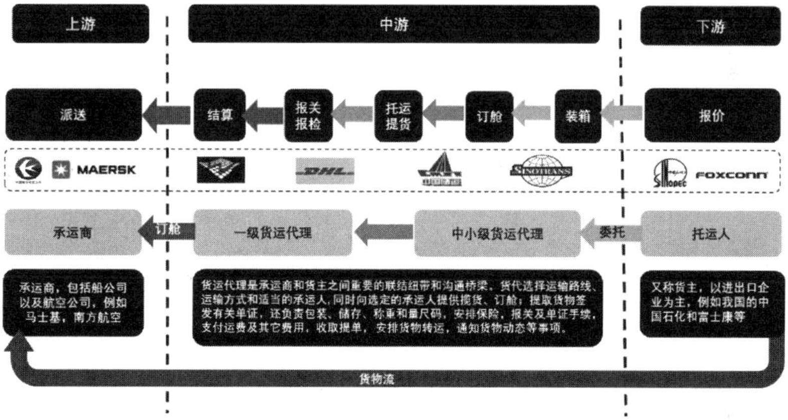


图2　货运代理行业产业链分布图以及主要代表（以出口为例）

货运代理公司主营业务包括：报告货物动态，接收和审核所有与运输有关的单据，提货和付运费，安排报关和付税等（见图3）。货运代理行业是国际贸易、国际运输和实体物流的核心环节，掌握信息流、资金流、业务流。全国80%的国际贸易货运量是货运代理完成的，全国5%的中大型货运代理货运总量超过中远、中海的全部运量。由此可见，货代对国际贸易、运输及物流业务来说有着不可或缺的作用。

### （一）外贸货运量的增长使得行业持续平稳发展

由于货代行业客户主要为B端客户，因此进出口贸易额的增长对于货代行业来说有着举足轻重的影响，如进出口增长较快，上游承运商盈利较

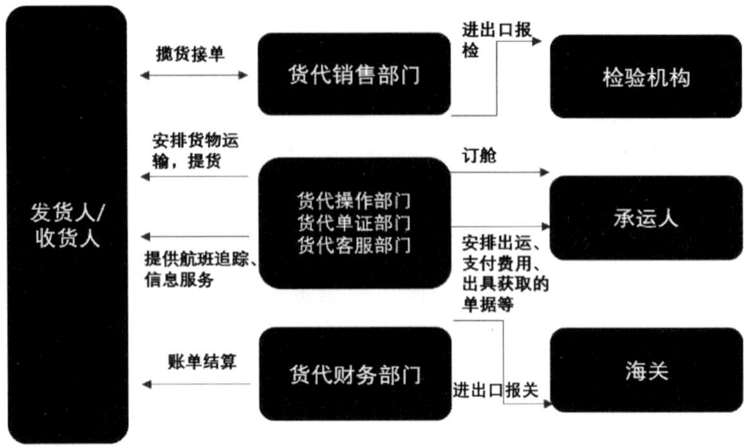


**图 3　货运代理业务流程示意图**

资料来源：头豹研究院。

好，货代企业继而可收取更多的服务费，反之亦然。自我国 2000 年加入世界贸易组织（WTO）以来，国内外贸易需求不断扩张。2008 年以前，外贸行业快速增长，国际货运代理行业也随之加速发展，利润可观。2008 年后，我国外贸行业增速放缓，货代行业供过于求，行业利润有较大幅度的收缩。2014 年，进出口贸易额增长缓慢。

### （二）政策扶持给货代行业增长注入“安心剂”

虽然 2015 年进出口贸易额增幅为负，但随着 2015 年 3 月“一带一路”倡议的实施，实现国际运输便利化、着重口岸基础设施建设、增加海上航线及班次、加强海上物流信息合作等政策的实施，推动了货代行业的发展。根据海关总署数据，2016 年起，中国进口货运量增速持续高于出口货运量增速，贸易额呈逐步上升趋势（见图 4）。

放眼国际市场，近年来国际货运代理行业规模的增长也渐趋于缓和（见图 5）。

不可否认的是，2020 年疫情对国际贸易造成了巨大的打击。2020 年 4 月，世界贸易组织发布年度《全球贸易数据与展望》显示，全年全球贸易将缩水 13% 到 32%，幅度可能会超过 2008 年全球金融危机时的水平，严峻的国际贸易形势可能对货代行业产生消极影响。

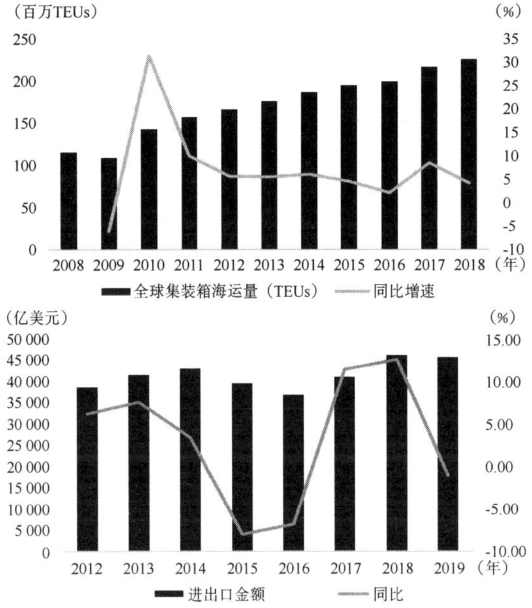


**图 4　2010～2018 年中国进出口贸易额变化及集装箱港口吞吐量**

资料来源：WTO 国际贸易统计数据库（International Trade Statistics Database），商务部，CEIC Data

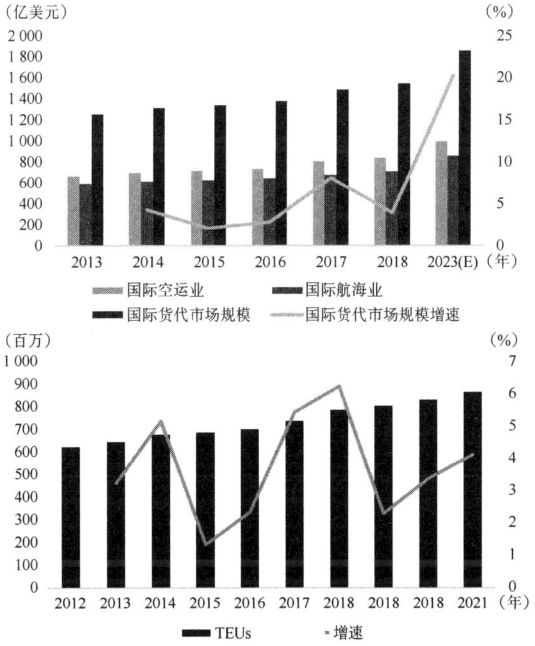


**图 5　2012 年以来国际货运代理市场规模变化以及集装箱港口吞吐量**

资料来源：CEIC Data

然而，这也给货代行业带来了挑战与新的机遇。中国在全球范围内处于贸易量先列（见图 6），中国“全球制造业工厂”基础仍在。另外，在疫情催化作用下，以阿里国际站为代表的跨境贸易 B2B 平台，还出现了订单小包化、碎片化的趋势，促进了进出口贸易发展。以外贸大市宁波市为例，其 2020 年上半年跨境电商进出口额达到 725 亿元，同比逆势增长 10.2%。

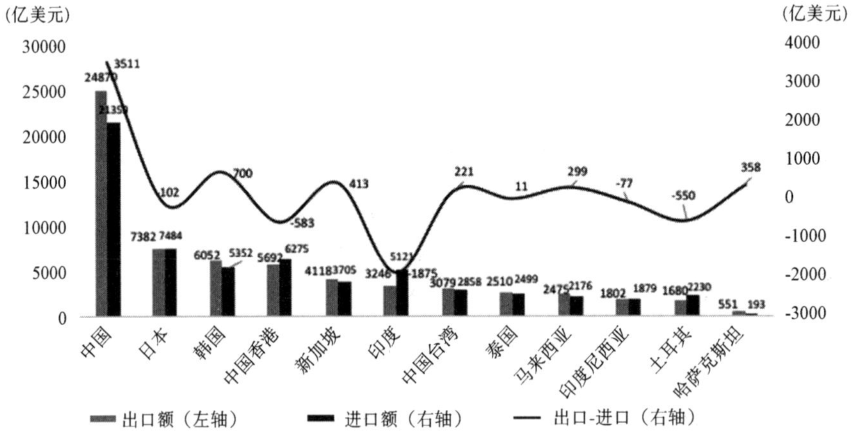


**图 6　2018 年亚洲主要国家和地区进出口额情况**

资料来源：亚洲各国海关，商务部，统计局等，前瞻产业研究院

## 二、传统货代突破图圄，纷纷踏上数字化旅程

我国货代行业头部竞争优势明显，中外运作为行业领头，营收规模遥遥领先，占比达 19%，中远海运紧随其后（见图 7）。除行业龙头以外，以中小货代企业为主，行业集中度较为分散，未来还有较大发展空间。

需要注意的是，长久以来，中小型国际货代企业信息化基础设施落后，业务范围窄，系统和流程缓慢且效率低下，定价不透明，技术使用有限，客户体验不佳等痛点给国内货代行业的发展带来了一定阻碍。在 2020 年疫情的催化下，如何突破货代行业的瓶颈成为众多企业的聚焦点。尤其对于传统货代企业来讲，在数字化浪潮下开辟一条属于自己的道路尤为重要，在夯实的道路上加以拓展，积极与第三方进行供应链数字化，智能化方面的取长补短，一方面可以提高运营效率，减少成本，另一方面则可改善客户体验，增强自身核心竞争力。

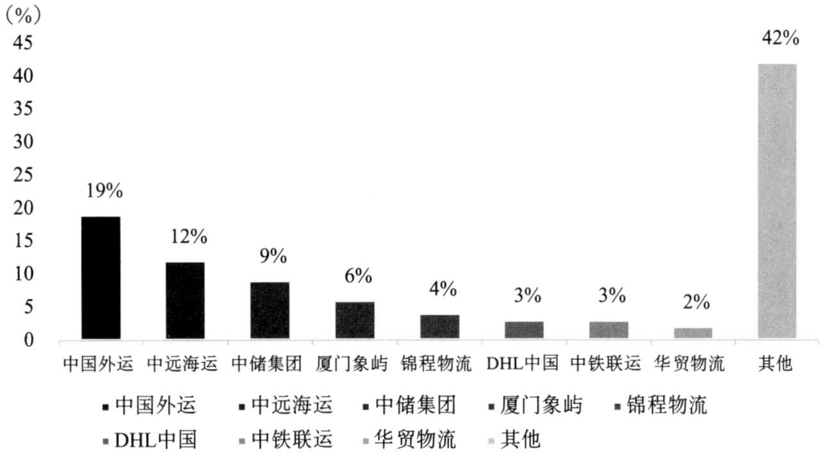


**图 7　2018 年我国传统货代企业营收规模占比情况**

资料来源：根据公开资料整理。

行业内的传统企业纷纷有所行动。中外运旗下 B2B 电商平台“运易通”于 2020 年签约滴普科技，打造综合物流供应链数字化运营平台；中国远洋海运集团与阿里巴巴、蚂蚁集团签署三方战略合作协议，将共同推动航运物流区块链合作和应用，开展未来基于全球航运物流网络的深度合作，共同推动航运操作流程简洁化以及单证数字化。除此之外，中储集团、厦门象屿等行业先列纷纷与京东合作来推动数字化升级，提高商业模式创新力（见表 1）。

**表 1　　各大传统货代企业在数字化转型上的主要重大举措**

| 企业名称 | 举措 | 着力点 |
| --- | --- | --- |
| 中外运 | 2020 年“运易通”签约滴普科技 | 全场景数据智能服务 |
| 中运海运 | 2020 年与阿里巴巴、蚂蚁集团签署三方战略合作协议，将共同推动航运物流区块链合作和应用，开展未来基于全球航运物流网络深度合作 | 物流区块链的合作应用能力 |
| 中储集团 | 2019 年中储股份与京东数字科技共同成立合资公司“中储京科供应链管理有限公司” | 聚焦大宗商品流通领域的智慧供应链服务，推进大宗商品供应链协同平台落地，以数字科技推动大宗仓储业务模式创新 |
| 厦门象屿 | 2020 年与京东（美股 JD）数字科技集团（简称“京东数科”）通过远程视频模式签署战略合作协议 | 打造大宗商品智能物流及金融科技服务平台，以业务合作为基础，推动大宗供应链产业数字化升级 |

## 三、环世物流的核心竞争力

环世物流此次能在众多竞争对手中获得菜鸟物流的青睐，其拥有的核心竞争力不容小觑。2018 年，环世物流以海运集装箱货量 50.87 万 TEU 位列中国民营企业之首，可见其扎实的基础和深厚的实力。环世物流能有如此卓越的成就，一方面归功于其高瞻远瞩的战略布局，另一方面得益于其对接国家“一带一路”倡议，先后在新加坡、阿联酋、印度、澳大利亚、美国、意大利等国家成立海外分支机构，且与全球 500 多家海外合作伙伴建立紧密联系，加强深度合作，增强其多国家、多航线、多港口、多产品的全球性物流履约能力（见图 8）。

**图 8　环世物流覆盖 3w + 运价覆盖全球环线**

另外，环世物流吸纳大掌柜之后具备了物流数字化能力。目前，市场上出口商家对具有端到端物流能力的数字化跨境物流服务的需求不断增加。环世物流和大掌柜的结合既提供物流端解决方案的能力，还通过数字化的场景提高了全链路的效率。另外，环世物流与菜鸟合资成立文鳐供应链，为阿里巴巴国际站提供国际外贸出口、海外 B2B 跨境贸易平台物流端的支持（见图 9）。

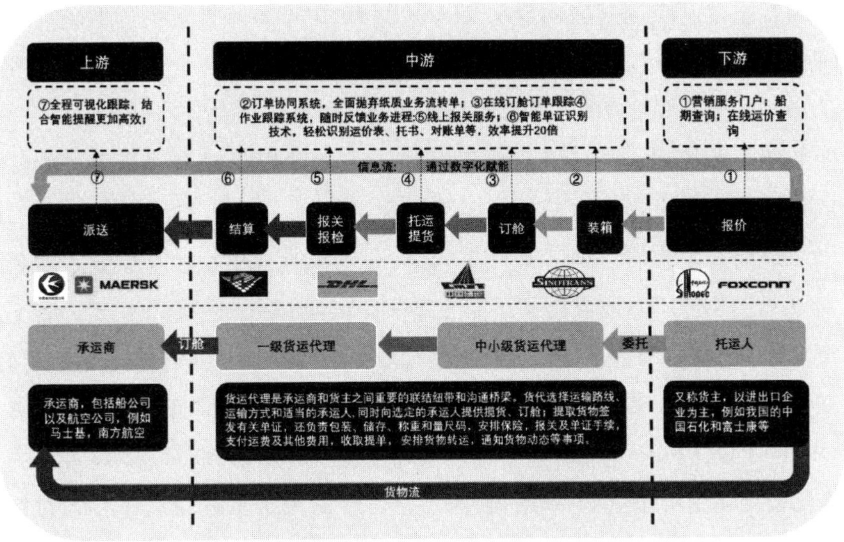


**图 9　环世物流通过延伸产业链，赋值上下游**

环世物流挑战未来全球行列领先地位并非异想天开。环世物流 CEO 林杰也对企业寄予了美好期望，提出了未来发展的三大战略：

一是依托多区域、多航线、多产品线的能力，为客户提供拖运、关务、仓储、配送等“端到端”一站式国际综合物流服务；

二是通过遍及全球的分支机构和代理网络，利用开放连接的互联网 IT 系统，实现资源共享和相互赋能，大规模、多角色、实时互动来共同服务客户；

三是业务流程实现数字化、组件化、在线化、标准化，为客户提供全程可视的智能化物流解决方案，提升业务规模、提高运营效率、增进客户体验。

## 四、阿里系入股环世物流

菜鸟物流进行此次战略投资的意图引人深思。回顾近十年来的举措，阿里早已在货代行业排兵布阵。2010 年，阿里巴巴收购一达通，而后开始与中海集团合作出品“一海通”以及 Eshipping 线上物流平台；2015 年独自出品了航运电商产品“海运大市场”；2016 年底，联手马士基推出“舱位宝”，提供线上订舱服务。本次交易阿里意图加强数字化体系建设和扩张全球化网络，可见其在一步步加深在货代领域的探索与尝试。

纵观全球，美国互联网巨头亚马逊于 2020 年 6 月投资英国数字化货运代理初创公司 Beacon，为其提供货物交付的实时数据和全球运输成本和价格的市场视图。早在 2017 年，亚马逊的意图已初见端倪，随着近些年来平台业务的不断扩展，亚马逊也在不断加注，尝试摆脱对美国联邦等物流公司的依赖，努力发展自身的物流网络体系。

从时间线上来看，两者都从 2015 年后在物流货代领域开始紧锣密鼓的布局（见图 10）。不同点是阿里早于 2010 年就收购一达通。相较于亚马逊，阿里本身的外贸基因使得其开展货运代理业务的时间较早。但亚马逊自从 2015 年在美国上线 B2B 业务后，逐步加深在该领域的探索。2017 年开始发力 FBA 物流体系的建设，2019 年推出数字货运代理平台 Amazon Freight，2020 年 6 月投资英国数字化货代企业 Beacon。目前，亚马逊的数字货运代理平台通过削减市场价格的 26% ~33% 来抢占市场份额。可见，互联网巨头生态公司似乎都在争相加快 B2B 市场的布局以抢占市场份额。

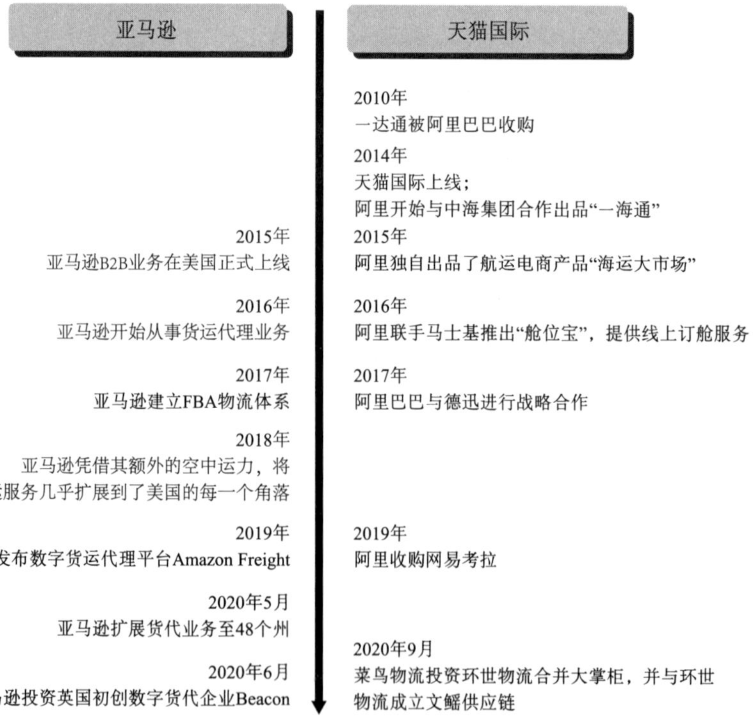


**图 10　亚马逊与天猫国际近年来的重要举措**

## 五、货代行业未来展望：数字化浪潮势不可挡，货代企业转型迫在眉睫

如今，数字化趋势影响着各行各业。对于货代行业来说，数字化已是大势所趋。传统货代商纷纷踏上数字化旅程，强化运营，提高客户满意度，改善货代行业固有的“旧病（见图 11）”，例如，流程繁杂，客户满意度低、数据价格不透明等问题。

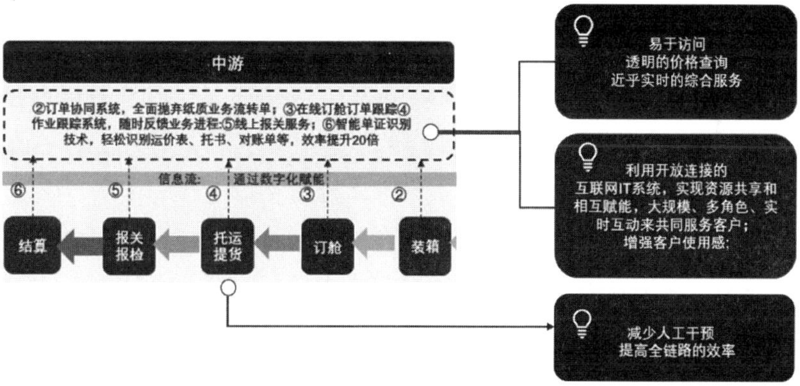


图 11　货运代理数字化能力提高业务流程全链路效率

## 六、启示

传统货代企业应加强自身竞争力。首先，提升数字化转型认识，提前进行数字化布局，积极落实数字化转型，参与和利用现有货代在线平台，通过提供差异化的服务获得新客户和现货市场。我国作为世界第一的贸易大国、第二大进口国，市场规模和体量都相当庞大。在高参与度情况下，却不能将信息掌握在企业自身的数字化体系中，将伤害企业自身竞争力。

另外，对于行业内的中小企业来说，通过收购、并购的形式，可加强企业间的合作，取长补短，有效提高自身运营效率，实现可持续发展。对于实力雄厚的传统货代企业来讲，如何达成数字化转型以及寻找新的利益增长点是新的重大课题。

在这段特殊的风雨飘摇的时期，货代行业这片看似沉寂实则“波涛汹涌”互联网蓝海不禁留给我们无限的想象空间，而只有找准行业“节奏”、努力加强自身综合实力、善于运用科技数字化赋能、勇敢角逐的行业弄潮儿才会迎来绝佳的机遇与不可限量的未来。

想成为投融资观察报告创作团队的一员吗？微信扫描本书第 388 页二维码，现在就加入我们吧！

**NO. 32**

# “消费 + 智造”齐助力，追觅科技再获资本垂青*

主笔：陈渝津

资料收集：钱艳雯　余心怡

**交易概览：**

2020 年 8 月 31 日，小米生态链聚焦清洁小家电领域的智能科技企业“追觅科技”完成近亿元 B + 轮融资。本轮融资由 IDG 资本领投，小米、顺为资本、峰谷资本、青锐创投跟投。融资资金将主要用于技术研发创新、渠道运营建设、品牌影响力构建，及围绕不同消费场景的品类拓展等。

## 一、“消费升级 + 中国智造”背景下的小家电行业

### （一）消费升级刺激小家电行业发展

随着中国社会经济的不断发展，人们的收入水平呈现平稳、快速的增长，消费水平及结构实现“双升”。2019 年，我国人均可支配收入超过 3 万元，全国居民人均消费支出 21 559 元，首次超过 2 万元。中国经济发展的迅速，让国民越来越拥有民族的文化自信，因而国货消费大军的队伍不断壮大。《2019 年中国消费者趋势》报告显示，当代消费者中，经常购买国货的消费者占 78.2%。其中，68.5% 的消费者认为国货给人的感觉是

* 本文写于 2020 年 9 月。

“实用”，42.8%的消费者觉得国货具有深厚的文化底蕴，27.7%的消费者认为国货是优质品质的代表。在物质消费和精神消费齐升级的背景下，小家电市场规模持续增长，甚至在疫情期间，大多数行业下滑趋势尤为明显，而小家电行业却能逆势而上，展现其强大的抗压能力和强劲的发展潜力（见图 1～图 3）。

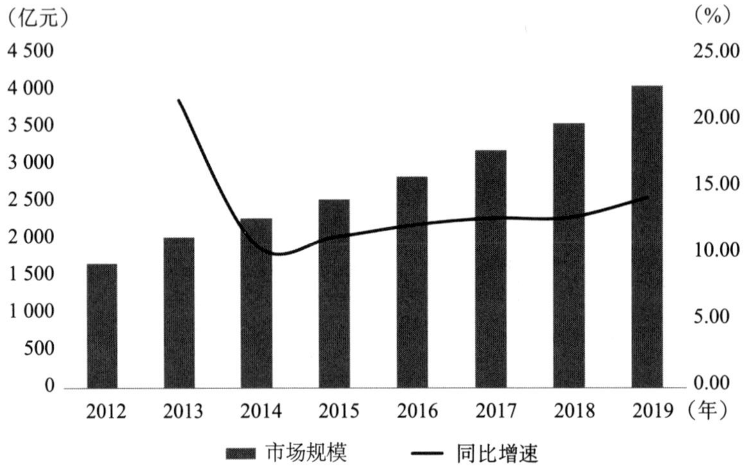


**图 1　中国小家电市场规模及增速**

资料来源：国联证券研究所

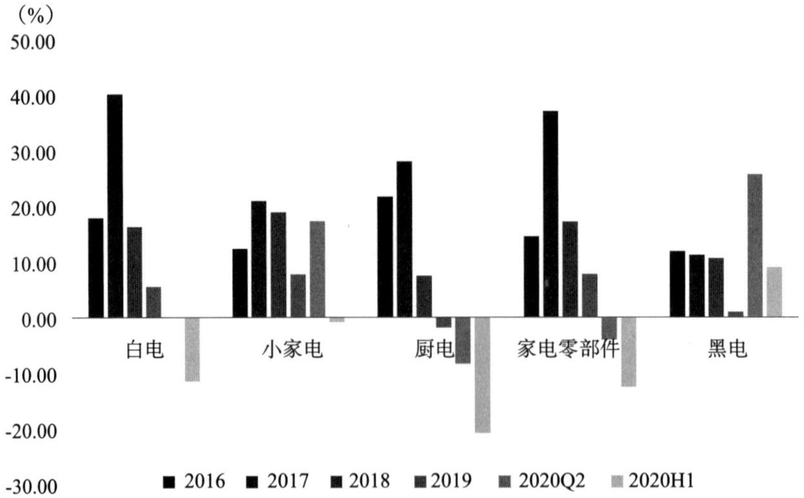


**图 2　家电行业收入同比增速**

资料来源：开源证券研究所

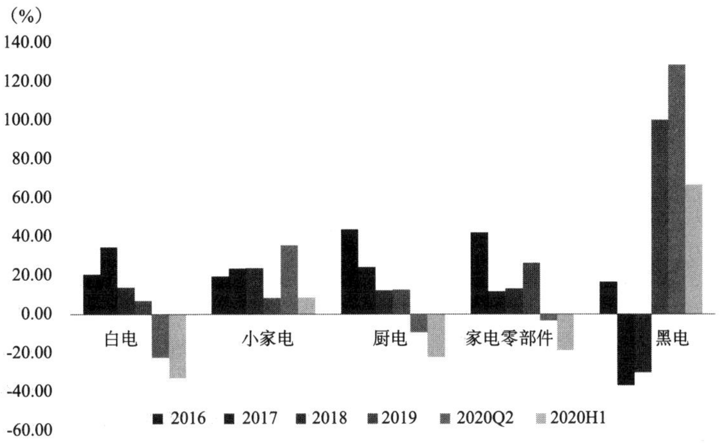


**图3　家电行业净利润同比增速**

资料来源：开源证券研究所

## （二）中国智造为小家电行业插上“翅膀”

改革开放以来，在“贸工技”的演化过程中，中国涌现出越来越多不懈追求技术创新与迭代的“中国智造”，小家电行业是其中的典型代表。得益于中国高端制造业在精益生产、技术储备、工业设计等方面的飞跃，以及工程师红利和资本助推，中国小家电行业走在了世界前沿。目前，中国的小家电产品因其物美价廉、智能化、外观设计精美而备受海外消费者青睐，产品出口量相较改革开放前有大幅提升，至2018年我国已经占据小家电出口市场的“半壁江山”，出口额占比高达46%（见图4）。

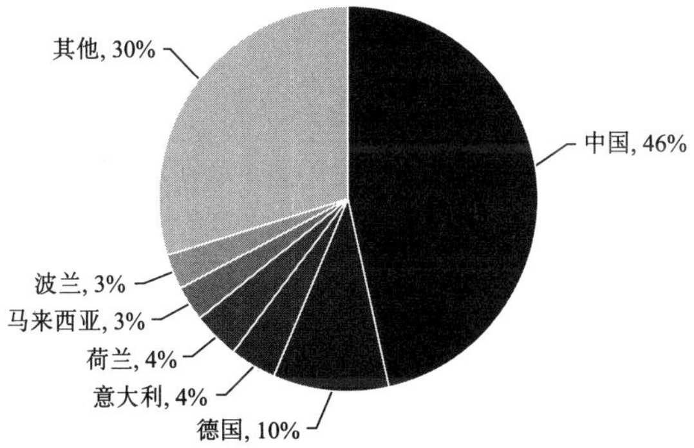


**图4　出口额占比**

资料来源：华西证券研究所

## 二、清洁小家电行业竞争格局：新旧势力较量，国产品牌崛起

伴随着消费升级的浪潮，以及健康生活理念的渗透，清洁小家电赛道的竞争格局悄然生变。初创企业凭借其技术创新能力及深谙消费者心理的营销手段在该领域大展身手且逐步占有一席之地，行业巨头、老牌玩家正调整方向积极“应战”，两股势力暗自较量，难分伯仲，但可以清晰地看出新兴国产品牌的发展势头不可阻挡（见表 1）。

**表 1　　清洁小家电行业的公司对比**

| 公司 | 目标客户群体 | 清洁小家电主力产品 | SKU 丰富度 | 价格区间（元） | 主流电商平台官方旗舰店粉丝量 | 优劣势分析 |
|---|---|---|---|---|---|---|
| 戴森 | 中产阶级 | 吹风机<br>吸尘器<br>空气净化器 | 低 | 1 950 ~ 19 000 | 淘宝：402.4 万<br>京东：500.7 万 | 优势：<br>· 研发投入高、技术处于国际领先地位<br>· 品牌的国际知名度高，市占率高<br>· 专注于清洁家电领域时间长，产品设计、供应链把控、生产销售能力强<br>劣势：<br>· 高价位阻碍品牌拓展客群，用户群体数量有限 |
| 追觅 | 年轻白领 | 吸尘器<br>吹风机<br>扫地机器人 | 低 | 699 ~ 2 599 | 淘宝：9.7 万<br>京东：4.1 万 | 优势：<br>· 技术处于赛道领先地位，创新能力强<br>· 在资金、设计、渠道等方面有小米扶持<br>· 依靠自有品牌发展壮大，受小米限制有限<br>劣势：<br>· 知名度不高<br>· 代工厂生产产品，产业链把控力度有限 |

续表

| 公司 | 目标客户群体 | 清洁小家电主力产品 | SKU丰富度 | 价格区间（元） | 主流电商平台官方旗舰店粉丝量 | 优劣势分析 |
|---|---|---|---|---|---|---|
| 美的 | 大众 | 吸尘器<br>吹风机<br>扫地机器人<br>空气净化器 | 高 | 109～2 988 | 淘宝：649 万<br>京东：2842.1 万 | 优势：<br>·国内家电行业龙头，资金雄厚，知名度高<br>·产品种类丰富，价格亲民，目标客群范围广<br>·生产能力强，渠道广，品牌渗透率高<br>劣势：<br>·以大家电为主，对清洁、个护小家电投入较少 |
| 科沃斯 | 年轻中产阶级 | 擦窗机<br>扫地机器人<br>空气净化器 | 中 | 399～5 999 | 淘宝：318 万<br>京东：396.5 万 | 优势：<br>·以代工业务起家，生产能力强，供应链把握到位<br>·2019 年上市、融资渠道拓广，资金实力相对雄厚<br>·深耕清洁家电赛道，经验丰富，知名度较高<br>劣势：<br>·研发投入不足，技术壁垒有限<br>·当前正在削减代工业务，短期业绩明显承压 |
| 云鲸 | 年轻中产阶级 | 扫地机器人 | 极低 | 4 299 | 淘宝：59 万<br>京东：— | 优势：<br>·钻研扫地机器人产品，实现扫拖一体化及自动清洗功能，做到差异化竞争<br>·受明星投资机构青睐<br>劣势：<br>·规模较小，知名度低 |

资料来源：淘宝、京东

以成立 4 年的云鲸为例，在 2019 年“双 11”当日，因云鲸 J1 自清洁拖地机器人直击中国消费者拖地和解放双手的需求痛点，迅速提升市场占有率。根据奥维数据显示，2020 年“6·18”期间线上市场云鲸市场占有率从无到有，直接栖身吸尘器前十大品牌零售规模的排行榜，甚至超过了海尔、飞利浦等老牌吸尘器品牌。从 2020 年“6·18”线上扫地机器人排行榜来看，云鲸 J1 位居第三，其销售额占比为 9.16%，与第一和第二的科沃斯和小米仅相差 1.7% 和 1.1%，且均价比另外两个品牌高出 1 000～2 000元以上（见图 5）。

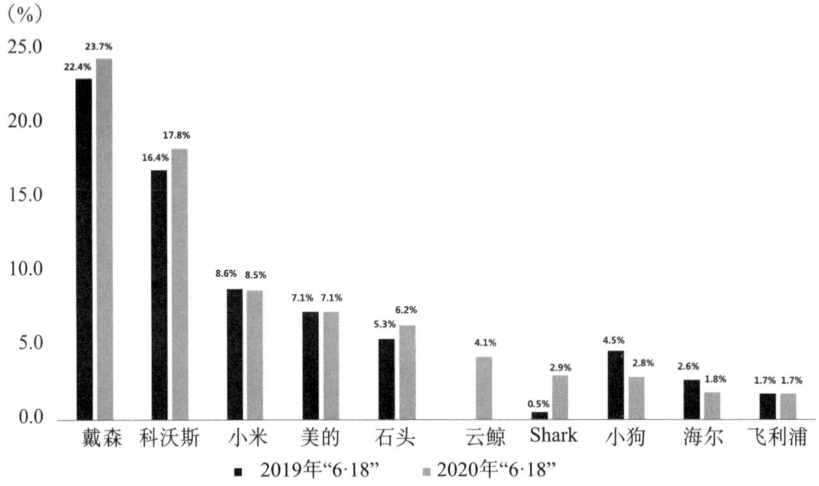


**图 5　吸尘器线上 TOP10 品牌零售规模占比**

资料来源：奥维云网

摸透消费者需求、技术硬核是云鲸成功突围的法宝，但要在高手云集的赛道中脱颖而出，也少不了营销手段的助力。2020 年 7 月 12 日与 23 日，云鲸进入明星刘涛和雪梨直播间，当日累计销售额分别达到 812 万元和 803 万元。

面对新进入者的冲击，老牌玩家毫不松懈，不断升级装备和打法以应对新挑战。以戴森为代表，在 2006 年以前，产品更迭周期大致维持在 5～10 年，共推出 4 代吸尘器，而近几年戴森开始加快产品迭代速度，7 年内更替了 3 代产品。不仅在产品更迭上下功夫，在品牌塑造方面，戴森也花了不少心思。2018 年 4 月，戴森在上海构建了一个科技感爆棚的“吸尘器博物馆”，消费者可以亲眼看到吸尘器的内部构造，亲自了解吸尘器的工作原理，全方位、沉浸式感受吸尘器的另一面。通过场景式的互动，增强了消费者对品牌的信任，也强化了品牌在消费者心中的高科技、高品质形象。

国产新兴品牌强势搅局，新旧势力角逐激烈，未来行业格局将如何演变，让我们拭目以待。

## 三、追觅科技：一家充满极客基因的创新科技公司

### （一）从“天空工场”到“追觅科技”

追觅科技成立于2015年，前身是由创始人俞浩在清华大学创建的“天空工场”，于2017年底正式加入小米生态链。目前，追觅科技旗下重点产品品类包括清洁家电和个护家电两大领域。

追觅科技的核心研发团队来自清华大学，且80%的人员聚焦在技术和产品研发端口，年研发费用占年销售额的12%，在核心技术上的投入是同类企业的3倍。对技术创新的高度重视和投入，放眼全球的智能科技企业，追觅科技都是具有较高的水准。

### （二）产品逻辑：专注科技内核，强调美学设计

追觅科技在高速马达、流体力学、机器人控制及VSLAM等多方面处于领先水平。以扫地机器人为例，追觅科技正在将TOF+VSLAM的技术组合加入扫地机器人中，克服了扫地机器人的避障难题。目前，追觅科技已公开包括核心专利、发明专利、实用新型专利及外观设计专利申请共计超840项，发明专利270多项，研发效率远超同行业平均水平。

追觅科技同时也很注重产品的包装设计，在“颜值经济”风靡的当下抓住了消费者眼球，瞄准了年轻消费者对于产品外观时尚的需求，如追觅科技的高速吹风机Hair Artist荣获2020年德国红点设计大奖。

### （三）发展路径：定位精准，小米扶持

起初，追觅科技聚焦于吸尘器品类，是米家手持吸尘器的合作方，第一款产品于2018年正式投入市场，销量实现爆发式增长。此后在持续自主创新，以及研发、设计、选品、营销等环节的差异化布局下，追觅科技精准地把握了消费者的痛点与需求，在国内市场屡创佳绩。

在追觅科技成长的路上，小米也从未缺席。2018年4月，雷军控股的

顺为资本参与追觅科技天使轮融资。2020 年的 B + 轮融资中，小米、顺为资本为跟投方。除了资本输血外，小米还在渠道、营销、产品设计等方面给予支持。借助小米广泛的粉丝基础和小米众筹平台，初出茅庐的追觅科技实现了冷启动，在产品销量、品牌知名度方面均有大幅提升。海外方面，借力小米成熟的渠道，追觅科技已进入 80 多个国家销售。

（四）潜伏的危机

蒸蒸日上的发展态势下也蕴藏着危机。纵观小米生态链企业可以发现，生产吸尘器、扫地机器人的企业不只追觅科技一家，还有石头科技、云米等。而且，随着石头科技的“去米化”，难免让人将追觅科技联想为石头科技的替代者，那么未来小米是否会提携新的清洁小家电企业来制衡追觅科技也需警惕。

放眼整个市场，情况也不容乐观。前有戴森、科沃斯等老牌玩家的坚守，后有云鲸等新秀的追赶，追觅科技要在凶险的市场环境中站稳脚跟，持续增长，需要硬核的技术和产品，更需要具有前瞻性的战略布局。

## 四、总结：疫情后的清洁类家电市场

疫情之下，资本寒冬，大多数行业遭受重挫，大批企业步履维艰。危机处处潜藏，但危机之中往往蕴含着机会——疫情的爆发进一步刺激了清洁、健康类家电市场的增长；懒宅的日子激发了消费者寻找便捷、智能的清洁用具的需求。而追觅科技无疑是攥住机会的幸运儿，凭借着国际领先的核心技术专利和强大的产品吸引力再获资本垂青，获得新的发展动力。现阶段，我国家庭清洁小家电保有量远不及欧美、日韩，这也意味着追觅科技乃至整个清洁小家电行业未来的发展空间巨大。

**NO. 33**

# 联软科技——网络安全领域如何突出重围*

**主笔：** 余心怡

**资料收集：** 胡蓉芬　陈韵莹

**交易概览：**

2020 年 9 月 11 日，联软科技宣布完成 B 轮融资。本轮融资由中国互联网投资基金领投，高新投跟投，融资总额近亿元。此前于 2019 年 9 月，联软获达晨财智 6 000 万元人民币独家投资。

联软科技创立于 2004 年，成立以来始终专注于企业端点安全技术领域，是国内领先的端点安全平台化解决方案提供商、全球最早的网络准入控制商之一。两轮融资将助力联软科技持续加大创新动能，提高市场拓展能力，同时推动网络安全产业持续健康发展。

## 一、四十年演进，网络安全成为网络、计算、存储外的第四大 IT 基础设施

网络安全的概念在近 40 年来不断演化。20 世纪 80 年代，随着计算机应用的拓展，计算机安全应运而生，此时以硬件、操作系统以及存储的数据组成的计算机设备本身是安全的关注点。90 年代后，PC 和互联网的普及促使企业信息化程度不断提高，安全的关注点逐渐从终端延伸到网络，安

* 本文写于 2020 年 9 月。

全的概念拓展至网络边界安全和信息系统本身及其承载内容的安全。2014年以后，新技术与新应用场景不断演化，网络安全重要性不断提升的同时其内涵也不断延伸，逐渐由 IT 产业的伴生性需求向基础需求转变，发展成为覆盖个人安全（2C）、企业安全（2B&2G）、万物互联安全（2T）、新安全（2ALL）四大领域的完整产业生态，全球产业规模达千亿美元量级（见图 1）。

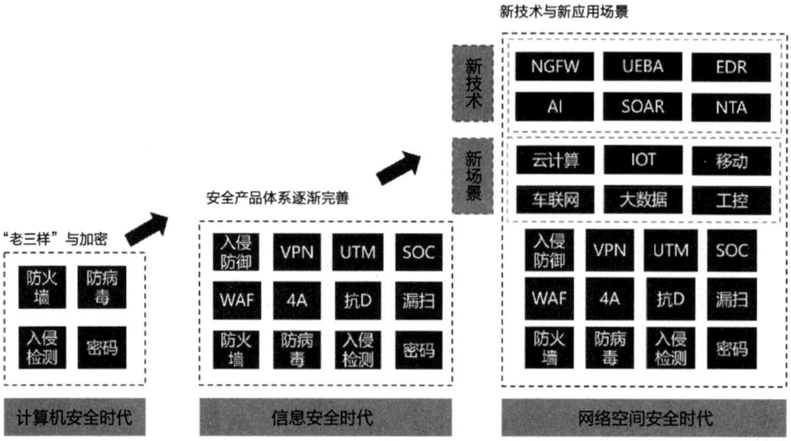


**图 1　网络安全不同时期产品形态**

资料来源：方正证券

## （一）政策 + 事件 + 技术，三大因素释放需求，行业乘风发展

新技术带来新风险，网络安全价值突显。"云、大、物、移、智"等新兴技术的出现和发展加速了各行业数字化转型进程，传统网络边界逐渐消失，安全防护对象类型更加丰富，拓展至云平台、大数据和泛终端。网络安全并不能直接创造价值，其价值大小由信息系统本身的价值决定。随着政企数字化转型的推进，信息系统及其承载的业务及数据在规模和重要程度上都大大提升。相应地，网络安全的价值量也不断上升。

国家战略先行，合规性与强制性驱动并重。近年来，以《网络安全法》《国家网络空间安全战略》《密码法》为代表的一系列网络安全相关的法律法规及政策文件相继出台，2019 年 12 月网络安全等级保护 2.0 标准的正式实施，表明国家正着力于对现有安全防护体系进行补充和完善，并对云计算、移动互联网、物联网、工业控制等新兴技术领域进行覆盖。相关政策和法律的确立保障了我国网络安全市场产业的有序健康发展，刺激了相应领域网络安全产品及服务的需求不断释放。

安全态势严峻，企业主动安全意识逐渐增强。数字化转型使得企业自身业务越发依赖于互联网，但企业采用新技术的速度远远超过解决相关安全问题的速度，因而网络安全风险上升。根据 RiskIQ 发布的年度报告，2018 年全球因网络犯罪造成的损失达 1.5 万亿美元，较 2014 年的 4 450 亿美元增长了 237%。未来，随着企业数字化进程加快，安全态势更加严峻，预计企业将会继续加大安全投入。

2015 年后，由以上因素驱动，大量投资机构涌入市场助力产业发展。网络安全新兴技术领域步入快速发展阶段，网络安全企业创新动能不断增强，优质标的大量涌现，资本对网络安全市场投入前所未有的关注程度，市场总体融资额上升明显（见图 2）。

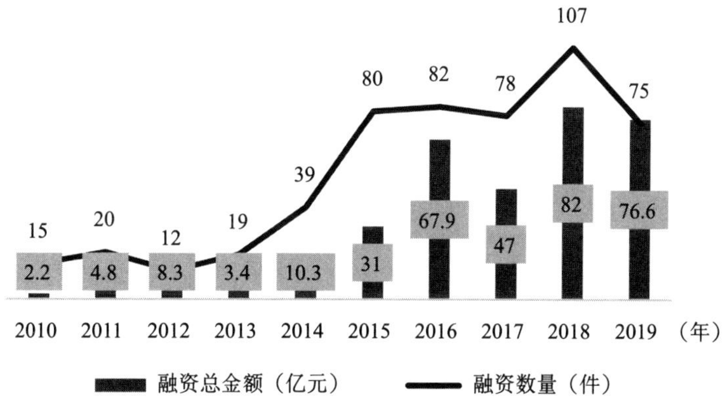


**图 2　2010～2019 年中国网络安全市场企业融资情况**

资料来源：数说安全

目前，中国 IT 安全产业投资占比较低。IDC 调查数据显示，从 IT 安全投入占 IT 整体投入的比例看，全球平均水平在 3.74%，美国为 4.78%，而我国仅为 1.84%（见图 3）。2018 年我国网络安全行业的市场规模为 495.2 亿元，同比增长 20.9%；而同期全球网络安全市场规模为 1 269.8 亿美元，同比增速为 8.5%。因此，我国网络安全行业的市场规模小，但增速远超全球平均水平（见图 4 和图 5）。受技术革新、企业自主安全意识增强和政策保障三方面因素驱动，我国网络安全市场具有巨大的发展空间，预计 2021 年市场规模将超过 900 亿元。

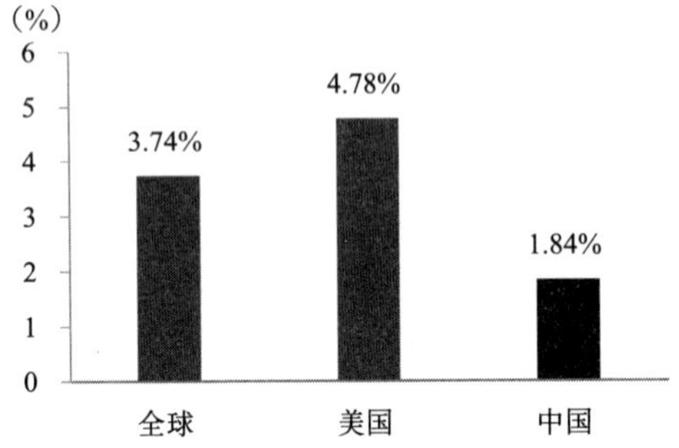


**图 3　IT 安全投入占 IT 整体投入比值**

资料来源：IDC

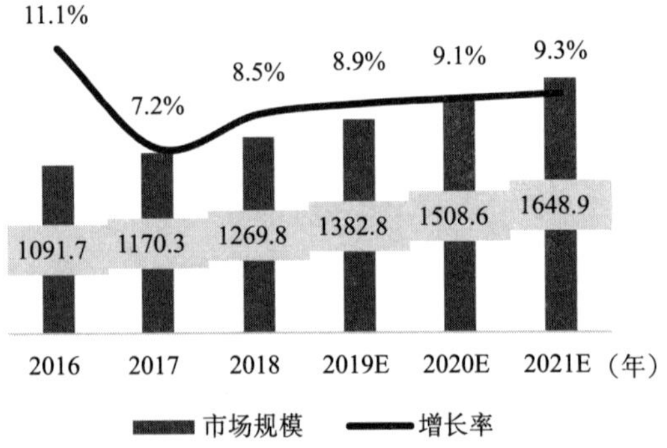


**图 4　2016～2021 全球网络信息安全市场规模与增长**

资料来源：赛迪顾问

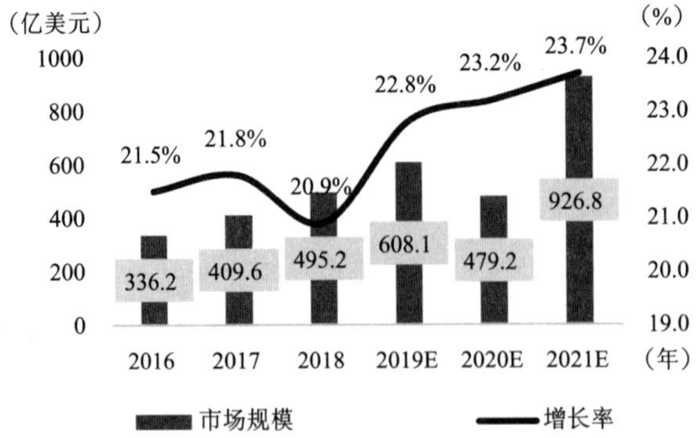


**图 5　2016～2021 中国网络信息安全市场规模与增长**

资料来源：赛迪顾问

## （二）联软科技：业内领先的平台型安全公司

2016 年来，联软科技深耕于端点安全领域，具有强劲的技术先发优势。随着网络形势的复杂化、安全攻击多样化，终端上往往需要学习数据安全防护、补丁管理、桌面安全管控、行为管理、准入控制、基线管理、资产管理等多套安全系统。这一方面降低了终端运行速度，增加了运维成本，恶化了用户体验；另一方面，系统之间联动性的欠缺阻碍了数据融合，数据价值利用不足。而联软主营产品 LeagView 安略统一管控平台的优势，在于构建基于一个 Agent、一个管控平台理念的终端一体化解决方案，集网络准入控制、终端安全管理、BYOD 设备管理、杀毒管理、服务器安全管理、数据防泄密、反 APT 攻击等系统于一体，可覆盖 PC、移动端、云主机、IoT 设备等泛终端，改进简单产品堆砌的模式，帮助企业构建起一个全面、有效且满足网络安全发展需求的防御架构。

2018 年，联软与腾讯安全达成战略合作，全面对接腾讯御点终端安全管理系统，更加有效地防御企业内网的病毒木马攻击。

2019 年，联软并购“以攻击者视角对全网暴露面进行主动监控与持续管理的新锐”魔方安全，进一步完善其 EPP 平台，使成为业内唯一完整的攻防能力兼备的全新端点安全解决方案（见图 6）。

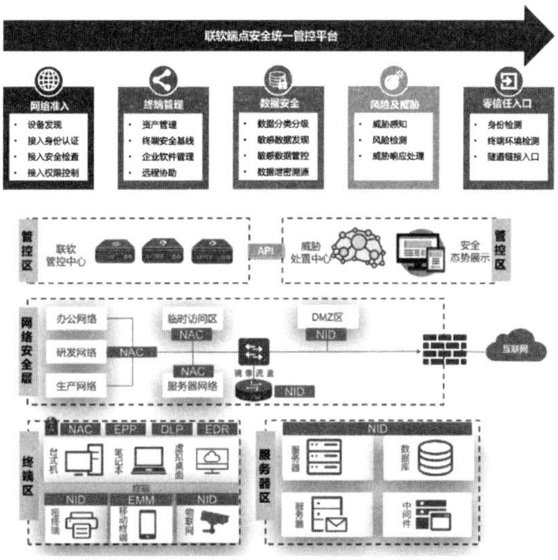


图 6　联软端点安全统一管控平台

资料来源：联软科技

## 二、立于“零信任”新风口，突围机遇来临

企业数字化转型中，旧式内外网隔离的边界安全防护逐渐失效。传统的安全防护强调“边界”的概念，用防护墙、VPN、UTM 及入侵防御检测等安全产品的组合在边界层面阻挡安全攻击。随着 IT 基础架构发生根本性变化，可扩展的混合 IT 环境成为主流的系统运行环境，从用户需求到业务要求，从应用平台到防护终端的类型都在不断演变拓展。全球因疫情导致的大规模远程办公常态化，催化残存安全边界的消失，传统网络安全架构体系的用户体验受限、安全性不足等弊端更加暴露。因而，以身份为实现动态访问控制的零信任概念的提出，兼容了云计算、大数据、物联网等各类新兴应用场景，支持远程办公、多云环境、多分支机构、跨企业协同等复杂网络架构，使更细粒度和更高效的安全访问控制成为可能。

Gartner 的《零信任访问指南》认为，到 2022 年，在向生态合作伙伴开放的新数字业务应用程序中，80% 将通过零信任进行网络访问；到 2023 年，60% 的企业将采用零信任替代大部分远程访问虚拟专用网（VPN）。海外零信任起步较早，目前已初具规模。2020 年第二季度零信任相关营收超过 1.9 亿美元的厂商已超过 10 家。在我国零信任仍处于普及阶段，联软清晰地把握了这一行业趋势，是国内较早布局零信任的安全厂商之一。2015 年，联软发布企业移动安全支撑平台 EMM，引入零信任思想；2019 年，联软科技发布软件定义边界 UniSDP，探索零信任安全领域；2020 年，联软发布了自适应安全访问零信任解决方案，通过一个客户端、一个界面，根据用户在内网还是外网，自适应地安全访问数据中心、混合云、公有云下的各种资源（见图 7）。

## 三、零信任是架构，SASE 是路径，网络安全的未来在云端

随着云计算从互联网行业加速扩散渗透至政务、金融、工业等各个行业，我国整体云服务市场继续保持快速增长。据艾瑞咨询预计，2023 年将达到 4 944 亿元，未来三年 CAGR 依然保持在 30% 以上。正如之前所提到

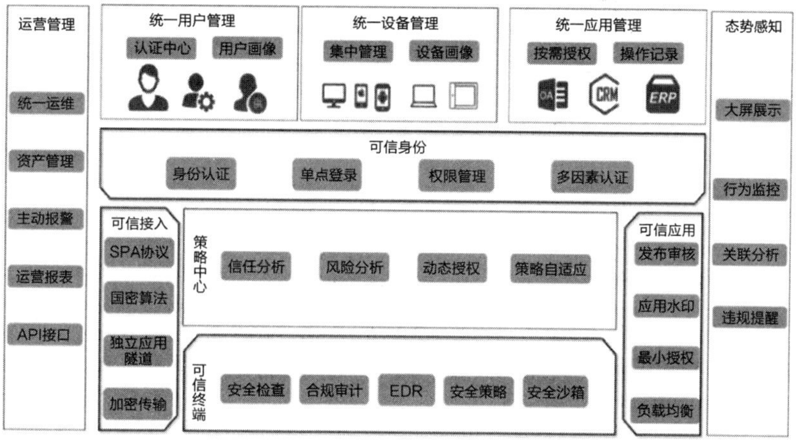


**图 7　联软科技基于零信任架构的统一终端管理（UEM）解决方案**

资料来源：联软科技

的，在企业纷纷拥抱数字业务的过程中，采用了 SaaS 等大量基于云计算的服务和新兴的边缘计算平台。在数字化企业中，更多的用户使用公网而不再是企业内网来完成工作；企业更多地使用在 IaaS 中运行的工作负载而非数据中心；相比企业基础设施中的应用，企业更多使用 SaaS 模式的应用，更多的数据存储在企业数据中心以外的公有云、混合云服务中。同时，用户流量和分支机构流量将流向企业数据中心以外的公有云。

当企业需要随时随地访问基于云的应用和服务时，围绕数据中心搭建的传统网络和网络安全体系架构已经过时，反而成为对数字化业务需求的阻碍，取而代之的是身份作为访问决策的新中心。

2019 年，继零信任之后，Gartner 提出了一个更高维度的概念，即“SASE”（安全访问服务边缘模型）。SASE 集成了敏捷、自动化、CARTA（持续自适应风险与信任评估）、ZTNA（零信任网络访问）、Advance APT 防护等多项技术，将广域网边缘和网络安全性整合为基于云的服务交付模式。

Gartner 对 SASE 的定义也很简单：SASE 是一种基于实体的身份、实时上下文、企业安全、合规策略，以及在整个会话中持续评估风险/信任的服务。实体的身份可与人员、人员组（分支办公室）、设备、应用、服务、物联网系统或边缘计算场地相关联。与零信任体系一脉相承，SASE 强调“身份”这一概念的重要性。如果说零信任网络的基础是一个可软件定义的基于身份策略的端到端网络，那么 SASE 提供的就是实现这种网络的路径。在零信任的基础上，SASE 还具有身份驱动、基于云的服务交付、支持所有边缘、全球分布的特点。

在企业 IT 架构因云而重构的大背景下，网络安全产品也将吸纳大数据、云计算、人工智能等新技术而突破原有形式。因此，基于云端的网络安全服务交付模式，将逐渐替代基于本地化部署的传统软件服务模式，成为政企用户对于新一代网络安全产品的标准需求。以 SASE 为代表的新一代网络安全产品在我国尚未起步，因此，相较于在安全软件和安全硬件领域已经有较高市场占有率的深信服、奇安信等头部安全公司，联软科技等技术型网络安全公司面对的是一种突围机遇。可以看到，无论是平台化端点安全系统的打造，还是零信任概念的落地，联软已经走在了契合行业未来模式的道路上。因此，在产品方面，挖掘用户需求，完善产品矩阵；市场方面，通过与不同安全技术领域的公司的合作，助力行业标准化体系构建和推动行业生态建设，提高国内市场渗透率；渠道方面，深度耕耘已有价值客户，提升体验服务。同时，与腾讯云、阿里云、亚马逊、华为企业云等公有云服务商积极开展合作，共建云安全生态体系。

**NO. 34**

# 三顿半再获融资——速溶咖啡的“弯道超车”*

**主笔：** 左寰宇

**资料收集：** 付鲡锶　何艳艳　谢怡婷

**交易概览：**

2020年9月2日，精品咖啡品牌三顿半宣布完成过亿元B轮融资。本轮由红杉资本领投，峰瑞资本跟投。

其中，峰瑞资本已参与过Pre－A和A＋轮两次融资，红杉资本则为新股东。红杉资本此次投资1.2亿美元左右，三顿半整体估值超过8亿元人民币。

本轮资金将主要用于供应链升级改造、品牌建设及新产品研发投入、创新消费场景打造。

## 一、中国咖啡市场消费潜力巨大，顾客群体基数小

中国咖啡市场发展迅速，随着消费水平增长，消费者对消费质量的要求逐渐提高，青年一代对咖啡饮品越来越依赖，这些都会带动咖啡行业迅速成长。目前，中国咖啡消费年均增速达15%，高于世界2%的增速。巨大的人工基数带来相应的人口红利，国内咖啡消费距触及天花板还有很大的空间（见图1、图2及图3）。预计2025年中国咖啡市场规模将达到2 171亿元。

* 本文写于2020年9月。

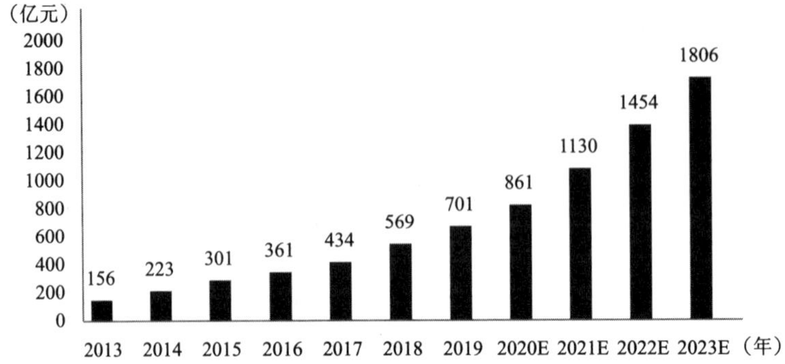


**图1　中国咖啡行业市场规模**

资料来源：前瞻经济学人

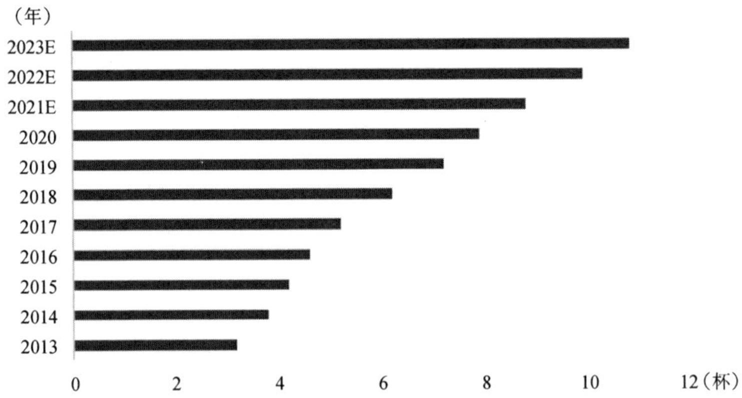


**图2　2013～2023年中国咖啡行业人均消费量**

资料来源：中国产能信息网

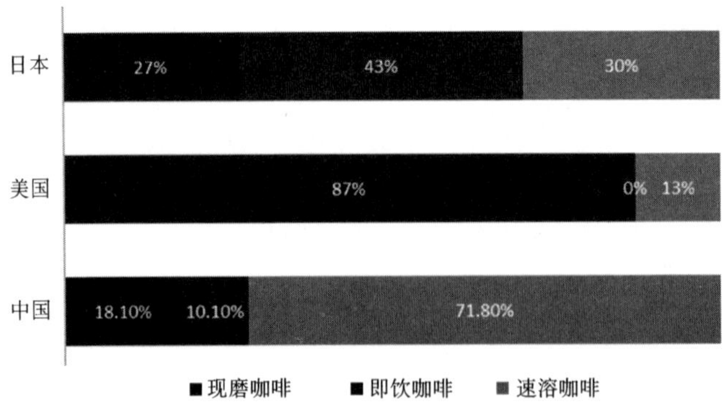


**图3　中日美咖啡消费结构**

资料来源：欧睿咨询

中国咖啡市场消费潜力巨大（见图 4）。作为西方典型消费饮品，咖啡在我国的发展历史并不长，主要是从 1980 年速溶咖啡品牌麦斯威尔与雀巢先后进入中国市场后开始发展。受茶文化的影响，中国咖啡消费群体基数小，咖啡顾客群体尚处于初步习惯培养阶段。

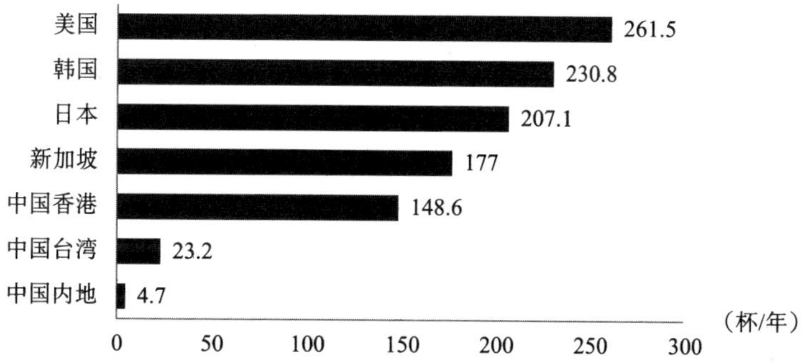


**图 4　中国及海外市场人均咖啡消费量对比**

资料来源：欧睿咨询

目前，中国市场的咖啡消费需求呈现向多元化发展，不同的咖啡品类均有对应的受众群体，并且群体之间的重叠程度不同，这意味着刚起步的中国咖啡市场的潜力和提升空间还很庞大。

## 二、咖啡产业链分布——下游利润贡献率占大头

咖啡的产业链由上游的咖啡豆种植、中游的咖啡豆深加工和下游的咖啡饮品流通组成。就各环节来说，上游种植环节集中度低，中小咖农、种植基地以及国外的高品质庄园是主要参与者，仅贡献 1% 的产业链价值，利润低；中游同上游情况；下游流通环节包括批发和零售，集中度高，价格区间范围大，具有丰富的商业模式，价值贡献占整个产业链的九成以上，利润高（见图 5）。

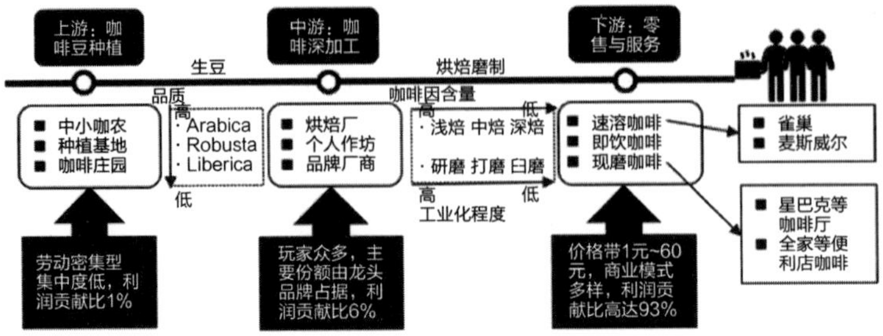


**图 5　咖啡产业链**

## 三、咖啡品类竞争格局初现，市场集中度高

提到咖啡市场，大多数人都会首先想到全球连锁咖啡行业龙头星巴克和依靠“烧钱式”经营模式进行店铺推广的瑞幸咖啡。事实上，星巴克、瑞幸咖啡等品牌并不代表整个咖啡市场。如上所述，在中国市场乃至整个亚洲市场，现磨咖啡零售业态只是全球现磨咖啡市场的冰山一角。全球咖啡产业的三次浪潮见图 6。

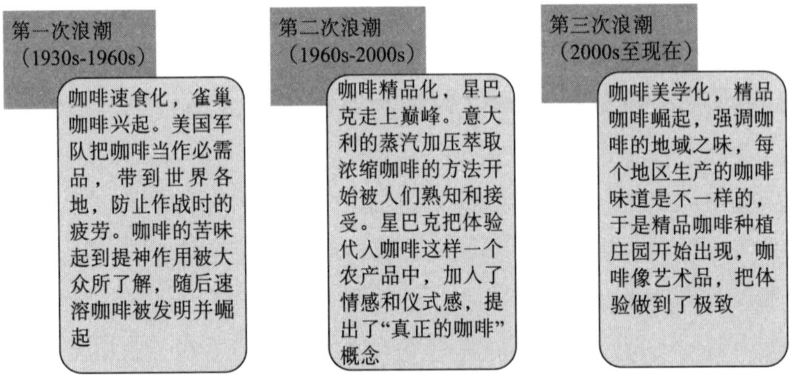


**图 6　全球咖啡产业的三次浪潮**

从产品分类的角度来看，咖啡分为速溶咖啡、现磨咖啡和即饮咖啡。由于冲泡方便，速溶咖啡在中国占据主要市场份额，占比达到 71.8%；现磨咖啡是指使用咖啡豆、咖啡粉、咖啡机制作的咖啡，占 18.1%；即饮咖啡是将加工咖啡饮料装瓶或装罐后零售的产品，占 10.1%（见表 1）。

表 1　咖啡品类比较

| 咖啡品类 | 竞争情况 |
|---|---|
| 现磨咖啡 | 整体集中度较高。从数量上看，九成咖啡馆为非连锁咖啡品牌，连锁品牌总数仅 1 万多家，占比约 10%。市场份额方面，星巴克一家独大，为 51% |
| 速溶咖啡 | 线上速溶咖啡品牌中雀巢咖啡以 28.5% 市占率稳居首位，前 7 名占 51.2% 市场份额，市场集中度较高；余下数百品牌竞争剩余 48.8% 市场份额 |
| 即饮咖啡 | 市场集中度更高，雀巢咖啡稳居第一，占比近七成。第二梯队则属于可口可乐（乔雅咖啡）、统一（雅哈咖啡）等饮料大厂 |

目前，就世界咖啡市场的平均水平而言，现磨咖啡占 87%，速溶咖啡仅为 13%；而我国咖啡市场中现磨咖啡仅占 18%（见图 7）。从市场规模看，美国咖啡市场约 3 万亿元人民币，我国咖啡市场约 1 000 亿元人民币。

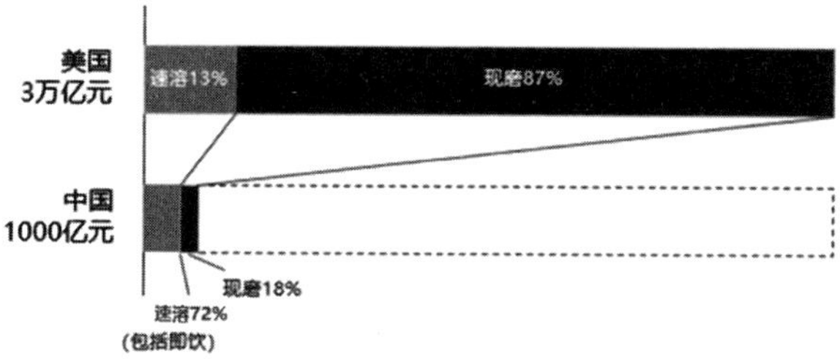


图 7　中美咖啡饮用结构对比

资料来源：欧睿咨询、USDA、国际咖啡组织

中美咖啡格局相差较大，现磨咖啡在中国市场的渗透率低，在消费者中的普及度低，速溶咖啡的市场状况优于其他两类（见图 8）。

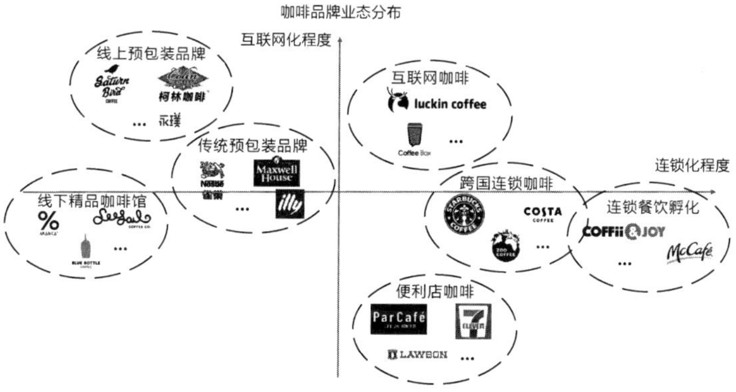


图 8　咖啡品牌业态发展

资料来源：CBDData

可以看出，在这样集中度较高的市场格局下，唯有能够真正解决消费者的痛点、推出差异化产品的品牌才有可能破局突出。这也是三顿半之所以避开白热化烧钱开店模式的现磨零售连锁市场，选择了只有寡头雀巢存在而竞争并不算饱和的速溶咖啡市场的核心思路。

## 四、三顿半——咖啡赛道上的异军突起

当顾客对一项产品的消费从追求新鲜感过渡到日常性需求时，他们对产品的性价比和获取容易度都有了更高的要求。在尝鲜阶段，顾客往往在群体效应的感召下进行消费，此时产品的业务增长速度快，消费者看重的更多是新消费方式带来的新体验。同样，如果顾客对产品的消费更注重消费场景的社交需求时，这样的消费也难以真正实现日常化。星巴克可以为消费者提供一个社交沟通的场合，但无法真正无缝切入消费者的日常生活。

国外的咖啡消费已成为人们的一种生活需求，咖啡机在日常场合随处可见，获取一杯现磨咖啡的成本和难度很低。相比之下，目前中国市场上，咖啡机的普及度以及现磨咖啡的市场渗透率低，选择速溶咖啡作为切入点打造日常消费品无疑更加合适。

只具有价格优势远远不够，如果咖啡口味不好，用户只会停留在尝鲜阶段，品牌难以真正留住客户（见图9）。三顿半以其独特冷萃技术打造精品咖啡，在同类咖啡品类中打出差异化创新，小罐包装易储存携带，冷萃技术易冲泡饮用且保留原本风味，再加之大多数消费者都能接受的合理价格，能够提供良好的用户消费体验。凭借高性价比、冲饮方便这两大特点，三顿半很有希望把咖啡向日常消费品过渡。

中国消费者对速溶咖啡的刻板印象：口感不适，冲泡必须要热水，低端劣质。这种“成见”在大众消费者心中根深蒂固，同时，传统的速溶咖啡并不能满足中端消费者的品质需求。三顿半正是抓住传统速溶咖啡的痛点，选择进行产品创新，进入速溶咖啡市场。

### （一）差异化产品创新，真正解决用户需求

对于咖啡这类已经逐渐趋于同质化的消费品，能对其进行创新的产业

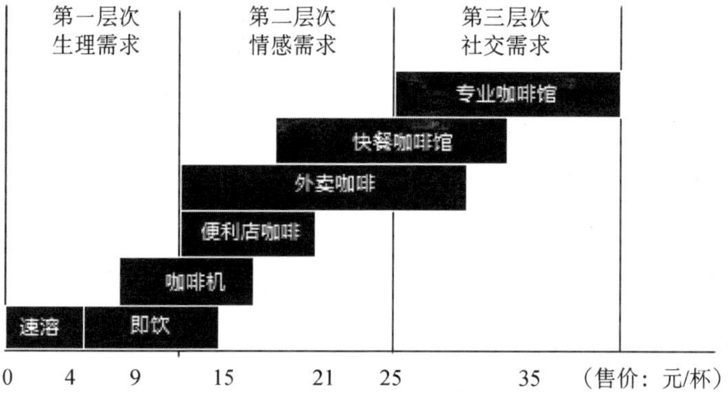


**图 9　咖啡产品的不同价格及定位**

链部分较为有限。真正决定其品质的是其原材料，即咖啡豆原产地。但是，大部分消费者都难以区别或者并不敏感咖啡豆产地不同带来的口感变化，就连咖啡巨头星巴克也难以凭借咖啡豆的不同品质真正做出有竞争力的创新性产品。

于是，玩家们选择从咖啡产业链的下游零售发力。在产品创新艰难的情况下，瑞幸选择“烧钱”布局零售店，凭借商业模式创新进入市场。而三顿半是为数不多的真正的产品创新。

三顿半的产品不断更迭换代，以迎合受众需求：

· 第一代产品：挂耳咖啡大满贯套装，通过咖啡套装打开市场。

· 第二代产品：第二代手冲咖啡大满贯套餐，培养进阶性咖啡消费者。

· 第三代产品：小罐装精品速溶咖啡，解决产品壁垒和复购率问题。

### （二）抛弃网红内容营销，专注产品消费体验

通过内容营销、推广，品牌可以提升知名度吸引眼球。品牌从用户需求端发力，从用户痛点入手，促进产品升级换代，同样可以吸引消费者消费，并且自主地在社交网络发文扩散，增加品牌影响力。

两种着力点不同的路径，都可以打造爆款网红品牌，而投资人正是看好三顿半做好后者这一差异化产品创新的潜力。

三顿半并没有在营销上过多投入，其相信如果自己产品能满足顾客的多场景需求，顾客之间会自行进行传播。在口味创新方面，三顿半做到冷萃、无限制地超级速溶。三顿半咖啡实现了在牛奶、冰水、苏打水、茶饮

等不同液体，甚至不同温度液体中，三秒即溶，最大限度地保留了咖啡的风味。

在包装创新方面，所谓“颜值即正义”，三顿半推出小罐包装，根据口味给小罐编号和设计颜色，大大提高了可玩性，让人觉得非常酷和有个性，迎合了年轻人的需求。

在场景创新方面，高质量的图片加上官方指导，引发了消费者的群体模仿和内容再创造，给消费者留足玩法的空间。

### （三）线上线下结合计划性消费场景切入电商

从互联网起家的消费品牌，更容易在新零售的浪潮中创造自己声势。

与速溶咖啡传统消费场景多在线下的情况不同，三顿半一开始即借助电商平台发家，选择计划性消费场景切入电商，消费者在网上一次性购买满足月度需求的组合装咖啡。同时，三顿半也借助互联网天生自带的流量红利与传播速度，凭借自身产品的差异化优势，吸引一波又一波消费者。其借“短视频”东风，在全平台营销。许多 KOL 和素人拍照、拍视频分享至社交媒体上，助推品牌流量增长。

对于初创品牌，成长初期尤其可以借助互联网“大量吸粉”并完成流量变现，最终向线上线下结合发展过渡，走向全场景、多渠道的运营模式。三顿半发起“返航计划”，将咖啡空罐变身“货币”，发起回收兑换活动，覆盖 17 个城市的 29 个机构和空间，形成自己的用户—产品—体验的生态，是现在新零售玩法的一个典型代表（见图 10）。

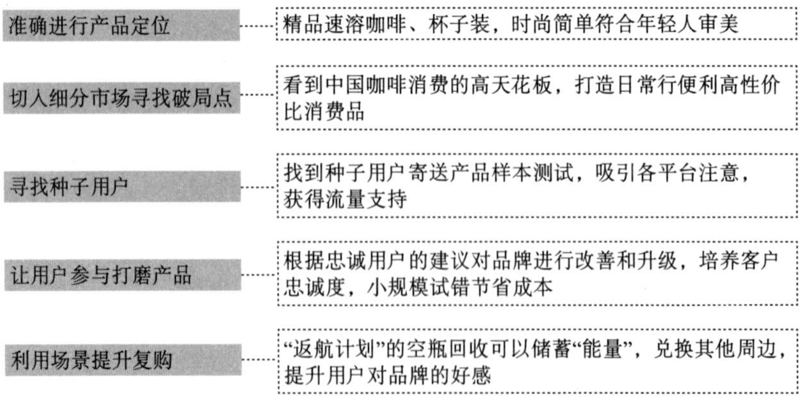


**图 10　三顿半的营销逻辑**

## 五、消费品的投资与自身创新逻辑洞察

在消费品投资逻辑方面，可以从行业特性和变化趋势两个维度来分析其是否是一个值得投资的好的细分领域。

咖啡品类存在高频、高毛利、高复购特性的优势。“高频”，指行业传播效率高；“高复购”，则是说这个品类的单一库存量单位（Stock Keeping Unit，SKU）可以被重复购买消费，有机会打造爆款，变化趋势是其要借助的“东风”。从内容传播的角度看，新的媒体形态最能够带动新品类的消费崛起。从渠道角度看，线下到线上的打通可以覆盖原有头部企业未重点部署的区域。

当下的消费品创新，更多地需要全链条的效率提高和体验升级，包括后端供应链的优化、中端产品及体验的提升和前端抓住流量与媒体的变化（见图 11）。

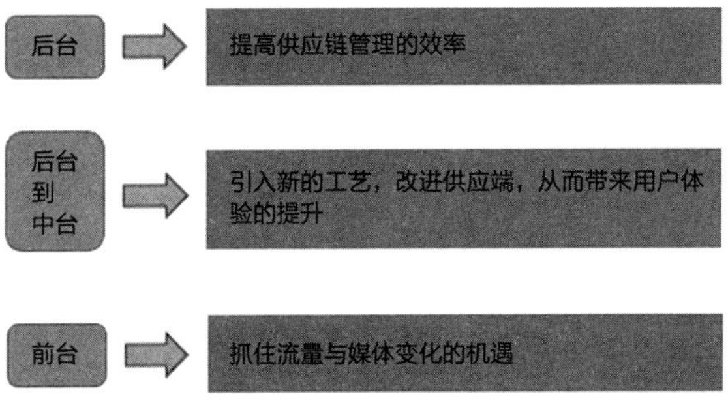


**图 11　全链条效率提升**

企业找到优化供应链的方法，提升产品品质与用户体验。在这个时刻，如果能够赶上媒体表现形态变化的红利，就能够借助新的媒介铺设流量推广，让用户借助新平台进行产品的推广和传播。

总结来看，三顿半通过供应链的优化，使产品品质与用户体验得到提升。用户的需求被满足，消费体验升级会自发开始品牌传播，再借助新的流量平台，则新的产品与好的体验便得以有效传播。

## 六、展望未来——机遇与挑战并存

总的来看，三顿半目前的咖啡受众并不大，虽然新意十足，但在口味方面并不突出。作为新品牌，尽管在销量上一时超过传统巨头，但显然星巴克、雀巢等传统龙头仍旧实力强劲，并且星巴克、Costa、Tims等零售咖啡玩家随时都有可能进入速溶咖啡市场进行角逐。

纵观未来，三顿半可以继续拓展产品品类，完善用户体验，覆盖多场景需求；同时，提升口味，最后争取向咖啡上游拓展，完善供应链需求。

想成为投融资观察报告创作团队的一员吗？微信扫描本书第388页二维码，现在就加入我们吧！

**NO. 35**

# 完美日记：国产美妆赛道第一股，探索新世代增长路径*

主笔：梁　悦

资料收集：吴昭程　仇学成

**交易概览：**

完美日记（Perfect Diary）作为国产原创化妆品电商品牌，致力于为新一代中国女性提供高品质时尚彩妆产品和美丽方案。2020 年 11 月 19 日，国货美妆完美日记母公司逸仙电商在美国纽交所挂牌上市，成为国内首个美股上市的美妆集团。在首个交易日，逸仙电商股价盘中一度暴涨超 96%，收盘时涨幅达 75%，市值突破 122 亿美元。

完美日记作为新国货美妆产品的领先品牌，多次在淘宝的唇釉、眼影等品类销售方面超越其他国产品牌。在中国化妆品行业不断上升发展的今天，完美日记使用多种营销方法（公域和私域流量结合、多品牌战略、IP 联名等），和各种国际大厂代工厂合作，完成产品的设计和营销。然而，由于高额营销费用，目前仍然面临净利润率较低、估值偏高等问题。如何提升完美日记的营销效率，是其面临的最大难题。

* 本文写于 2020 年 11 月。

## 一、行业介绍

化妆品市场是一个极具潜力的成长类消费市场，2019 年呈现出了国际大牌、新锐品牌和传统国牌百家争鸣之势。

从行业前景上看，消费升级和消费降级共同助力美妆市场。消费升级导致彩妆渗透率使用频次上升，覆盖彩妆的人群也再上升；而消费降级对应的理性消费导致消费者对口红、眼影等单品的性价比追求上升。B 站、抖音等长短视频平台上美妆区的火爆也促进了美妆渗透率上升。

此外，由于各个国家受众人群的肤质、审美不尽相同，比如韩国人追求水光肌，日本人更追求珠光，中国更注重哑光等，美妆行业最终的市场消费会逐渐走向本土化。

而此前，中国的美妆行业一直被国内大牌机构垄断，品牌溢价很高。中国本地有着较为完善的产业链和成熟的代工体系，因此，可以推定中国市场一定会诞生巨量的美妆自主品牌，演进方式可能会类似手机市场，比如先从性价比和本地营销上发力，再逐步通过现金流等反哺产品研发和设计。

相关资料见图 1、图 2 和图 3。

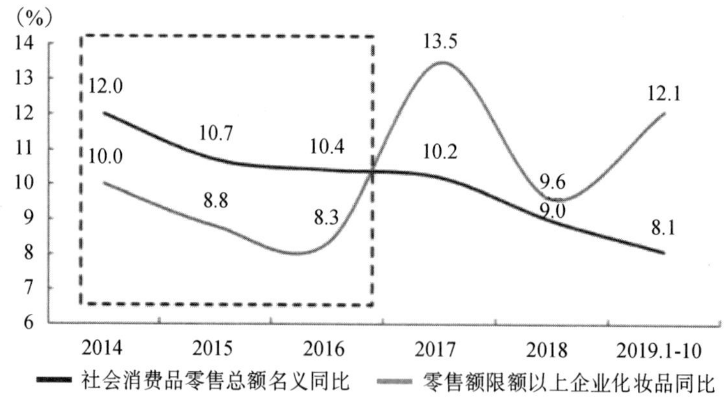


**图 1　2016 年起，化妆品行业逆周期增长**

资料来源：方正证券，国家统计局

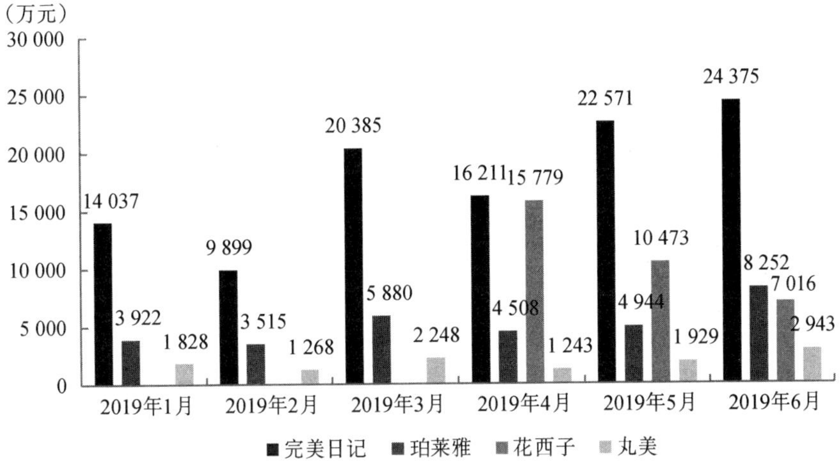


**图 2　完美日记天猫旗舰店销售额领先其他国货品牌**

资料来源：方正证券，增长黑盒

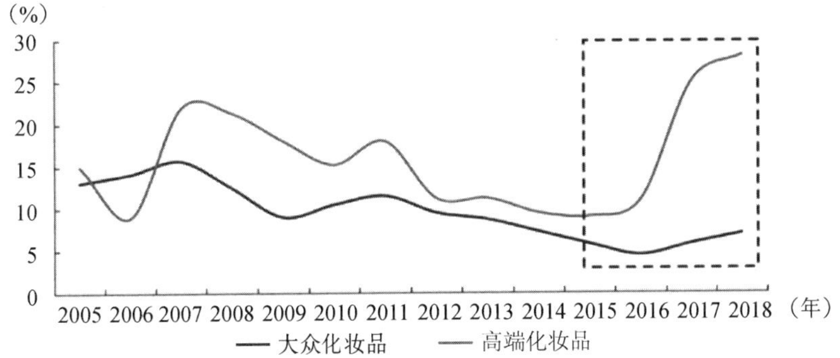


**图 3　2016 年起，高端化妆品增速提升明显，大众化妆品增速保持稳定**

资料来源：方正证券，增长黑盒

在行业上，口红和眼影并非高频消费，一只口红需要 1 ~ 2 年才能消耗掉，品牌方必须不断营销，不断寻找新的 KOL 合作，不断开发新的 SKU，让用户持续种草、持续尝鲜。很多女性消费者表示，虽然自己没有用完过一根口红，但仍然会继续购买。

而在以粉底为主的更新换代较慢的彩妆品类上，欧美大牌仍然占据主导地位，因受众对于底妆的品质追求较稳定，反而并不需要在营销上搞饱和式投放。这也是完美日记下一步的推进方案，通过营销带来的盈利反哺自己的美妆产品研发能力。这和之前预测的手机市场逻辑相互印证。

## 二、宣传策略

具体来看，完美日记的宣传战略主要可以总结为：从公域流量、IP联名、明星代言中获取流量；再通过私域流量运作，诱导复购行为（见图4）；运用多品牌战略丰富SKU，促进品牌成长。

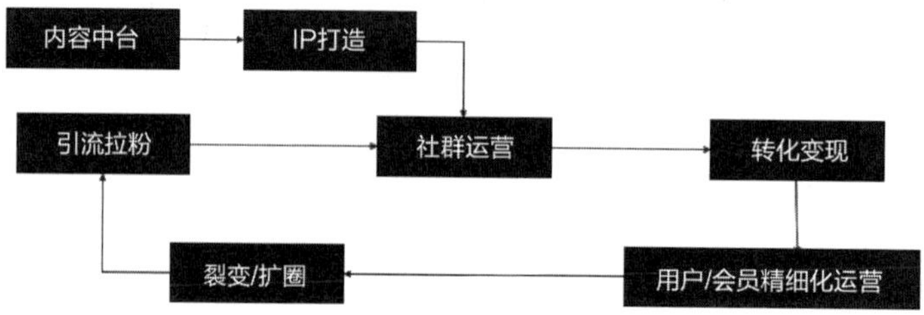


图4 美妆标准私域框架

### （一）公域流量

除了天猫、京东这些常规引流与销售渠道外，完美日记最擅长的是在小红书、微博、微信、抖音、快手、bilibili等社交平台“无死角”收割流量。逸仙电商在招股书中描述自己为“中国最早的在所有社交平台上大规模使用KOL的美容平台之一”，称公司与包括李佳琦、薇娅在内的近1.5万个不同知名度的KOL有合作，其中800多个拥有超过100万人的关注者。

### （二）P联名/代言

完美日记与Discovery探索频道、大英博物馆和中国国家地理等文化IP推出联名款眼影，更是成为爆款。以完美日记与Discovery探索频道联名推出的探险家十二色眼影为例，该系列以动物的“眼神杀”为核心，分别推出小猪、斑虎、鳄鱼、冰狼四款动物眼影，首发当日即售罄，平均每秒卖出48盘，一度创下天猫眼影品类首发纪录。目前，该系列眼影在天猫旗舰店月销售超过10万盘。

### （三）私域流量

完美日记通过“个人微信号＋微信群＋小程序商城＋公众号”建成成熟的私域运营架构：线上电商顾客通过快递中的关注红包小卡片进群，线下会员通过店员拉群；采用类 MCN 式批量打造真实 IP，如小完子、小美子等作为社群 KOC；选择“妆教”方向生产海量内容，KOC 进行用户教育；KOC 活跃在朋友圈、微信群、小程序商城，通过定期直播、秒杀、用户晒单等方式进行群运营。据增长黑盒数据，2019 年完美日记在淘内（淘系 + 天猫）销量大约为 24 亿元，其微信私域流量复购额为 4 亿 ~5 亿元。

（四）多品牌战略

母公司推出新品牌“完子心选”，产品线涵盖护肤、彩妆、美容仪器、个人护理、饰品、美瞳等，目标用户、品类、风格上区别完美日记；收购主打指甲油“小奥汀”，补齐不擅长的品类，丰富线下门店 SKU（见图 5）。

图 5　品牌对比

2020 年 10 月，完美日记还从法国制药和皮肤化妆品集团 Pierre Fabre 收购了标志性的高级护肤品牌 Galénic。这个品牌是法国的药妆品牌，在淘宝上一款 30ML 抗皱精华代购价格约 350 元。

## 三、研发能力

完美日记采取的是 OEM/ODM 的生产模式，公司掌握营销与销售渠道以及提供产品的设计，但研发环节上的缺失使公司缺少相比于其他同类品牌竞争的“护城河”。

2020 年 3 月，完美日记宣布与全球最大化妆品 OEM 公司科丝美诗合作建设研发与生产基地的计划，投资 7 亿元，预计 2022 年投产。在产品开发上，完美日记找了全国顶级彩妆 OEM 合作，如雅诗兰黛的合作方意大利的莹特丽，还有韩国的科斯美诗、蔻丝恩等，很多国际大牌彩妆的产品都是出自这些工厂（见表 1）。

表 1　　美妆合作代工厂

| 完美日记主要代工厂 | 工厂合作的大牌美妆 |
|---|---|
| 科丝美诗 | 迪奥、欧莱雅、兰蔻、YSL、香奈儿、MAC |
| 莹特丽 | 迪奥、兰蔻、阿玛尼、古驰、海蓝之谜 |
| 上海臻臣 | 宝洁、玉兰油、欧莱雅、雅诗兰黛 |

资料来源：增长黑盒

## 四、财务分析

2019 年，逸仙电商曾实现经调整后净利润 1.5 亿元，但受新冠肺炎疫情影响，以及 2020 年不断加大力度推广小奥汀、完子心选等新品牌，再加上在产品研发及线下渠道（大规模扩店）等方面的高投入，2020 年前三个季度，逸仙电商经调整后净亏损 5 亿元。

完美日记的盈利表现不佳，主要由于商品定价较低和营销费用占比较高。完美日记和众多大牌采用相同的代工厂，但是从商品加价比例来看，完美日记的加价比例为 3 倍左右，但是国际大牌往往加价 8 ~ 10 倍（见表 2）。

表 2　　完美日记供应及生产流程对比

| | | 完美日记 | 其他品牌 |
|---|---|---|---|
| 供应链 | 生产流程 | 从概念提出到发布产品小于 6 个月 | 国际品牌 7 ~ 18 个月 |
| 产品 | 产品价格 | 快推新、紧随时尚潮流 | — |
| 渠道 | 存货周转天数 | 98 天 | 平均 126 天 |
| | 产品价格 | 加价 3 倍左右 | 加价 8 ~ 10 倍 |
| 营销 | 公域 | KOL 联名社媒全平台覆盖 | — |
| | 私域 | 通过社群运营延长生命周期 | — |

由于较为低廉的人力成本和运输费用等因素，完美日记的毛利率为 63.59%，尽管低于欧莱雅的 73%，仍处于一个比较高的位置（见图 6）。

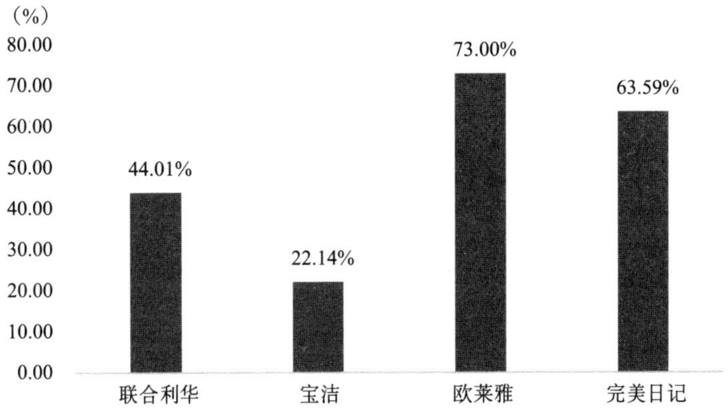


**图 6　各品牌的毛利率比较**

资料来源：作者计算，Yahoo Finance

从营销费用来看，完美日记采用的是全方位营销策略，营销费用占比为 70.14%（见图 7），处于行业较高位置。根据媒体采访透露，完美日记 KOL 营销推广十分积极，几乎大部分美妆区 Up 主都收到过完美日记的推广商务。在大规模的营销下，完美日记也应该思考如何合理利用营销费用，将营销费用花得更有效率。

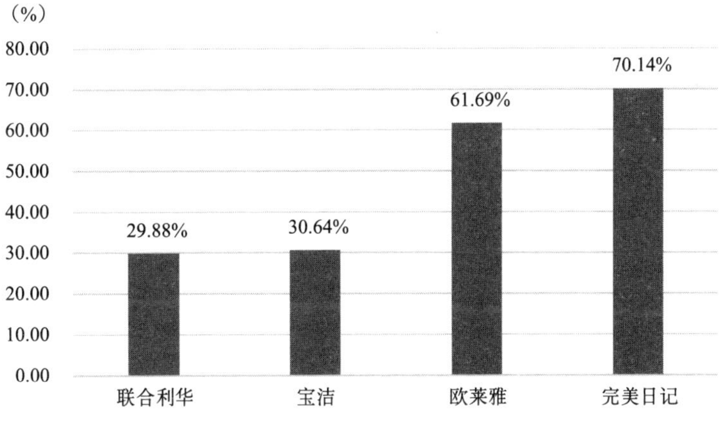


**图 7　各品牌营销费用占比**

注：营销费用占比 = 营销费用/（生产成本 + 营销费用 + 管理费用 + 研发费用）

资料来源：作者计算，Yahoo Finance

## 五、市值分析

联合利华、宝洁、欧莱雅等传统快消行业巨头和完美日记截至 2020 年 11 月 24 日的估值进行对比，结果如表 3 所示。

**表 3　　2020 年 11 月 24 日估值对比**

| 品牌名 | 市值（亿美金） | 市销率 | 市盈率 |
|---|---|---|---|
| 联合利华 | 1 562.380 | 3.006 | 23.610 |
| 宝洁 | 3 487.000 | 4.915 | 25.430 |
| 欧莱雅 | 2 012.222 | 1.600 | 51.900 |
| 完美日记 | 118.520 | 25.884 | 1 041.153 |

资料来源：作者计算，Yahoo Finance

完美日记 2019 年净利润只有 7 535 万元人民币，净利率在 0.05% 左右，2018 年仍然呈现亏损状态，呈现发展成长阶段，目前不适用于市盈率进行估值，因此将市销率进行比较作为补充。从市销率来看，完美日记的市销率为 25.884，高于欧莱雅的 1.6，和宝洁的 4.91、联合利华的 3.01 相比，处于行业高位。可以看出，目前投资者对完美日记的喜爱还是较为狂热的。

想成为投融资观察报告创作团队的一员吗？微信扫描本书第 388 页二维码，现在就加入我们吧！

**NO. 36**

# 艾棣维欣获超 2 亿元融资，拟成为中国 DNA 疫苗研发领头羊 *

主笔：康丽侠

资料收集：钱　译　张辛荑

**交易概览：**

艾棣维欣生物宣布完成超过 2 亿元 B 轮融资，这是继 2020 年 9 月初艾棣维欣合并斯澳生物科技后的又一里程碑事件。本轮投资方包括琴纳医科、经纬创投、联新资本、星空资本等新老股东。

新冠肺炎疫情席卷全球，对疫苗的高需求、急需求将疫苗研发企业送上风口。我国研究新冠疫苗的五种技术路径，包括灭活疫苗、重组蛋白疫苗、病毒载体疫苗、核酸疫苗，哪条技术路线的疫苗能最终应用并实现广泛落地，目前尚无定数，但“师出美国 Inovio + 与华山医院的深度临床合作 + 拥有国际一流水平的 DNA 质粒大规模生产工艺”的专攻 DNA 疫苗的艾棣维欣无疑是新冠疫苗研发赛道中闪耀的明珠之一。

## 一、疫苗行业：新冠背景下，行业持续发展、高潜力

在消费端，重大疫情下伴随着人民群众的健康意识觉醒，有望提升疫苗接种率，尤其是自费端的二类苗（HPV 疫苗等）。

2016 年，中国完成了《疫苗流通管理条例》的修订。2018 年《疫苗管

---

* 本文写于 2020 年 11 月。

理法》出台，带来行业监管体系的迅速规范化与完善化（见表 1）。随着疫苗生产成本与监管要求提升，依赖单品种且缺乏创新研发能力的企业或被逐步淘汰或兼并，行业供给侧将重新洗牌，市场集中度也将大幅提升。

**表 1　　　　相关法律出台**

| 时间 | 黑天鹅时间 | 出台文件 |
| --- | --- | --- |
| 2010 年 | 山西疫苗事件 | |
| 2012 年 | 山东潍坊非法疫苗案 | |
| 2016 年 | 山东毒疫苗事件 | 《疫苗流通管理条例》修订 |
| 2018 年 | 长春长生疫苗事件 | 《疫苗管理法》出台 |

资料来源：网络公开资料整理

疫情对疫苗行业有直接刺激作用。在资金端，全球疫苗研发公司加速融资。2020 年上半年，国内外共 28 家疫苗研发公司获得融资，融资金额为 114.8 亿元人民币。

## 二、疫苗种类介绍：重组病毒载体疫苗、核酸疫苗渐成主流

### （一）第一代疫苗：制造工艺简单，但有效性和风险难以有效平衡，正被逐渐淘汰

• 减毒活疫苗：保留了病毒复制能力的活疫苗，通过降低毒性，使病毒温和繁殖。

优点：免疫力持久，研发工艺路线相对成熟，无须佐剂，规模化生产工艺对接容易，产量高。

缺点：对储存和运输的要求较高；降低病毒致病力需要反复测试，开发时间较长，且副作用相对明显，安全性差。

• 灭活疫苗：使用灭活病毒作为疫苗抗原，从而诱导机体产生免疫反应。例如我国曾长期使用的乙肝疫苗、流感裂解疫苗就是一种灭活疫苗。

优点：使用上比减毒疫苗安全，易于制备，研发和规模化生产工艺成熟，方便制成多联多价疫苗，运输稳定。

缺点：免疫的效果不是很强，需要多次接种（基础 + 强化），并且产生

抗体保护时间短，一般 3 ~ 5 年后需要再次接种。

### （二）第二代疫苗：安全性高，但免疫时间有限，需要多次注射，同时制备时间长、技术难度大

主要代表就是亚单位疫苗和重组基因疫苗，原理上依旧是利用蛋白质/蛋白质水解产物诱导体外表达蛋白质。这些蛋白质/蛋白质片段毕竟不是活病毒，要想成功诱导特异性免疫应答离不开高效的佐剂，而佐剂又有很多种，需要不断试错。所以这两种疫苗的研发周期一点也不比第一代疫苗研发周期更短。

### （三）第三代疫苗：安全性较高，制备工艺简单、易标准化，渐成主流

- 重组病毒载体疫苗：将目标基因序列装载到载体病毒上制成的疫苗。

优点：免疫效果好，基因递送效率高。

缺点：活病毒，运输储存有一定要求，对经济欠发达地区可能还不太友好。

- 核酸疫苗：核酸疫苗包括 DNA 疫苗和 mRNA 疫苗，将编码某种抗原蛋白的病毒基因片段（DNA 或 RNA）直接导入动物体细胞内，并通过宿主细胞的蛋白质合成系统产生抗原蛋白，诱导宿主产生对该抗原蛋白的免疫应答，以达到预防和治疗疾病的目的。两者的区别在于 DNA 是先转录成 mRNA 再合成蛋白质，mRNA 则直接合成。

优点：制备工艺较为简单，成本低廉，且可以制作多价疫苗，制备技术容易标准化，热稳定性好，运输方便。

缺点：递送效率低，安全性存在争议。

相关资料见图 1。

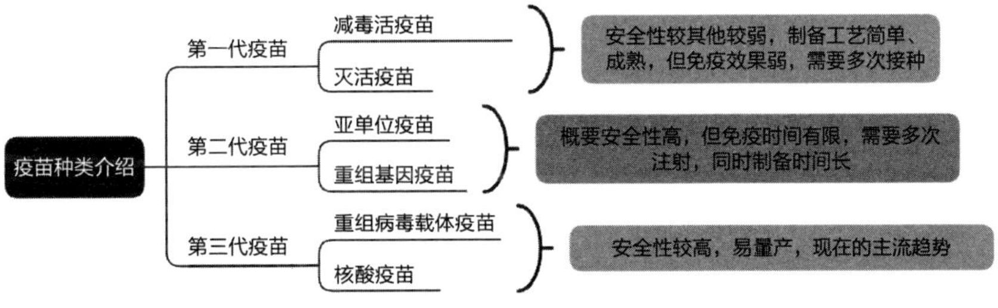


图 1　疫苗种类介绍

## 三、我国新冠疫苗技术研发路线梳理

在分析不同的技术基础和研发成功的可能性之后，科研攻关组布局了病毒的灭活疫苗、核酸疫苗、重组蛋白疫苗、腺病毒载体疫苗、减毒流感病毒载体疫苗这样五条技术路线（见图 2）。

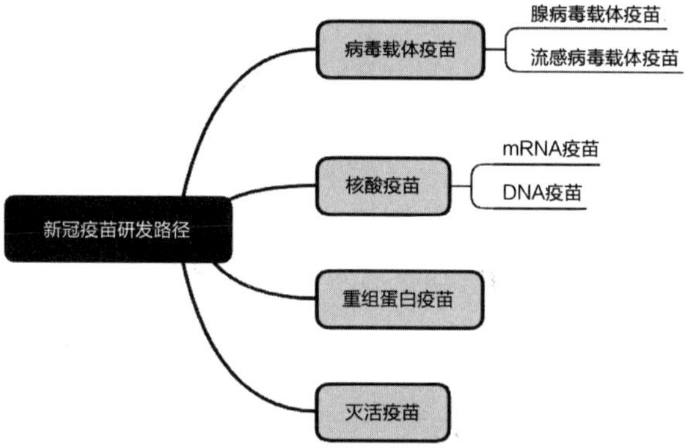


**图 2　新冠疫苗研发路径**

## 四、新冠疫苗的研发挑战

• 新冠疫苗的安全性和保护性是否达到要求，包括是否有保护作用，保护率有多高以及免疫反应时间能持续多久。这些必须经过Ⅲ期临床试验的验证，而一般疫苗的三期临床试验需要 5 ~ 8 年，但上市使用新冠疫苗、战胜疫情迫在眉睫。

• 疫苗的产能能否满足需求。新冠疫苗的需求可能是数十亿甚至上百亿人份，以前任何疫苗从来没有过这么大规模的生产需求。即使新冠疫苗获批上市，在未来一两年的时间，全球可能都将面临产能不足、疫苗缺货的问题。

## 五、新冠疫苗研发进展：45 个项目进入临床实验阶段，国内多支疫苗开始紧急使用

根据 WHO 的统计文件，截至 2020 年 10 月 29 日，全球共有 45 个候选

疫苗进入临床实验阶段；截至11月17日，中国已有了5支进入Ⅲ期临床试验的新冠疫苗，我国进度最快的康希诺、国药集团、科兴生物的疫苗已经开始紧急使用。2020年11月16日，安徽智飞龙科马公司研发的新冠疫苗将在乌兹别克斯坦开展Ⅲ期临床试验。

从疫苗种类来看，我国研发进展快的主要是灭活疫苗，其他类型疫苗也在逐渐推进。国外推进速度快的主要是第三代疫苗（见表2）。

**表2　全球疫苗研发情况**

（截至2020年11月17日）

| 国家/地区 | 疫苗研发机构 | 疫苗类型 | 临床前期 | 临床Ⅰ期 | 临床Ⅱ期 | 临床Ⅲ期 | 有限批准 | 上市 |
|---|---|---|---|---|---|---|---|---|
| 中国 | 康希诺 | 病毒载体疫苗 | | | | | √ | |
| 中国 | 武汉生物制品研究所（国药） | 灭活疫苗 | | | | | √ | |
| 中国 | 北京生物制品研究所（国药） | 灭活疫苗 | | | | | √ | |
| 中国 | 科兴生物 | 灭活疫苗 | | | | | √ | |
| 中国 | 安徽智飞龙科马 | 重组蛋白疫苗 | | | | √ | | |
| 俄罗斯 | Gemaleya研究所 | 病毒载体疫苗 | | | | | √ | |
| 俄罗斯 | Vector Institute | 病毒载体疫苗 | | | | | √ | |
| 美国 | Moderna* | 核酸疫苗 | | | | √ | | |
| 美国 | BioNTech/辉瑞* | 核酸疫苗 | | | | √ | | |
| 美国 | 强生公司 | 病毒载体疫苗 | | | | √ | | |
| 英国 | 牛津大学/阿斯利康 | 病毒载体疫苗 | | | | √ | | |
| 印度 | Bharat Biotech | 灭活疫苗 | | | | √ | | |
| 中国 | 医科院生物所 | 灭活疫苗 | | | √ | | | |
| 美国 | Novavax | 重组蛋白疫苗 | | | √ | | | |
| 中国 | 沃森生物/艾博生物 | 核酸疫苗（RNA） | | √ | | | | |
| 中国 | 康泰生物 | 灭活疫苗 | | √ | | | | |
| 美国 | Inovio | 核酸疫苗（DNA） | | | | √ | | |

最新消息　* BioNTech/辉瑞：11月9日，公布新冠疫苗Ⅲ期临床数据，达到90%有效率

* Moderna：11月16日，公布新冠疫苗Ⅲ期临床显示有94.5%有效率

资料来源：丁香医生，WHO

## 六、核酸疫苗的特点及成功的关键因素

### （一）核酸疫苗的两大特点

• 制备技术易标准化。在搭建完成核酸疫苗的技术平台上，生产工艺和质量控制体系可以通用，也可以重复利用，不因抗原的基因变化而改变，所以核酸疫苗平台技术工艺制造标准化程度高，可以快速开发新产品。

• 免疫效果好。核酸疫苗不仅可以引起体液免疫应答，还能引起细胞免疫应答，免疫效果好。

### （二）成功的关键因素

• 序列设计。核酸疫苗的本质是 DNA 或 mRNA 的序列，序列设计比较讲究，依靠经验积累。

• 递送系统。核酸疫苗有效性的关键在于递送系统，即如何让核酸疫苗高效跨越细胞膜进入细胞内。目前主要有电转技术和脂质体包裹递送两种主流技术。DNA 疫苗的递送效率可以通过电转装置解决。

• 生产工艺。核酸疫苗需要能够工业化量产，因此能够开发出大规模、低成本的生产工艺是关键。不同生产工艺带来的产量可能相差几十倍，直接影响核酸疫苗的成本。相对而言，DNA 疫苗的质粒通过大肠杆菌发酵，成本低，能快速量产；mRNA 的大规模化学合成还面临一些挑战，全球的研发工程师都正在积极研发。

总体而言，DNA 疫苗已经相对比较成熟；mRNA 作为新兴的核酸疫苗，正在不断攻克关键的技术问题，将逐渐成长为主流的疫苗技术。

## 七、艾棣维欣：新冠疫苗研发与强强合作，疫苗制备能力强，在其他疫苗方面也颇有建树

### （一）新冠疫苗方面：国内外合作紧密，生产研发能力兼具

疫情期间，与 DNA 疫苗领军企业 Inovio Pharmaceuticals 合作开展新冠

疫苗研发，项目入选国务院应对新冠肺炎联防联控攻关任务，获得科技部和国家卫健委持续跟踪支持。

2020年2月9日，与康泰生物签署《战略合作协议书》，共同致力于研发DNA新冠疫苗。

2020年7月17日，DNA新冠疫苗已拿到临床试验批件，成为国内首个获批临床DNA新冠疫苗，临床（项目负责人PI）为华山医院张文宏、张菁。

2020年9月4日，宣布合并斯澳生物科技，具备高标准的硬件设施用于疫苗量产，拟建全国最大的DNA新冠疫苗生产基地。

## （二）优势

目前美国疫情较为严重，艾棣维欣与Inovio合作，能够在FDA的指导下开展Ⅲ期临床试验。艾棣维欣通过国际合作分享不同地区的临床资源，弥补不同试验阶段的验证问题，加快疫苗开发进程，这也是国际合作的最大优势。作为DNA疫苗领域的领先企业，Inovio在开发和临床方面有丰富的经验。他们正在进行15个相关的临床项目，其中有的正在进行多国多中心III期临床试验。

艾棣维欣DNA新冠疫苗的I期临床试验在复旦大学华山医院开展；感染科主任张文宏教授和临床中心主任张菁教授共同作为PI主持临床试验。

研发能力与生产能力兼具，涵盖疫苗生产的完整体系。艾棣维欣的创始人王宾博士，是DNA疫苗领域的专家，1993年作为第一作者发表的文章，宣布发明了DNA疫苗技术。他已获得40余项国际专利。

艾棣维欣具有国际领先的免疫耐受和免疫激活技术平台，专注于基因工程疫苗、DNA疫苗、新型疫苗佐剂等创新疫苗技术的开发与应用，并申请了大量国际专利，是中国DNA疫苗领域的领军企业。

2020年9月，艾棣维欣宣布合并创新疫苗生产企业——斯澳生物科技。随着合并的完成，艾棣维欣将建设并拥有具有大规模量产能力和国际影响力的基因工程与核酸疫苗生产基地。作为一家国际领先的创新疫苗企业，艾棣维欣将形成涵盖疫苗研发、生产、质量管理的完整体系。

## （三）其他核心疫苗产品

RSV预防性疫苗，市场广阔，艾棣维欣研发进度名列世界第三。RSV

是导致儿童和老年人肺炎和毛细支气管炎的最常见病原体，RSV 预防疫苗的市场规模在数十亿美元级别，是全球制药企业研发争夺的焦点，迄今没有 RSV 疫苗成功上市。艾棣维欣 RSV 疫苗研发进度排名第三，前面两个开发者是辉瑞和杨森。

I 型糖尿病治疗性疫苗，解决了 I 型糖尿病治疗性疫苗开发过程中最关键的问题，正积极筹备与美国 FDA 沟通，探讨后续临床研发策略。

想成为投融资观察报告创作团队的一员吗？微信扫描本书第 388 页二维码，现在就加入我们吧！

**NO. 37**

# 线上线下融合的新业态——阿里与高鑫强强联手*

主笔：李君洋

资料收集：吴昭程　仇学成

**交易概览：**

2020年10月19日，阿里巴巴集团拟投入280亿港元（约36亿美元），直接和间接共持有高鑫零售72%的股份，成为控股股东。高鑫零售投后估值为800亿元人民币。

此轮收购为阿里第二次增持高鑫零售股份。2018年9月5日，阿里已持有高鑫零售26%的股份，是高鑫零售第二大股东。本次融资被认为是这次融资的延续。

高鑫零售是大润发卖场母公司。截至2020年6月，高鑫零售共有484家门店，是国内规模最大的大卖场运营商。此次并购完成，有利于阿里进驻线下零售业务布局。高鑫零售将依托阿里线上流量优势，提升营收水平，完成业务模式从线下到线上的转型升级。

## 一、融资方分析（高鑫零售）：体量巨大、传统模式、盈利稳定、缓慢转型

### （一）业务规模及重要发展节点

高鑫零售是我国规模最大的大型卖场运营商，主要以“大润发”和

* 本文写于2020年11月。

“欧尚”两大知名品牌经营大型卖场业务。2011 年 7 月，高鑫零售在中国香港上市。2017 年 11 月，阿里巴巴集团、欧尚零售和润泰集团宣布达成新零售战略联盟。截至 2019 年 12 月 31 日，集团在全国 29 个省、市、自治区内 232 个城市共拥有 486 间门店。2020 年 10 月 20 日，阿里巴巴以 280 亿港元控股高鑫零售，占股为 72%。

（二）业务范围和组成

高鑫零售的业务分布广泛。线下业务主要包括大卖场（大润发、欧尚）、精品超市（RHLavia 润辉精超、Hi - Auchan、盒小马）、无人便利店和专卖店（莱碧）。线上业务包括 O2O（大润发优鲜、欧尚到家、淘鲜达）、B2C（欧尚酒窖、欧尚爱宠）、B2B（大润发和欧尚“e 路发”业务）。2019 年四季度，公司线上业务占比仅为 17%，目前已经达到 20%。

## 二、行业背景和趋势分析

高鑫零售在本质上仍旧是一家正在努力向线上新零售转型的传统零售企业。传统零售业和电商业的市场在行业内部的竞争、商业模型、面临着的挑战以及发展的趋势都各不相同。

（一）大背景：光芒下的“颓势”——前疫情时期增速放缓的零售业

1. 疫情前的零售业整体情况。市场规模与增速层面上，2015 ~ 2019 年中国商品零售总额持续增长，2019 年中国商品零售总额达 36.49 万亿元，同比增长 7.90%，总体呈现上涨的态势（见图 1）。然而相比 2015 ~ 2018 年平均每年 10 个百分点的增速，其增速已经放缓。

2. 传统零售业的市场特征。

第一，从市场竞争态势来看，市场集中程度较低。以超市行业为例，横向对比国外超市市场集中度可以发现，美国排名前三的超市所占市场份额（CR3）达到 79%，日本便利店 CR3 达到 76%；对比之下，中国超市行业尽管达到 3 万亿元左右的行业规模，但却鲜有收入超过千亿元的公司（见图 2）。

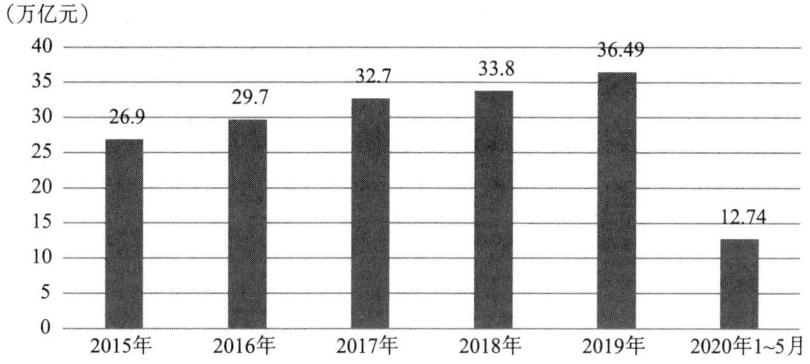


**图 1　2015 年 ~2020 年 5 月全国零售商品零售总额**

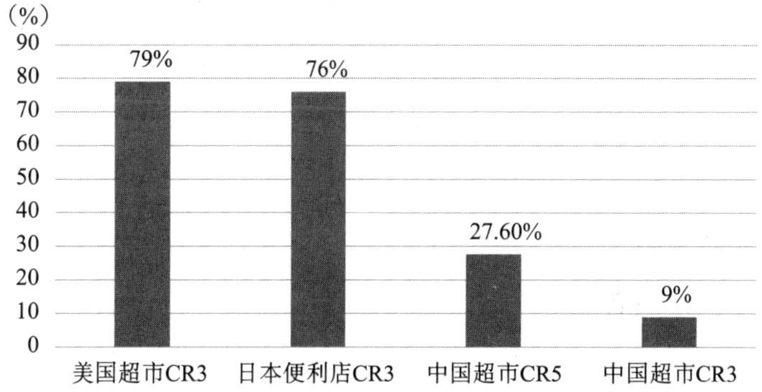


**图 2　中国超市集中度和美国、日本的对比**

资料来源：公开资料整理

目前，我国超市领域中前五大领先超市有高鑫零售、华润集团、沃尔玛、永辉集团和家乐福。其中，高鑫零售市占率达到 8.6%，位列第一；其次为华润、沃尔玛、永辉集团和家乐福，市占率分别达到 7%、5.3%、3.6% 和 3.1%。

造成集中度较低的原因可能是区域消费习惯差异大、供应链和管理水平较弱，超市区域性、边界性很强因而无法向全国范围扩张。深耕区域性消费市场也是目前我国许多传统零售业的竞争策略。

第二，城乡差距大。

• 体量差距大。2019 年 1 ~ 10 月，城镇消费品累计零售额为 28.6 万亿元，而乡村消费品零售总额为 4.9 万亿元，前者是后者的近 6 倍之多，体量上的差距显而易见。

• 竞争格局差异大。与一、二线城市中大型零售企业“群雄逐鹿”、实力碾压的马太效应相比，下沉市场中的竞争格局全然不同：在东莞，有一些一、二线城市消费者未闻其名的小连锁店，以美宜家、天福、上好为代表，正在以一种“遗世独立”的方式发展着。2020 年，这三家企业的累计开店数竟然已达 3 万至 4 万家之多。相关资料见图 3。

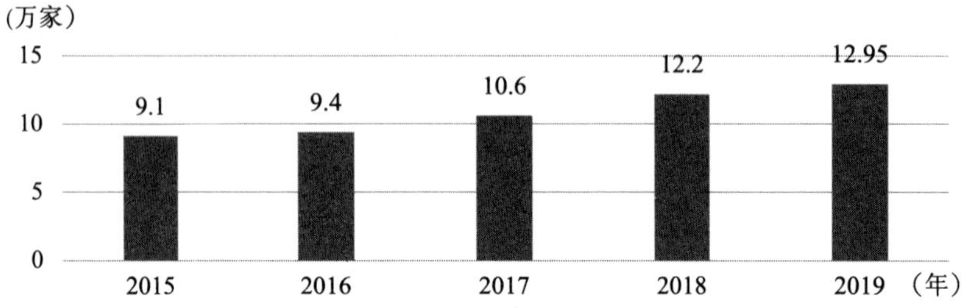


**图 3　2015～2019 年中国便利店数量趋势图**

资料来源：公开资料整理

3. 超市零售业的商业模型。超市以满足消费者日常消费品需求、定期采购为中心，目前普遍采用的盈利模型有两种：一种是以家乐福为代表“后台费用”的模式；另一种是沃尔玛、大润发为首的“价差”模式。

“后台费用”模式，指的是除了采购、出售的价差外，超市通过收取条码费、堆头费（即为了展示商品于醒目位置或有利位置而收取的费用）、DM 费（传单费）等后台费用来盈利的商业模型。

“价差模式”的重点在于“低价”。以高鑫旗下的大润发为例，为了保持产品低价，其大胆采取“买断”策略，如大米、鸡蛋、水果等，通过大批量采购以降低成本。如为了供应水蜜桃，大润发就包下无锡的整座水果山，并每年与果园签订保证收购。因而，在供应链成本上，该模式具有优势。

然而，面对着电商的崛起，传统零售业受到了“分流”的影响。2020 年国家统计局数据显示，约 1/5 的产品零售额已经被电商占据，而传统零售业还面临着以下难题：

• 房地产价格连年上升，导致租金上升，固定成本上升。

• 扩张速度放缓，遇到上升瓶颈。

• 2019 年零售业上市公司盈利能力成长性下滑。54 家主要的上司公司 2019Q1～Q3 扣非净利润虽同比增长 8.4%，但较 2018 年同期增速下降

2.7%。盈利水平成长性的增幅下降也暗示传统零售业需要转型。

（二）电商的发展

1. 市场体量和增速：体量庞大、增速放缓。电商市场的体量，同零售业一样，都仍然处于增长期，并且同样增速放缓（见图4）。此外，电商零售业也一直是资本市场的宠儿。电商行业仍然处于“烧钱期”，2019年上半年有关投融事件共136起，金额高达532亿元，其中零售电商占比21%。

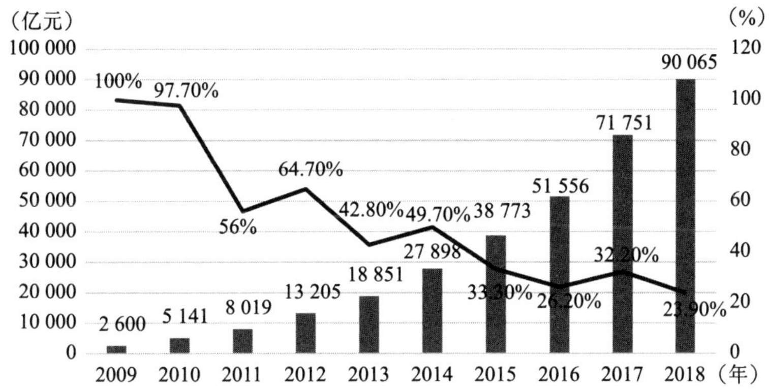


**图4　2009～2018年中国网络零售交易规模和增长情况**

资料来源：又一城零售服务

2. 市场竞争格局：群雄逐鹿。根据《2019年度中国“百强”电子商务公司榜单》的数据具体来看，经过多年的发展，行业的市场集中度较高。2019年，CR4为52%，CR8为62%。市场的激烈竞争可见一斑。因而，为了在激烈的角逐中胜出，电商们似乎总有“新花样”。

3. 电商总体发展趋势：智慧零售引领产业升级。电商平台相比传统零售业，其最显著的特点在于“数据赋能，高效物流”，即以大数据、云计算等先进技术为依托，以消费者为核心，重塑高效流通链，从智慧供应链、智慧物流（如菜鸟裹裹）、智慧营销，最终提高企业运营效率。

近年来，电商模式的发展历程中出现了两个主要创新——“垂直电商”，以及后来的“社交电商”。

4. “垂直电商”，精耕细作细分领域，规避竞争。随着越来越多的玩家加入电商领域，在传统电商“样样都有，家家相同”的综合而区别度小的模式之下，竞争愈发激烈。因而，一种新的电商模式——垂直电商模式诞生了，它是专注于某一个细分领域的商品或服务的商业模式。正如其名，垂直电商公司能够把握整个供应链。专注于钻石的钻石小鸟便是这样一个例子。

5. “社交电商”出现。2018 年，一个全新的电商概念“社交电商”出现了，其借助社交软件的传播途径，通过社交互动的手段达成商品交易。主要有以下两种形式：

（1）导购型社交电商，以零售去中心化、个体自然人导购为特征，例如，社区团购新秀十荟团。十荟团属于生鲜零售业，由一名导购或“团长”组建微信群来促销，并且通过团长解决最后一公里配送的问题（见图 5）。

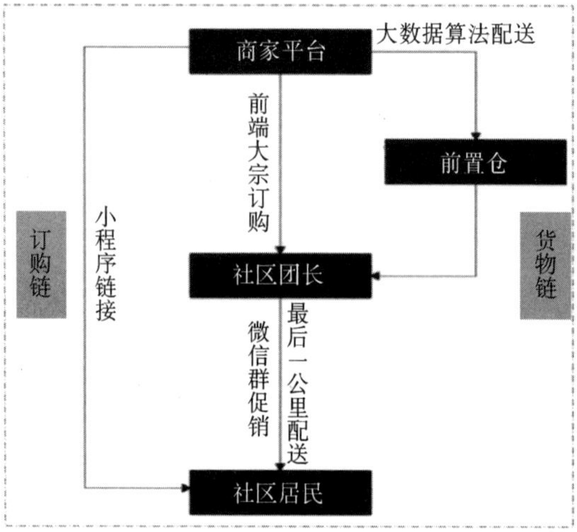


**图 5　十荟团商业模式**

（2）以拼多多为代表的拼购型社交电商，组成“砍价群”进行促销。如果连一度被认为是线下传统零售业独有的社交性也可以被电商模式吸纳的话，就会有一种猜测：电商最后会完全取代传统线下零售业。论据是：疫情过后，消费者足不出户购置生活用品的消费习惯是不可逆的，或产生了对新商业模式（比如社区团购）的依赖，抑或是“75 后”成为消费主力军后，网购将成为更加不可逆的趋势……

一个更加有说服力的论据可能是：电商零售业之所以能“碾压”线下超市零售业，还因为超市零售业广泛存在的“边界性”，即一家超市的服务规模有限，而导致其覆盖规模更有可能被局限在某一个地域，而非全国市场。相比之下，电商的服务范围似乎只取决于物流能涵盖多少区域。

然而，后疫情时期的零售业面临的可能是“融合”。

不可否认，线下传统零售业都有向线上转型的趋势。以本次投融标的公司高鑫为例。此次交易前高鑫便已经显现出转型的趋势（部署了占销售额17%的线上业务）。然而，在一、二线城市居民都已经对各种电商铺天盖地的营销、宣传司空见惯之时，下沉市场的小连锁店还在野蛮生长。下沉市场消费者的生活节奏与一、二线城市不同，可能将每次出门购置必需品作为一种生活方式，甚至是社交方式，而这种体验电商提供不了（甚至电商还覆盖不了这些城市），也因而替代不了。

而首当其冲的问题是：电商一直在受物流掣肘。

6. 物流之于电商的重要性。

• 物流速度和成本的取舍。不论是目前电商平台争相夺取的生鲜电商，还是普通零售品，平台都争相标榜自己“传奇”的配送效率。然而，配送速度的代价往往是高成本。高配送速度的实现通常是建立完全自营的物流体系。相比外包，自营的成本问题较为明显。解决的模型有前置仓、店仓一体以及上文提及的社区团购。以生鲜业为例，传统的超市系领军品牌永辉超市也出现过盈利能力较弱的问题，而行业普遍较低的毛利率是电商平台最受掣肘之处（见表1）。

**表1　　生鲜电商配送效率比较**

<table>
<tr><th>模式</th><th>名称</th><th>融资状况</th><th>客单价</th><th>配送时间</th><th>日活人数</th><th>优势</th><th>劣势</th></tr>
<tr><td rowspan="2">社区团购</td><td>十荟团</td><td>C2</td><td>32.5元</td><td>—</td><td>—</td><td rowspan="2">·基于社区熟人的信任交易，获客成本低<br>·围绕社区集中采配，配送成本低<br>·模式轻，无开店成本，易于快速下沉<br>·采用“单品+预售”模式，采购成本低同时减少损耗</td><td rowspan="2">·生鲜供应链较分散，难以支撑社区团购的品类需求<br>·团购品类相对单一<br>·随着品项不断增多，成本将大幅增加，配送效率降低<br>·过于依赖“团长”等</td></tr>
<tr><td>兴盛优选</td><td>B</td><td>7.14元</td><td>—</td><td>—</td></tr>
</table>

续表

| 模式 | 名称 | 融资状况 | 客单价 | 配送时间 | 日活人数 | 优势 | 劣势 |
|---|---|---|---|---|---|---|---|
| 前置仓 | 叮咚买菜 | B + | 100 + 元 | 30 - 40 分钟 | 190 万 | · 前置仓距离消费者更近<br>· 有更快的相应速度和履单能力 | · 毛利率低于实体门店，盈利能力弱 |
| | 每日优鲜 | D | 120 元 | 一线城市：0min - 2h<br>非一线城市：次日达 | 136.1 万 | | |
| 店仓一体 | 盒马鲜生 | A | 40 元 | 30 分钟 | 299.1 万 | · 同时吸引线上和线下流量<br>· 线下超市具有一定的获利能力 | · 成本略高于前置仓 |
| 超市到家 | 永辉超市 | 已上市 | — | 30 分钟 | 41.6 万 | · 具有完善的供应链品类丰富<br>· 线下流量大 | · 自建平台线上流量不足 |

资料来源：兴业证券

• 投资金额和用途。2019 年，电商平台对于物流相关建设投入资金超过 622.67 亿元。在电商物流的各个领域中，物流网络的建设投入最大，为 233.2 亿元，占总额的 41%；第三方快递行业的投资金额为 145.6 亿元，占比为 25.6%（见图 6）。可以看出，不论是可以解决“边界性”的外包物流还是自己建设物流（提升效率），对于电商而言都是前进的障碍。

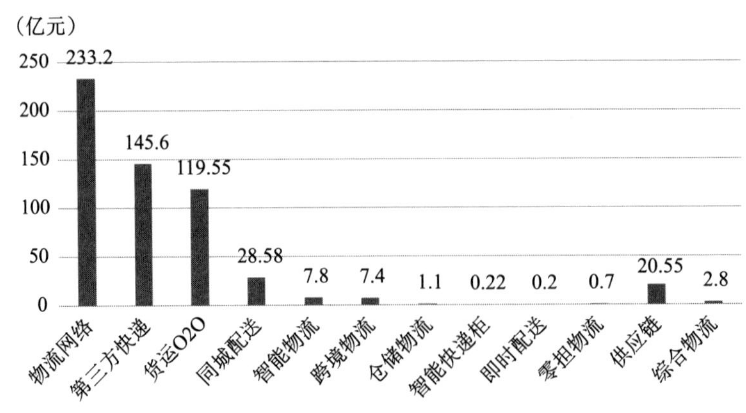


**图 6　2019 年中国电商物流科技行业投融资金领域分布情况**

以阿里巴巴为例，不论是建设自己的一体化物流（菜鸟），还是对第三方快递的投资，投资额度都十分巨大（见表2）。

表2　　2019年中国电商物流科技行业融资情况（部分）

| 融资方 | 融资时间 | 融资轮次 | 融资金额 | 投资方 |
|---|---|---|---|---|
| 菜鸟网络 | 2019.11.08 | 战略投资 | 233亿元人民币 | 阿里巴巴 |
| 申通快递 | 2019.08.01 | 战略投资 | 99.82亿元人民币 | 阿里巴巴 |
| 壹米滴答 | 2019.07.01 | 战略投资 | 80亿元人民币 | 中银、天时仁合 |
| 申通快递 | 2019.03.11 | 战略投资 | 46.6亿元人民币 | 阿里巴巴 |
| 准时达 | 2019.01.29 | A轮 | 24亿元人民币 | 中国人寿、IDG资本、中金资本等 |
| 利丰物流 | 2019.06.28 | 战略投资 | 3亿美元 | 淡马锡投资 |
| 货拉拉 | 2019.02.21 | D轮 | 3亿美元 | 高瓴资本、红杉资本 |

## 三、未来路在何方？

除物流问题之外，电商发展更应该关注的另一个枷锁便是缺乏增长点。不论是一开始争相搞综合电商，还是之后的垂直电商，再到最后的生鲜电商，都是一家企业先开了头，之后其余企业趋之若鹜，甚至赶超。行业本身的局限性有时是不可突破的，这种情况下电商行业的新花样越玩越少，竞争不断加剧，最后只能用一个“卷”字来概括。随着京东“6·18”、淘宝天猫“双11”等活动不断用折扣、分期付款以及抖音、快手等短视频平台铺天盖地地营销时，我们不禁发问：行业新的增长点在何方？

答案便是：线上线下相融合，相互引流，供应链互补。

线上模式如果一直在受供应链成本、物流成本、社交性不足或者缺失、体验感差掣肘，又苦于无法以最小的边际成本扩大流量的话，何不与在这些方面都相对较为成熟的线下零售合作，连通“线上线下”，让线下商城成为线上模式的有力补充，转二元对立的竞争为互利共赢？这也是阿里、京东等巨头所给出并践行的解决之道。

阿里于2016年提出了“新零售”的概念，这一概念基于的商业模式是O2O模式，即“线上到线下”模式=营销、结算通过在线平台完成，而真正的商品或者服务需要消费者亲自到线下体验。京东便利店、京东大药房、天猫小店便是这样的例子。该模式的关键在于将线上线下串联，利用拥有庞大流量的电商平台提供的筛选、营销、定位便利某服务为线下门店引流。而线上平台同样可以通过线下店获取更多的流量，或是将线下门店作为物流薄弱处或是压力过载处的补充。区域范围内较为完备的供应链降低了物流成本，或者是客户上门自提货品都是对线上模式有力的补充。一言以蔽之，为了开拓新的增长点，电商们选择了回溯线下零售（见图 7）。

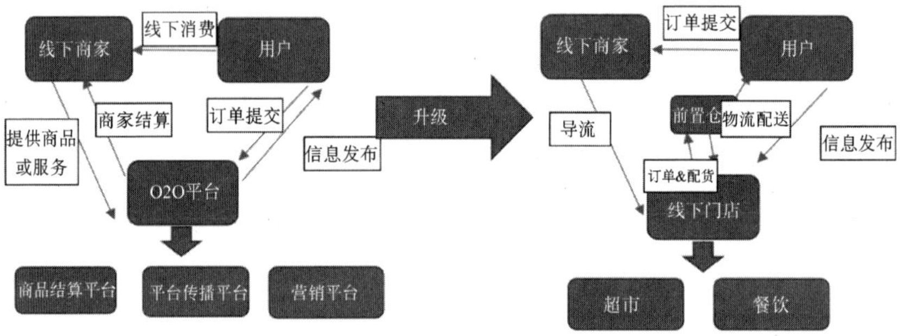


**图 7　“线上 + 线下”的营销转变**

## 四、小结

若分析高鑫零售此次交易的原因，最重要的一点应属受到疫情以及线上转型趋势的冲击，亟须线下向线上转型。而依靠其自身转型，重置成本过高，如线上营收占比仍旧很低（17%）、线上流量严重缺乏、知名度较低、营销手段可能远不如有先发优势的成熟电商。这些问题给予了高鑫零售不去选择自身转型而是通过一家成熟的电商来完成转型的激励。对于供应链方面区域性强的问题，也可通过阿里旗下的菜鸟裹裹来解决。商家产品统一入仓，省去揽件等成本。此外，高鑫零售作为国内最大的零售企业，其庞大的体量也决定了与之对口的投资方是 BAT 级别的电商。

对于阿里而言，此次交易应该视作是 2018 年增持高鑫零售 26% 股份的延续，是阿里进入线下传统零售业尝试的延续，或是想通过线下向线上引流，使在一线市场增速日趋缓慢的新用户群体获得新的增长。十分重要的一点是，高鑫零售掌握着大量下沉市场的市场份额，这些区域的线上消费额还有很大的增长空间，这对于增速已经放缓的阿里或许是一个绝佳的契机，它可以进入这些区域，激发消费需求。

此外，阿里投资的线下无人零售的业绩差强人意，也在一定程度上促使阿里重新转向传统零售企业寻找新的增长点。体量上，作为 BAT 中的一员，阿里的层次和定位也决定了其所并购的对象将是行业内的头部资产。

此外，阿里持有的 72% 的股权占比是如此之高，以至于近乎触发证监会上市公司公众所持股本数不得低于总股本数 25% 的死线。这引出了一系列值得思考的问题：作为基金类投资人，10%、25% 的股权能多大程度上对公司管理层的决策产生影响？是否只有通过收购才能实现之后战略上的合作？对于持有对方少数股权的公司而言，如何避免对方的机会主义行为，如何减少行业领域中相互越界所造成的利益纠纷、避免战略上的分歧？就本次投融而言，阿里控股之后，可以将高鑫的管理团队全部调整为阿里系的人员，这对于高鑫的控制程度、与阿里生态的战略协调等方面的益处都是颇大的。此外，这不禁引人怀疑，是否阿里在收购之后将走向“私有化”高鑫的道路？此外，人们常说，在一个增长点有限、高度竞争的成熟行业中，并购才是常态。我们是否有理由去预测，在未来的电商和传统零售业行业中，并购的频率会越来越高？

*想成为投融资观察报告创作团队的一员吗？微信扫描本书第 388 页二维码，现在就加入我们吧！*

**NO. 38**

# 直客通：做直销不做 OTA，“交易型 SaaS + 服务”赋能商家*

**主笔：**陈逸舟

**资料收集：**许睿欣　潘　赫

**交易概览：**

2020 年 11 月 4 日，专注于酒店、景区直销业务的 To B“交易型 SaaS + 服务”数字化营销服务商“直客通”（由北京直客通科技有限公司运营）已完成 5 000 万美元 D 轮融资。本轮由元璟资本领投，中青旅红奇基金联合领投，启元投资、红杉资本中国基金、顺为资本、沂景资本跟投，光源资本担任独家财务顾问。此前，直客通已完成多轮融资，历史投资方还包括艺龙、戈壁创投、IDG 资本、光速中国等。

本轮融资将主要用于直客通技术迭代创新以及业务扩展，提高高星酒店及景区等合作商户的直销能力，从而提升营销效率和用户价值。直客通创始人兼首席 CEO 刘华表示，预计 2025 年平台交易额将突破 1 000 亿元。

在拉动内需和消费复苏的大背景下，我国在线住宿预订行业稳步发展，交易规模、用户规模不断上升，虽然增速有所回落，但渗透率不断提升（见图 1）。同时，公域流量成本日渐提高，私域流量的重要性在当前的商业世界被不断强调，商户数字化趋势或许是不可逆转的。随着 To B 的 SaaS

* 本文写于 2020 年 11 月。

数字化营销商如直客通等企业的入局，原有在线酒旅预订行业乃至本地生活行业的格局也会迎来一番改变，头部 OTA（Online Travel Agency）等平台的地位也许会受到一定程度的撼动。

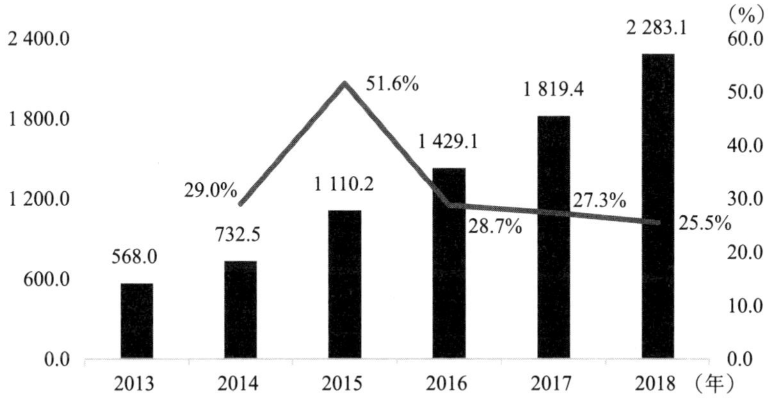


**图 1　2013 ~ 2018 年中国在线住宿预订行业交易规模**

资料来源：艾瑞咨询

此外，作为以“SaaS + 支付”为基础的巨头和微信生态中“SaaS + 精准营销”数字营销服务商领先者，“有赞”和“微盟”可谓珠玉在前，“直客通”的商业模式和未来值得关注。

## 一、交易详情分析

随着近些年国家积极鼓励企业进行数字化转型，企业的数字化转型需求猛增，资本竞逐下，软件即服务（SaaS）行业再次成为市场备受瞩目的赛道。相关数据显示，近两年企业数字化需求的增长带动 SaaS 市场规模也飞速增长（见图 2）。2019 年中国 SaaS 市场总体规模为 378. 5 亿元，同比增长 42%，远高于全球 SaaS 市场 18. 8% 的增速。得益于零售、餐饮、酒旅等传统行业的数字化渗透度提高大势，行业垂直型 SaaS 市场有着可观的发展空间（见图 3）。

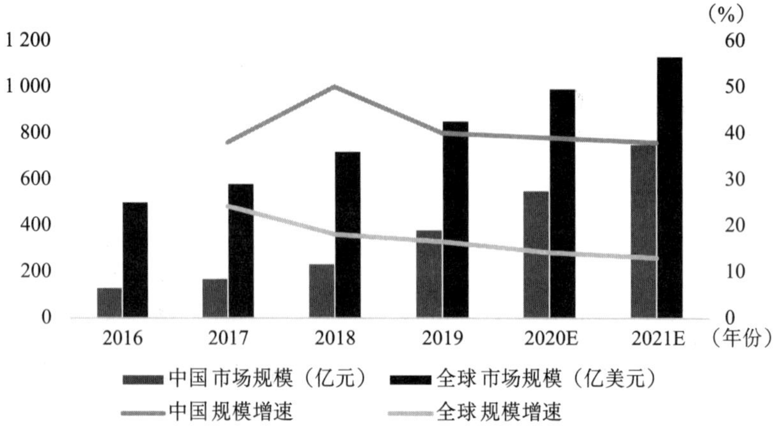


**图 2　模式分析：数字经济发展浪潮下基于泛微信生态的 SaaS 平台**

资料来源：艾瑞咨询，Gartner，国金证券研究所

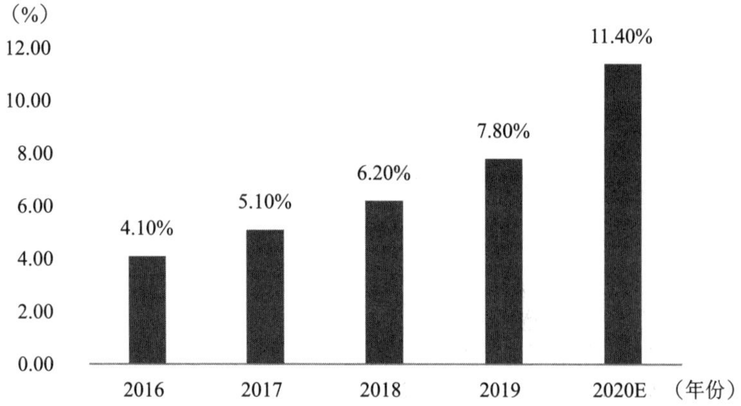


**图 3　2016～2020 年中国 SaaS 市场规模占全球比重**

资料来源：IDC，中信证券研究部

另一方面，据第一财经报道，互联网 C 端的表现随着用户趋向饱和，红利也接近了尾声。众多靠 C 端起家互联网公司正面临着巨大的考验，互联网公司纷纷开始转向 B 端寻求市场机遇。在此背景之下，腾讯、阿里、头条等几大互联网巨头先行入局。腾讯推出“千帆计划”，阿里推出阿里云 SaaS 加速器，头条正在依托飞书建立自己生态以吸纳 SaaS 厂商。

“共建生态”是巨头布局的关键词，它们纷纷广招 SaaS 厂商加入自己的阵营。以腾讯为例，微信小程序依托微信生态成为商家数字化转型重要工具，帮助微盟等一批小程序的 SaaS 服务商迅速成长。

2019 年微信小程序交易额已达 8 000 亿元，日活用户近年增长也很可观。近期，方正证券发布报告显示，小程序的目的是“作为工具提供商业化基础设施以实现移动互联网生态全覆盖”，目前正在着力打造电商闭环，未来有可能成为新一级电商平台（见图 4）。

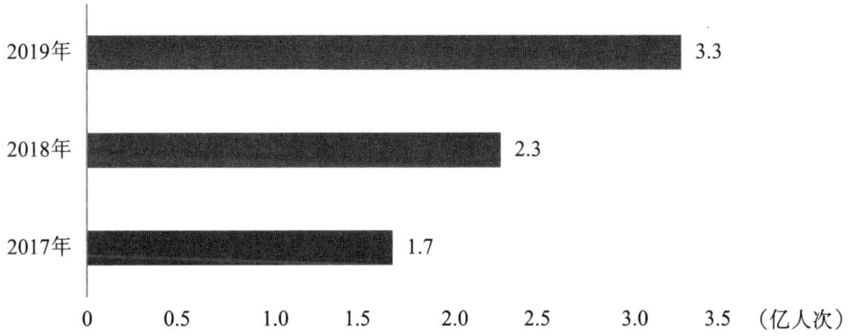


**图 4　小程序日活用户数增长情况**

资料来源：阿拉丁指数平台，浙商证券研究所

被称为“新经济 SaaS + 精准营销第一股”的微盟已于 2019 年 1 月 15 日在港交所上市，上市时总市值为 64.77 亿港元；2019 年微盟集团实现总营收 14.37 亿元人民币，全年毛利达 7.97 亿元人民币，全年净利润达 3.11 亿元人民币；在 2020 年上半年实现总收入 10.50 亿元人民币，同比增长 59.9%（见表 1）。

**表 1　微盟重点财务数据及盈利预测**

| 项目 | 2018 | 2019 | 2020E | 2021E | 2022E |
| --- | --- | --- | --- | --- | --- |
| 营业收入（百万元） | 865 | 1 436.8 | 2 284.6 | 3 355.7 | 4 513.3 |
| 增长率（YoY,%） | 62.0 | 66.1 | 59.0 | 46.9 | 34.5 |
| 调整后净利润（百万元） | 50.9 | 77.3 | 140 | 239.3 | 401.3 |
| EPS | 0.02 | 0.03 | 0.1 | 0.1 | 0.2 |
| 毛利率（%） | 59.80 | 55.50 | 47.90 | 46.70 | 46.20 |
| PE | 420.2 | 276.7 | 152.8 | 89.4 | 53.3 |

资料来源：公司公告，中信证券研究所

注：股价为 2020 年 10 月 21 日收盘价，1 港元 = 0.9 元人民币

微盟集团首席运营官尹世明认为，企业发展过程中面临“碎片化+个性化+多时+多场景”的消费需求如何满足的问题，以及履约过程中的不确定性和需求的不确定性，数字化将帮助企业增强“确定性”。商家可实现经营覆盖全时全域，通过全链路的营销实现长效增长。在此背景下，SaaS服务商成为助力商家开展数字化经营的重要帮手，开发出多个垂直SaaS产品。

另一行业巨头是To B的电商“SaaS+支付”软件系统供应商“有赞”，中国创新支付持有其51%的股份。2018年，有赞完成在香港上市，彼时市值略高于60亿港元，目前市值也突破300亿港元。2019年，有赞总营收为11.71亿元，同比增长99.7%。有赞在公告中表示，未来将扩大在直播电商领域的优势，持续与更多有直播能力的平台合作，扩充商家在直播场景下的销售渠道。国盛证券发布报告预计，2020～2022年有赞总收入可达19.0亿元、28.3亿元、40.4亿元人民币（约合21.2亿港元、31.6亿港元、45.1亿港元）；实现non－GAAP当年净利约－6.4亿港元、－4.6亿港元、1.1亿港元，理由是看好私域流量带货趋势的爆发，以及有赞作为电商SaaS龙头产品能为商家带来的价值的增长和自身变现效率的提升（见表2）。

**表2　有赞营收数据及预测**

| 项目 | 2018 | 2019 | 2020E | 2021E | 2022E |
|---|---|---|---|---|---|
| 营业收入（百万元） | 586.3 | 1 170.7 | 1 900 | 2 830 | 4 040 |
| 增长率（YoY,%） | — | 99.7 | 62.3 | 48.9 | 42.8 |

资料来源：公司年报，国盛证券

在2020年上半年至今的疫情大背景下，微盟和有赞的股价均走强（见图5和图6）。背后的逻辑不难理解，两巨头均积极迎合商家数字化转型需求。微盟基于移动社交的核心价值为中小企业提供SaaS服务的营销云、销售云和服务云；而有赞将商家服务重点放在电商SaaS领域，不断扩大SaaS服务范围，上线了有赞微商城、有赞零售、有赞教育、有赞美业与小程序等多个不同行业产品，助力商家直播带货，在支付领域也积极扩展拿到牌照。

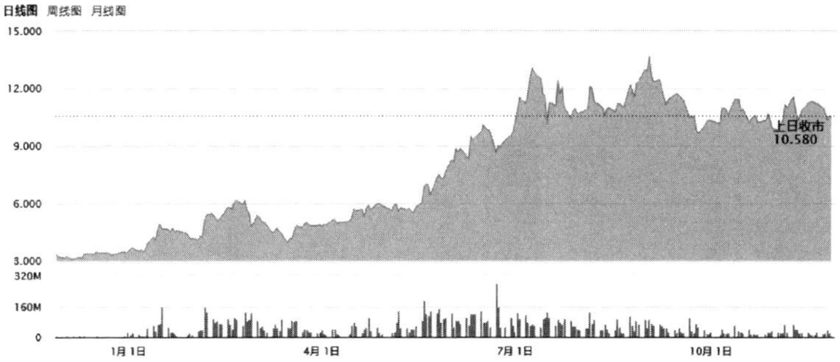


**图 5　微盟集团（2013 年）最近一年日 K 走势（港交所）**

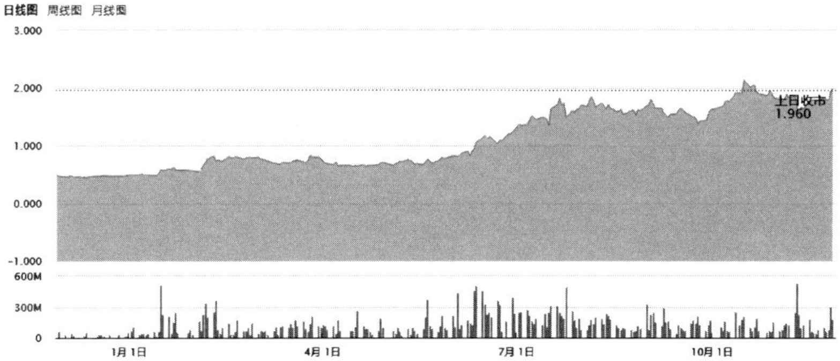


**图 6　中国有赞（8083）最近一年日 K 走势（港交所）**

## 二、行业概观：商家触达用户渠道多元，OTA 仍是中流砥柱

酒店主要有以下几种分销渠道：GDS（全球分销系统）、OTA/OTP（在线旅行社/在线旅行平台）、Wholesale（批发渠道，如传统旅行社）和 CRO（中央预订系统，连接 GDS 和 OTA）。

直销渠道下游包括：合作公司协议客户、会员客户、传统散客，及官网、APP、小程序等生态里的客户，这其中有一定程度的重合。

随着移动互联网的普及，2013 ~ 2018 年 OTA 在国内发展迅猛。中信建投研报认为，OTA 是当前旅游产业链中游渠道环节，主要是 To C，市场空间广阔。其主要的盈利模式是“代理 + 批发”结合。其中，代理以抽佣为主，批发以赚差价为主。国际上主流 OTA 巨头（Booking、Expedia、携程）均采用“代理 + 批发”模式（具体资料见图 7）。在线住宿业务在发展初期以批发模式为主，但在后期扩张时，伴随消费习惯养成及信用体系完善，OTA 的代理模式比重提升。广告业务一般是对 OTA 主业的补充。此外，美团的 O2O 全场景延伸模式也属于一种创新的 OTA。

OTA 模式的优势在于快速高效、房源简洁，方便消费者一站式选择。缺点也显而易见：OTA 蚕食了消费者和酒店、景区本身的一部分利益（10% 左右佣金率），同时缺少定制化，客户通常拿不到高端品牌积分。值得注意的是，相较于连锁酒店，单体酒店往往更依赖分销渠道。

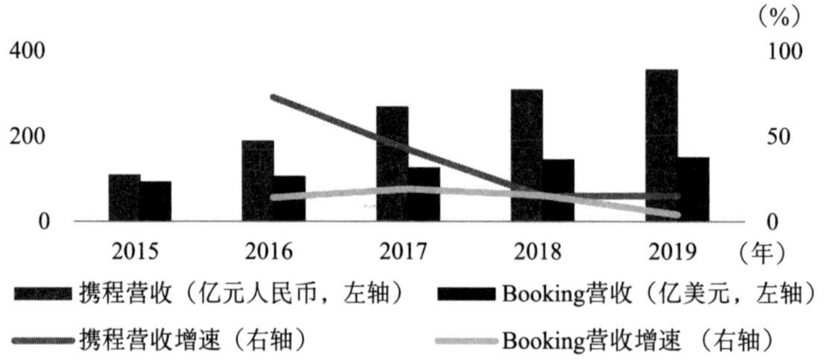


**图 7　2015～2019 年携程及 Booking 营收比较**

资料来源：公开数据整理

目前 OTA 仍处于 21 世纪初即开始的整合期，随着业务同质化现象加剧，巨头们通过一系列并购形成扩张。如 Priceline 于 21 世纪前十年接连收购 Booking. com 和 Agoda；Expedia 收购了 Travelocity、Orbitz；2015 年携程与去哪儿网 Qunar. com 合并。

BAT 在在线旅游市场均有所布局：阿里 100% 控股飞猪；腾讯为同程艺龙大股东，持股 22. 4%，同时也是美团点评最大股东；百度为携程最大股东，持股 11. 7%。BAT 作为大数据大流量入口，具有鲜明的平台级优势，对于所持股的 OTA 来说通过生态赋能形成强大的资源支持。具体资料见图 8 和图 9。

## 三、行业趋势：由平台数字化到商户数字化——私域流量经营刻不容缓

为了降低成本、提升顾客体验以及获取更多的高黏性会员，直销体系

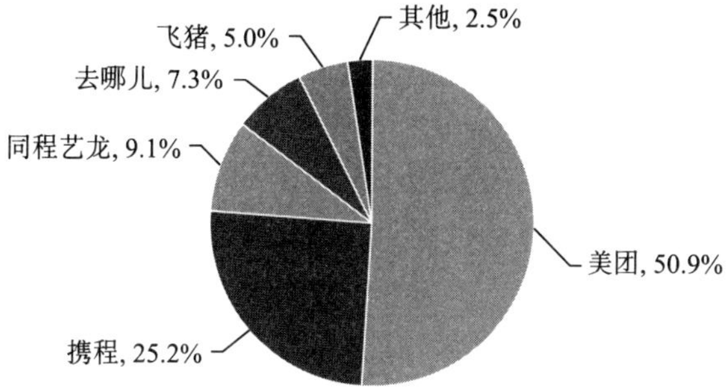


**图 8　2019 年全年中国境内 OTA 酒店预订行业订单占比**

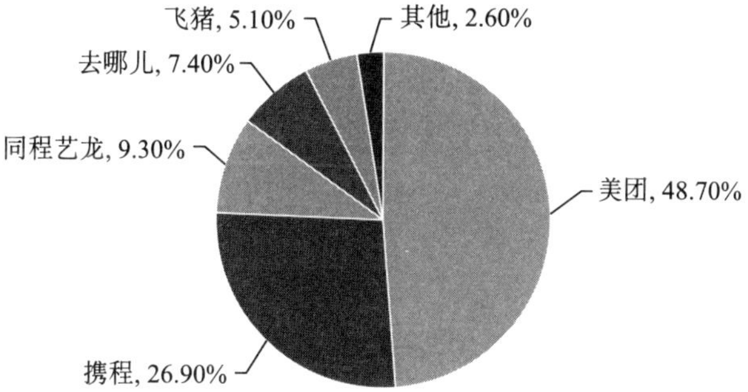


**图 9　2019 年中国境内 OTA 酒店预订行业间夜量占比**

资料来源：Trustdata 移动大数据监测平台

的建立和打造受到越来越多酒店的重视。中国产业研究院发布的《2019 ~ 2025 年中国酒店直销行业深度分析与投资潜力预测报告》显示，2018 ~ 2019 年，中国酒店直销行业市场规模约由 2 418 亿元增长至 2 538 亿元。

目前，我国酒店预订 OTA 渠道所占 GTV（Gross Transaction Value）份额约为直销渠道的 5 倍，而酒店客户对于品牌及服务体验的忠诚度较其他行业通常更高，直销渠道的增长潜力巨大，长远趋势就是要去 OTA 化，比如通过 Loyalty Program（客户忠诚计划）对 OTA 实行封闭后，使得高频用户黏进一步增强。

OTA 面对的困境还在于逐渐见顶的流量红利和高企的获客成本，而直销模式通过玩转更低成本的私域流量有望迎来新一波发展机遇；同时，虽然 2020 年的新冠肺炎疫情让很多酒店在短期内承受巨大的压力，但无疑让更多的酒店开始加速数字化直销进程。

借助数字化营销不仅可以帮助企业优化线下销售效率，针对客户方管理团队提供工具和数据支持，还可以帮助企业在抖音、支付宝等新的流量平台上获客，进行用户价值的挖掘，通过私域流量的运营，提升复购率及新用户的增长。

## 四、公司业务：免费软件+营销服务支持，龙头独角兽发展向好

北京直客通科技有限公司成立于2014年，在全国已建立超过40家办事处，创始成员来自艺龙网，主要帮助高星酒店及景区在微信生态开设官方直销店，构建私域流量，高效获客。

目前，全国90%以上的五星级酒店使用直客通所提供的覆盖“到店前——到店中——离店后”多个场景的数字化营销解决方案及服务。

在到店前的线下场景方面，直客通可以为客户方管理团队提供数据支持，优化销售人员工具，减少销售步骤。而在线上直客通可以为酒店搭建官方微信商城；通过自有社群或者行业“大V”等第三方渠道进行推广；同时，布局抖音、支付宝等新流量平台进行获客，扩大营销覆盖面。在到店环节中，直客通关注酒店私域流量池的打造，引导用户在店期间产生更多消费，帮助酒店实现增收；在旅客离店后的场景，直客通可以帮助酒店实现二度获客、产品复购，做深用户价值挖掘。

据官方披露的数据，目前直客通为全国1.7万家酒店及景区提供服务，包括丽思卡尔顿、洲际、万豪、希尔顿、君悦等，其中大多数客户的年营收规模都在2 000万元以上。

与此同时，直客通积极拓展业务半径，加码本地生活。在疫情及国际贸易争端的背景下，“国内大循环”成为发展新格局。未来预计国内本地游、周边游将在一段时间弥补出境游的空缺，成为人们新选择，本地生活成为资本竞逐的热点，而直客通也瞄准本地生活市场，表示未来将围绕社会餐饮、美业等本地生活类企业拓展客户。

本地生活市场竞争堪称激烈，比如在微信生态内的微盟，涉足电商零售、餐饮、外卖、酒旅、美业等多个领域，可以对外输出微盟小程序直播、微盟微来店、微盟微站等多种行业解决方案；有赞同样涉足酒旅、零售、餐饮等多个行业，可以为商家在流量及用户增长上提供支持。

据直客通介绍，直客通的优势或在于其独特的“SaaS + 服务”的商业模式，即：通过免费的 SaaS 系统软件的使用加上必要的营销服务支持，最终通过从交易额中收取系统及运营服务支持费用来获得利益。基于微信进行佣金直销，该平台可支持商户官方微信服务号开启支付功能，帮助商户搭建微信商城页，商户还可按需添加立减红包、预售券、套票等功能。而直客通主要通过收取交易费，包括 2% 的服务费和 1% 的微信支付手续费盈利。这种模式对比传统的 SaaS 软件服务商单纯提供使用服务“一锤子买卖”区别在于，直客通的收入实际上与企业客户的交易额挂钩，合作双方的利益进行了深度绑定。而有赞、微盟的盈利来源以订阅制年费为主（见图 10）。

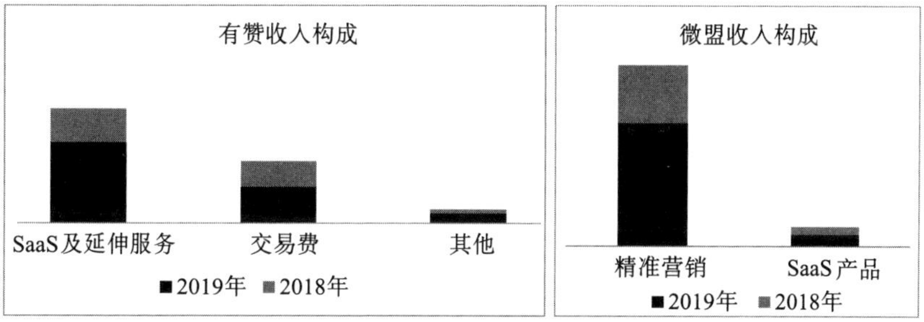


**图 10　有赞和微盟收入构成区别**

资料来源：公司公告

交易评价：

（1）受益于商户对私域流量的数字化强需求和 SaaS 优质赛道红利，直客通作为专注直销的垂直切入型行业场景 SaaS，紧扣“免费运营 + 深度绑定”概念，“去中心化”大方向下成长前景较为乐观。受新冠肺炎疫情影响，以及 OTA 等分销渠道日益上涨的交易佣金，酒店直销意识开始觉醒，关注会员福利和品牌认同感，同时出于资源投入方面的考虑以及数字化营销人才的相对缺乏，酒店通常会将数字化营销系统外包出去，利好直客通等这一赛道的公司。

（2）依托腾讯泛微信生态，稳固微信基层链路和流量入口地位。对于直客通来说，其借助优质流量渠道，以腾讯的微信体系作为主要载体，拓展抖音等新生渠道（比如通过微信公众号图片将用户导流至抖音，并在抖音客户端展示酒店产品详情页）；对于腾讯来说，这与其目前一贯的投资合作逻辑吻合，即“做链路、做服务”而不强求自身体系闭环，做好“数字化助手”。当这些微生态都成长起来，甚至产生许多上市公司时，微信的基层链路和流量入口地位也会更加稳固。

总体看，利用好微信生态可以更高效地触达“习惯平台思维”的中国消费者，商家在授权范围内也可保持对交易数据和客户信息的控制权。此外，微信自然的社交属性是加分项，未来也许会带来更多惊喜。微盟与有赞当前的成功也部分打消了资本关于直客通过分依赖微信对其发展的限制和影响。不过，未来直客通还是应该不断积极拓展流量渠道。

（3）关注 OTA 和本赛道竞品对市场的争夺。国内 OTA 巨头携程也已经注意到私域流量这一巨大市场的潜力，于 2018 年底上线微信开放平台，拓展更多可能性，覆盖所有出行场景，与顶尖酒店集团合作；美团点评也在深度耕耘本地生活和本地化单体酒店；另一家 OTA 同程艺龙背靠腾讯，流量资源成本低，微信小程序多入口布局，一样不可小觑。在直客通全资收购其竞争对手“金房卡”后，与直客通处于同一赛道的只剩 2019 年被智能商业服务商微盟收购的向蜜鸟，然而微盟表示将在 2021～2022 年重点发展智慧酒旅业务。虽然直客通在短短几年以内迅速垄断了高星级酒店和景区市场成为当前赛道的绝对第一，但要想稳稳处于本地生活商家数字化营销服务商头部位置预计在客户和市场份额的抢夺和维护中还是会面临一定的压力。

总的来看，OTA 还是处于防守存量市场，直销模式不仅有本身的增量，还有替代 OTA 部分份额的趋势。

想成为投融资观察报告创作团队的一员吗？微信扫描本书第 388 页二维码，现在就加入我们吧！

NO. 39

# 指尖跳动的文字——字节跳动入股掌阅科技 *

主笔：任盈嘉

资料收集：于晟汇　朱雅婷

**交易概览：**

2020 年 11 月 4 日，掌阅科技发布报告称，公司股东、实际控制人成湘均、张凌云已与字节跳动的全资子公司量子跃动签订协议，分别将其持有的 22 522 523 股和 22 522 523 股无限售流通股份协议转让给量子跃动。此次股份的转让价格是 24.42 元/股，交易总价约为 11 亿元，交易性质为战略投资。本次权益变动不会导致公司控股股东及实际控制人发生变化（见图 1）。

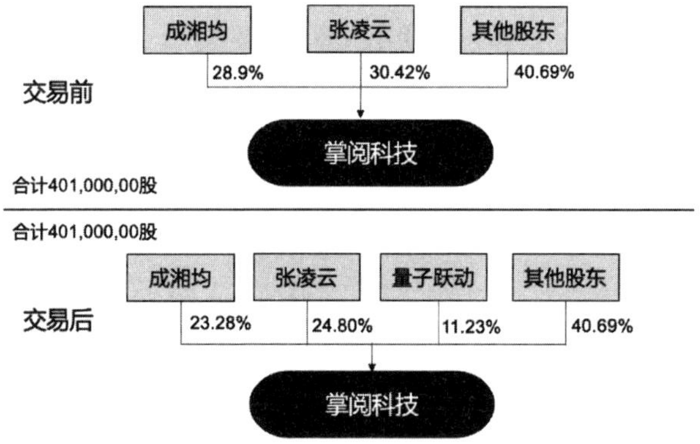


图 1　掌阅科技控股变化

* 本文写于 2020 年 11 月。

在交易结束后，量子跃动将持股 11.23%，成为掌阅科技的第三大股东。协议转让事宜公告之前一天，即 2020 年 11 月 3 日，掌阅科技的股价已经从年内的 42.84 元高点回落到 27.13 元，但协议转让事宜公告之后，掌阅科技 11 月 5 日开盘价为 30.36 元，连续 6 日涨停，涨幅近 80%，市值增加近 85 亿元。截至 2020 年 12 月 29 日，其市值达到 133.09 亿元。

股价表现见图 2。

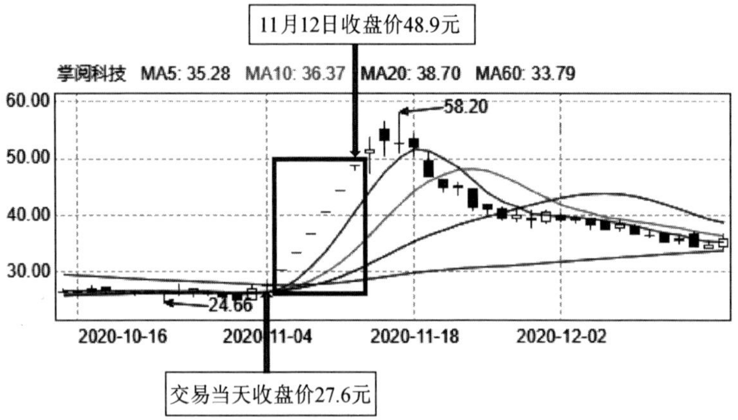


**图 2　掌阅科技股价表现**

资料来源：东方财富网

## 一、数字阅读行业概览：数字阅读企业在版权、流量及变现模式方面竞争愈演愈烈

随着近几年科技的快速发展，人们逐渐把带屏幕显示的电子仪器作为阅读的载体，数字阅读在全球也越来越受欢迎。根据 Statista 的数据统计，2017～2019 年，全球数字阅读市场收入规模和用户规模稳步增长。比达咨询的数据显示，2019 年我国人均阅读量达到 7.99 本，其中纸质书 4.67 本，电子书 3.32 本。在对中国数字阅读产品用户使用目的的调查显示，排名在

前三的因素分别是“可随时随地阅读”“图书获取便利”以及“价格低于纸质书更经济划算”。

截至2019年，中国数字阅读市场规模为288.8亿元，约为全球规模的30%，用户规模达到4.7亿元，约为全球规模的49%，中国数字阅读市场规模和用户规模和全球范围一致拥有持续增长的趋势（见图3）。

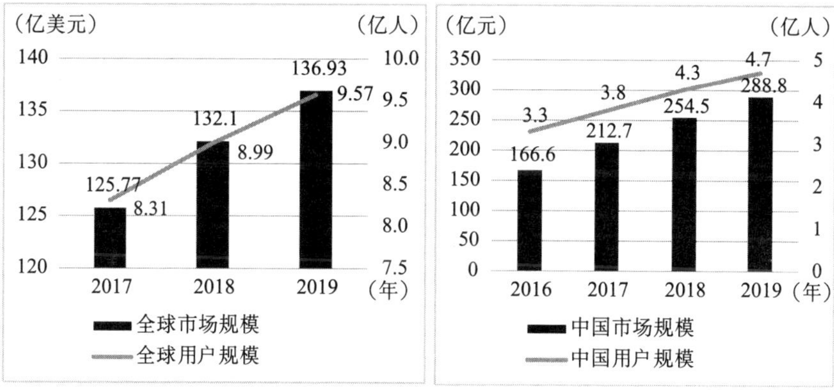


**图3　全球和中国数字阅读市场规模对比**

数字阅读在中国逐渐成为人们获取信息的主流方式，主要原因在于我国近年来生活节奏加快，人们读书的时间更加碎片化，数字阅读可提升阅读在时间和空间上的弹性。

除此之外，由于政府大力倡导全民阅读，人们增加了对阅读的重视。2019年我国图书零售市场线上占比达到70%，而线上用户选择阅读形式分别有纸质书、电子书、听书和报纸或杂志。其中，最受欢迎的是电子书，其用户选择的占比和对应阅读形式时长的占比均最高（见图4）。值得注意的是，线上用户花在电子书上的阅读时长占比约是纸质书的2倍。

在我国数字阅读市场，挤入了包括腾讯、阿里、百度在内的近十家互联网巨头，其中腾讯旗下的阅文集团在市场中占比最大，而三大巨头阅文集团、掌阅文学和阿里旗下的书旗在市场中总共占有超过一半份额（见图5）。

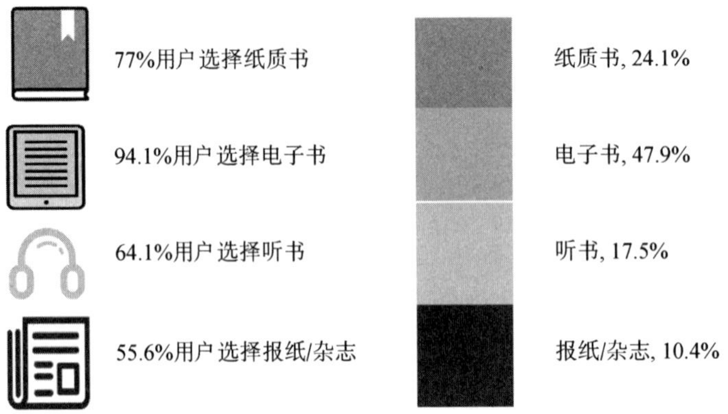


**图 4　2019 年中国线上图书用户不同阅读形式占比与线上图书用户不同阅读形式时间比重**

资料来源：艾瑞咨询

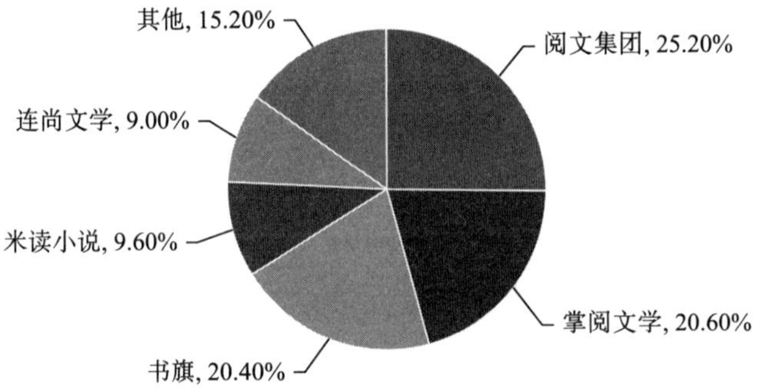


**图 5　2019 年中国数字阅读全景生态流量市场份额**

数字阅读用户的独占率逐年下降，其中仅安装 1 个 APP 的用户占比下降，而安装 2 个及 3 个 APP 的用户占比上升。但是由于数字阅读用户在阅读过程中一般会保留自己的书签信息，因此，相对于在线视频、新闻资讯等其他娱乐方式，数字阅读用户对 APP 的忠诚度相对较高。

在阅读内容方面，数字阅读用户对不同阅读产品的喜好很多元化。在 2020 年中国数字阅读产品用户感兴趣品类分布的调查结果中，用户对网络文学的兴趣占比最高（见图 6）。

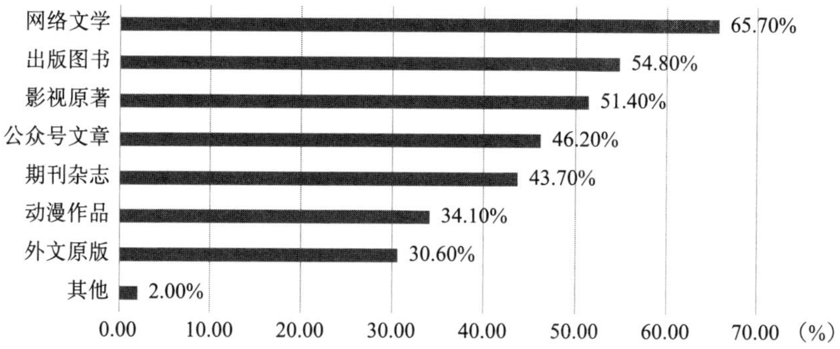


**图 6　品类分布占比（样本为 1 997 个）**

资料来源：艾瑞咨询

从使用时长来看，数字阅读用户总使用时间呈现波动式增长趋势。基于 2020 年的数据，65.7% 的用户单次使用时长超过 30 分钟。但是因为数字阅读用户时间处于被短视频等平台分流的状况，数字阅读行业的获客成本逐渐增加。

截至 2019 年 12 月，中国手机用户各类 APP 使用时长占比中属于数字阅读范畴的网络文学和网络新闻排名分别为第 6 名和第 8 名，其占比落后于排名第 3 的最近受欢迎程度飞速上升的短视频平台（见图 7）。

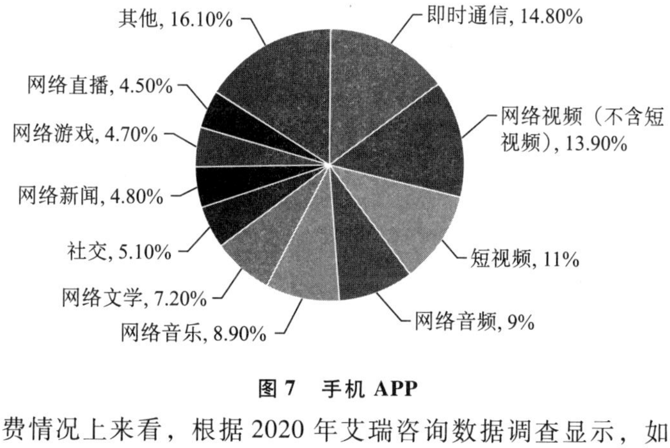


**图 7　手机 APP**

从付费情况上来看，根据 2020 年艾瑞咨询数据调查显示，如果将平均月付金额低于 5 元的用户视作不具有付费习惯的用户，则有 80% 的用户具有较稳定的付费倾向。数字阅读产品用户偏好付费的板块很多样化，近 1 年用户付费最多的板块为原创网文网漫，并且在未来有付费或续费意愿的用户占比高达 48.9%；其次是有声书，其用户未来付费或续费意愿也高达 45.7%（见图

8）。这两种阅读产品预计在未来几年会引领数字阅读产品的发展。

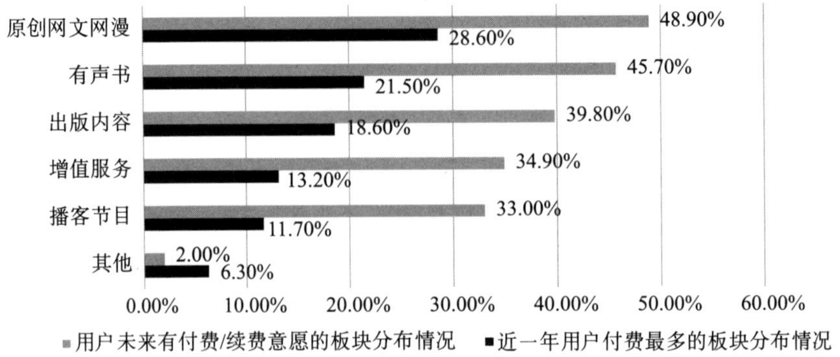


**图 8　2020 年数字阅读产品用户付费偏好情况**

资料来源：艾瑞咨询

2020 年全球新冠肺炎疫情加大了人们依赖数字阅读的程度，数字阅读行业的用户人数增加，阅读时长也增加了。根据 iClick 和 Quest Mobile 的数据，2020 年 2 月春节期间，有超过 50% 的用户几乎每天都会阅读图书、网络文学；全国移动互联网人均使用时长接近 160 小时，同比增速 37.3%。这一现象加速了互联网数字阅读平台服务的发展和竞争，但同时数字阅读行业在受疫情带来的经济冲击之下，却依然有用户数量保持增长的数字阅读企业存在。

此外，近年 IP 经济价值提高，泛娱乐产业链有利于市场规模增长，其中网络文学 IP 衍生包括影视、网络游戏及动画等产业均能带来十分可观的收入。目前，数字阅读变现模式具有两大特点：一是以付费阅读作为基础，用户订阅内容所付费提供稳定长期的收入；二是 IP 变现作为附加，IP 产业链可带来多重变现的方式，IP 成为拉动用户付费的主要引擎。

## 二、数字阅读平台：行业两大巨头阅文集团与掌阅科技形成多方面竞争

掌阅科技虽在综合方面现阶段落后于阅文，但仍在数字阅读市场稳居领先地位。截至 2020 年 12 月 14 日，掌阅科技市值为 144 亿元人民币，而阅文科技市值约为 567.31 亿港元。在版权运营方面，阅文集团有腾讯大文

娱平台助力，拥有最大的原创内容和作者库，阅文旗下拥有近700万创作者，占据中国网络文学作价份额的近九成，包括唐家三少、猫腻、耳根等文学界大咖，利用此优势阅文集团占据了国内90%的IP改编市场。相比之下掌阅平台则自有平台作者输出优质原创内容能力偏弱，内容来源主要是自主对接下游版权运营。图9是两大集团主要版权运营模式对比。

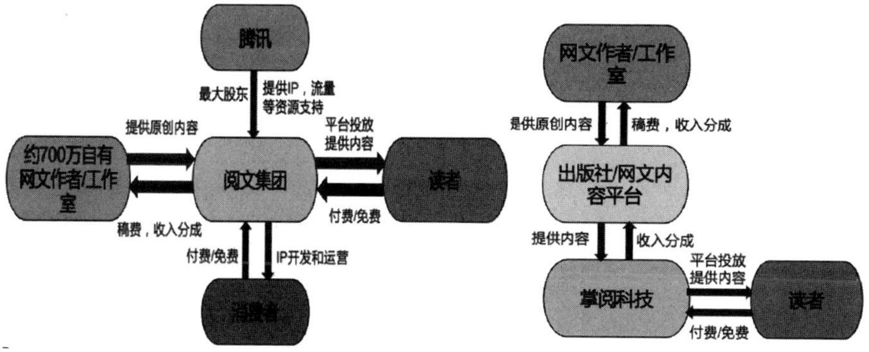


**图9　阅文集团和掌阅科技版权运营对比**

在版权上，截至2020年6月，掌阅科技的数字内容为50万册；而阅文集团在2019年末数字内容就已达到1 220万册。阅文集团受益于腾讯渠道的优势，有效控制了内容成本；而掌阅科技则面临渠道成本增加的问题。阅文集团在IP文娱改编领域取得巨大成功，在行业内具有绝对的领先优势。表1是掌阅科技和阅文集团在财务数据上的对比。

**表1　数据对比**

| | 阅文集团 | 掌阅科技 |
|---|---|---|
| 2019年营业收入 | 83.48亿元 | 18.82亿元 |
| 2019年归母净利润 | 11.1亿元 | 1.61亿元 |
| 2019年毛利率 | 44.2% | 37.6% |
| 2019年月活跃人数（MAU） | 2.19亿人 | 1.4亿人 |

根据以上数据，虽掌阅科技均落后于阅文集团，但是掌阅科技专注于数字阅读领域的发展，不断深耕数字阅读生态并且围绕主业不断开拓新的业务增长点，净利润增长率有待增加。此外，掌阅科技在精品阅读、K12教育等培育方面进一步拓展；在内容衍生方面设立了影视公司，实现了音频等收入的大幅增长；在短视频平台发力阅读相关内容运营，粉丝数量快

速增长。

值得一提的是，虽然在大部分数据方面掌阅落后，但在数字阅读 APP 领域，从 2017 年数据来看，掌阅独占用户比率达到 90.5%，目前仍然是最大的单一数字阅读 APP。在各大阅读平台月活用户数和活跃率方面，掌阅 APP 均高于阅文旗下的 QQ 阅读 APP。掌阅 APP 和 QQ 阅读排名分别为第一和第二。

**延伸阅读：**

掌阅科技股份有限公司成立于 2008 年 9 月，2017 年 9 月成功在上海主板上市，是全球领先的数字阅读平台之一，主要业务有掌阅 APP、掌阅企业版、掌阅校园版和 iReader。掌阅 APP 是一个为用户提供付费和免费书籍阅读服务的软件。掌阅企业版则是掌阅专门针对机构职工推出的阅读产品，旨在为企业、市政单位及高校等机构全方位打造移动阅读数字平台。掌阅校园是一个专门为学生提供相关电子书，杂志等类别的网络平台。iReader 则是掌阅旗下的电子阅读器。

公司主营业务为互联网数字阅读服务，以出版社、版权机构、文学网站、作家为正版图书数字内容来源，对数字图书内容进行编辑制作和聚合管理，面向互联网发行数字阅读产品。目前，公司已与国内外约 600 家优质的版权方合作，为全球 150 多个国家和地区的数亿用户提供高品质的图书内容和智能化的用户体验。而公司拥有数字阅读内容 50 多万册，品类众多，包括图书、有声读物、杂志、漫画、自出版等类型。

## 三、在数字阅读器市场方面，电子阅读器“内容 + 终端 + 渠道”为代表的商业模式逐渐成熟

行业进入回温期，掌阅科技 iReader 成为国产阅读器领军产品。硬件产品 iReader 是掌阅科技的一大特色，不仅可以通过销售硬件盈利，而且也是自有发行渠道可助力数字内容的推广。

通过各国电子书销量可以发现，我国销量金额上虽排名第三，但是我国人口数作为美国的 5 倍和日本的 10 倍，因此 2018 年我国人均电子书销量在全球范围内排名并不排前（见图 10）。

| Top 5 | |
|---|---|
| United States | US$5,487m |
| Japan | US$1,483m |
| China | US$1,209m |
| United Kingdom | US$820m |
| South Korea | US$554m |

**图 10　2018 年各国家电子书销量排名**

资料来源：2018 年 Statista

据 2020 年数据调查显示，中国数字阅读用户使用渠道为数字阅读器的占比高达 53.2%，整体偏好从移动端转移到数字阅读产品上。与此同时，2020 年中国电子书用户规模将达到 2.62 亿，占人口比例的 18.45%，未来持续保持稳定增长，但相比较英国和美国电子书用户规模占人口规模的约 30%，我国数字阅读行业仅处于起步阶段。

2018 年中国电子书阅读器市场份额第一是亚马逊，第二是索尼，第三是掌阅科技，2019 年小米也加入市场竞争。由图 11 可见，Kindle 主导着整个市场，其市场份额约是掌阅 iReader 市场份额的 23 倍。目前，掌阅在电子书市场想要和 Kindle 竞争仍存在困难和挑战。

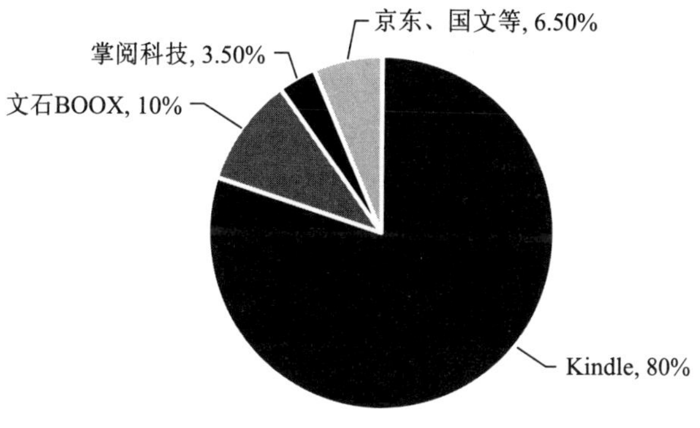


**图 11　2018 年中国电子书阅读器市场占有率**

资料来源：2018 年天猫“双 11”销售数据

在此，我们对比亚马逊 Kindle 和掌阅科技 iReader 发现，其主要区别在于硬件配置、整机尺寸，还有书籍种类丰富程度（见表 2）。一般喜欢读外文书籍的用户会选择 Kindle，而更愿意阅读中文书籍的用户则会选择iReader。

**表 2　　阅读器对比**

| 类别 | 亚马逊 Kindle | 掌阅 iReader |
|---|---|---|
| 内容 | 依靠亚马逊电子书资源，电子书品类包括出版，期刊和外文等 | 更多包含了国内网文小说等读物 |
| 硬件 | 墨水屏灯光分布更均匀，机身防水 | 灯光调节更强，续航能力更强，更轻便 |
| 价格 | 价格在 500 元到 3 000 元不等 | 价格在 500 元到 4 000 元不等 |

在财务方面，掌阅科技主要收入来源是数字阅读平台和版权产品。公司在数字阅读平台业务变现方式来源于用户在数字阅读平台上充值购买虚拟货币，并消费购买图书、杂志等数字内容。而在版权产品业务中，公司通过运营网络原创等文学版权，向阅读、影视、游戏等各类文化娱乐类客户输出其内容价值 IP 价值，从而获取版权销售收益。近几年，掌阅科技在数字阅读平台的付费阅读收入占比有下降，但在版权产品方面的收入占比却有增长（见图 12）。这方面的收入增长主要来源于公司积极拓展分发渠道，向第三方互联网平台、影视公司、游戏公司输出的版权内容增加所致。

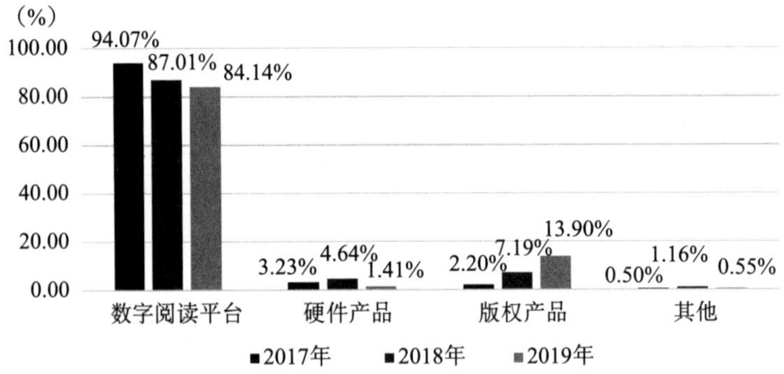


**图 12　掌阅科技 2017 年、2018 年和 2019 年各项业务营业收入占比**

与此相比，阅文集团的线上产品包括自有平台、腾讯自营渠道和第三方平台产品三类，在 2019 年之前其线上产品收入占比超过阅文营业收入的半数。然而值得一提的是，在 2019 年阅文集团的版权收入占比超过 50%，迅速增长为上一年的2倍多，这部分收入的提升主要来自于IP运营的强势投入，包括电视剧、网剧、动画及电影制作（见图13）。

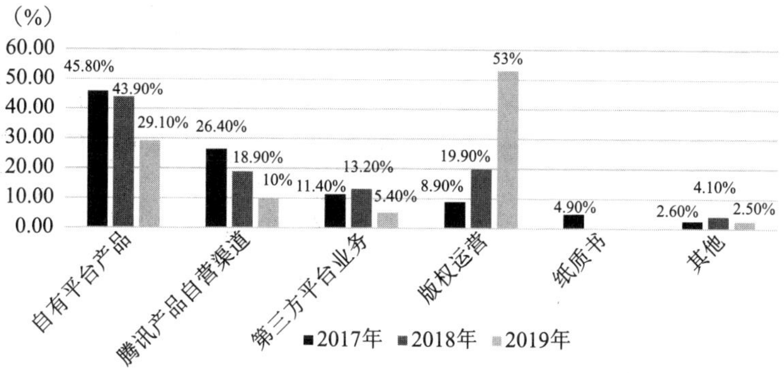


**图13　阅文集团2017年、2018年和2019年各项业务营业收入占比**

此外，掌阅科技净资产收益率从2017年到2020年一直保持在13%左右，近几年其销售费用持续增长，但公司的营业总收入却出现了下降。而版权产品方面成本的大量增加是由于渠道推广和版权内容的加大投入（见表3）。

**表3　经营状况对比**　（单位：百万元）

| 项　目 | 2017年 | 2018年 | 2019年 |
|---|---|---|---|
| 营业收入 | 167.00 | 190.00 | 188.00 |
| 销售费用 | 250.96 | 287.57 | 422.82 |
| 版权产品营业成本 | 24.08 | 63.94 | 125.63 |
| 归母净利润 | 12.30 | 13.90 | 16.10 |

营收和净利的两大影响因素为“内容成本+渠道成本”和销售费用。内容成本包括数字阅读版权成本和数字内容制作费。从图14可见，近几年，虽然两家内容成本占比都逐年减少，但阅文成本营收占比减少显著，从2017年高于掌阅到2019年明显低于掌阅，而掌阅相关数据却趋于稳定。此外，掌阅科技在渠道成本和销售费用营收占比一直高于阅文集团，并且占比一直居高不下（见图15）。综上所述，阅文集团依靠腾讯的资源渠道，较掌阅科技节省了更多的成本。

图 14　掌阅科技与阅读集团渠道成本 + 销售费用营收占比

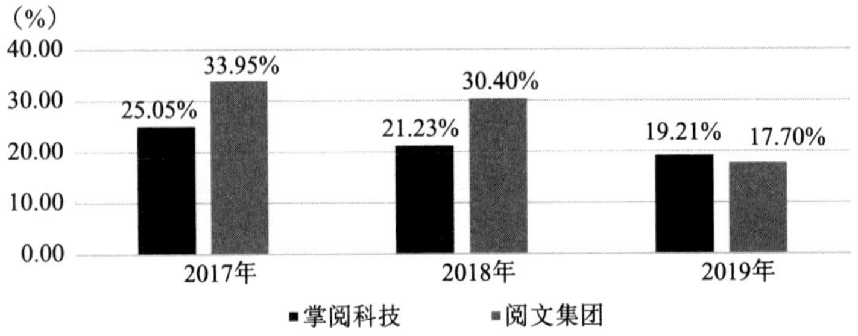


图 15　掌阅科技与阅文集团内容成本营收占比

## 四、对掌阅科技和字节跳动的未来发展合作带来新商机

在字节跳动之前，掌阅科技曾筹划另一大互联网巨头百度作为重要股东，不过最终与百度终止了交易协议。而本次交易公司字节跳动在广告投放、商业化服务、搜索以及技术平台支撑方面在行业内有领先优势。通过此次股权转让，量子跃动成为主要股东，掌阅科技可提升平台竞争力，加强商业化，增大流量，进行投放运营和内容生产方面的合作，从而扩大作品销售，提升读者体验。

字节跳动则增加了在图文市场的投资，有机会掌握更多 IP 源头。作为拥有“头条”的字节跳动，预计会抢占更多腾讯的市场，“头条系”未来增大了能与投资了阅文集团的腾讯抗衡的可能性。

对于 To C 客户端，商家主要抢占的是用户的使用时长和频率，而且对于数字阅读用户来说，用户选择产品的首要决策因素就是内容本身，所以未来如何创造更加吸引用户的产品种类来抢占市场是商家面临的首要挑战。

本次合作字节跳动主要会在下游部分提供给掌阅科技更大的发展空间，预计未来掌阅科技更多的产品将会以文字加视频的方式呈现给用户。

本次合作除了带来新商机外也会有一定的风险。对于掌阅科技来说，在量子跃动入股之后，掌阅在公司决策方面将难以保持之前的独立性，而且目前看来，掌阅科技和字节跳动在IP运营方面与腾讯和阿里的深度运营比较略逊一筹，想要快速赶超还是一个难题。

想成为投融资观察报告创作团队的一员吗？微信扫描本书第388页二维码，现在就加入我们吧！

**NO. 40**

# MAIA ACTIVE——自我意识觉醒引领新消费风尚*

主笔：许睿欣

资料收集：于晟汇　朱雅婷

**交易概览：**

2020 年 11 月 9 日，女性运动品牌 MAIA ACTIVE（玛娅）完成 B 轮 1 亿元人民币融资，投资方为华创资本。MAIA ACTIVE 成立于 2016 年，并于 2017 ~ 2018 年快速完成了天使轮、Pre - A 轮和 A 轮投资，累计融资金额接近 2 亿元，投资方包括动域资本（贵人鸟、虎扑体育及景林资本发起）、达泰、红杉、华映、CMC、火山石等专业机构。本轮融资后，MAIA ACTIVE 将加强产品研发投入力度，启动 MAIA - Lab 运动服研发实验室，进一步在一、二线城市开拓线下店，深化“专为亚洲女性设计”的运动服品牌定位。

因此本文将重点探讨新服装消费品突破的一些可能性。

## 一、MAIA ACTIVE 简介

2020 年是整个中国不平凡的一年，突如其来的疫情让很多人的生活被突然按下暂停键，工人无法正常上班，人们无法外出购物消费，而许许多多的企业也面临着破产危机，而就在这一片惨淡的行业背景下，作为新女

* 本文写于 2020 年 11 月。

性运动服饰品牌的 MAIA ACTIVE 却逆势而起，杀出重围。

MAIA 的联合创始人分别为资深的服装买手王佳音及设计师欧逸柔。成立之初，公司便瞄准专为亚洲女性打造设计师运动服品牌。面对海外品牌的强势入侵，MAIA 整体设计针对年轻女性消费者，主打舒适、设计感、亚洲配色与高端剪裁，健身场景主要为瑜伽、跑步等。

成立至今，MAIA 已经构建了线上天猫旗舰店和"北上广"5 家线下门店的立体销售网络，品牌包含女子健身裤、运动内衣、运动 T 恤、运动外套等。2019 年，MAIA 年销售增长率攀升至 300% 以上，仅线上销售额就已突破 1 亿元人民币。在疫情影响下，2020 年销售额仍然保持同比 60% 的稳步增长（其中，疫情后 7 ~ 10 月销售额同比增长超过 100%），用户客单价同比上升 10%，复购频次同比上升 15%。刚刚开业的 5 家线下店平均坪效近 8 000。

像 MAIA ACTIVE 这样的新兴服装品牌在中国快速崛起并非个例。伴随着消费升级，居民生活习惯日趋健康，消费者对运动鞋服产品的需求持续提升。人们最初在运动时只是穿日常休闲服饰，之后逐渐开始转向使用更加专业化的运动鞋服。截至目前，人们对于运动鞋服的要求已经提升到对于不同运动场景下的细分领域。在这一过程中，运动鞋服渗透率持续提升，细分领域品牌崛起，MAIA ACTIVE 正是其中一员（见图 1）。

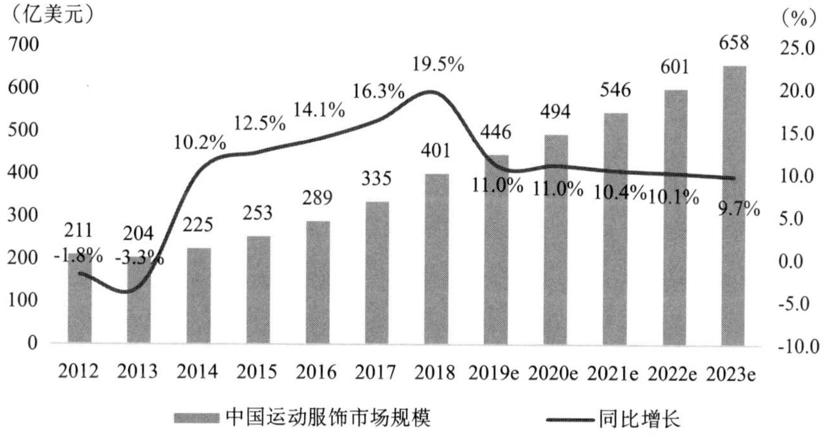


**图 1　中国运动服饰市场规模及预测**

资料来源：申万宏源

## 二、MAIA ACTIVE 发展历程与成功要素

MAIA 的成功，包括团队基因、产业链能力、消费意识变化以及传播路径改变四大核心要素。

### （一）团队基因（从设计与产品出发，专注消费者洞察）

MAIA ACTIVE 的诞生源于创始人兼设计总监欧逸柔对行业的观察和思考。

创办 MAIA ACTIVE 前，欧逸柔曾在美国担任过 J. Crew 等知名服饰品牌的专业设计师，长期从事高定女装设计。因为发觉市面上缺少专门针对女性设计的运动服饰，于是结合自己的职业特长，决定做一款兼具功能性、舒适性和针对女性身型特点设计的运动服。

而联合创始人王佳音则把更多商业和电商渠道的经验带入了该品牌。她曾在纽约维密担任买手，后回国加入小红书，成为电商部门早期的核心成员。

从 MAIA ACTIVE 的团队基因中，我们也可以洞见其团队具有极强的市场用户洞察力。两个合伙人曾服务于世界一流的品牌方。在品牌创立之初，她们抓住了大多数健身女性的一个小心理——不自信。如果一个女孩去健身房，尤其是第一次去，她会担忧，会觉得其他人身材好而且动作标准，却不自信于自己的身材和动作。所以 MAIA 几个重点研发的单品，如小腰精裤（先显瘦再减肉）、前拉链上衣（一秒穿脱），解决的都是运动过程中特别小的那个不确定性。

而在品牌建立已经较为成熟的现阶段，MAIA 通过一个月一次的用户调研来保证用户洞察的敏锐度，用迭代和更灵活的组织架构进行用户调研。而这是许多国际大公司无法做到的。国际大公司有很多的决策并不在中国市场里，并且由于有很多结构性的限制，导致某一年做用户调研可能就是一到两次，对于用户的洞察没有那么敏锐。

### （二）产业链能力（立足扎实的产业链，寻求差异化竞争点）

纵览近 3 年林林总总的“新品牌”可以发现，无论是以电动牙刷、吹

风机为首的小家电，还是以酸奶、无糖饮料引领的食品饮料，或是 MAIA 所在的服饰鞋包，均牢牢地扎根于中国优质、完整而响应快速的供应链体系中。在经历了漫长的为海外品牌代工的磨炼后，中国已经诞生了一大批高品质、高产能且渴望着需求第二增长点的代工厂。

以服装为例，在中国，一件新品衣服的出现，从设计到打板再到生产销售，仅需一两个月的时间即可完成，这为新品牌的诞生提供了土壤。凭借着过去十几年里与国际大牌的代工合作，中国运动服工厂已形成一套成熟的工艺，生产质量和效率均在全球范围内领先。中国的新兴品牌不仅可以近水楼台地与这些成熟工厂达成合作，工厂的丰富经验也能指导品牌更早地搭建系统性的生产流程，以应对伴随着销售增长而来的需求激增问题。新品牌能够更加专注于品牌的打造、产品的打磨以及营销推广等方面。

另一方面，成熟的供应链亦为品牌带来了差异化的挑战。

为了提高自己的竞争优势，更完美地把自己的理念落地，MAIA ACTIVE 设立了专门的面料研发中心，与供应链体系合作，舍弃过去运动服常用的棉涤纶混纺的面料，以避免运动时服装不贴身、不太排汗的问题。

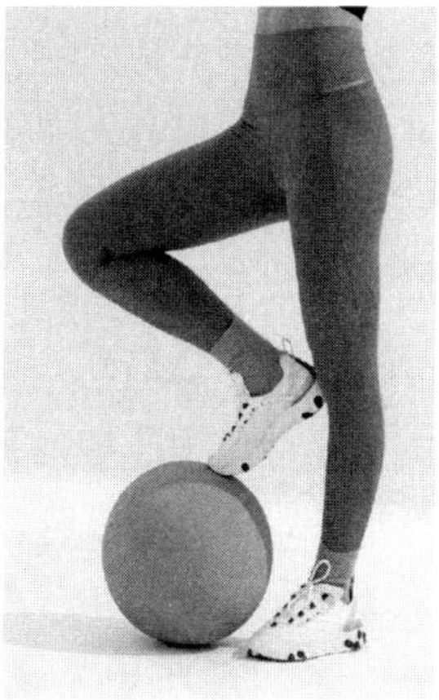

图 2　MAIA ACTIVE“腰精裤”

同时，MAIA 的设计团队还针对大多数国际名牌的女性运动服以白人女性为模板的现状，按照亚洲女性的身材进行剪裁设计，直击亚洲女性难以找到非常合身的运动服饰的痛点，打造既时尚又合身的运动服，做到“让每个 Size 都很美”。针对女性运动中对服装的实际需求，MAIA 的团队亦进行了特别设计。以“腰精裤”为例，公司通过“三明治”式腰头设计解决了运动裤将小腹挤出的问题，让穿着者看起来更瘦更修长。而通过在面料和设计上的微创新，MAIA 巧妙地将产品特点与调性融合，塑造起了自身独特的风格（见图 2）。

### （三）消费意识变化（从外在美到健康美）

在传统审美体系下，服装主要以对外展示为主，消费者的主要购买心态也是为了让自己看起来更美。而随着平均教育水平、生活质量和女性的社会地位的不断提高，越来越多的女性开始意识到，健康的身体是个人美的重要体现，这也进一步加速了运动时尚品类的快速兴起（见图 3）。

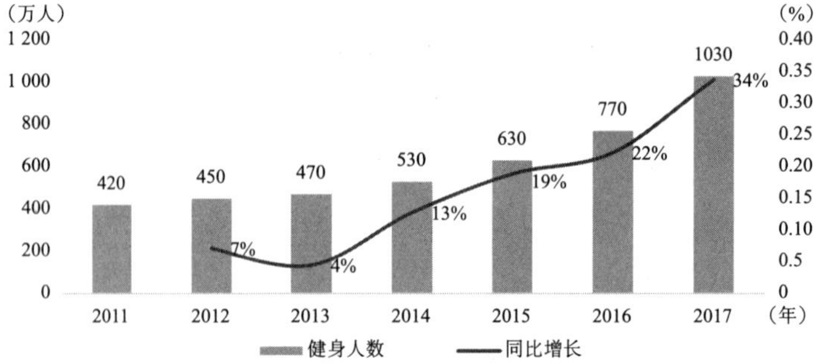


**图 3　中国健身人数增长**

新一代消费者在强调运动鞋服专业性的同时希望能够彰显个性，且这一需求正随着“Z 世代”的成长日益提升，趋势明显且持久。MAIA ACTIVE 巧妙地将运动服饰的专业度与时装的潮流时尚融为一体，在舒适的基础上融合个性化的时尚需求。不少女性用户坦言，穿上专业且时尚显身材的运动服锻炼，既会感到心情更加愉悦，也更容易坚持锻炼，这也说明中国女性健身服的市场需求非常大（见图 4）。而在 MAIA ACTIVE 创立之初，这个市场上并没有特别强势的品牌，是加入赛道参与竞争的好时机。

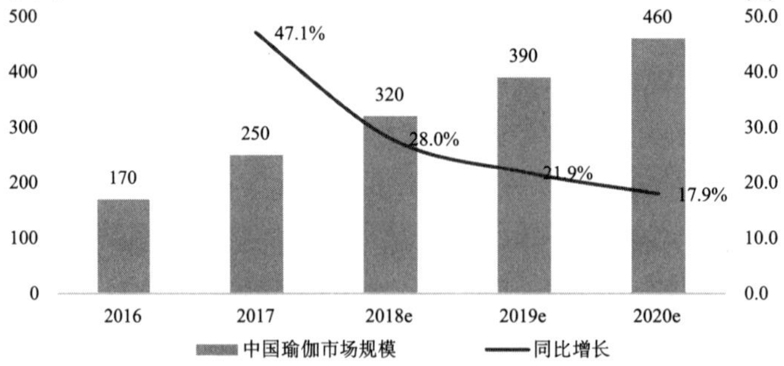


**图 4　中国瑜伽市场规模**

资料来源：华菁证券

### （四）传播路径改变（从搜索引擎到垂直社区，分散而精准的流量使“小”需求能够被放大）

在传统营销体系下，品牌、4A 公司、大屏户外及纸媒等宣传阵地形成了一整套单向的营销传播路径。传统品牌通过巨额的广告营销投放，实现对客户心智的长期占据，从而实现品牌形象的塑造以及品牌价值的植入。

但这一模式在移动互联网时代受到了巨大的挑战。小红书、抖音快手、什么值得买等垂直类社区取代了传统的搜索引擎成为流量入口，消费者以 KOC 为核心开始重塑整个营销的传播路径。这使得本来被“大众”需求所掩盖的细分市场得以聚拢，新品牌也能够借此机会获得种子用户。

消费者不再为了代言人购买产品，而是基于对内容传播和品牌本身的信任。和 KOC 的内容共创则意味着消费者更深度地加入了品牌构建的过程中，也和品牌建立了更深的联系。

MAIA 正是瞄准了这一变化，在产品上线的第一天就专注于 KOC 一起进行营销。2018 年上海时装周上，MAIA 和独立设计师品牌 YIRANTIAN 的系列合作中就邀请到了四位素人——“60 后”时装模特、单腿假肢闯世界的运动女孩、辣妈模特，以及身兼金融工作和地下酒吧主理人的“斜杠女生”。在 2020 年 9 月的营销活动“我不是漂亮，我是________”中，MAIA 再次启用素人，邀请 7 位真实用户共同拍摄 2020 秋冬新品宣传片，在主题宣传片中让女生用任何动词、名词、形容词来形容自己，而不是简单地概括为大众认知中的“漂亮”。

目前，整体营销费用支出上，MAIA ACTIVE 每年投入不超过整体营收的 35%，其中一半用于具有长效价值的品牌内容输出，一半用于效果类广告。

## 三、从线上到线下，打破次元壁的 MAIA 能否迎来从 10 到 100 的成长

从线上起家的 MAIA ACTIVE 直到 2020 年初，90% 的销售都来自线上渠道。在这个节点来看，其发展似乎与历史上的淘品牌类似。

但是在 2019 年，MAIA ACTIVE 率先在上海新天地广场开设了第一家直营门店，此后又连续在“北上广”的核心商圈开出 4 家门店。门店的选址也与传统服装店截然不同，选择与奢侈品牌为邻。

从数据来看，5 家线下店平均坪效近 8 000 元，像上海静安嘉里门店的单月销售额表现最好的时候突破了 100 万元，平均客单价超过 2 000 元。

2021 年 1 月，MAIA 成都太古里、北京颐堤港和北京国贸还将开设 3 家新门店，全年预期开设超过 20 家新门店。

**在实现 0 到 1 的突破后，MAIA 决定通过线下门店拓展销售量，其原因有二：**

第一，服装品类天然具有线下基因。从数据来看，过去 5 年，彩妆品牌线上对线下侵蚀了约 15% 的份额，而健身服装的线上侵蚀仅为 5%。差异的核心在于运动服装由于其特殊性，消费者对穿着体验更加重视，而这仅依赖线上营销是远远不够的。通过线下的实际试穿，MAIA 能够进一步放大自己在面料和设计上的创新点，从而获得更好的转化效率。这也是为何 MAIA ACTIVE 还会在线下门店里专门陈列有一个“面料博物馆”专区，为的是更好地展示品牌在面料研发上的核心优势，在体验端强化对品牌的认知和好感。

第二，线下店能够更完整地传递品牌调性，延展与用户的沟通

MAIA 在静安嘉里门店开业之前，跟美国的灯光艺术家 James Clar 合作进行了线下灯光艺术展，快速在线下形成粉丝效应。典型的消费者平均浏览一个电商页面在 20 秒左右。而在线下，从进店到离店，平均时间超过 30 分钟。而线下店可以让消费者获得 360 度打通五感的体验，深度地了解品牌，而这在线上是没有办法去传达的。

从目前实际 MAIA 线下店的数据可以看到，试穿到购买的转化率接近 90%。相较于线上购买的消费者，线下消费者由于能够真实地感受到穿上衣服的效果和质感，客单价更高，更愿意复购。这些却有效地帮助了 MAIA 从 1 稳健地向 100 靠拢。

## 四、总结与展望

对 MAIA ACTIVE 来说，优秀的团队基因和产业链能力，配合大时代消费意识变化及传播路径，帮助 MAIA 跨越过了 0～1 阶段，而从线上走到线下也似乎证明了新品牌有 1～100 的潜力。

通过面料和版型的升级和改良，MAIA ACTIVE 以功能性的爆款单品，在运动内衣和紧身裤两个线上增速最快的细分品类中占据认知，成为单一细分品类里的新兴头部品牌，并以“专为亚洲女性设计”的特点突显出品牌的独特性，完成了第一增长曲线的建立。

下一个 5 年，随着 MAIA 用户池不断扩充，随着一线城市渗透率瓶颈的到来，团队必须思考对于品牌下一步的增长是什么？品牌增长的第二曲线又在哪里？这也是对于大部分新品牌的最大考验。对大品牌和大公司而言，增长的第二曲线往往意味着新的业务模式的转变和技术革新，需要巨大资金和人力资源的投入，而对于初创的新兴品牌，这条路在哪里，值得我们去思考与探寻。

想成为投融资观察报告创作团队的一员吗？微信扫描本书第 388 页二维码，现在就加入我们吧！

# 关于“云师兄”

## 我们是谁

**云师兄（Career Atlas），共享泛金融资源和汇聚顶尖人脉，培养金融人才，致力于打造最有实战价值的泛金融领域学习组织。**

**致力于提升金融学子理论和结合实践相结合的能力，为职场人士拓展更广阔的视野和逻辑思维能力，成为青年职场人士间交流的纽带，搭建企业与人才间的桥梁。**

## 我们在干什么

我们涉及的领域包括开展日常技能训练平台和专业课程，提供青年经验交流平台和实习机会，为多项全国性金融赛事提供案例及评委，支持了国内权威机构及一流院校对新经济相关领域的研究。

截至目前，经由我们推荐的云师兄成员已在包括东方花旗、君联资本、凯富利资本和 CICC 在内的多个专业机构参与了众多投融资交易，累计总金额超过 30 亿元人民币。部分优秀成员还被推荐至海外参加丰富的行业交流活动。

## 我们能做什么

云师兄，严谨筛选真实案例，反复斟酌学习安排，多年研发独家体系化课程，打造最效的金融实战课程。课程设置为一年自由安排课表方式，以职场所需的金融行业技能为主，以金融行业从业经验丰富的金融精英为导师，开拓学员多重视野：

1. 快速掌握多方面行业，了解宏观经济趋势；
2. 掌握金融多方面从业技能，培养应用型人才；
3. 加深自我认知，深刻思考职业发展。

采用以线上为主，线下辅助的授课方式，强化学员多方面能力：

1. 专业基础：PPT 制作、演讲培训、财务知识强化；
2. 进阶能力：数据高效筛选、独立理解总结交易架构；
3. 分析思考：资本市场变化敏感性、核心数据背后逻辑、严密逻辑思维、数据深入挖掘能力、强化报告制作能力。

## 我们的课程

以一年为单位，可自由选课，无时差或地域限制，与全球高校及职场人士培养全方面能力。

**云师兄，不止是学习平台，从校园到职场，云师兄的陪伴是全方面的。**

**我们的导师，不仅是课程老师，更以前辈的身份为大家解惑助力，以上司的身份严格告诉你能力欠缺点，以界内专家角度带你分析项目。**

**我们的学员，不仅是参课而已，我们课程期间互相探讨，结课后互相交流项目内容、实习心得、秋招经验，一届届的互相帮助传承在云师兄。**

**云师兄，不止是线上学习，我们提供针对性项目与活动，线上课程为学员增强专业能力的同时，线下拓展综合实力，全方位培养成员作为金融人的职业素养。**

**我们的讲座内容覆盖：求学、面试、求职、金融业内项目探讨等多方面，往期活动版块包括：演讲、礼仪、社交、沟通等多项能力。**

## 加入我们

课程目前开放两大系列：Youth 学生培养计划 & Elite + 职场提升计划，时长均为一年。

一期的参与，永远的陪伴和助力。加入云师兄，成为我们的一员，与数百名学员一起成长。加入商学院，愿学子归来有所成，云师兄与你共同成长。

云师兄，汇聚泛金融精英才子，提升职业技能，立于行业顶端。

扫码了解云师兄商学院的课程详情、讲座、线下活动等报名相关资讯。